SENDEROS 2

Spanish for a Connected World

VISTA®
HIGHER LEARNING
Boston, Massachusetts

On the cover: Chichen Itza, Mexico

Publisher: José A. Blanco
Editorial Development: Armando Brito, Jhonny Alexander Calle, Deborah Coffey, María Victoria Echeverri, Jo Hanna Kurth, Megan Moran, Jaime Patiño, Raquel Rodríguez, Verónica Tejeda, Sharla Zwirek
Project Management: Cécile Engeln, Sally Giangrande
Rights Management: Ashley Dos Santos, Annie Pickert Fuller
Technology Production: Jamie Kostecki, Daniel Ospina, Paola Ríos Schaaf
Design: Radoslav Mateev, Gabriel Noreña, Andrés Vanegas
Production: Manuela Arango, Oscar Díez, Erik Restrepo

Student Text (Casebound-SIMRA) ISBN: 978-1-68005-192-6

Teacher's Edition ISBN: 978-1-68005-193-3

Library of Congress Control Number: 2016912518

6 7 8 9 TC 21 20

Printed in Canada.

SENDEROS 2

Spanish for a Connected World

Table of Contents

Lección preliminar

	Contextos	Fotonovela

Lección 1 La rutina diaria

Lección 2 La comida

Lección 3 Las fiestas

Cultura

Síntesis

Cultura

Estructura

Adelante

Table of Contents

Lección 4 En el consultorio

Lección 5 La tecnología

Lección 6 La vivienda

Consulta (*Reference*)

Icons

Familiarize yourself with these icons that appear throughout **Senderos**.

- Listening activity/section
- Pair activity
- Group activity

Cultura	Estructura	Adelante
En detalle: Servicios de salud ...... 126 **Perfiles:** Curanderos y chamanes 127	**4.1** The imperfect tense ...... 128 **4.2** The preterite and the imperfect ...... 132 **4.3** Constructions with **se** ...... 136 **4.4** Adverbs ...... 140 **Recapitulación** 142	**Lectura:** *Libro de la semana* ...... 144 **Escritura** ...... 146 **Escuchar** ...... 147 **En pantalla:** Asociación Parkinson Alicante (España) ...... 148 **Flash cultura** ...... 149 **Panorama:** Costa Rica 150
En detalle: Las redes sociales ...... 162 **Perfil:** Los mensajes de texto 163	**5.1** Familiar commands ...... 164 **5.2** **Por** and **para** ...... 168 **5.3** Reciprocal reflexives ...... 172 **5.4** Stressed possessive adjectives and pronouns ...... 174 **Recapitulación** 178	**Lectura:** *El celular* por Tute ...... 180 **Escritura** ...... 182 **Escuchar** ...... 183 **En pantalla:** BOOK (España) ...... 184 **Flash cultura** ...... 185 **Panorama:** Argentina 186
En detalle: El patio central ...... 198 **Perfil:** Las islas flotantes del lago Titicaca 199	**6.1** Relative pronouns ...... 200 **6.2** Formal (**usted/ustedes**) commands ...... 204 **6.3** The present subjunctive ...... 208 **6.4** Subjunctive with verbs of will and influence ...... 212 **Recapitulación** 216	**Lectura:** *Bienvenidos al Palacio de las Garzas* ...... 218 **Escritura** ...... 220 **Escuchar** ...... 221 **En pantalla:** Anuncio de Carrefour (España) ...... 222 **Flash cultura** ...... 223 **Panorama:** Panamá 224

The Spanish-Speaking World

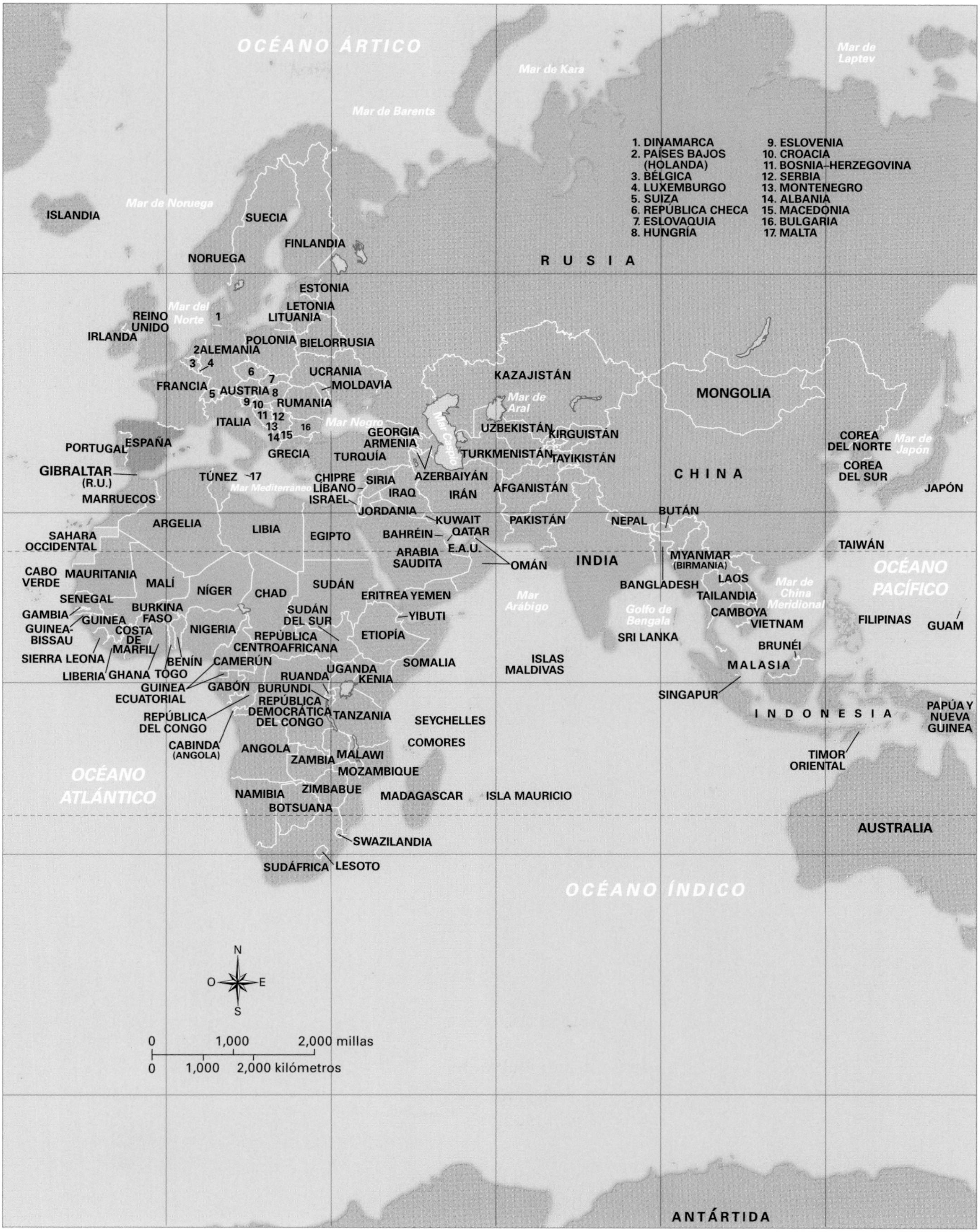
OCÉANO ÁRTICO
Mar de Kara
Mar de Laptev
Mar de Barents
Mar de Noruega
ISLANDIA
SUECIA
FINLANDIA
NORUEGA
RUSIA
1. DINAMARCA
2. PAÍSES BAJOS (HOLANDA)
3. BÉLGICA
4. LUXEMBURGO
5. SUIZA
6. REPÚBLICA CHECA
7. ESLOVAQUIA
8. HUNGRÍA
9. ESLOVENIA
10. CROACIA
11. BOSNIA-HERZEGOVINA
12. SERBIA
13. MONTENEGRO
14. ALBANIA
15. MACEDONIA
16. BULGARIA
17. MALTA
ESTONIA
LETONIA
LITUANIA
REINO UNIDO
Mar del Norte
IRLANDA
POLONIA
BIELORRUSIA
ALEMANIA
UCRANIA
MOLDAVIA
FRANCIA
AUSTRIA
RUMANIA
ITALIA
Mar Negro
GEORGIA
ARMENIA
Mar Caspio
Mar de Aral
KAZAJISTÁN
MONGOLIA
UZBEKISTÁN
KIRGUISTÁN
TURKMENISTÁN
TAYIKISTÁN
PORTUGAL
ESPAÑA
GRECIA
TURQUÍA
AZERBAIYÁN
GIBRALTAR (R.U.)
TÚNEZ
Mar Mediterráneo
CHIPRE
LÍBANO
SIRIA
IRAQ
IRÁN
AFGANISTÁN
CHINA
COREA DEL NORTE
COREA DEL SUR
Mar de Japón
JAPÓN
MARRUECOS
ISRAEL
JORDANIA
KUWAIT
PAKISTÁN
NEPAL
BUTÁN
ARGELIA
LIBIA
EGIPTO
BAHRÉIN
QATAR
E.A.U.
ARABIA SAUDITA
OMÁN
INDIA
MYANMAR (BIRMANIA)
TAIWÁN
SAHARA OCCIDENTAL
CABO VERDE
MAURITANIA
MALÍ
NÍGER
CHAD
SUDÁN
ERITREA
YEMEN
BANGLADESH
LAOS
OCÉANO PACÍFICO
SENEGAL
GAMBIA
GUINEA
GUINEA-BISSAU
BURKINA FASO
COSTA DE MARFIL
NIGERIA
SUDÁN DEL SUR
YIBUTI
Mar Arábigo
Golfo de Bengala
TAILANDIA
Mar de China Meridional
CAMBOYA
VIETNAM
FILIPINAS
GUAM
REPÚBLICA CENTROAFRICANA
ETIOPÍA
SRI LANKA
BRUNÉI
SIERRA LEONA
LIBERIA
GHANA
TOGO
BENÍN
CAMERÚN
SOMALIA
ISLAS MALDIVAS
MALASIA
RUANDA
UGANDA
KENIA
GUINEA ECUATORIAL
GABÓN
BURUNDI
REPÚBLICA DEMOCRÁTICA DEL CONGO
SINGAPUR
REPÚBLICA DEL CONGO
TANZANIA
SEYCHELLES
INDONESIA
PAPÚA Y NUEVA GUINEA
CABINDA (ANGOLA)
ANGOLA
COMORES
ZAMBIA
MALAWI
TIMOR ORIENTAL
OCÉANO ATLÁNTICO
MOZAMBIQUE
NAMIBIA
ZIMBABUE
MADAGASCAR
ISLA MAURICIO
BOTSUANA
AUSTRALIA
SWAZILANDIA
SUDÁFRICA
LESOTO
OCÉANO ÍNDICO
N
O
E
S
0 1,000 2,000 millas
0 1,000 2,000 kilómetros
ANTÁRTIDA

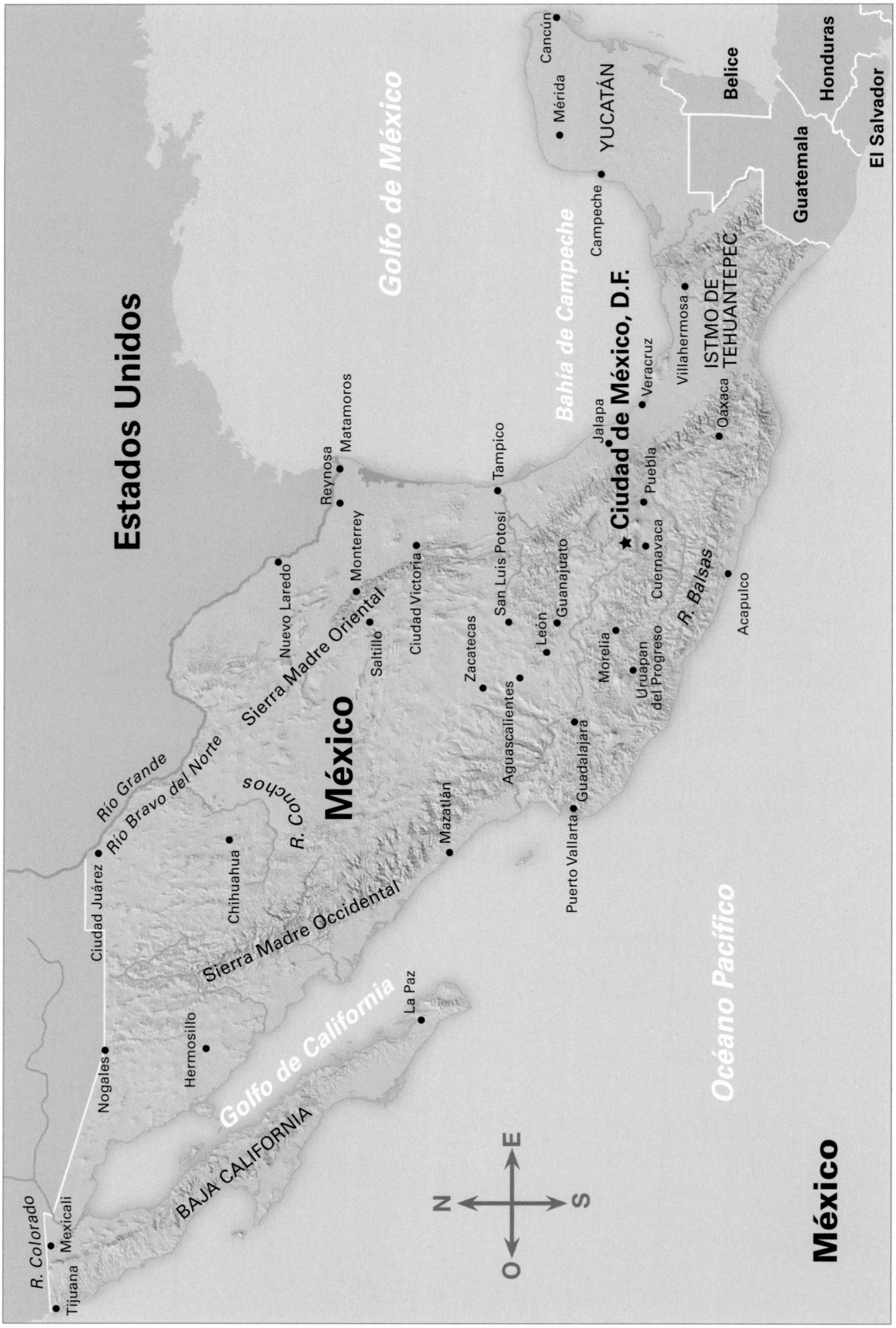
Estados Unidos
Golfo de México
Bahía de Campeche
Ciudad de México, D.F.
México
Océano Pacífico
Golfo de California
BAJA CALIFORNIA
YUCATÁN
ISTMO DE TEHUANTEPEC
Belice
Guatemala
Honduras
El Salvador
Sierra Madre Oriental
Sierra Madre Occidental
Río Grande
Río Bravo del Norte
R. Colorado
R. Conchos
R. Balsas
Tijuana
Mexicali
Nogales
Hermosillo
Ciudad Juárez
Chihuahua
La Paz
Mazatlán
Nuevo Laredo
Monterrey
Saltillo
Reynosa
Matamoros
Ciudad Victoria
Tampico
Zacatecas
San Luis Potosí
Aguascalientes
León
Guanajuato
Guadalajara
Puerto Vallarta
Morelia
Uruapan del Progreso
Cuernavaca
Puebla
Jalapa
Veracruz
Acapulco
Oaxaca
Villahermosa
Campeche
Mérida
Cancún
N
S
E
O
México

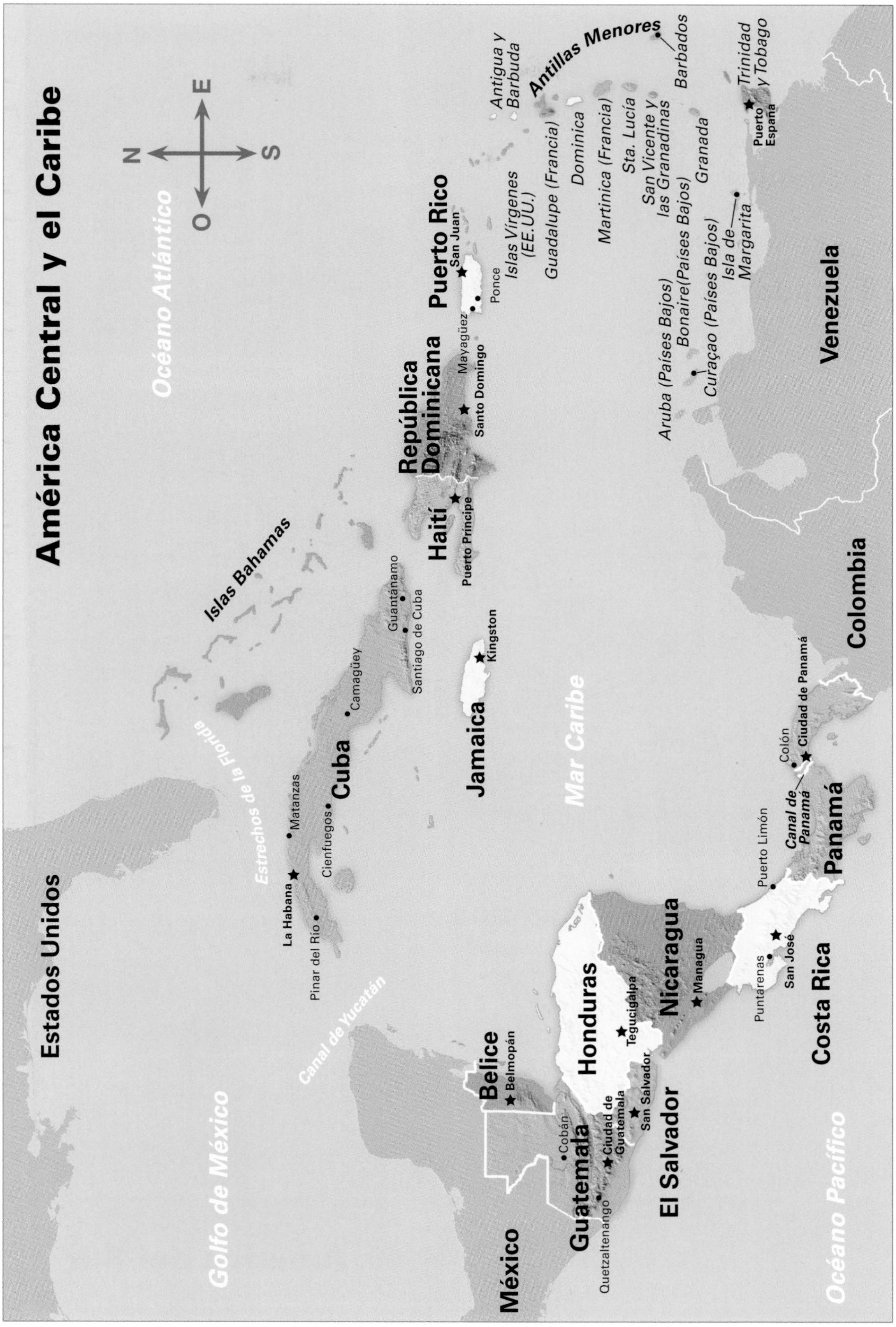

América Central y el Caribe
N
S
E
O
Océano Atlántico
Golfo de México
Mar Caribe
Océano Pacífico
Estados Unidos
México
Belice
Belmopán
Guatemala
Ciudad de Guatemala
Quetzaltenango
Cobán
El Salvador
San Salvador
Honduras
Tegucigalpa
Nicaragua
Managua
Costa Rica
San José
Puntarenas
Puerto Limón
Panamá
Canal de Panamá
Colón
Ciudad de Panamá
Colombia
Venezuela
Canal de Yucatán
Estrechos de la Florida
Cuba
La Habana
Pinar del Río
Matanzas
Cienfuegos
Camagüey
Santiago de Cuba
Guantánamo
Islas Bahamas
Jamaica
Kingston
Haití
Puerto Príncipe
República Dominicana
Santo Domingo
Puerto Rico
San Juan
Mayagüez
Ponce
Islas Vírgenes (EE.UU.)
Antigua y Barbuda
Guadalupe (Francia)
Dominica
Martinica (Francia)
Sta. Lucía
San Vicente y las Granadinas
Barbados
Granada
Antillas Menores
Trinidad y Tobago
Puerto España
Aruba (Países Bajos)
Bonaire(Países Bajos)
Curaçao (Países Bajos)
Isla de Margarita

Mar Caribe
Islas Galápagos
Océano Pacífico
Isla Pinta
Isla Marchena
Isla Genovesa
Isla Isabela
Línea ecuatorial
Volcán Darwin
Isla Santiago
(San Salvador)
Isla Fernandina
Isla San Cristóbal
Puerto Ayora
Isla Santa Cruz
Santo Tomás
Puerto Baquerizo Moreno
Isla Santa María
Isla Española
Barranquilla
Maracaibo
Caracas
Puerto España
Trinidad y Tobago
Venezuela
R. Orinoco
Georgetown
Guyana
Paramaribo
Cayena
Surinam
Guayana Francesa
Medellín
Colombia
Bogotá
Cali
Pasto
Quito
Ecuador
Guayaquil
R. Negro
R. Amazonas
Belém
Manaus
Iquitos
Perú
R. Madeira
Recife
Cordillera de los Andes
Lima
Cuzco
Lago Titicaca
Salvador
Brasil
Brasilia
Arequipa
La Paz
Bolivia
R. Paraguay
Arica
Sucre
Océano Pacífico
Iquique
R. Paraná
Belo Horizonte
Antofagasta
Paraguay
São Paulo
Rio de Janeiro
Santos
Salta
Asunción
Chile
R. Uruguay
Pôrto Alegre
Córdoba
Mendoza
Valparaíso
Rosario
Santiago
Uruguay
Buenos Aires
Montevideo
Concepción
Argentina
Océano Atlántico
Bahía Blanca
Puerto Montt
N
O
E
S
Estrecho de Magallanes
Punta Arenas
Islas Malvinas
Tierra del Fuego
América del Sur

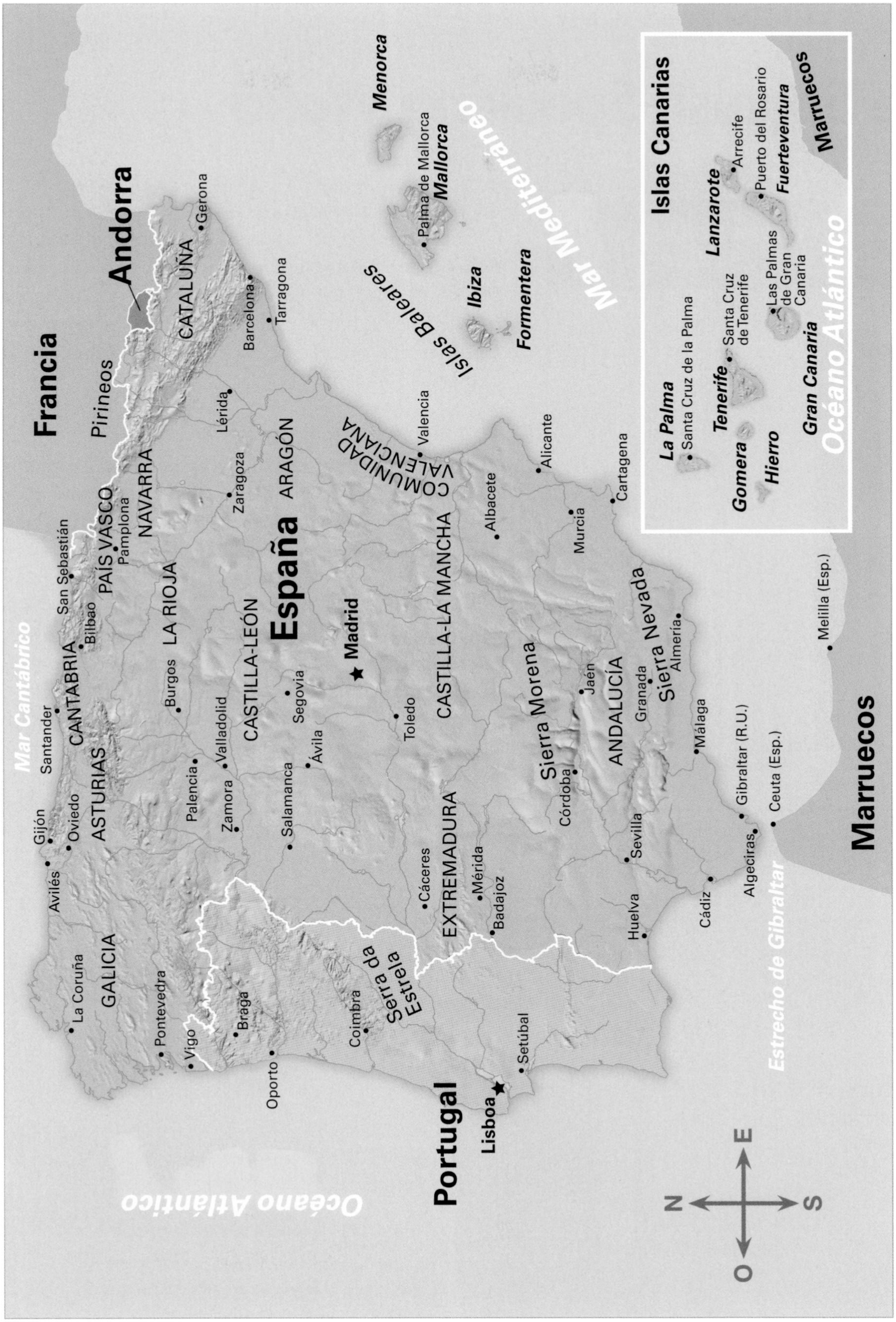
Francia
Andorra
Pirineos
Mar Cantábrico
Océano Atlántico
Portugal
Lisboa
España
Madrid
Mar Mediterráneo
Islas Baleares
Menorca
Mallorca
Palma de Mallorca
Ibiza
Formentera
Marruecos
Estrecho de Gibraltar
GALICIA
ASTURIAS
CANTABRIA
PAÍS VASCO
NAVARRA
LA RIOJA
CATALUÑA
ARAGÓN
CASTILLA-LEÓN
CASTILLA-LA MANCHA
COMUNIDAD VALENCIANA
EXTREMADURA
ANDALUCÍA
Sierra Morena
Sierra Nevada
Serra da Estrela
La Coruña
Pontevedra
Vigo
Avilés
Gijón
Oviedo
Santander
Bilbao
San Sebastián
Pamplona
Burgos
Palencia
Valladolid
Zamora
Salamanca
Ávila
Segovia
Toledo
Zaragoza
Lérida
Gerona
Barcelona
Tarragona
Valencia
Alicante
Albacete
Murcia
Cartagena
Almería
Granada
Jaén
Córdoba
Málaga
Sevilla
Huelva
Cádiz
Algeciras
Gibraltar (R.U.)
Ceuta (Esp.)
Melilla (Esp.)
Cáceres
Mérida
Badajoz
Braga
Oporto
Coimbra
Setúbal
Islas Canarias
La Palma
Santa Cruz de la Palma
Tenerife
Santa Cruz de Tenerife
Gomera
Hierro
Gran Canaria
Las Palmas de Gran Canaria
Lanzarote
Arrecife
Fuerteventura
Puerto del Rosario
N
S
E
O

The Spanish-Speaking World

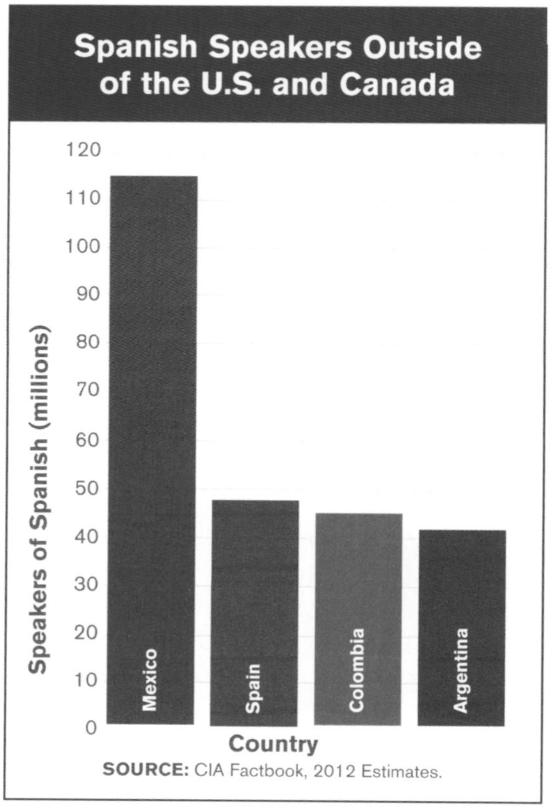

Do you know someone whose first language is Spanish? Chances are you do! More than approximately forty million people living in the U.S. speak Spanish; after English, it is the second most commonly spoken language in this country. It is the official language of twenty-two countries and an official language of the European Union and United Nations.

The Growth of Spanish

Have you ever heard of a language called Castilian? It's Spanish! The Spanish language as we know it today has its origins in a dialect called Castilian (castellano in Spanish). Castilian developed in the 9th century in north-central Spain, in a historic provincial region known as Old Castile. Castilian gradually spread towards the central region of New Castile, where it was adopted as the main language of commerce. By the 16th century, Spanish had become the official language of Spain and eventually, the country's role in exploration, colonization, and overseas trade led to its spread across Central and South America, North America, the Caribbean, parts of North Africa, the Canary Islands, and the Philippines.

Spanish in the United States

1500 — 1600 — 1700

16th Century
Spanish is the official language of Spain.

1565
The Spanish arrive in Florida and found St. Augustine.

1610
The Spanish found Santa Fe, today's capital of New Mexico, the state with the most Spanish speakers in the U.S.

Spanish in the United States

Spanish came to North America in the 16th century with the Spanish who settled in St. Augustine, Florida. Spanish-speaking communities flourished in several parts of the continent over the next few centuries. Then, in 1848, in the aftermath of the Mexican-American War, Mexico lost almost half its land to the United States, including portions of modern-day Texas, New Mexico, Arizona, Colorado, California, Wyoming, Nevada, and Utah. Overnight, hundreds of thousands of Mexicans became citizens of the United States, bringing with them their rich history, language, and traditions.

This heritage, combined with that of the other Hispanic populations that have immigrated to the United States over the years, has led to the remarkable growth of Spanish around the country. After English, it is the most commonly spoken language in 43 states. More than 12 million people in California alone claim Spanish as their first or "home" language.

You've made a popular choice by choosing to take Spanish in school. Not only is Spanish found and heard almost everywhere in the United States, but it is the most commonly taught foreign language in classrooms throughout the country! Have you heard people speaking Spanish in your community? Chances are that you've come across an advertisement, menu, or magazine that is in Spanish. If you look around, you'll find that Spanish can be found in some pretty common places. For example, most ATMs respond to users in both English and Spanish. News agencies and television stations such as CNN and Telemundo provide Spanish-language broadcasts. When you listen to the radio or download music from the Internet, some of the most popular choices are Latino artists who perform in Spanish. Federal government agencies such as the Internal Revenue Service and the Department of State provide services in both languages. Even the White House has an official Spanish-language webpage! Learning Spanish can create opportunities within your everyday life.

1800 1900 2015

1848
Mexicans who choose to stay in the U.S. after the Mexican-American War become U.S. citizens.

1959
After the Cuban Revolution, thousands of Cubans emigrate to the U.S.

2015
Spanish is the 2nd most commonly spoken language in the U.S., with more than approximately 52.5 million speakers.

Why Study Spanish?

Learn an International Language

There are many reasons to learn Spanish, a language that has spread to many parts of the world and has along the way embraced words and sounds of languages as diverse as Latin, Arabic, and Nahuatl. Spanish has evolved from a medieval dialect of north-central Spain into the fourth most commonly spoken language in the world. It is the second language of choice among the majority of people in North America.

Understand the World Around You

Knowing Spanish can also open doors to communities within the United States, and it can broaden your understanding of the nation's history and geography. The very names Colorado, Montana, Nevada, and Florida are Spanish in origin. Just knowing their meanings can give you some insight into the landscapes for which the states are renowned. Colorado means "colored red;" Montana means "mountain;" Nevada is derived from "snow-capped mountain;" and Florida means "flowered." You've already been speaking Spanish whenever you talk about some of these states!

State Name	Meaning in Spanish
Colorado	"colored red"
Florida	"flowered"
Montana	"mountain"
Nevada	"snow-capped mountain"

Connect with the World

Learning Spanish can change how you view the world. While you learn Spanish, you will also explore and learn about the origins, customs, art, music, and literature of people in close to two dozen countries. When you travel to a Spanish-speaking country, you'll be able to converse freely with the people you meet. And whether in the U.S., Canada, or abroad, you'll find that speaking to people in their native language is the best way to bridge any culture gap.

Why Study Spanish?

Explore Your Future

How many of you are already planning your future careers? Employers in today's global economy look for workers who know different languages and understand other cultures. Your knowledge of Spanish will make you a valuable candidate for careers abroad as well as in the United States or Canada. Doctors, nurses, social workers, hotel managers, journalists, businessmen, pilots, flight attendants, and many other professionals need to know Spanish or another foreign language to do their jobs well.

Expand Your Skills

Studying a foreign language can improve your ability to analyze and interpret information and help you succeed in many other subject areas. When you first begin learning Spanish, your studies will focus mainly on reading, writing, grammar, listening, and speaking skills. You'll be amazed at how the skills involved with learning how a language works can help you succeed in other areas of study. Many people who study a foreign language claim that they gained a better understanding of English. Spanish can even help you understand the origins of many English words and expand your own vocabulary in English. Knowing Spanish can also help you pick up other related languages, such as Italian, Portuguese, and French. Spanish can really open doors for learning many other skills in your school career.

How to Learn Spanish

Start with the Basics!

As with anything you want to learn, start with the basics and remember that learning takes time! The basics are vocabulary, grammar, and culture.

Vocabulary | Every new word you learn in Spanish will expand your vocabulary and ability to communicate. The more words you know, the better you can express yourself. Focus on sounds and think about ways to remember words. Use your knowledge of English and other languages to figure out the meaning of and memorize words like **conversación, teléfono, oficina, clase,** and **música**.

Grammar | Grammar helps you put your new vocabulary together. By learning the rules of grammar, you can use new words correctly and speak in complete sentences. As you learn verbs and tenses, you will be able to speak about the past, present, or future, express yourself with clarity, and be able to persuade others with your opinions. Pay attention to structures and use your knowledge of English grammar to make connections with Spanish grammar.

Culture | Culture provides you with a framework for what you may say or do. As you learn about the culture of Spanish-speaking communities, you'll improve your knowledge of Spanish. Think about a word like **salsa**, and how it connects to both food and music. Think about and explore customs observed on **Nochevieja** (New Year's Eve) or at a **fiesta de quince años** (a girl's fifteenth birthday party). Watch people greet each other or say good-bye. Listen for idioms and sayings that capture the spirit of what you want to communicate!

Teenagers celebrating at a **fiesta de quince años**.

Listen, Speak, Read, and Write

Listening | Listen for sounds and for words you can recognize. Listen for inflections and watch for key words that signal a question such as **cómo** (*how*), **dónde** (*where*), or **qué** (*what*). Get used to the sound of Spanish. Play Spanish pop songs or watch Spanish movies. Borrow audiobooks from your local library, or try to visit places in your community where Spanish is spoken. Don't worry if you don't understand every single word. If you focus on key words and phrases, you'll get the main idea. The more you listen, the more you'll understand!

Speaking | Practice speaking Spanish as often as you can. As you talk, work on your pronunciation, and read aloud texts so that words and sentences flow more easily. Don't worry if you don't sound like a native speaker, or if you make some mistakes. Time and practice will help you get there. Participate actively in Spanish class. Try to speak Spanish with classmates, especially native speakers (if you know any), as often as you can.

Reading | Pick up a Spanish-language newspaper or a pamphlet on your way to school, read the lyrics of a song as you listen to it, or read books you've already read in English translated into Spanish. Use reading strategies that you know to understand the meaning of a text that looks unfamiliar. Look for cognates, or words that are related in English and Spanish, to guess the meaning of some words. Read as often as you can, and remember to read for fun!

Writing | It's easy to write in Spanish if you put your mind to it. And remember that Spanish spelling is phonetic, which means that once you learn the basic rules of how letters and sounds are related, you can probably become an expert speller in Spanish! Write for fun—make up poems or songs, write e-mails or instant messages to friends, or start a journal or blog in Spanish.

Tips for Learning Spanish

Practice, practice, practice!

Seize every opportunity you find to listen, speak, read, or write Spanish. Think of it like a sport or learning a musical instrument—the more you practice, the more you will become comfortable with the language and how it works. You'll marvel at how quickly you can begin speaking Spanish and how the world that it transports you to can change your life forever!

- Listen to Spanish radio shows and podcasts. Write down words that you can't recognize or don't know and look up the meaning.
- Watch Spanish TV shows, movies, or YouTube clips. Read subtitles to help you grasp the content.
- Read Spanish-language newspapers, magazines, or blogs.
- Listen to Spanish songs that you like —anything from Shakira to a traditional mariachi melody. Sing along and concentrate on your pronunciation.

- Seek out Spanish speakers. Look for neighborhoods, markets, or cultural centers where Spanish might be spoken in your community. Greet people, ask for directions, or order from a menu at a Mexican restaurant in Spanish.
- Pursue language exchange opportunities (**intercambio cultural**) in your school or community. Try to join language clubs or cultural societies, and explore opportunities for studying abroad or hosting a student from a Spanish-speaking country in your home or school.
- Connect your learning to everyday experiences. Think about naming the ingredients of your favorite dish in Spanish. Think about the origins of Spanish place names in the U.S., like Cape Canaveral and Sacramento, or of common English words like *adobe, chocolate, mustang, tornado,* and *patio.*
- Use mnemonics, or a memorizing device, to help you remember words. Make up a saying in English to remember the order of the days of the week in Spanish (L, M, M, J, V, S, D).
- Visualize words. Try to associate words with images to help you remember meanings. For example, think of a **paella** as you learn the names of different types of seafood or meat. Imagine a national park and create mental pictures of the landscape as you learn names of animals, plants, and habitats.
- Enjoy yourself! Try to have as much fun as you can learning Spanish. Take your knowledge beyond the classroom and make the learning experience your own.

Useful Spanish Expressions

The following expressions will be very useful in getting you started learning Spanish. You can use them in class to check your understanding or to ask and answer questions about the lessons. Read En las **instrucciones** ahead of time to help you understand direction lines in Spanish, as well as your teacher's instructions. Remember to practice your Spanish as often as you can!

En las instrucciones	*In direction lines*
Cierto o falso	*True or false*
Completa las oraciones de una manera lógica.	*Complete the sentences logically.*
Con un(a) compañero/a...	*With a classmate...*
Contesta las preguntas.	*Answer the questions.*
Corrige la información falsa.	*Correct the false information.*
Di/Digan...	*Say...*
En grupos...	*In groups...*
En parejas...	*In pairs...*
Entrevista...	*Interview...*
Forma oraciones completas.	*Create/Make complete sentences.*
Háganse preguntas.	*Ask each other questions.*
Haz el papel de...	*Play the role of...*
Haz los cambios necesarios.	*Make the necessary changes.*
Indica/Indiquen si las oraciones...	*Indicate if the sentences...*
Lee/Lean en voz alta.	*Read aloud.*
...que mejor completa...	*...that best completes...*
Toma nota...	*Take note...*
Tomen apuntes.	*Take notes.*
Túrnense...	*Take turns...*

Expresiones útiles	*Useful expressions*
¿Cómo se dice ________ en español?	*How do you say ________ in Spanish?*
¿Cómo se escribe ________?	*How do you spell ________?*
¿Comprende(n)?	*Do you understand?*
Con permiso.	*Excuse me.*
De acuerdo.	*Okay.*
De nada.	*You're welcome.*
¿De veras?	*Really?*
¿En qué página estamos?	*What page are we on?*
Enseguida.	*Right away.*
Más despacio, por favor.	*Slower, please.*
Muchas gracias.	*Thanks a lot.*
No entiendo.	*I don't understand.*
No sé.	*I don't know.*
Perdone.	*Excuse me.*
Pista	*Clue*
Por favor.	*Please.*
Por supuesto.	*Of course.*
¿Qué significa ________?	*What does ________ mean?*
Repite, por favor.	*Please repeat.*
Tengo una pregunta.	*I have a question.*
¿Tiene(n) alguna pregunta?	*Do you have questions?*
Vaya(n) a la página dos.	*Go to page 2.*

Common Names

Get started learning Spanish by using a Spanish name in class. You can choose from the lists on these pages, or you can find one yourself. How about learning the Spanish equivalent of your name? The most popular Spanish female names are Lucía, María, Paula, Sofía, and Valentina. The most popular male names in Spanish are Alejandro, Daniel, David, Mateo, and Santiago. Is your name, or that of someone you know, in the Spanish top five?

Más nombres masculinos	Más nombres femeninos
Alfonso	Alicia
Antonio (Toni)	Beatriz (Bea, Beti, Biata)
Carlos	Blanca
César	Carolina (Carol)
Diego	Claudia
Ernesto	Diana
Felipe	Emilia
Francisco (Paco)	Irene
Guillermo	Julia
Ignacio (Nacho)	Laura
Javier (Javi)	Leonor
Leonardo	Liliana
Luis	Lourdes
Manolo	Margarita (Marga)
Marcos	Marta
Oscar (Óscar)	Noelia
Rafael (Rafa)	Patricia
Sergio	Rocío
Vicente	Verónica

Los 5 nombres masculinos más populares	Los 5 nombres femeninos más populares
Alejandro	Lucía
Daniel	María
David	Paula
Mateo	Sofía
Santiago	Valentina

Lección preliminar

Communicative Goals

I will be able to:

- **Identify myself and others**
- **Describe people and things**

así somos

pages 2–3

- Present tense of **ser** and **estar**
- Articles
- Adjectives and agreement

así lo hacemos

pages 4–7

- Present tense of **–ar, –er, –ir** verbs
- Present tense of **tener** and **venir**
- Present tense of the verb **ir**
- Verbs with stem changes and irregular **yo** forms

cultura

pages 8–9

- **Unas vacaciones de voluntario**
- **Hacer surf al estilo hispano.**

síntesis

page 10

- Talk about family and friends.
- Describe people.
- Talk about pastimes and activities.

1 Completar Complete the sentences with the correct form of the verb **ser**.

1. Maite ________ de España, ¿verdad?
2. ¿Quiénes ________ los chicos en el autobús?
3. Juan y yo ________ estudiantes.
4. ¿De dónde ________ tú?
5. ________ las nueve de la mañana.

2 El primer día de clases Fill in the blanks in the conversation below with the correct form of **estar**.

—Hola, Martín. ¿Cómo (1) ________ (tú)?
—Bien. Oye, ¿sabes dónde (2) ________ el gimnasio? Mis compañeros del equipo de béisbol (3) ________ allí.
—Pero, hombre, ¡yo también (4) ________ en el equipo! Vamos juntos al gimnasio, (5) (nosotros) ________ muy cerca.

3 ¿Ser o estar? Complete with the correct forms of **ser** or **estar**.

Me llamo Julio. Mis padres (1) ________ de México, pero mi familia (2) ________ en Arizona ahora. Mi padre (3) ________ médico en el hospital; la agencia de viajes de mi mamá (4) ________ cerca de nuestra casa. Nosotros tres (5) ________ altos y morenos. Yo (6) ________ estudiante de décimo grado. Mis clases (7) ________ buenas, pero a veces (yo) (8) ________ aburrido. Todos los estudiantes (9) ________ nerviosos hoy porque hoy empiezan los exámenes finales.

4 Género y número Add the appropriate definite or indefinite article for each noun.

Definidos	Indefinidos
1. ___ comunidad	6. ___ lápiz
2. ___ pintores	7. ___ pasajeros
3. ___ programa	8. ___ computadoras
4. ___ natación	9. ___ traje de baño
5. ___ revistas	10. ___ lección

1.1 Present tense of ser and estar

¿Y ustedes de dónde son?
Yo soy de Buenos Aires, Argentina. Miguel es de España.

ser

yo	soy	nosotros/as	somos
tú	eres	vosotros/as	sois
Ud./él/ella	es	Uds./ellos/ellas	son

- Uses of **ser**: nationality, origin, profession or occupation, characteristics, generalizations, possession, what something is made of, time and date, time and place of events

estar

yo	estoy	nosotros/as	estamos
tú	estás	vosotros/as	estáis
Ud./él/ella	está	Uds./ellos/ellas	están

- Uses of **estar**: location, health, physical states and conditions, emotional states, weather expressions, ongoing actions
- **Ser** and **estar** can both be used with many of the same adjectives, but the meaning will change.

Juan **es** delgado.	Juan **está** más delgado hoy.
Juan is thin.	*Juan looks thinner today.*

1.2 Articles

- Articles tell the gender (masculine/feminine) and number (singular/plural) of the nouns they precede.

Definite articles

el libro	la lección
los programas	las profesoras

Indefinite articles

un chico	una silla
unos chicos	unas sillas

1.3 Adjectives and agreement

Eres gordo, antipático y muy feo.

Yucatán es una península bonita. Los cenotes son hermosos.

- Adjectives are words that describe nouns. In Spanish, adjectives agree with, or match, the nouns they modify in both gender and number.

Descriptive Adjectives

Masculine		Feminine	
Singular	**Plural**	**Singular**	**Plural**
alto	altos	alta	altas
inteligente	inteligentes	inteligente	inteligentes
trabajador	trabajadores	trabajadora	trabajadoras

- Descriptive adjectives and adjectives of nationality follow the noun:

  el chico rubio, la mujer española

- Adjectives of quantity precede the noun:

  muchos libros, dos turistas

Note: When placed before a masculine noun, these adjectives are shortened.

bueno → buen **malo → mal** **grande → gran**

Possessive Adjectives

Singular		Plural	
mi	nuestro/a	mis	nuestros/as
tu	vuestro/a	tus	vuestros/as
su	su	sus	sus

- Possesive adjectives are always placed before the nouns they modify.

  nuestros amigos **mi madre**

5 Opuestos Complete the sentences with the appropriate form of **ser** or **estar** and an adjective with the opposite meaning of the adjective in italics.

modelo

La biblioteca está *cerrada* hoy, pero los bancos están abiertos.

1. La habitación de mi hermana siempre está *sucia*, pero mi habitación (ser/estar) __________ __________.
2. Estoy *contento* porque estamos de vacaciones, pero mis padres (ser/estar) __________ __________ porque tienen que trabajar.
3. Tu primo es *alto* y *moreno*, pero tú (ser/estar) __________ __________ y __________.
4. Mi amigo Fernando dice que las matemáticas son *difíciles*, pero yo creo que (ser/estar) __________ __________.

6 Entrevista Write down as many descriptive adjectives about yourself as you can in three minutes. Then, in pairs, use **ser** or **estar** to ask your partner if he/she has the same characteristics. Finally, tell the class what you have in common.

modelo

(Yo): delgada, morena, trabajadora, contenta, simpática.
(Preguntas): ¿Tú eres trabajadora? ¿Estás contenta?
(Oraciones): Somos morenas, estamos contentas y somos trabajadoras.

7 Posesivos Write the appropriate form of each possessive adjective. The first item has been done for you.

1. Él es ___mi___ (*my*) hermano.
2. __________ (*Your*, fam.) familia es muy simpática.
3. __________ (*Our*) sobrino es italiano.
4. ¿Ella es __________ (*his*) profesora?
5. __________ (*Your*, form.) maleta es de color verde.
6. __________ (*Her*) amigos son de Colombia.
7. Son __________ (*our*) compañeras de clase.
8. __________ (*My*) padres están en el trabajo.

8 Mi familia y mis amigos Write a brief description of your family, your relatives, and your friends. Use as many possessive adjectives as possible to identify the person or persons you are describing.

1 **Completar** Complete each sentence with the appropriate form of the verb.

1. Rosa _____ (bailar) un tango en el teatro.
2. Mis amigos _____ (hablar) francés muy bien.
3. Yo _____ (abrir) la ventana cuando hace calor.
4. Mi hermano y yo _____ (aprender) a nadar en la piscina.
5. ¿Dónde _____ (vivir) ustedes?
6. ¿Tú _____ (recibir) regalos el día de tu cumpleaños?
7. Los estudiantes _____ (correr) a casa por la tarde.
8. Nosotros _____ (mirar) la televisión.
9. Usted nunca _____ (comer) comida picante, ¿verdad?
10. Mis hermanos y yo _____ (practicar) el fútbol después de las clases.
11. Ustedes siempre _____ (desayunar) en la cafetería.
12. ¿_____ (Viajar) tus padres a Roma esta semana?

2 **Tener** Look at the drawings and describe these people, using an expression with **tener**.

1. _____

2. _____

3. _____

4. _____

5. _____

6. _____

2.1 **Present tense of –ar, –er, –ir verbs**

Tomo cuatro clases.

▶ To create the present-tense forms of most regular verbs, drop the infinitive endings (**-ar, -er, -ir**) and add the appropriate endings that correspond to the different subject pronouns.

hablar			
yo	**habl**o	nosotros/as	**habl**amos
tú	**habl**as	vosotros/as	**habl**áis
Ud./él/ella	**habl**a	Uds./ellos/ellas	**habl**an

comer		escribir	
como	**com**emos	**escrib**o	**escrib**imos
comes	**com**éis	**escrib**es	**escrib**ís
come	**com**en	**escrib**e	**escrib**en

2.2 **Present tense of tener and venir**

Tengo una hermana que se llama Jimena.

tener		venir	
tengo	**ten**emos	**ven**go	**ven**imos
tienes	**ten**éis	**vien**es	**ven**ís
tiene	**tien**en	**vien**e	**vien**en

▶ **Tener** is used in many common phrases expressing feelings and age.

tener... años	*to be... years old*
tener calor	*to be hot*
tener frío	*to be cold*
tener ganas de + inf.	*to feel like doing something*
tener hambre	*to be hungry*
tener prisa	*to be in a hurry*
tener razón	*to be right*
tener sed	*to be thirsty*
tener que + inf.	*to have to do something*

.3 Present tense of the verb **ir**

ir			
yo	voy	nosotros/as	vamos
tú	vas	vosotros/as	vais
Ud./él/ella	va	Uds./ellos/ellas	van

- **Ir** has many everyday uses, including expressing future plans:

  ir a + [*infinitivo*] = *to be going to* + [*infinitive*]

  vamos a [*infinitivo*] = *let's do something*

.4 Verbs with stem changes and irregular **yo** forms

La familia almuerza en Xochimilco.

e:ie o:ue u:ue stem-changing verbs

	empezar	volver	jugar
yo	empiezo	vuelvo	juego
tú	empiezas	vuelves	juegas
Ud./él/ella	empieza	vuelve	juega
nosotros/as	empezamos	volvemos	jugamos
vosotros/as	empezáis	volvéis	jugáis
Uds./ellos/ellas	empiezan	vuelven	juegan

Other e:ie verbs: **cerrar, comenzar, entender, pensar, perder, preferir, querer**

Other o:ue verbs: **almorzar, contar, dormir, encontrar, mostrar, poder, recordar**

e:i stem-changing verbs

pedir			
yo	pido	nosotros/as	pedimos
tú	pides	vosotros/as	pedís
Ud./él/ella	pide	Uds./ellos/ellas	piden

Other e:i verbs: **conseguir, decir, repetir, seguir**

Verbs with irregular yo forms

hacer	poner	salir	suponer	traer
hago	pongo	salgo	supongo	traigo

ver: veo, **ves, ve, vemos, veis, ven**

oír: oigo, **oyes, oye, oímos, oís, oyen**

3 **Ir** Complete this paragraph with the present-tense forms of **ir**.

El sábado yo (1) ________ al Museo de Bellas Artes porque mi artista favorito (2) ________ a presentar una exposición. Mis amigos no (3) ________ al museo conmigo porque todos (4) ________ a jugar al fútbol, pero yo (5) ________ a ir porque yo (6) ________ a ser artista. ¿(7) ________ (tú) al museo también? ¿Por qué no (8) ________ juntos?

4 **Verbos** Complete the chart with the correct verb forms.

Infinitive	yo	nosotros/as	ellos/as
	puedo		
comenzar		comenzamos	
		hacemos	hacen
oír			
	juego		
repetir			repiten

5 **Oraciones** Arrange the words in the correct order to form complete logical sentences. ¡Ojo! Remember to conjugate the verbs according to the subject.

1. amigos / unos / tener / interesantes / tú / muy
____
2. autobús / yo / en / comercial / centro / venir / del
____
3. tener / dinero / no / suficiente / ellos
____
4. sábados / cine / todos / los / ir / yo / al
____

6 **Conversación** Complete this conversation with the appropriate forms of the verbs. Then act it out with a partner.

PABLO Óscar, voy al centro ahora.

ÓSCAR ¿A qué hora (1)________ (pensar) volver? El partido de fútbol (2)________ (empezar) a las dos.

PABLO (3)________ (Volver) a la una. (4)________ (Querer) ver el partido.

ÓSCAR (5)¿________ (Recordar) (tú) que nuestro equipo es muy bueno? (6)¡ ________ (Poder) ganar!

PABLO No, (7)________ (pensar) que vamos a (8)________ (perder). Los jugadores de Guadalajara son salvajes (*wild*) cuando (9)________ (jugar).

7 **Un día típico** Complete the paragraph with the appropriate forms of the verbs in the word list. Not all verbs will be used. Some may be used more than once.

almorzar	ir	salir
cerrar	jugar	seguir
empezar	mostrar	ver
hacer	querer	volver

¡Hola! Me llamo Marta y vivo en Guadalajara, México. ¿Cómo es un día típico en mi vida? Pues, por la mañana desayuno con mis padres y juntos (1) __________ las noticias (*news*) en la televisión. A las siete y media, (yo) (2) __________ de mi casa y tomo el autobús. Es bueno llegar temprano a la escuela porque siempre (3) __________ a mis amigos en la cafetería. Conversamos y planeamos lo que (4) __________ hacer cada día. A las ocho y cuarto, mi amiga Susana y yo (5) __________ al laboratorio de lenguas. La clase de francés (6) __________ a las ocho y media. ¡Es mi clase favorita! A las doce y media (yo) (7) __________ en la cafetería con mis amigos. Después, (yo) (8) __________ con mis clases. Por las tardes, mis amigos (9) __________ a sus casas, pero yo (10) __________ al vóleibol con el equipo de mi escuela.

8 **Describir** Use a verb from the list to describe what these people are doing.

almorzar	contar	encontrar
cerrar	dormir	mostrar

1. las niñas

2. yo

3. nosotros

4. tú

5. Pedro

6. Teresa

9 **La vida de Julia** Listen to Julia as she tells you about her life. Then, indicate whether each of the following conclusions is **Cierto** or **Falso**, based on what you hear.

	Cierto	Falso
1. Julia es una adolescente.	❍ ✓	❍
2. Julia y sus hermanos van a la escuela.	❍	❍ ✓
3. Sus materias favoritas son inglés e historia.	❍ ✓	❍
4. Julia toma su desayuno en su casa.	❍	❍ ✓
5. Ella va a su casa caminando.	❍	❍ ✓

10 **Contestar** Answer these questions.

modelo

¿Qué pides en la cafetería?
En la cafetería, yo pido pizza.

1. ¿Cuántas horas duermes cada noche? ¿Tienes sueño ahora?
2. ¿Cuándo haces la tarea de matemáticas?
3. ¿Adónde sales con tus amigos?
4. ¿Prefieres ver películas en el cine o en casa? Cuando ves películas en el cine, ¿con quién vas?
5. ¿Qué traes a la clase de español?
6. ¿Quién pone (*sets*) la mesa en tu casa?
7. ¿A qué hora almuerzas en la escuela? ¿Qué comes? ¿Traes comida de tu casa o compras comida?
8. ¿Oyes música cuando estudias? ¿Qué música tienes?
9. ¿Practicas deportes o prefieres los juegos (*games*) de mesa? ¿Qué juegas?
10. ¿Crees que esta clase va a ser fácil o difícil?

11 **Una carta** Write a letter to a friend describing what you do on a typical day and your plans for this weekend. Use at least six verbs from pages 4–5, **ir a** + *infinitive* to talk about your plans for the weekend, and **tener que** + *infinitive* to talk about your obligations. You may use the paragraph in **Actividad 7** as a model.

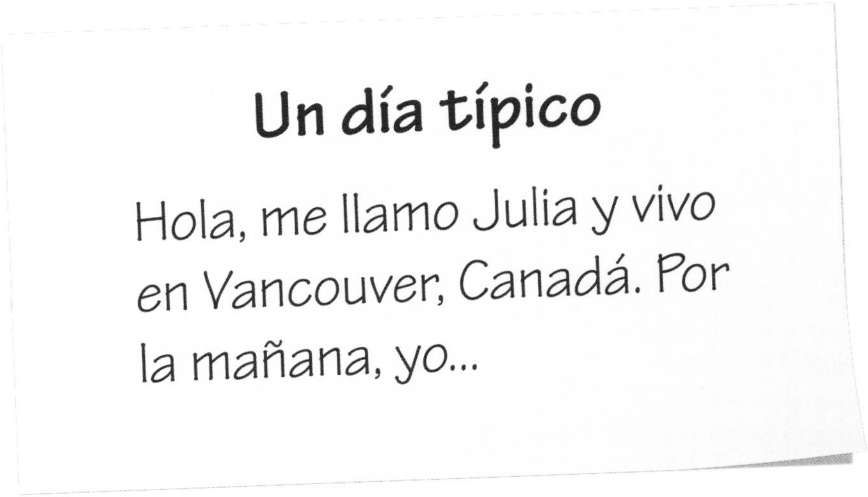
Un día típico
Hola, me llamo Julia y vivo en Vancouver, Canadá. Por la mañana, yo...

EN DETALLE

Unas vacaciones de voluntario

¿Qué hiciste durante las vacaciones de verano? Muchos estudiantes de secundaria contestarían° esta pregunta con historias sobre cómo disfrutaron° su tiempo libre. Pero otra actividad ha ganado° atención recientemente: el trabajo voluntario durante las vacaciones.

En Latinoamérica, se le llama **aprendizaje-servicio°**, una combinación de educación formal y voluntariado°. En países como México, Argentina y Chile, los jóvenes reciben crédito académico mientras° usan su creatividad y su talento en beneficio de los demás°. Así se promueve° la participación activa de los jóvenes estudiantes en la sociedad. Los voluntarios también ganan experiencias que no podrían° obtener en el salón de clases: en Buenos Aires, un grupo de adolescentes de los colegios más exclusivos ayuda con las tareas en centros comunitarios; en una escuela de Resistencia, en Argentina, los chicos de barrios marginales° les enseñan computación a los adultos desocupados° de su propia comunidad.

En 2001, la Secretaría de Educación de Argentina creó el Programa Nacional de Escuela y Comunidad para los proyectos de aprendizaje-servicio por todo el país. ¿Hay algún requisito° de servicio comunitario para graduarse en tu escuela?

Otras vacaciones de voluntarios

En León, Nicaragua, 16 estudiantes costarricenses° construyeron casas para familias nicaragüenses como parte del programa Hábitat para la Humanidad. Adrián, un voluntario, dijo: "Fue una experiencia increíble. Podía° divertirme y al mismo tiempo hacer algo útil° y de beneficio para otros durante mis vacaciones".

Los estudiantes de la escuela técnica de Junín de los Andes adaptaron molinos de viento° a las necesidades de las poblaciones mapuches°. Por este proyecto ganaron un premio° en la Feria Mundial de Ciencias de 1999.

contestarían *would answer* **disfrutaron** *they enjoyed* **ha ganado** *has gained* **aprendizaje-servicio** *service learning* **voluntariado** *volunteerism* **mientras** *while* **los demás** *others* **Así se promueve** *Thus it promotes* **no podrían** *they could not* **barrios marginales** *disadvantaged neighborhoods* **desocupados** *unemployed* **requisito** *requirement* **costarricenses** *Costa Rican* **Podía** *I was able to* **útil** *useful* **molinos de viento** *windmills* **mapuches** *indigenous people of Central and Southern Chile and Southern Argentina* **premio** *prize*

ACTIVIDADES

1 **¿Cierto o falso?** Indica si lo que dice cada oración es **cierto** o **falso**. Corrige la información falsa.

1. El aprendizaje-servicio consiste en ir a cursos de verano.
2. En este programa, los jóvenes voluntarios aprenden cosas que no se aprenden en el salón de clases.
3. Los estudiantes de Resistencia, Argentina les enseñan computación a los chicos de los colegios más exclusivos.
4. En 2001, la Secretaría de Educación de Argentina creó un programa nacional de aprendizaje-servicio.
5. De su experiencia como voluntario en Nicaragua, el joven Adrián dijo: "Fue una experiencia horrible".
6. Los estudiantes de una escuela técnica adaptaron molinos de viento a las necesidades de las poblaciones indígenas de su país.

ASÍ SE DICE

el buceo	*diving*
el ciclismo	*cycling*
el colegio	*high school, elementary school, middle school*
la ola	*[ocean] wave*
los países hispanohablantes	**países donde se habla español**
surfear, hacer surf	*to surf*
el/la surfista, el/la surfero/a, el/la surfo/a, tablista	*surfer*

EL MUNDO HISPANO

Deportes importantes

No cabe duda° que el fútbol y el vóleibol son los deportes más populares en Latinoamérica. Sin embargo°, también se practican otros deportes en el mundo hispano.

Deporte	Lugar(es)
el béisbol	el Caribe (esp. la República Dominicana y Cuba), México, Venezuela
el ciclismo	Colombia, España y otras regiones montañosas
el rugby	Argentina, Chile
el baloncesto (básquetbol)	España, Puerto Rico, Colombia, Centroamérica
el jai-alai°	Originado en el País Vasco (España), también es popular en México
la equitación (montar a caballo)	México, Argentina, España
el surf	las Islas Canarias (España), México, Chile, Perú, etc.

no cabe duda *there is no doubt* **sin embargo** *nevertheless*
jai-alai *Basque sport played with a small ball hurled at high speeds*

PERFIL

Hacer surf al estilo hispano

"Hay que sentir la ola. Cuando la sientes, te paras en la tabla° y la agarras". La frase "agarrar° una ola" nunca tendrá° el mismo significado para alguien que no ha practicado° el deporte del surf. Originado en Hawai, es popular en muchas partes del mundo, incluso en el mundo hispano. Sólo necesitas una tabla y una costa marina.

La surfista argentina Ornella Pellizari

Gabriel Villarán es probablemente el surfista hispanoamericano más famoso del mundo. Nació en 1984 en Lima, Perú, donde su madre, su padre y su hermano eran° surfistas. Villarán fue el campeón° latinoamericano dos veces, ganó el primer lugar en los Juegos Panamericanos de Surf en 2006 y fue sub-campeón mundial en 2010.

A los once años, la argentina **Ornella Pellizari** se compró una tabla con el dinero que había ahorrado°. A los dieciocho años, ganó el Campeonato Latinoamericano de Surf Profesional femenino. Dice **Pellizari**: "Una vez que empecé a surfear, no salí más del agua".

te paras *you stand* **la tabla** *surfboard* **agarrar** *to grab* **nunca tendrá** *will never have* **no ha practicado** *has not practiced* **eran** *were* **el campeón** *champion* **había ahorrado** *she had saved*

ACTIVIDADES

2 Comprensión Completa las oraciones.

1. El deporte del surf se originó en ____________.
2. Gabriel Villarán nació en ____________.
3. Junto con el fútbol, el ____________ es uno de los deportes más populares en Latinoamérica.
4. A los dieciocho años, Pellizari ganó el Campeonato Latinoamericano de Surf Profesional para ____________.
5. El deporte del ____________ tiene su origen en el País Vasco.

3 ¿Qué vamos a hacer? Your class has the opportunity to go on a week's vacation. Working in a small group, decide whether **el aprendizaje-servicio** or **los deportes** best suits the group's talents and interests. Plan activities you can agree on, including where you might go, and the type of volunteering or sport activity. Present your vacation plans to the class.

Descripción

In groups of three or four, create a family tree of a real or fictitious family. Design a visual presentation, such as a poster or slides, for your classmates that describes each family member using different biographical facts.

Paso a paso

1. With your group, choose family members you would like to introduce and present in your family tree. Think about the presentation method you will use. If the family is fictitious, assign a Spanish name to each family member.
2. Write your presentation. Remember to include information such as age, occupations, hobbies, preferences, and other interesting biographical facts. You may also talk about activities you have done with these family members. Remember to use all the present-tense structures you have learned.

> ***modelo***
> *Esta es mi hermana Patricia. Ella tiene 22 años y estudia medicina en la universidad. En sus tardes libres, mi hermana practica la natación y estudia para los exámenes...*

3. Have your text peer-edited with the help of your group.
4. Practice the oral presentation of your family tree with your group, focusing on pronunciation and fluency.
5. Design your presentation, focusing more on images than text. Written text shouldn't be in paragraphs, only titles and keywords.
6. Practice once by presenting your family tree to another group of students. Assess their presentation as well.

Evaluación

The day of the final presentation, you will be assessed based on the following criteria. Use this as a checklist to make sure you prepared your presentation thoroughly.

- My presentation shares information on different family members, including vocabulary for personal information, favorite activities, preferences, and other interesting facts.
- My text is grammatically correct. I accurately use the present tense and effectively use articles and adjective agreement.
- I can present the family tree with correct pronunciation at a normal speed.
- Our group work was balanced and the visual aids were effective.

La rutina diaria

1

Communicative Goals

You will learn how to:

- **Describe your daily routine**
- **Talk about personal hygiene**
- **Reassure someone**

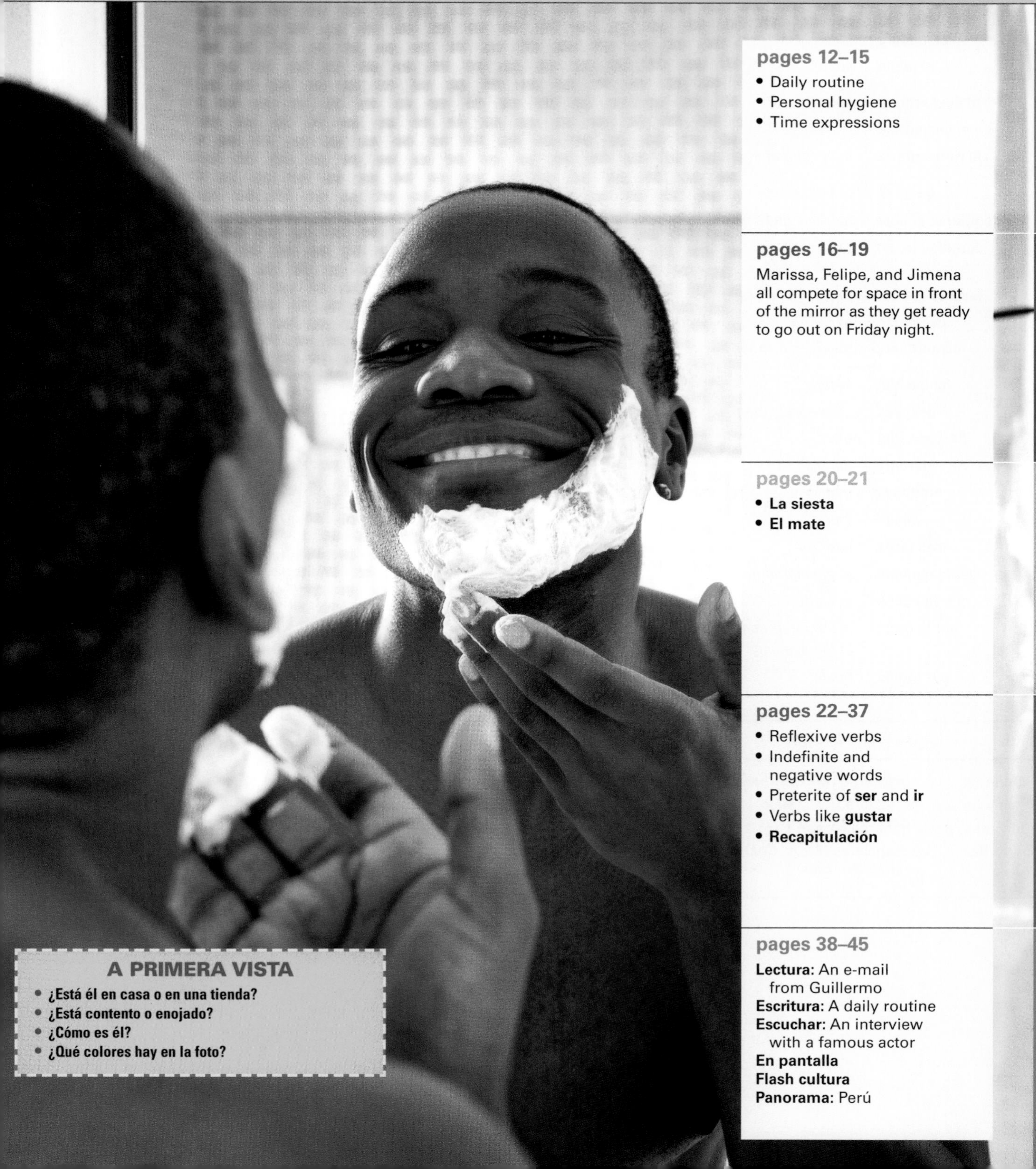

A PRIMERA VISTA

- ¿Está él en casa o en una tienda?
- ¿Está contento o enojado?
- ¿Cómo es él?
- ¿Qué colores hay en la foto?

La rutina diaria

Más vocabulario

el baño, el cuarto de baño	*bathroom*
el inodoro	*toilet*
el jabón	*soap*
el despertador	*alarm clock*
el maquillaje	*makeup*
la rutina diaria	*daily routine*
bañarse	*to take a bath*
cepillarse el pelo	*to brush one's hair*
dormirse (o:ue)	*to go to sleep; to fall asleep*
lavarse la cara	*to wash one's face*
levantarse	*to get up*
maquillarse	*to put on makeup*
antes (de)	*before*
después	*afterwards; then*
después (de)	*after*
durante	*during*
entonces	*then*
luego	*then*
más tarde	*later (on)*
por la mañana	*in the morning*
por la noche	*at night*
por la tarde	*in the afternoon; in the evening*
por último	*finally*

Variación léxica

afeitarse ⟷ rasurarse (*Méx., Amér. C.*)
ducha ⟷ regadera (*Col., Méx., Venez.*)
ducharse ⟷ bañarse (*Amér. L.*)
pantuflas ⟷ chancletas (*Méx., Col.*); zapatillas (*Esp.*)

En la habitación por la mañana

En el baño por la mañana

Se peina.
(peinarse)
Se acuesta.
(acostarse)

n la habitación por la noche

Se lava las manos.
(lavarse las manos)
Se cepilla los dientes.
(cepillarse los dientes)
la toalla
la pasta de dientes
las pantuflas

n el baño por la noche

Práctica

1 Escuchar Escucha las oraciones e indica si cada oración es **cierta** o **falsa**, según el dibujo.

1. ________ 6. ________
2. ________ 7. ________
3. ________ 8. ________
4. ________ 9. ________
5. ________ 10. ________

2 Ordenar Escucha la rutina diaria de Marta. Después ordena los verbos según lo que escuchaste.

___ a. almorzar
___ b. ducharse
___ c. peinarse
___ d. ver la televisión
___ e. desayunar
___ f. dormirse
___ g. despertarse
___ h. estudiar en la biblioteca

3 Seleccionar Selecciona la palabra que no está relacionada con cada grupo.

1. lavabo • toalla • despertador • jabón ____________
2. manos • antes de • después de • por último ____________
3. acostarse • jabón • despertarse • dormirse ____________
4. espejo • lavabo • despertador • entonces ____________
5. dormirse • toalla • vestirse • levantarse ____________
6. pelo • cara • manos • inodoro ____________
7. espejo • champú • jabón • pasta de dientes ____________
8. maquillarse • vestirse • peinarse • dientes ____________
9. baño • dormirse • despertador • acostarse ____________
10. ducharse • luego • bañarse • lavarse ____________

4 Identificar Identifica las cosas que cada persona necesita. Sigue el modelo.

modelo
Jorge / lavarse la cara
Jorge necesita jabón y una toalla para lavarse la cara.

1. Mariana / maquillarse
2. Gerardo / despertarse
3. Celia / bañarse
4. Gabriel / ducharse
5. Roberto / afeitarse
6. Sonia / lavarse el pelo
7. Vanesa / lavarse las manos
8. Manuel / vestirse
9. Simón / acostarse
10. Daniela / cepillarse los dientes

5 **La rutina de Andrés** Ordena esta rutina de una manera lógica.

a. Se afeita después de cepillarse los dientes. ______
b. Se acuesta a las once y media de la noche. ______
c. Por último, se duerme. ______
d. Después de afeitarse, sale para las clases. ______
e. Asiste a todas sus clases y vuelve a su casa. ______
f. Andrés se despierta a las seis y media de la mañana. ______
g. Después de volver a casa, come un poco. Luego estudia en su habitación. ______
h. Se viste y entonces se cepilla los dientes. ______
i. Se cepilla los dientes antes de acostarse. ______
j. Se ducha antes de vestirse. ______

6 **La rutina diaria** Mira los dibujos y describe lo que hacen Ángel y Lupe.

1. 

2. 

3. 

4. 

5. 

6. 

7. 

8. 

Comunicación

7 **La farmacia** Lee el anuncio y luego indica si las conclusiones son **lógicas** o **ilógicas**.

LA FARMACIA NUEVO SOL tiene todo lo que necesitas para la vida diaria.

Esta semana tenemos grandes rebajas.

Con poco dinero puedes comprar lo que necesitas para el cuarto de baño ideal.

Para los hombres ofrecemos...
Excelentes cremas de afeitar de Guapo y Máximo

Para las mujeres ofrecemos...
Nuevo maquillaje de Marisol y jabones de baño Ilusiones y Belleza

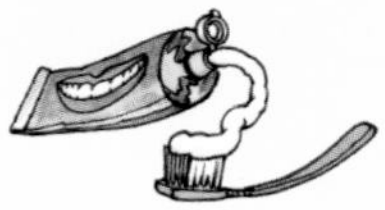

Y para todos tenemos los mejores jabones, pastas de dientes y cepillos de dientes.

¡Visita **LA FARMACIA NUEVO SOL**!
Tenemos los mejores precios. Visita nuestra tienda muy cerca de tu casa.

	Lógico	Ilógico
1. Pedro está en la farmacia porque necesita un producto para lavarse la cara.	❍	❍
2. Gabriela está en la farmacia porque quiere comprar un producto de Marisol.	❍	❍
3. Raúl está en la farmacia porque necesita un abrigo.	❍	❍
4. Luis Alberto está en la farmacia porque quiere comprar un producto de Máximo.	❍	❍
5. Mariana va a volver la semana que viene a la farmacia para comprar jabones, maquillaje y un cepillo de dientes.	❍	❍

8 **Rutinas diarias** Escribe una descripción de la rutina diaria de tres de estas personas. Usa palabras de la lista.

antes (de)	entonces	primero
después (de)	luego	tarde
durante el día	por último	temprano

- un(a) maestro/a
- un(a) turista
- un hombre o una mujer de negocios (*businessman/woman*)
- un vigilante nocturno (*night watchman*)
- un(a) jubilado/a (*retired person*)
- el presidente/primer ministro de tu país
- un niño de cuatro años
- ▶ Daniel Espinosa

NOTA CULTURAL

Daniel Espinosa (México, 1961) es un famoso diseñador de joyería (*jewelry*). Su trabajo es vanguardista (*avant-garde*), arriesgado (*risky*) e innovador. Su material favorito es la plata (*silver*). Entre sus clientes están Nelly Furtado, Eva Longoria, Salma Hayek, Shakira y Daisy Fuentes.

¡Necesito arreglarme!

Es viernes por la tarde y Marissa, Jimena y Felipe se preparan para salir.

PERSONAJES

MARISSA

JIMENA

1

MARISSA ¿Hola? ¿Está ocupado?

JIMENA Sí. Me estoy lavando la cara.

MARISSA Necesito usar el baño.

2

MARISSA Tengo que terminar de arreglarme. Voy al cine esta noche.

JIMENA Yo también tengo que salir. ¿Te importa si me maquillo primero? Me voy a encontrar con mi amiga Elena en una hora.

3

JIMENA ¡Felipe! ¿Qué estás haciendo?

FELIPE Me estoy afeitando. ¿Hay algún problema?

JIMENA ¡Siempre haces lo mismo!

FELIPE Pues, yo no vi a nadie aquí.

4

JIMENA ¿Por qué no te afeitaste por la mañana?

FELIPE Porque cada vez que quiero usar el baño, una de ustedes está aquí. O bañándose o maquillándose.

5

JIMENA No te preocupes, Marissa. Llegaste primero. Entonces, te arreglas el pelo y después me maquillo.

FELIPE ¿Y yo? Tengo crema de afeitar en la cara. No me voy a ir. Estoy aquí y aquí me quedo.

6

MARISSA Tú ganas. ¿Adónde vas a ir esta noche, Felipe?

FELIPE Juan Carlos y yo vamos a ir a un café en el centro. Siempre hay música en vivo. (*Sale.*) Me siento guapísimo. Todavía me falta cambiarme la camisa.

FELIPE

7

MARISSA ¿Adónde vas esta noche?

JIMENA A la biblioteca.

MARISSA ¡Es viernes! ¡Nadie debe estudiar los viernes! Voy a ver una película de Pedro Almodóvar con unas amigas.

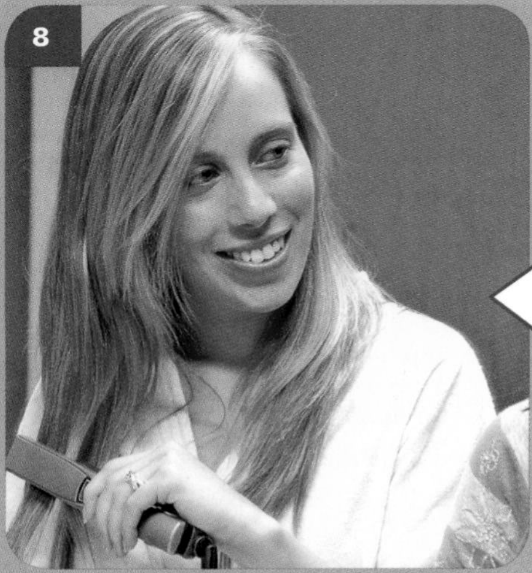

8

MARISSA ¿Por qué no vienen tú y Elena al cine con nosotras? Después, podemos ir a ese café y molestar a Felipe.

9

JIMENA No sé.

MARISSA ¿Cuándo fue la última vez que viste a Juan Carlos?

JIMENA Cuando fuimos a Mérida.

10

MARISSA A ti te gusta ese chico.

JIMENA No tengo idea de qué estás hablando. Si no te importa, nos vemos en el cine.

Expresiones útiles

Talking about getting ready

Necesito arreglarme.
I need to get ready.
Me estoy lavando la cara.
I'm washing my face.
¿Te importa si me maquillo primero?
Is it OK with you if I put on my makeup first?
Tú te arreglas el pelo y después yo me maquillo.
You fix your hair and then I'll put on my makeup.
Todavía me falta cambiarme la camisa.
I still have to change my shirt.

Reassuring someone

Tranquilo/a.
Relax.
No te preocupes.
Don't worry.

Talking about past actions

¿Cuándo fue la última vez que viste a Juan Carlos?
When was the last time you saw Juan Carlos?
Cuando fuimos a Mérida.
When we went to Mérida.

Talking about likes and dislikes

Me fascinan las películas de Almodóvar.
I love Almodóvar's movies.
Me encanta la música en vivo.
I love live music.
Me molesta compartir el baño.
It bothers me to share the bathroom.

Additional vocabulary

encontrarse con *to meet up with*
molestar *to bother*
nadie *no one*

¿Qué pasó?

1 **¿Cierto o falso?** Indica si lo que dicen estas oraciones es **cierto** o **falso**. Corrige las oraciones falsas.

1. Marissa va a ver una película de Pedro Almodóvar con unas amigas.
2. Jimena se va a encontrar con Elena en dos horas.
3. Felipe se siente muy feo después de afeitarse.
4. Jimena quiere maquillarse.
5. Marissa quiere ir al café para molestar a Juan Carlos.

2 **Identificar** Identifica quién puede decir estas oraciones. Puedes usar cada nombre más de una vez.

1. No puedo usar el baño porque siempre están aquí, o bañándose o maquillándose. ________________
2. Quiero arreglarme el pelo porque voy al cine esta noche. ________________
3. Hoy voy a ir a la biblioteca. ________________
4. ¡Necesito arreglarme! ________________
5. Te gusta Juan Carlos. ________________
6. ¿Por qué quieres afeitarte cuando estamos en el baño? ________________

MARISSA

FELIPE

JIMENA

3 **Ordenar** Ordena correctamente los planes que tiene Marissa.

______ a. Voy al café.
______ b. Me arreglo el pelo.
______ c. Molesto a Felipe.
______ d. Me encuentro con unas amigas.
______ e. Entro al baño.
______ f. Voy al cine.

4 **En el baño** Trabajen en parejas para representar los papeles de dos hermanos/as que deben usar el baño al mismo tiempo para hacer su rutina diaria. Usen las instrucciones como guía.

Estudiante 1		Estudiante 2
Di (*Say*) que quieres arreglarte porque vas a ir al cine.	→	Di (*Say*) que necesitas arreglarte porque te vas a encontrar con tus amigos/as.
Pregunta si puedes secarte (*dry*) el pelo.	→	Responde que no porque necesitas lavarte la cara.
Di que puede lavarse la cara, pero que después necesitas secarte el pelo.	→	Di que puede secarse el pelo, pero que después necesitas peinarte.

Pronunciación

The consonant r

ropa **rutina** **rico** **Ramón**

In Spanish, **r** has a strong trilled sound at the beginning of a word. No English words have a trill, but English speakers often produce a trill when they imitate the sound of a motor.

gustar **durante** **primero** **crema**

In any other position, **r** has a weak sound similar to the English *tt* in *better* or the English *dd* in *ladder*. In contrast to English, the tongue touches the roof of the mouth behind the teeth.

pizarra **corro** **marrón** **aburrido**

The letter combination **rr**, which only appears between vowels, always has a strong trilled sound.

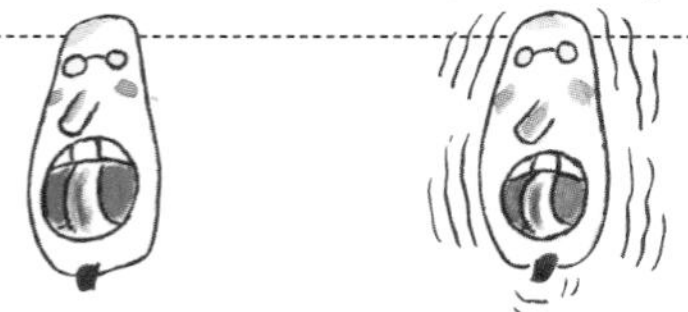

caro **carro** **pero** **perro**

Between vowels, the difference between the strong trilled **rr** and the weak **r** is very important, as a mispronunciation could lead to confusion between two different words.

Práctica Lee las palabras en voz alta, prestando (*paying*) atención a la pronunciación de la **r** y la **rr**.

1. Perú
2. Rosa
3. borrador
4. madre
5. comprar
6. favor
7. rubio
8. reloj
9. Arequipa
10. tarde
11. cerrar
12. despertador

Oraciones Lee las oraciones en voz alta, prestando atención a la pronunciación de la **r** y la **rr**.

1. Ramón Robles Ruiz es programador. Su esposa Rosaura es artista.
2. A Rosaura Robles le encanta regatear en el mercado.
3. Ramón nunca regatea... le aburre regatear.
4. Rosaura siempre compra cosas baratas.
5. Ramón no es rico, pero prefiere comprar cosas muy caras.
6. ¡El martes Ramón compró un carro nuevo!

Refranes Lee en voz alta los refranes, prestando atención a la **r** y a la **rr**.

Perro que ladra no muerde.[1]

No se ganó Zamora en una hora.[2]

1 A dog's bark is worse than its bite.
2 Rome wasn't built in a day.

EN DETALLE

La siesta

¿Sientes cansancio° después de comer? ¿Te cuesta° volver al trabajo° o a clase después del almuerzo? Estas sensaciones son normales. A muchas personas les gusta relajarse° después de almorzar. Este momento de descanso es **la siesta**. La siesta es popular en los países hispanos y viene de una antigua costumbre° del área del Mediterráneo. La palabra *siesta* viene del latín, es una forma corta de decir "sexta hora". La sexta hora del día es después del mediodía, el momento de más calor. Debido al° calor y al cansancio, los habitantes de España, Italia, Grecia y Portugal tienen la costumbre de dormir la siesta desde hace° más de° dos mil años. Los españoles y los portugueses llevaron la costumbre a los países americanos.

Aunque° hoy día esta costumbre está desapareciendo° en las grandes ciudades, la siesta todavía es importante en la cultura hispana. En pueblos pequeños, por ejemplo, muchas oficinas° y tiendas tienen la costumbre de cerrar por dos o tres horas después del mediodía. Los empleados van a su casa, almuerzan con sus familias, duermen la siesta o hacen actividades, como ir al gimnasio, y luego regresan al trabajo entre las 2:30 y las 4:30 de la tarde.

Los estudios científicos explican que una siesta corta después de almorzar ayuda° a trabajar más y mejor° durante la tarde. Pero ¡cuidado! Esta siesta debe durar° sólo entre veinte y cuarenta minutos. Si dormimos más, entramos en la fase de sueño profundo y es difícil despertarse.

Hoy, algunas empresas° de los EE.UU., Canadá, Japón, Inglaterra y Alemania tienen salas° especiales donde los empleados pueden dormir la siesta.

¿Dónde duermen la siesta?

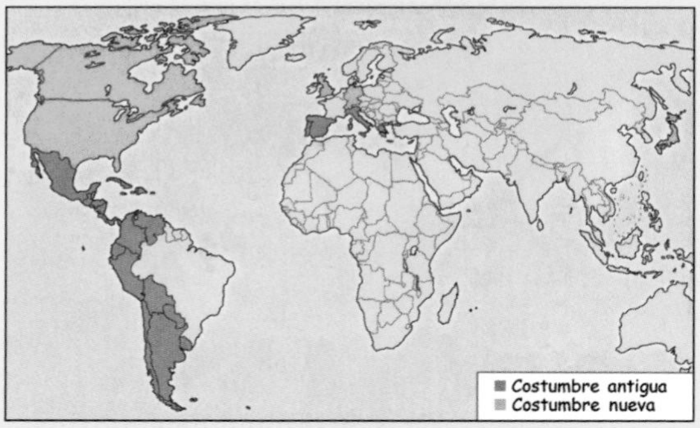

En los lugares donde la siesta es una costumbre antigua, las personas la duermen en su casa. En los países donde la siesta es una costumbre nueva, la gente duerme en sus lugares de trabajo o en centros de siesta.

Sientes cansancio *Do you feel tired* **Te cuesta** *Is it hard for you* **trabajo** *work* **relajarse** *to relax* **antigua costumbre** *old custom* **Debido al** *Because (of)* **desde hace** *for* **más de** *more than* **Aunque** *Although* **está desapareciendo** *is disappearing* **oficinas** *offices* **ayuda** *helps* **mejor** *better* **durar** *last* **algunas empresas** *some businesses* **salas** *rooms*

ACTIVIDADES

1 **¿Cierto o falso?** Indica si lo que dicen las oraciones es **cierto** o **falso**. Corrige la información falsa.

1. La costumbre de la siesta empezó en Asia.
2. La palabra *siesta* está relacionada con la sexta hora del día.
3. Los españoles y los portugueses llevaron la costumbre de la siesta a Latinoamérica.
4. La siesta ayuda a trabajar más y mejor durante la tarde.
5. Los horarios de trabajo de las grandes ciudades hispanas son los mismos que los pueblos pequeños.
6. Una siesta larga siempre es mejor que una siesta corta.
7. En los Estados Unidos, los empleados de algunas empresas pueden dormir la siesta en el trabajo.
8. Es fácil despertar de un sueño profundo.

ASÍ SE DICE

El cuidado personal

el aseo; el excusado; el servicio; el váter (Esp.)	**el baño**
el cortaúñas	*nail clippers*
el desodorante	*deodorant*
el enjuague bucal	*mouthwash*
el hilo dental/ la seda dental	*dental floss*
la máquina de afeitar/ de rasurar (Méx.)	*electric razor*

EL MUNDO HISPANO

Costumbres especiales

- **México y El Salvador** Los vendedores pasan por las calles anunciando a gritos° su mercancía°: tanques de gas y flores° en México; pan y tortillas en El Salvador.
- **Costa Rica** Para encontrar las direcciones°, los costarricenses usan referencias a anécdotas, lugares o características geográficas. Por ejemplo: *200 metros norte de la iglesia Católica, frente al° supermercado Mi Mega.*
- **Argentina** En Tigre, una ciudad junto al Río° de la Plata, la gente usa barcos particulares°, barcos colectivos y barcos-taxi para ir de una isla a otra. Todas las mañanas, un barco colectivo recoge° a los niños y los lleva a la escuela.

gritos *shouts* **mercancía** *merchandise* **flores** *flowers* **direcciones** *addresses* **frente al** *opposite* **Río** *River* **particulares** *private* **recoge** *picks up*

PERFIL

El mate

El mate es una parte muy importante de la rutina diaria en muchos países. Es una bebida° muy similar al té que se consume en Argentina, Uruguay y Paraguay. Tradicionalmente se bebe caliente° con una *bombilla*° y en un recipiente° que también se llama *mate*. Por ser amarga°, algunos le agregan° azúcar para suavizar su sabor°. El mate se puede tomar a cualquier° hora y en cualquier lugar, aunque en Argentina las personas prefieren sentarse en círculo e ir pasando el mate de mano en mano mientras° conversan. Los uruguayos, por otra parte, acostumbran llevar el agua° caliente para el mate en un termo° bajo el brazo° y lo beben mientras caminan. Si ves a una persona con un termo bajo el brazo y un mate en la mano, ¡es casi seguro que es de Uruguay!

bebida *drink* **caliente** *hot* **bombilla** *straw (in Argentina)* **recipiente** *container* **amarga** *bitter* **agregan** *add* **suavizar su sabor** *soften its flavor* **cualquier** *any* **mientras** *while* **agua** *water* **termo** *thermos* **bajo el brazo** *under their arm*

Conexión Internet

¿Qué costumbres son populares en los países hispanos?

Use the Web to find more cultural information related to this **Cultura** section.

ACTIVIDADES

2 **Comprensión** Completa las oraciones.

1. Uso ______________ para limpiar (*to clean*) entre los dientes.
2. En __________ las personas compran pan y tortillas a los vendedores que pasan por la calle.
3. El __________ es una bebida similar al té.
4. Los uruguayos beben mate mientras __________.

3 **¿Qué costumbres tienes?** Escribe cuatro oraciones sobre una costumbre que compartes con tus amigos o con tu familia (por ejemplo: ir al cine, ir a eventos deportivos, leer, comer juntos, etc.). Explica qué haces, cuándo lo haces y con quién.

1.1 Reflexive verbs

ANTE TODO A reflexive verb is used to indicate that the subject does something to or for himself or herself. In other words, it "reflects" the action of the verb back to the subject. Reflexive verbs always use reflexive pronouns.

SUBJECT	REFLEXIVE VERB
Joaquín	**se ducha** por la mañana.

The verb lavarse (*to wash oneself*)

SINGULAR FORMS	yo	**me lavo**	*I wash (myself)*
	tú	**te lavas**	*you wash (yourself)*
	Ud.	**se lava**	*you wash (yourself)*
	él/ella	**se lava**	*he/she washes (himself/herself)*
PLURAL FORMS	nosotros/as	**nos lavamos**	*we wash (ourselves)*
	vosotros/as	**os laváis**	*you wash (yourselves)*
	Uds.	**se lavan**	*you wash (yourselves)*
	ellos/ellas	**se lavan**	*they wash (themselves)*

AYUDA

Except for **se**, reflexive pronouns have the same forms as direct and indirect object pronouns.

• • •

Se is used for both singular and plural subjects—there is no individual plural form:

Pablo **se** lava.
Ellos **se** lavan.

- The pronoun **se** attached to an infinitive identifies the verb as reflexive: **lavarse.**
- When a reflexive verb is conjugated, the reflexive pronoun agrees with the subject.

Me afeito. **Te despiertas** a las siete.

¿Te importa si me maquillo primero?

A las chicas les encanta maquillarse durante horas y horas.

- Like object pronouns, reflexive pronouns generally appear before a conjugated verb. With infinitives and present participles, they may be placed before the conjugated verb or attached to the infinitive or present participle.

Ellos **se** van a vestir.
Ellos van a vestir**se**.
They are going to get dressed.

Nos estamos lavando las manos.
Estamos lavándo**nos** las manos.
We are washing our hands.

- **¡Atención!** When a reflexive pronoun is attached to a present participle, an accent mark is added to maintain the original stress.

bañando ⟶ bañ**á**ndo**se**

durmiendo ⟶ durmi**é**ndo**se**

AYUDA

You have already learned several adjectives that can be used with **ponerse** when it means *to become*:
alegre, cómodo/a, contento/a, elegante, guapo/a, nervioso/a, rojo/a, and **triste**.

Common reflexive verbs

acordarse (de) (o:ue)	*to remember*
acostarse (o:ue)	*to go to bed*
afeitarse	*to shave*
bañarse	*to take a bath*
cepillarse	*to brush*
despertarse (e:ie)	*to wake up*
dormirse (o:ue)	*to go to sleep; to fall asleep*
ducharse	*to take a shower*
enojarse (con)	*to get angry (with)*
irse	*to go away; to leave*
lavarse	*to wash (oneself)*
levantarse	*to get up*
llamarse	*to be called; to be named*
maquillarse	*to put on makeup*
peinarse	*to comb one's hair*
ponerse	*to put on*
ponerse (+ *adj.*)	*to become (+ adj.)*
preocuparse (por)	*to worry (about)*
probarse (o:ue)	*to try on*
quedarse	*to stay*
quitarse	*to take off*
secarse	*to dry (oneself)*
sentarse (e:ie)	*to sit down*
sentirse (e:ie)	*to feel*
vestirse (e:i)	*to get dressed*

COMPARE & CONTRAST

Unlike English, a number of verbs in Spanish can be reflexive or non-reflexive. If the verb acts upon the subject, the reflexive form is used. If the verb acts upon something other than the subject, the non-reflexive form is used. Compare these sentences.

Lola **lava** los platos.

Lola **se lava** la cara.

As the preceding sentences show, reflexive verbs sometimes have different meanings than their non-reflexive counterparts. For example, **lavar** means *to wash*, while **lavarse** means *to wash oneself, to wash up*.

▶ **¡Atención!** Parts of the body or clothing are generally not referred to with possessives, but with articles.

La niña se quitó **un** zapato.

Necesito cepillarme **los** dientes.

¡INTÉNTALO! Indica el presente de estos verbos reflexivos.

despertarse

1. Mis hermanos __se despiertan__ tarde.
2. Tú ________ tarde.
3. Nosotros ________ tarde.
4. Benito ________ tarde.
5. Yo ________ tarde.

ponerse

1. Él __se pone__ una chaqueta.
2. Yo ________ una chaqueta.
3. Usted ________ una chaqueta.
4. Nosotras ________ una chaqueta.
5. Las niñas ________ una chaqueta.

Práctica

1 **Nuestra rutina** La familia de Blanca sigue la misma rutina todos los días. Según Blanca, ¿qué hacen ellos?

modelo

mamá / despertarse a las 5:00

Mamá se despierta a las cinco.

1. Roberto y yo / levantarse a las 7:00
2. papá / ducharse primero y / luego afeitarse
3. yo / lavarse la cara y / vestirse antes de tomar café
4. mamá / peinarse y / luego maquillarse
5. todos (nosotros) / sentarse a la mesa para comer
6. Roberto / cepillarse los dientes después de comer
7. yo / ponerse el abrigo antes de salir
8. nosotros / irse

NOTA CULTURAL

Como en los EE.UU., **tomar café** en el desayuno es muy común en los países hispanos.

En muchas familias, incluso los niños toman café con leche (*milk*) en el desayuno antes de ir a la escuela.

El café en los países hispanos generalmente es más fuerte que en los EE.UU., y el descafeinado no es muy popular.

2 **La fiesta elegante** Selecciona el verbo apropiado y completa las oraciones con la forma correcta.

1. Tú ____________ (lavar / lavarse) el auto antes de ir a la fiesta.
2. Nosotros ____________ (bañar / bañarse) antes de ir a la fiesta.
3. Para llegar a tiempo, Raúl y Marta ____________ (acostar / acostarse) a los niños antes de salir.
4. Cecilia ____________ (maquillar / maquillarse) antes de salir.
5. Mis amigos siempre ____________ (vestir / vestirse) con ropa muy elegante.
6. Julia y Ana ____________ (poner / ponerse) los vestidos nuevos.
7. Usted ____________ (ir / irse) a llegar antes que (*before*) los demás invitados, ¿no?
8. En general, ____________ (afeitar / afeitarse) yo mismo, pero hoy es un día especial y el barbero (*barber*) me ____________ (afeitar / afeitarse). ¡Será una fiesta inolvidable!

¡LENGUA VIVA!

In Spain a car is called **un coche**, while in many parts of Latin America it is known as **un carro**. Although you'll be understood using either of these terms, using **auto (automóvil)** will surely get you where you want to go.

3 **Describir** Mira los dibujos y describe lo que estas personas hacen.

1. el joven

2. Carmen

3. Juan

4. los pasajeros

5. Estrella

6. Toni

Comunicación

4 **¡Esto fue el colmo!** Escucha lo que ocurrió ayer en el apartamento de Julia. Luego, indica si las siguientes afirmaciones son ciertas o falsas, según lo que escuchaste.

	cierto	falso
1. En el apartamento de Julia cada habitación tiene un cuarto de baño.	❍	❍
2. La familia tiene un horario para usar el cuarto de baño.	❍	❍
3. Normalmente, Julia no se queda mucho tiempo en el cuarto de baño.	❍	❍
4. A Julia no le gusta esperar para usar el baño.	❍	❍
5. Mañana, la hermana de Julia probablemente va a quedarse en el cuarto de baño por menos tiempo.	❍	❍

5 **Preguntas personales** Contesta las preguntas de tu compañero/a.

1. ¿A qué hora te levantas durante la semana?
2. ¿A qué hora te levantas los fines de semana?
3. ¿Usas un despertador para levantarte?
4. ¿Te enojas frecuentemente con tus amigos?
5. ¿Te preocupas fácilmente? ¿Qué te preocupa?
6. ¿Qué haces cuando te sientes triste?
7. ¿Y cuando te sientes alegre?
8. ¿A qué hora te acuestas los fines de semana?

6 **Debate** ¿Quiénes necesitan más tiempo para arreglarse antes de salir: los hombres o las mujeres? En parejas, discutan este tema y defiendan sus ideas con ejemplos.

Síntesis

7 **Mi rutina diaria** Quieres contarle a un(a) amigo/a lo que haces durante la semana. Escríbele un mensaje electrónico en el que describas tu rutina diaria. Incluye las horas.

1.2 Indefinite and negative words

ANTE TODO Indefinite words refer to people and things that are not specific, for example, *someone* or *something*. Negative words deny the existence of people and things or contradict statements, for instance, *no one* or *nothing*. Spanish indefinite words have corresponding negative words, which are opposite in meaning.

Indefinite and negative words

Indefinite words		Negative words	
algo	*something; anything*	**nada**	*nothing; not anything*
alguien	*someone; somebody; anyone*	**nadie**	*no one; nobody; not anyone*
alguno/a(s), algún	*some; any*	**ninguno/a, ningún**	*no; none; not any*
o... o	*either... or*	**ni... ni**	*neither... nor*
siempre	*always*	**nunca, jamás**	*never, not ever*
también	*also; too*	**tampoco**	*neither; not either*

- There are two ways to form negative sentences in Spanish. You can place the negative word before the verb, or you can place **no** before the verb and the negative word after.

Nadie se levanta temprano.
No one gets up early.

No se levanta nadie temprano.
No one gets up early.

Ellos **nunca gritan**.
They never shout.

Ellos **no gritan nunca**.
They never shout.

¿Hay algún problema?

Siempre haces esto.

- Because they refer to people, **alguien** and **nadie** are often used with the personal **a**. The personal **a** is also used before **alguno/a, algunos/as,** and **ninguno/a** when these words refer to people and they are the direct object of the verb.

—Perdón, señor, ¿busca usted **a alguien**?
—No, gracias, señorita, no busco **a nadie**.

—Tomás, ¿buscas **a alguno** de tus hermanos?
—No, mamá, no busco **a ninguno**.

- **¡Atención!** Before a masculine singular noun, **alguno** and **ninguno** are shortened to **algún** and **ningún**.

—¿Tienen ustedes **algún** amigo peruano?

—No, no tenemos **ningún** amigo peruano.

AYUDA

Alguno/a, algunos/as are not always used in the same way English uses *some* or *any*. Often, **algún** is used where *a* would be used in English.

¿Tienes algún libro que hable de los incas?
*Do you have **a** book that talks about the Incas?*

Note that **ninguno/a** is rarely used in the plural.

—¿Visitaste algunos museos?
—No, no visité ninguno.

COMPARE & CONTRAST

In English, it is incorrect to use more than one negative word in a sentence. In Spanish, however, sentences frequently contain two or more negative words. Compare these Spanish and English sentences.

Nunca le escribo a **nadie**.
I never write to anyone.

No me preocupo **nunca** por **nada**.
I do not ever worry about anything.

As the preceding sentences show, once an English sentence contains one negative word (for example, *not* or *never*), no other negative word may be used. Instead, indefinite (or affirmative) words are used. In Spanish, however, once a sentence is negative, no other affirmative (that is, indefinite) word may be used. Instead, all indefinite ideas must be expressed in the negative.

▶ **Pero** is used to mean *but*. The meaning of **sino** is *but rather* or *on the contrary*. It is used when the first part of the sentence is negative and the second part contradicts it.

Los estudiantes no se acuestan temprano **sino** tarde.
The students don't go to bed early, but rather late.

María no habla francés **sino** español.
María doesn't speak French, but rather Spanish.

Esas gafas son caras, **pero** bonitas.
Those glasses are expensive, but pretty.

José es inteligente, **pero** no saca buenas notas.
José is intelligent but doesn't get good grades.

¡INTÉNTALO! Cambia las oraciones para que sean negativas.

1. Siempre se viste bien.
   __Nunca__ se viste bien.
   __No__ se viste bien __nunca__.
2. Alguien se ducha.
   ______ se ducha.
   ______ se ducha ______.
3. Ellas van también.
   Ellas ______ van.
   Ellas ______ van ______.
4. Alguien se pone nervioso.
   ______ se pone nervioso.
   ______ se pone nervioso ______.
5. Tú siempre te lavas las manos.
   Tú ______ te lavas las manos.
   Tú ______ te lavas las manos ______.
6. Voy a traer algo.
   ______ voy a traer ______.
7. Juan se afeita también.
   Juan ______ se afeita.
   Juan ______ se afeita ______.
8. Mis amigos viven en una residencia o en casa.
   Mis amigos ______ viven ______ en una residencia ______ en casa.
9. La profesora hace algo en su escritorio.
   La profesora ______ hace ______ en su escritorio.
10. Tú y yo vamos al mercado.
    ______ tú ______ yo vamos al mercado.
11. Tienen un espejo en su casa.
    ______ tienen ______ espejo en su casa.
12. Algunos niños se ponen los abrigos.
    ______ niño se pone el abrigo.

Práctica

1 **¿Pero o sino?** Forma oraciones sobre estas personas usando **pero** o **sino**.

modelo

muchos estudiantes comen en la cafetería / algunos de ellos quieren salir a comer a un restaurante local.

Muchos estudiantes comen en la cafetería, pero algunos de ellos quieren salir a comer a un restaurante local.

1. Marcos nunca se despierta temprano / siempre llega puntual a clase
2. Lisa y Katarina no se acuestan temprano / muy tarde
3. Alfonso es inteligente / algunas veces es antipático
4. los directores de la escuela no son ecuatorianos / peruanos
5. no nos acordamos de comprar champú / compramos jabón
6. Emilia no es estudiante / profesora
7. no quiero levantarme / tengo que ir a clase
8. Miguel no se afeita por la mañana / por la noche

2 **Completar** Completa esta conversación. Usa expresiones negativas en tus respuestas.

AURELIO Ana María, ¿encontraste algún regalo para Eliana?
ANA MARÍA (1)______________________________
AURELIO ¿Viste a alguna amiga en el centro comercial?
ANA MARÍA (2)______________________________
AURELIO ¿Me llamó alguien?
ANA MARÍA (3)______________________________
AURELIO ¿Quieres ir al teatro o al cine esta noche?
ANA MARÍA (4)______________________________
AURELIO ¿No quieres salir a comer?
ANA MARÍA (5)______________________________
AURELIO ¿Hay algo interesante en la televisión esta noche?
ANA MARÍA (6)______________________________
AURELIO ¿Tienes algún problema?
ANA MARÍA (7)______________________________

Comunicación

3 **Entre amigos** Escucha la conversación entre Felipe y Mercedes. Luego, indica si las conclusiones son **lógicas** o **ilógicas**, según lo que escuchaste.

	Lógico	Ilógico
1. El novelista peruano Mario Vargas Llosa está en la Feria del Libro.	○	○
2. Mercedes ni conoce Perú ni sabe quién es la novelista.	○	○
3. El amigo peruano de Mercedes vive en Cuzco.	○	○
4. Felipe viajó a Macchu Picchu.	○	○
5. Mercedes quiere ir a la Feria del Libro.	○	○

4 **Entrevista** Contesta las preguntas de tu compañero/a. Usa oraciones completas y las expresiones **siempre**, **algunas veces** y **nunca**.

1. ¿Te levantas antes de la siete de la mañana?
2. ¿Te duchas por la mañana?
3. ¿Te secas el pelo después de ducharte?
4. ¿Ves la televisión antes de acostarte?
5. ¿Te cepillas los dientes después de comer?
6. ¿Te bañas por la noche?

5 **¿Qué hay?** En parejas, háganse preguntas sobre qué hay en su ciudad o pueblo: tiendas interesantes, almacenes, cines, librerías baratas, una biblioteca, una plaza central, una playa, cafés, museos, una estación de tren. Sigan el modelo.

> **modelo**
>
> **Estudiante 1:** ¿Hay algunas tiendas interesantes?
> **Estudiante 2:** Sí, hay una/algunas. Está(n) detrás del estadio.
> **Estudiante 1:** ¿Hay algún museo?
> **Estudiante 2:** No, no hay ninguno.

Síntesis

6 **Anuncio** Escribe un anuncio para un producto o una tienda. Usa expresiones indefinidas y negativas.

¿Buscas algún producto especial?

¡Siempre hay algo para todos en las tiendas García!

1.3 Preterite of ser and ir

ANTE TODO In **Senderos 1, lección 6** you learned how to form the preterite tense of regular **-ar**, **-er**, and **-ir** verbs. The following chart contains the preterite forms of **ser** (*to be*) and **ir** (*to go*). Since these forms are irregular, you will need to memorize them.

Preterite of ser and ir

		ser (*to be*)	**ir** (*to go*)
SINGULAR FORMS	yo	**fui**	**fui**
	tú	**fuiste**	**fuiste**
	Ud./él/ella	**fue**	**fue**
PLURAL FORMS	nosotros/as	**fuimos**	**fuimos**
	vosotros/as	**fuisteis**	**fuisteis**
	Uds./ellos/ellas	**fueron**	**fueron**

AYUDA

Note that, whereas regular **-er** and **-ir** verbs have accent marks in the **yo** and **Ud./él/ella** forms of the preterite, **ser** and **ir** do not.

- Since the preterite forms of **ser** and **ir** are identical, context clarifies which of the two verbs is being used.

Él **fue** a comprar champú y jabón.
He went to buy shampoo and soap.

¿Cómo **fue** la película anoche?
How was the movie last night?

¿Cuándo fue la última vez que viste a Juan Carlos?

Cuando fuimos a Mérida.

¡INTÉNTALO! Completa las oraciones usando el pretérito de **ser** e **ir**.

ir

1. Los viajeros fueron a Perú.
2. Patricia ________ a Cuzco.
3. Tú ________ a Iquitos.
4. Gregorio y yo ________ a Lima.
5. Yo ________ a Trujillo.
6. Ustedes ________ a Arequipa.
7. Mi padre ________ a Lima.
8. Nosotras ________ a Cuzco.
9. Él ________ a Machu Picchu.
10. Usted ________ a Nazca.

ser

1. Usted fue muy amable.
2. Yo ________ muy cordial.
3. Ellos ________ simpáticos.
4. Nosotros ________ muy tontos.
5. Ella ________ antipática.
6. Tú ________ muy generoso.
7. Ustedes ________ cordiales.
8. La gente ________ amable.
9. Tomás y yo ________ muy felices.
10. Los profesores ________ buenos.

Práctica y Comunicación

1 **Completar** Completa estas conversaciones con la forma correcta del pretérito de **ser** o **ir**. Indica el infinitivo de cada forma verbal.

Conversación 1

		ser	ir
RAÚL	¿Adónde (1)__________ ustedes de vacaciones?	❍	❍
PILAR	(2)__________ a Perú.	❍	❍
RAÚL	¿Cómo (3)__________ el viaje?	❍	❍
▶**PILAR**	¡(4)__________ estupendo! Machu Picchu y El Callao son increíbles.	❍	❍
RAÚL	¿(5)__________ caro el viaje?	❍	❍
PILAR	No, el precio (6)__________ muy bajo. Sólo costó tres mil dólares.	❍	❍

Conversación 2

		ser	ir
ISABEL	Tina y Vicente (7)__________ novios, ¿no?	❍	❍
LUCÍA	Sí, pero ahora no. Anoche Tina (8)__________ a comer con Gregorio	❍	❍
	y la semana pasada ellos (9)__________ al partido de fútbol.	❍	❍
ISABEL	¿Ah sí? Javier y yo (10)__________ al partido y no los vimos.	❍	❍

NOTA CULTURAL

La ciudad peruana de **El Callao**, fundada en 1537, fue por muchos años el puerto (*port*) más activo de la costa del Pacífico en Suramérica. En el siglo XVIII, se construyó (*was built*) una fortaleza allí para proteger (*protect*) la ciudad de los ataques de piratas y bucaneros.

2 **Descripciones** Forma oraciones con estos elementos. Usa el pretérito.

A	B	C	D
yo	(no) ir	a un restaurante	ayer
tú	(no) ser	en autobús	anoche
mi mejor amigo/a		estudiante	anteayer
nosotros		muy simpático/a	la semana pasada
mis amigos		a la playa	año pasado
ustedes		dependiente/a en una tienda	

3 **Preguntas** Contesta las preguntas de tu compañero/a.

1. ¿Cuándo fuiste al cine por última vez?
2. ¿Con quién fuiste?
3. ¿Fuiste en auto, en autobús o en metro?
4. En tu opinión, ¿fue una buena película o no? ¿Por qué?
5. ¿Adónde fuiste/fueron después?
6. ¿Fue buena idea ir al cine?

4 **El viaje** Acabas de regresar de viaje. Escríbeles un mensaje electrónico a tus padres contándoles detalles de tu viaje. Usa el pretérito de **ir** y **ser**.

modelo

El viaje fue maravilloso/horrible...

1.4 Verbs like gustar

ANTE TODO In **Senderos 1, lección 2**, you learned how to express preferences with **gustar**. You will now learn more about the verb **gustar** and other similar verbs. Observe these examples.

Me gusta ese champú.
ENGLISH EQUIVALENT
I like that shampoo.
LITERAL MEANING
That shampoo is pleasing to me.

¿**Te gustaron** las clases?
ENGLISH EQUIVALENT
Did you like the classes?
LITERAL MEANING
Were the classes pleasing to you?

- As the examples show, constructions with **gustar** do not have a direct equivalent in English. The literal meaning of this construction is *to be pleasing to (someone)*, and it requires the use of an indirect object pronoun.

INDIRECT OBJECT PRONOUN	VERB	SUBJECT	SUBJECT	VERB	DIRECT OBJECT
Me	**gusta**	ese champú.	*I*	*like*	*that shampoo.*

- In the diagram above, observe how in the Spanish sentence the object being liked **(ese champú)** is really the subject of the sentence. The person who likes the object, in turn, is an indirect object because it answers the question: *To whom is the shampoo pleasing?*

¿Te gusta Juan Carlos?

Me gustan los cafés que tienen música en vivo.

- Other verbs in Spanish are used in the same way as **gustar**. Here is a list of the most common ones.

Verbs like gustar

aburrir	*to bore*	**importar**	*to be important to; to matter*
encantar	*to like very much; to love* (inanimate objects)	**interesar**	*to be interesting to; to interest*
faltar	*to lack; to need*	**molestar**	*to bother; to annoy*
fascinar	*to fascinate; to like very much*	**quedar**	*to be left over; to fit* (clothing)

¡ATENCIÓN!

Faltar expresses what is lacking or missing.
Me falta una página. *I'm missing one page.*

Quedar expresses how much of something is left.
Nos quedan tres pesos. *We have three pesos left.*

•••

Quedar also means *to fit*. It can be used to tell how something looks (on someone).

Estos zapatos me quedan bien. *These shoes fit me well.*

Esa camisa te queda muy bien. *That shirt looks good on you.*

- The most commonly used verb forms of **gustar** and similar verbs are the third person (singular and plural). When the object or person being liked is singular, the singular form (**gusta**) is used. When two or more objects or persons are being liked, the plural form (**gustan**) is used. Observe the following diagram:

me, te, le, nos, os, les	SINGULAR	encanta interesó	la película el concierto
	PLURAL	importan fascinaron	las vacaciones los museos de Lima

- To express what someone likes or does not like to do, use an appropriate verb followed by an infinitive. The singular form is used even if there is more than one infinitive.

Nos molesta comer a las nueve.
It bothers us to eat at nine o'clock.

Les encanta bailar y **cantar** en las fiestas.
They love to dance and sing at parties.

AYUDA

Note that the **a** must be repeated if there is more than one person.
A Armando y **a Carmen** les molesta levantarse temprano.

- As you learned in **Senderos 1, lección 2**, the construction **a** + [*pronoun*] (**a mí, a ti, a usted, a él,** etc.) is used to clarify or to emphasize who is pleased, bored, etc. The construction **a** + [*noun*] can also be used before the indirect object pronoun to clarify or to emphasize who is pleased.

A los turistas les gustó mucho Machu Picchu.
The tourists liked Machu Picchu a lot.

A ti te gusta cenar en casa, pero **a mí** me aburre.
You like eating dinner at home, but I get bored.

- **¡Atención! Mí** (*me*) has an accent mark to distinguish it from the possessive adjective **mi** (*my*).

¡INTÉNTALO! Indica el pronombre de objeto indirecto y la forma del tiempo presente adecuados en cada oración.

fascinar

1. A él le fascina viajar.
2. A mí ________ bailar.
3. A nosotras ________ cantar.
4. A ustedes ________ leer.
5. A ti ________ correr y patinar.
6. A ellos ________ los aviones.
7. A mis padres ________ caminar.
8. A usted ________ jugar al tenis.
9. A mi esposo y a mí ________ dormir.
10. A Alberto ________ dibujar y pintar.
11. A todos ________ opinar.
12. A Pili ________ los sombreros.

aburrir

1. A ellos les aburren los deportes.
2. A ti ________ las películas.
3. A usted ________ los viajes.
4. A mí ________ las revistas.
5. A Jorge y a Luis ________ los perros.
6. A nosotros ________ las vacaciones.
7. A ustedes ________ el béisbol.
8. A Marcela ________ los libros.
9. A mis amigos ________ los museos.
10. A ella ________ el ciclismo.
11. A Omar ________ ir de compras.
12. A ti y a mí ________ el baile.

Práctica

1 Completar Completa las oraciones con todos los elementos necesarios.

1. ________ Adela ________ (encantar) la música de Tito "El Bambino".
2. A ________ me ________ (interesar) la música de otros países.
3. A mis amigos ________ (encantar) las canciones (*songs*) de Calle 13.
4. A Juan y ________ Rafael no les ________ (molestar) la música alta (*loud*).
5. ________ nosotros ________ (fascinar) los grupos de pop latino.
6. ________ señor Ruiz ________ (interesar) más la música clásica.
7. A ________ me ________ (aburrir) la música clásica.
8. ¿A ________ te ________ (faltar) dinero para el concierto de Carlos Santana?
9. No. Ya compré el boleto y ________ (quedar) cinco dólares.
10. ¿Cuánto dinero te ________ (quedar) a ________?

NOTA CULTURAL

Hoy día, la música latina es popular en los EE.UU. gracias a artistas como **Shakira**, de nacionalidad colombiana, y **Tito "El Bambino"**, puertorriqueño. Otros artistas, como **Carlos Santana** y **Gloria Estefan**, difundieron (*spread*) la música latina en los años 60, 70, 80 y 90.

2 Describir Mira los dibujos y describe lo que está pasando. Usa los verbos de la lista.

aburrir	faltar	molestar
encantar	interesar	quedar

1. a Ramón

2. a nosotros

3. a ti

4. a Sara

3 Gustos Forma oraciones con los elementos de las columnas.

modelo
A ti te interesan las ruinas de Machu Picchu.

A	B	C
yo	aburrir	despertarse temprano
tú	encantar	mirarse en el espejo
mi mejor amigo/a	faltar	la música rock
mis amigos y yo	fascinar	las pantuflas rosadas
Bart y Homero Simpson	interesar	la pasta de dientes con menta (*mint*)
Shakira	molestar	las ruinas de Machu Picchu
Antonio Banderas		los zapatos caros

Comunicación

4 **Preferencias** Escucha la conversación entre Beatriz, Eduardo y Anabel. Luego, indica si las conclusiones son **lógicas** o **ilógicas**, según lo que escuchaste.

	Lógico	Ilógico
1. En sus ratos libres, Eduardo toma el sol.	❍	❍
2. A Eduardo le encanta ir de excursión.	❍	❍
3. A una de las chicas le gusta ir de compras.	❍	❍
4. A Eduardo le gustan las películas.	❍	❍
5. A Beatriz, a Eduardo y a Anabel les interesan las mismas cosas.	❍	❍
6. Beatriz, Eduardo y Anabel van a ir al cine hoy.	❍	❍

5 **Preguntas** Contesta las preguntas de tu compañero/a.

1. ¿Te gusta levantarte temprano o tarde? ¿Por qué?
2. ¿Te gusta acostarte temprano o tarde?
3. ¿Te gusta dormir la siesta?
4. ¿Te encanta acampar o prefieres quedarte en un hotel cuando estás de vacaciones?
5. ¿Qué te gusta hacer en el verano?
6. ¿Qué te fascina de tu escuela? ¿Qué te molesta?
7. ¿Te interesan más las ciencias o las humanidades? ¿Por qué?
8. ¿Qué cosas te aburren?

6 **Gustos** Describe las cosas que les gustan o no les gustan a las personas de tu generación: ¿qué les interesa?, ¿qué les molesta?, ¿qué les aburre?, ¿qué les fascina?, ¿qué les falta?

Síntesis

7 **Situación** Trabajen en parejas para representar los papeles de un(a) cliente/a y un(a) dependiente/a en una tienda de ropa. Usen las instrucciones como guía.

Dependiente/a	Cliente/a
Saluda al/a la cliente/a y pregúntale en qué le puedes servir.	→ Saluda al/a la dependiente/a y dile (*tell him/her*) qué quieres comprar y qué colores prefieres.
Pregúntale si le interesan los estilos modernos y empieza a mostrarle la ropa.	→ Explícale que los estilos modernos te interesan. Selecciona las cosas que te interesan.
Habla de los gustos del/de la cliente/a.	→ Habla de la ropa (me queda(n) bien/mal, me encanta(n)...).
Da opiniones favorables al/a la cliente/a (las botas le quedan fantásticas...).	→ Decide cuáles son las cosas que te gustan y qué vas a comprar.

Recapitulación

Completa estas actividades para repasar los conceptos de gramática que aprendiste en esta lección.

1 **Completar** Completa la tabla con la forma correcta de los verbos. **24 pts.**

yo	tú	nosotros	ellas
me levanto			
	te afeitas		
		nos vestimos	
			se secan

2 **Hoy y ayer** Cambia los verbos del presente al pretérito. **10 pts.**

1. Vamos de compras hoy. _______ de compras hoy.
2. Por último, voy a poner el despertador. Por último, _______ a poner el despertador.
3. Lalo es el primero en levantarse. Lalo _______ el primero en levantarse.
4. ¿Vas a tu habitación? ¿ _______ a tu habitación?
5. ¿Ustedes son profesores. Ustedes _______ profesores.

3 **Reflexivos** Completa cada conversación con la forma correcta de los verbos reflexivos. **22 pts.**

TOMÁS Yo siempre (1) _________ (bañarse) antes de (2) _________ (acostarse). Esto me relaja porque no (3) _________ (dormirse) fácilmente. Y así puedo (4) _________ (levantarse) más tarde. Y tú, ¿cuándo (5) _________ (ducharse)?

LETI Pues por la mañana, para poder (6) _________ (despertarse).

DAVID ¿Cómo (7) _________ (sentirse) Pepa hoy?

MARÍA Todavía está enojada.

DAVID ¿De verdad? Ella nunca (8) _________ (enojarse) con nadie.

BETO ¿(Nosotros) (9) _________ (Irse) de esta tienda? Estoy cansado.

SARA Pero antes vamos a (10) _________ (probarse) estos sombreros. Si quieres, después (nosotros) (11) _________ (sentarse) un rato.

RESUMEN GRAMATICAL

1.1 Reflexive verbs *pp. 22–23*

lavarse	
me lavo	nos lavamos
te lavas	os laváis
se lava	se lavan

1.2 Indefinite and negative words *pp. 26–27*

Indefinite words	Negative words
algo	nada
alguien	nadie
alguno/a(s), algún	ninguno/a, ningún
o... o	ni... ni
siempre	nunca, jamás
también	tampoco

1.3 Preterite of ser and ir *p. 30*

- The preterite of **ser** and **ir** are identical. Context will determine the meaning.

ser and ir	
fui	fuimos
fuiste	fuisteis
fue	fueron

1.4 Verbs like gustar *pp. 32–33*

aburrir	importar
encantar	interesar
faltar	molestar
fascinar	quedar

me, te, le, nos, os, les

SINGULAR: encanta / interesó → la película / el concierto

PLURAL: importan / fascinaron → las vacaciones / los museos

- Use the construction **a** + [*noun/pronoun*] to clarify the person in question.

A mí me encanta ver películas, ¿y **a ti**?

4 **Conversaciones** Completa cada conversación de manera lógica con palabras de la lista. No tienes que usar todas las palabras. 18 pts.

algo	nada	ningún	siempre
alguien	nadie	nunca	también
algún	ni... ni	o... o	tampoco

1. —¿Tienes _______ plan para esta noche?
   —No, prefiero quedarme en casa. Hoy no quiero ver a _______.
   —Yo _______ me quedo. Estoy muy cansado.
2. —¿Puedo entrar? ¿Hay _______ en el cuarto de baño?
   —Sí. ¡Un momento! Ahora mismo salgo.
3. —¿Puedes prestarme _______ para peinarme? No encuentro _______ mi cepillo _______ mi peine.
   —Lo siento, yo _______ encuentro los míos (*mine*).
4. —¿Me prestas tu maquillaje?
   —Lo siento, no tengo. _______ me maquillo.

5 **Oraciones** Forma oraciones completas con los elementos dados (*given*). Usa el presente de los verbos. 24 pts.

1. David y Juan / molestar / levantarse temprano
2. Lucía / encantar / las películas de terror
3. todos (nosotros) / importar / la educación
4. tú / aburrir / ver / la televisión
5. yo / faltar / las pantuflas
6. ustedes / quedar / diez dólares
7. él / fascinar / regatear
8. tú y yo / interesar / los museos

6 **Adivinanza** Completa la adivinanza con las palabras que faltan y adivina la respuesta. 2 pts.

“Cuanto más° __________ (*it dries you*), más se moja°.”
¿Qué es?__________

Cuanto más *The more* se moja *it gets wet*

Lectura

Antes de leer

Estrategia

Predicting content from the title

Prediction is an invaluable strategy in reading for comprehension. For example, we can usually predict the content of a newspaper article from its headline. We often decide whether to read the article based on its headline. Predicting content from the title will help you increase your reading comprehension in Spanish.

Examinar el texto

Lee el título de la lectura y haz tres predicciones sobre el contenido. Escribe tus predicciones en una hoja de papel.

Cognados

Haz una lista de seis cognados que encuentres en la lectura.

1. ______________________
2. ______________________
3. ______________________
4. ______________________
5. ______________________
6. ______________________

¿Qué te dicen los cognados sobre el tema de la lectura?

Mensaje

Anterior | Siguiente | Responder | Reenviar

De: Guillermo Zamora

Para: Lupe; Marcos; Sandra; Jorge

Asunto: ¡Qué día!

Hola, chicos:

La semana pasada me di cuenta° de que necesito organizar mejor° mi rutina... pero especialmente debo prepararme mejor para los exámenes. Me falta disciplina, me molesta no tener control de mi tiempo y nunca deseo repetir los eventos de la semana pasada.

El miércoles pasé todo el día y toda la noche estudiando para el examen de biología del jueves por la mañana. Me aburre la biología y no empecé a estudiar hasta el día antes del examen. El jueves a las 8, después de no dormir en toda la noche, fui exhausto al examen. Fue difícil, pero afortunadamente° me acordé de todo el material. Esa noche me acosté temprano y dormí mucho.

Me desperté a las 7, y fue extraño° ver a mi hermano, Andrés, preparándose para ir a dormir. Como° siempre se enferma°, tiene problemas para dormir y no hablamos mucho, no le comenté nada. Fui al baño a cepillarme los dientes para ir a clase. ¿Y Andrés? Él se acostó. "Debe estar enfermo°, ¡otra vez!", pensé.

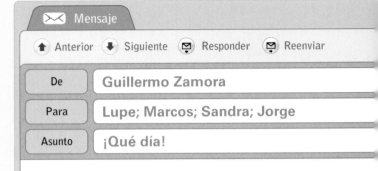

Marcar Imprimir Redactar Bandeja entrada

Enviar

Mi clase es a las 8, y fue necesario hacer las cosas rápido. Todo empezó a ir mal... eso pasa siempre cuando uno tiene prisa. Cuando busqué mis cosas para el baño, no las encontré. Entonces me duché sin jabón, me cepillé los dientes sin cepillo de dientes y me peiné con las manos. Tampoco encontré ropa limpia y usé la sucia. Rápido, tomé mis libros. ¿Y Andrés? Roncando°... ¡a las 7:50!

Cuando salí corriendo para la clase, la prisa no me permitió ver la escuela desierta. Cuando llegué a la clase, no vi a nadie. No vi al profesor ni a los estudiantes. Por último miré mi reloj, y vi la hora. Las 8 en punto... ¡de la noche!

¡Dormí 24 horas!

Guillermo

me di cuenta *I realized* mejor *better* afortunadamente *fortunately* extraño *strange* Como *Since* se enferma *he gets sick* enfermo *sick* Roncando *Snoring*

Después de leer

Seleccionar

Selecciona la respuesta correcta.

1. ¿Quién es el/la narrador(a)?
   a. Andrés
   b. una profesora
   c. Guillermo
2. ¿Qué le molesta al narrador?
   a. Le molestan los exámenes de biología.
   b. Le molesta no tener control de su tiempo.
   c. Le molesta mucho organizar su rutina.
3. ¿Por qué está exhausto?
   a. Porque fue a una fiesta la noche anterior.
   b. Porque no le gusta la biología.
   c. Porque pasó la noche anterior estudiando.
4. ¿Por qué no hay nadie en clase?
   a. Porque es de noche.
   b. Porque todos están de vacaciones.
   c. Porque el profesor canceló la clase.
5. ¿Cómo es la relación de Guillermo y Andrés?
   a. Son buenos amigos.
   b. No hablan mucho.
   c. Tienen una buena relación.

Ordenar

Ordena los sucesos de la narración. Utiliza los números del 1 al 9.

a. Toma el examen de biología. ___
b. No encuentra sus cosas para el baño. ___
c. Andrés se duerme. ___
d. Pasa todo el día y toda la noche estudiando para un examen. ___
e. Se ducha sin jabón. ___
f. Se acuesta temprano. ___
g. Vuelve a su cuarto después de las 8 de la noche. ___
h. Se despierta a las 7 y su hermano se prepara para dormir. ___
i. Va a clase y no hay nadie. ___

Contestar

Contesta estas preguntas.

1. ¿Cómo es tu rutina diaria? ¿Muy organizada?
2. ¿Cuándo empiezas a estudiar para los exámenes?
3. Para comunicarte con tus amigos/as, ¿prefieres el teléfono o el correo electrónico? ¿Por qué?

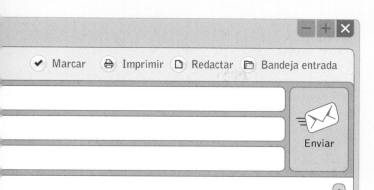

Escritura

Estrategia

Sequencing events

Paying strict attention to sequencing in a narrative will ensure that your writing flows logically from one part to the next.

Every composition should have an introduction, a body, and a conclusion. The introduction presents the subject, the setting, the situation, and the people involved. The main part, or the body, describes the events and people's reactions to these events. The conclusion brings the narrative to a close.

Adverbs and adverbial phrases are sometimes used as transitions between the introduction, the body, and the conclusion. Here is a list of commonly used adverbs in Spanish:

Adverbios	
además; también	*in addition; also*
al principio; en un principio	*at first*
antes (de)	*before*
después	*then*
después (de)	*after*
entonces; luego	*then*
más tarde	*later (on)*
primero	*first*
pronto	*soon*
por fin; finalmente	*finally*
al final	*finally*

Tema

Escribe tu rutina

Imagina tu rutina diaria en uno de estos lugares:

- una isla desierta
- el Polo Norte
- un crucero° transatlántico
- un desierto

Escribe una composición en la que describes tu rutina diaria en uno de estos lugares o en algún otro lugar interesante que imagines°. Mientras planeas tu composición, considera cómo cambian algunos de los elementos más básicos de tu rutina diaria en el lugar que escogiste°. Por ejemplo, ¿dónde te acuestas en el Polo Norte? ¿Cómo te duchas en el desierto?

Usa el presente de los verbos reflexivos que conoces e incluye algunos de los adverbios de esta página para organizar la secuencia de tus actividades. Piensa también en la información que debes incluir en cada sección de la narración. Por ejemplo, en la introducción puedes hacer una descripción del lugar y de las personas que están allí, y en la conclusión puedes dar tus opiniones acerca del° lugar y de tu vida diaria allí.

crucero *cruise ship* **que imagines** *that you dream up* **escogiste** *you chose* **acerca del** *about the*

Escuchar

Estrategia

Using background information

Once you discern the topic of a conversation, take a minute to think about what you already know about the subject. Using this background information will help you guess the meaning of unknown words or linguistic structures.

To help you practice this strategy, you will now listen to a short paragraph. Jot down the subject of the paragraph, and then use your knowledge of the subject to listen for and write down the paragraph's main points.

Preparación

Según la foto, ¿dónde están Carolina y Julián? Piensa en lo que sabes de este tipo de situación. ¿De qué van a hablar?

Ahora escucha

Ahora escucha la entrevista entre Carolina y Julián, teniendo en cuenta (*taking into account*) lo que sabes sobre este tipo de situación. Elige la información que completa correctamente cada oración.

1. Julián es ____.
   a. político
   b. deportista profesional
   c. artista de cine
2. El público de Julián quiere saber de ____.
   a. sus películas
   b. su vida
   c. su novia
3. Julián habla de ____.
   a. sus viajes y sus rutinas
   b. sus parientes y amigos
   c. sus comidas favoritas
4. Julián ____.
   a. se levanta y se acuesta a diferentes horas todos los días
   b. tiene una rutina diaria
   c. no quiere hablar de su vida

Comprensión

¿Cierto o falso?

Indica si las oraciones son **ciertas** o **falsas** según la información que Julián da en la entrevista.

1. Es difícil despertarme; generalmente duermo hasta las diez.
2. Pienso que mi vida no es más interesante que las vidas de ustedes.
3. Me gusta tener tiempo para pensar y meditar.
4. Nunca hago mucho ejercicio; no soy una persona activa.
5. Me fascinan las actividades tranquilas, como escribir y escuchar música clásica.
6. Los viajes me parecen aburridos.

Preguntas?

1. ¿Qué tiene Julián en común con otras personas de su misma profesión?
2. ¿Te parece que Julián siempre fue rico? ¿Por qué?
3. ¿Qué piensas de Julián como persona?

en pantalla

Anuncio de Asepxia

Me levanté con una invasión de granos.

Preparación

Contesta las preguntas en español.
¿Qué ocasiones especiales celebran los adolescentes en tu país? ¿Cómo se preparan para esas fiestas? ¿A quiénes invitan? ¿Qué ropa llevan?

La fiesta de quince años

La fiesta de quince años se celebra en algunos países de Latinoamérica cuando las chicas cumplen° quince años. Los quince años representan la transición de niña a mujer. Los orígenes de esta ceremonia son mayas y aztecas, pero también tiene influencias del catolicismo. La celebración varía según el país, pero es común en todas la importancia del vestido de la quinceañera°, la elaboración de las invitaciones, el baile de la quinceañera con su padre y con otros familiares° y, por último, el banquete para los invitados°.

cumplen *turn* **quinceañera** *young woman celebrating her fifteenth birthday* **familiares** *family members* **invitados** *guests*

Vocabulario útil

cubren	*cover*
granos	*zits, pimples*
hice	*I did*
peor	*worse*
tapar	*to cover*
tenía	*I had*

Comprensión

Escoge la opción correcta para completar cada oración.

1. La chica se levantó ___ el día de las fotos.
   a. con granos   b. muy tarde
2. Después de levantarse, la chica ___.
   a. se bañó   b. se maquilló
3. Para las fotos, la chica tapó los granos con ___.
   a. la flora y la fauna   b. maquillaje Asepxia
4. Ahora la chica ___.
   a. tiene muchos granos   b. usa maquillaje Asepxia

Conversación

Contesta estas preguntas con un(a) compañero/a.

¿Cuál fue la última fiesta a la que fuiste? ¿Qué fue lo que más te gustó? ¿Te aburrió algo? ¿Cómo te preparaste para la fiesta? ¿Cuánto tiempo necesitaste para prepararte?

Aplicación

Con un grupo de compañeros/as, creen un anuncio para vender un producto de uso diario, como el champú o la pasta de dientes. En su anuncio, muestren cómo el producto les puede ayudar a las personas a solucionar algún problema de su rutina diaria. Presenten el anuncio a la clase.

En este episodio de *Flash cultura* vas a conocer unos entremeses° españoles llamados **tapas**. Hay varias teorías sobre el origen de su nombre. Una dice que viene de la costumbre antigua° de **tapar**° los vasos de vino para evitar° que insectos o polvo entren en° ellos. Otra teoría cuenta que el rey Alfonso X debía° beber un poco de vino por indicación médica y decidió acompañarlo° con algunos bocados° para tapar los efectos del alcohol. Cuando estuvo° mejor, ordenó que siempre en Castilla se sirviera° algo de comer con las bebidas° alcohólicas.

Vocabulario útil

económicas	*inexpensive*
montaditos	*bread slices with assorted toppings*
pagar propinas	*to tip*
tapar el hambre	*to take the edge off (lit. putting the lid on one's hunger)*

Preparación

En el área donde vives, ¿qué hacen las personas normalmente después del trabajo (*work*)? ¿Van a sus casas? ¿Salen con amigos? ¿Comen?

Ordenar

Ordena estos sucesos de manera lógica.

_____ a. El empleado cuenta los palillos (*counts the toothpicks*) de los montaditos que Mari Carmen comió.

_____ b. Mari Carmen va al barrio de la Ribera.

_____ c. Un hombre en un bar explica cuándo sale a tomar tapas.

_____ d. Un hombre explica la tradición de los montaditos o pinchos.

_____ e. Carmen le pregunta a la chica si los montaditos son buenos para la salud.

entremeses *appetizers* antigua *ancient* tapar *cover* evitar *avoid*
entren en *would get in* debía *should* acompañarlo *accompany it* bocados *snacks*
estuvo *he was* se sirviera *they should serve* bebidas *drinks* sueles *do you tend*

Tapas para todos los días

1

Estamos en la Plaza Cataluña, el puro centro de Barcelona.

2

—¿Cuándo sueles° venir a tomar tapas?
—Generalmente después del trabajo.

3

Éstos son los montaditos, o también llamados pinchos. ¿Te gustan?

Perú

El país en cifras

- **Área:** 1.285.220 km² (496.224 millas²), *un poco menos que el área de Alaska*
- **Población:** 30.147.000
- **Capital:** Lima —8.769.000
- **Ciudades principales:** Arequipa —778.000, Trujillo, Chiclayo, Callao, Iquitos

Iquitos es un puerto muy importante en el río Amazonas. Desde Iquitos se envían° muchos productos a otros lugares, incluyendo goma°, nueces°, madera°, arroz°, café y tabaco. Iquitos es también un destino popular para los ecoturistas que visitan la selva°.

- **Moneda:** nuevo sol
- **Idiomas:** español (oficial); quechua, aimara y otras lenguas indígenas (oficiales en los territorios donde se usan)

Bandera de Perú

Pasaje Santa Rosa de Lima

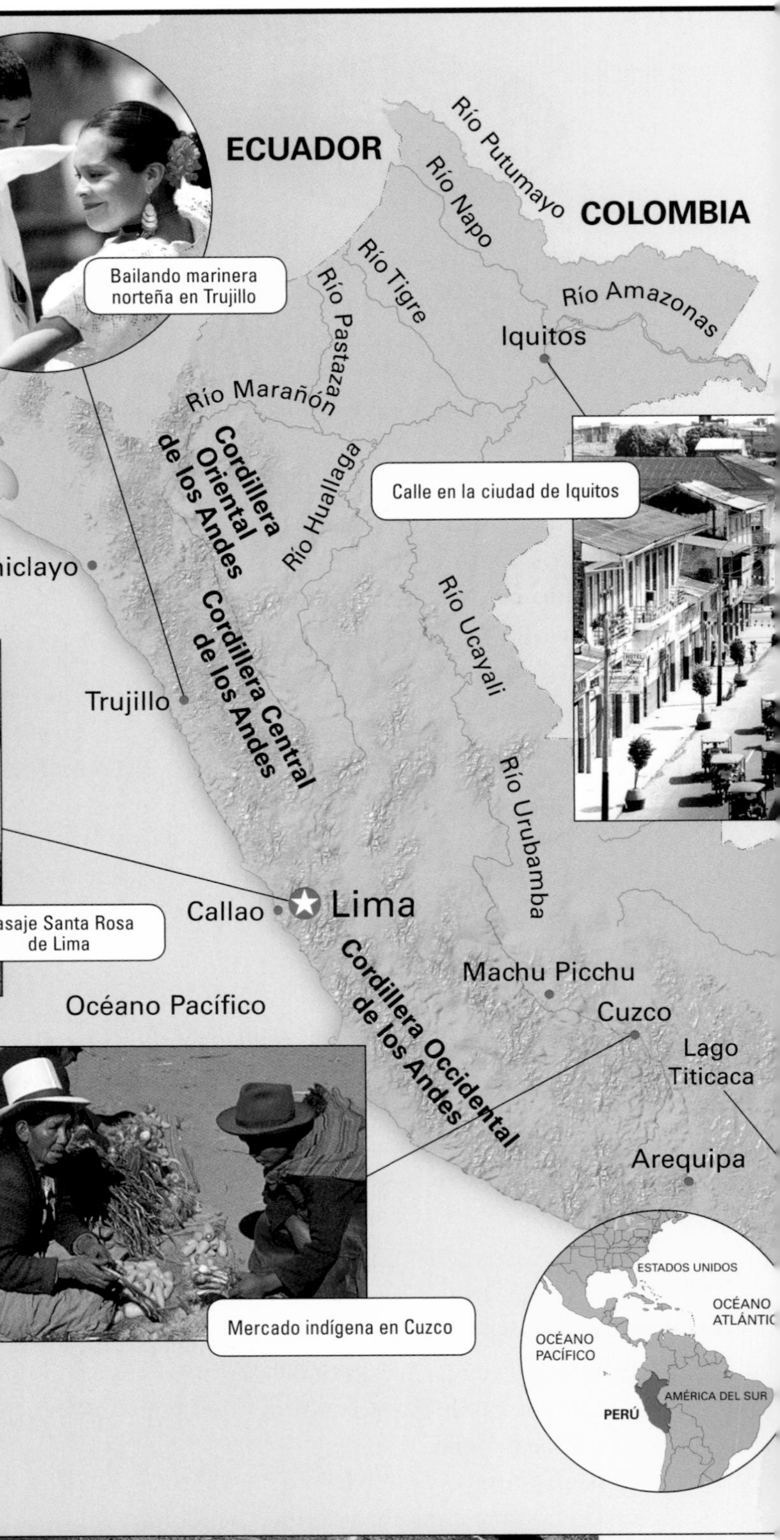

Bailando marinera norteña en Trujillo

Calle en la ciudad de Iquitos

Mercado indígena en Cuzco

Peruanos célebres

- **Clorinda Matto de Turner,** escritora (1854–1909)
- **César Vallejo,** poeta (1892–1938)
- **Javier Pérez de Cuéllar,** diplomático (1920–)
- **Juan Diego Flórez,** cantante de ópera (1973–)
- **Mario Vargas Llosa,** escritor (1936–)

Mario Vargas Llosa, Premio Nobel de Literatura 2010

se envían *are shipped* goma *rubber* nueces *nuts* madera *timber* arroz *rice* selva *jungle* Hace más de *More than... ago* grabó *engraved* tamaño *size*

¡Increíble pero cierto!

Hace más de° dos mil años la civilización nazca de Perú grabó° más de dos mil kilómetros de líneas en el desierto. Los dibujos sólo son descifrables desde el aire. Uno de ellos es un cóndor del tamaño° de un estadio. Las Líneas de Nazca son uno de los grandes misterios de la humanidad.

Lugares • Lima

Lima es una ciudad moderna y antigua° a la vez°. La Iglesia de San Francisco es notable por su arquitectura barroca colonial. También son fascinantes las exhibiciones sobre los incas en el Museo Oro del Perú y en el Museo Nacional de Antropología y Arqueología. Barranco, el barrio° bohemio de la ciudad, es famoso por su ambiente cultural y sus bares y restaurantes.

Historia • Machu Picchu

A 80 kilómetros al noroeste de Cuzco está Machu Picchu, una ciudad antigua del Imperio inca. Está a una altitud de 2.350 metros (7.710 pies), entre dos cimas° de los Andes. Cuando los españoles llegaron a Perú y recorrieron la región, nunca encontraron Machu Picchu. En 1911, el arqueólogo estadounidense Hiram Bingham la redescubrió. Todavía no se sabe ni cómo se construyó° una ciudad a esa altura, ni por qué los incas la abandonaron. Sin embargo°, esta ciudad situada en desniveles° naturales es el ejemplo más conocido de la arquitectura inca.

Artes • La música andina

Machu Picchu aún no existía° cuando se originó la música cautivadora° de las culturas indígenas de los Andes. Los ritmos actuales de la música andina tienen influencias españolas y africanas. Varios tipos de flauta°, entre ellos la quena y la zampoña, caracterizan esta música. En las décadas de los sesenta y los setenta se popularizó un movimiento para preservar la música andina, y hasta° Simon y Garfunkel incorporaron a su repertorio la canción *El cóndor pasa*.

Economía • Llamas y alpacas

Perú se conoce por sus llamas, alpacas, guanacos y vicuñas, todos ellos animales mamíferos° parientes del camello. Estos animales todavía tienen una enorme importancia en la economía del país. Dan lana para exportar a otros países y para hacer ropa, mantas°, bolsas y otros artículos artesanales. La llama se usa también para la carga y el transporte.

¿Qué aprendiste? Contesta las preguntas con una oración completa.

1. ¿Qué productos envía Iquitos a otros lugares?
2. ¿Cuáles son las lenguas oficiales de Perú?
3. ¿Por qué es notable la Iglesia de San Francisco en Lima?
4. ¿Qué información sobre Machu Picchu no se sabe todavía?
5. ¿Qué son la quena y la zampoña?
6. ¿Qué hacen los peruanos con la lana de sus llamas y alpacas?

Conexión Internet Investiga estos temas en Internet.

1. Investiga la cultura incaica. ¿Cuáles son algunos de los aspectos interesantes de su cultura?
2. Busca información sobre dos artistas, escritores o músicos peruanos.

antigua *old* a la vez *at the same time* barrio *neighborhood* cimas *summits* se construyó *was built* Sin embargo *However* desniveles *uneven pieces of land* aún no existía *didn't exist yet* cautivadora *captivating* flauta *flute* hasta *even* mamíferos *mammalian* mantas *blankets*

Los verbos reflexivos

acordarse (de) (o:ue)	*to remember*
acostarse (o:ue)	*to go to bed*
afeitarse	*to shave*
bañarse	*to take a bath*
cepillarse el pelo	*to brush one's hair*
cepillarse los dientes	*to brush one's teeth*
despertarse (e:ie)	*to wake up*
dormirse (o:ue)	*to go to sleep; to fall asleep*
ducharse	*to take a shower*
enojarse (con)	*to get angry (with)*
irse	*to go away; to leave*
lavarse la cara	*to wash one's face*
lavarse las manos	*to wash one's hands*
levantarse	*to get up*
llamarse	*to be called; to be named*
maquillarse	*to put on makeup*
peinarse	*to comb one's hair*
ponerse	*to put on*
ponerse (+ *adj.*)	*to become (+ adj.)*
preocuparse (por)	*to worry (about)*
probarse (o:ue)	*to try on*
quedarse	*to stay*
quitarse	*to take off*
secarse	*to dry (oneself)*
sentarse (e:ie)	*to sit down*
sentirse (e:ie)	*to feel*
vestirse (e:i)	*to get dressed*

Palabras de secuencia

antes (de)	*before*
después	*afterwards; then*
después (de)	*after*
durante	*during*
entonces	*then*
luego	*then*
más tarde	*later (on)*
por último	*finally*

Palabras indefinidas y negativas

algo	*something; anything*
alguien	*someone; somebody; anyone*
alguno/a(s), algún	*some; any*
jamás	*never; not ever*
nada	*nothing; not anything*
nadie	*no one; nobody; not anyone*
ni… ni	*neither… nor*
ninguno/a, ningún	*no; none; not any*
nunca	*never; not ever*
o… o	*either… or*
siempre	*always*
también	*also; too*
tampoco	*neither; not either*

En el baño

el baño, el cuarto de baño	*bathroom*
el champú	*shampoo*
la crema de afeitar	*shaving cream*
la ducha	*shower*
el espejo	*mirror*
el inodoro	*toilet*
el jabón	*soap*
el lavabo	*sink*
el maquillaje	*makeup*
la pasta de dientes	*toothpaste*
la toalla	*towel*

Verbos similares a *gustar*

aburrir	*to bore*
encantar	*to like very much; to love (inanimate objects)*
faltar	*to lack; to need*
fascinar	*to fascinate; to like very much*
importar	*to be important to; to matter*
interesar	*to be interesting to; to interest*
molestar	*to bother; to annoy*
quedar	*to be left over; to fit (clothing)*

Palabras adicionales

el despertador	*alarm clock*
las pantuflas	*slippers*
la rutina diaria	*daily routine*
por la mañana	*in the morning*
por la noche	*at night*
por la tarde	*in the afternoon; in the evening*

Expresiones útiles	*See page 17.*

La comida

2

Communicative Goals

You will learn how to:

- **Order food in a restaurant**
- **Talk about and describe food**

contextos

pages 48–53
- Food
- Food descriptions
- Meals

fotonovela

pages 54–57

Miguel and Maru are at one of Mexico City's best restaurants enjoying a romantic dinner... until Felipe and Juan Carlos show up.

cultura

pages 58–59
- Fruits and vegetables from the Americas
- Ferran Adrià

estructura

pages 60–75
- Preterite of stem-changing verbs
- Double object pronouns
- Comparisons
- Superlatives
- **Recapitulación**

adelante

pages 76–83

Lectura: A menu and restaurant review
Escritura: A restaurant review
Escuchar: A conversation at a restaurant
En pantalla
Flash cultura
Panorama: Guatemala

A PRIMERA VISTA
- **¿Dónde está ella?**
- **¿Qué hace?**
- **¿Es parte de su rutina diaria?**
- **¿Qué colores hay en la foto?**

La comida

Más vocabulario

el/la camarero/a	*waiter/waitress*
la comida	*food; meal*
la cuenta	*bill*
el/la dueño/a	*owner*
los entremeses	*appetizers*
el menú	*menu*
el plato (principal)	*(main) dish*
la propina	*tip*
el agua (mineral)	*(mineral) water*
la bebida	*drink*
la leche	*milk*
el refresco	*soft drink*
el ajo	*garlic*
las arvejas	*peas*
los cereales	*cereal; grains*
los frijoles	*beans*
el melocotón	*peach*
el pollo (asado)	*(roast) chicken*
el queso	*cheese*
el sándwich	*sandwich*
el yogur	*yogurt*
el aceite	*oil*
la margarina	*margarine*
la mayonesa	*mayonnaise*
el vinagre	*vinegar*
delicioso/a	*delicious*
sabroso/a	*tasty; delicious*
saber (a)	*to taste (like)*

Variación léxica

camarones ⟷ gambas (*Esp.*)

camarero ⟷ mesero (*Amér. L.*), mesonero (*Ven.*), mozo (*Arg., Chile, Urug., Perú*)

refresco ⟷ gaseosa (*Amér. C., Amér. S.*)

¡LENGUA VIVA!

The verb **saber** is also used to describe food. Use **saber** + [*adjective*] to explain how something *tastes*.

Ex: **Este plato sabe dulce/rico/amargo.**
(*This dish tastes sweet/delicious/bitter.*)

Use **saber** + **a** to say what something *tastes like*.

Ex: **Sabe a ajo.**
(*It tastes like garlic.*)

Estas langostas no saben a nada.
(*These lobsters don't taste like anything./ These lobsters don't have any flavor.*)

Práctica

1 Escuchar Indica si las oraciones que vas a escuchar son **ciertas** o **falsas**, según el dibujo. Después, corrige las falsas.

1. ________
2. ________
3. ________
4. ________
5. ________
6. ________
7. ________
8. ________
9. ________
10. ________

2 Seleccionar Paulino y Pilar van a cenar a un restaurante. Escucha la conversación y selecciona la respuesta que mejor completa cada oración.

1. Paulino le pide el ________ (menú / plato) al camarero.
2. El plato del día es (atún / salmón) ________.
3. Pilar ordena ________ (leche / agua mineral) para beber.
4. Paulino quiere un refresco de ________ (naranja / limón).
5. Paulino hoy prefiere ________ (el salmón / la chuleta).
6. Dicen que la carne en ese restaurante es muy ________ (sabrosa / mala).
7. Pilar come salmón con ________ (zanahorias / champiñones).

3 Identificar Identifica la palabra que no está relacionada con cada grupo.

1. champiñón • cebolla • propina • zanahoria
2. camarones • ajo • atún • salmón
3. aceite • leche • refresco • agua mineral
4. jamón • chuleta de cerdo • vinagre • carne de res
5. agua mineral • lechuga • arvejas • frijoles
6. carne • pescado • mariscos • camarero
7. pollo • naranja • limón • melocotón
8. maíz • queso • tomate • champiñón

4 Escoger Completa las oraciones con las palabras más lógicas.

1. ¡Me gusta mucho este plato! Sabe ______.
   a. mal   b. delicioso   c. antipático
2. Camarero, ¿puedo ver el ______, por favor?
   a. aceite   b. maíz   c. menú
3. Carlos y yo bebemos siempre agua ______.
   a. cómoda   b. mineral   c. principal
4. El plato del día es ______.
   a. pollo asado   b. mayonesa   c. ajo
5. Margarita es vegetariana. Ella come ______.
   a. frijoles   b. chuletas   c. jamón
6. Mi hermana le da ______ a su niña.
   a. ajo   b. vinagre   c. yogur

el desayuno

el almuerzo

la cena

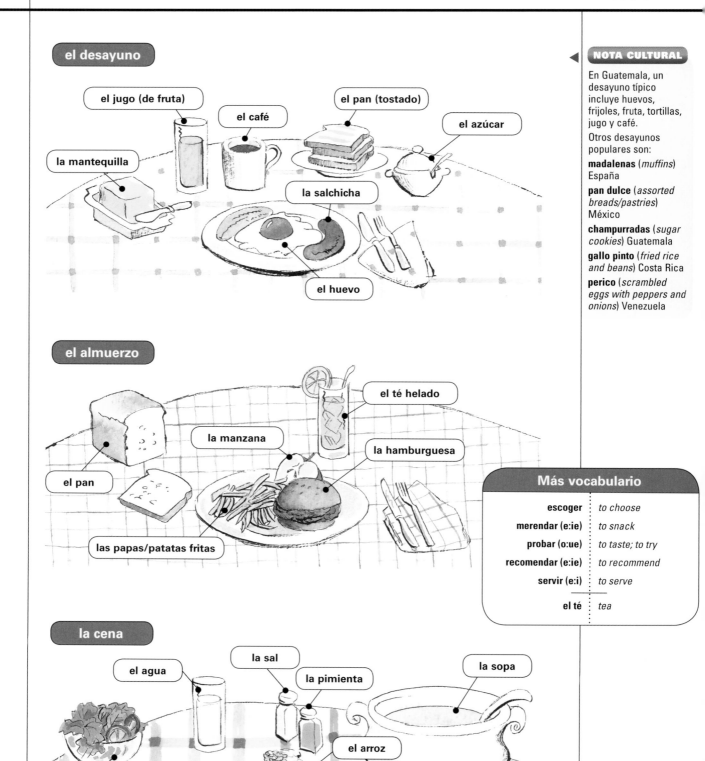

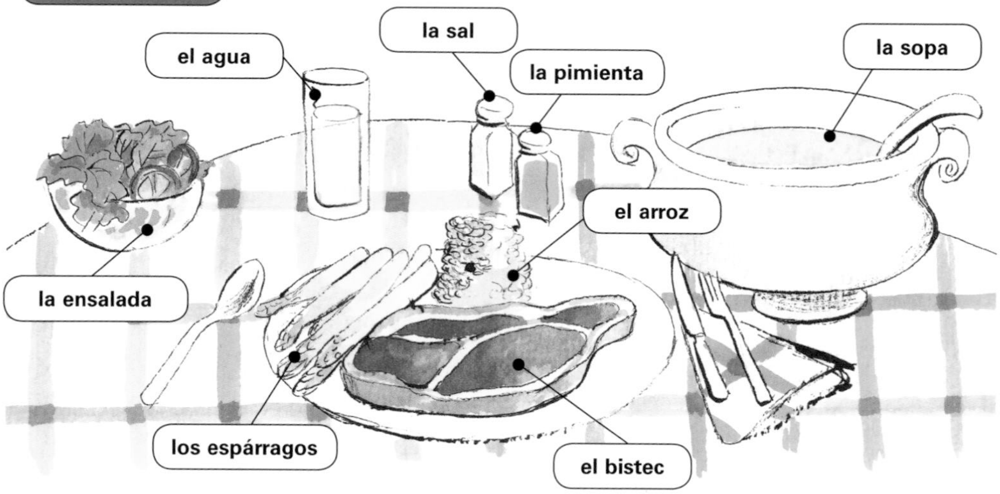

NOTA CULTURAL

En Guatemala, un desayuno típico incluye huevos, frijoles, fruta, tortillas, jugo y café.

Otros desayunos populares son:

madalenas (*muffins*) España

pan dulce (*assorted breads/pastries*) México

champurradas (*sugar cookies*) Guatemala

gallo pinto (*fried rice and beans*) Costa Rica

perico (*scrambled eggs with peppers and onions*) Venezuela

Más vocabulario

escoger	*to choose*
merendar (e:ie)	*to snack*
probar (o:ue)	*to taste; to try*
recomendar (e:ie)	*to recommend*
servir (e:i)	*to serve*
el té	*tea*

5 **Completar** Relaciona cada producto con el grupo alimenticio (*food group)* correcto.

modelo

La carne es del grupo uno.

el aceite	las bananas	los cereales	la leche
el arroz	el café	los espárragos	el pescado
el azúcar	la carne	los frijoles	la hamburguesa

1. ____________ y el queso son del grupo cuatro.
2. ____________ son del grupo ocho.
3. ____________ y el pollo son del grupo tres.
4. ____________ es del grupo cinco.
5. ____________ es del grupo dos.
6. Las manzanas y ____________ son del grupo siete.
7. ____________ es del grupo seis.
8. ____________ son del grupo diez.
9. ____________ y los tomates son del grupo nueve.
10. El pan y ____________ son del grupo diez.

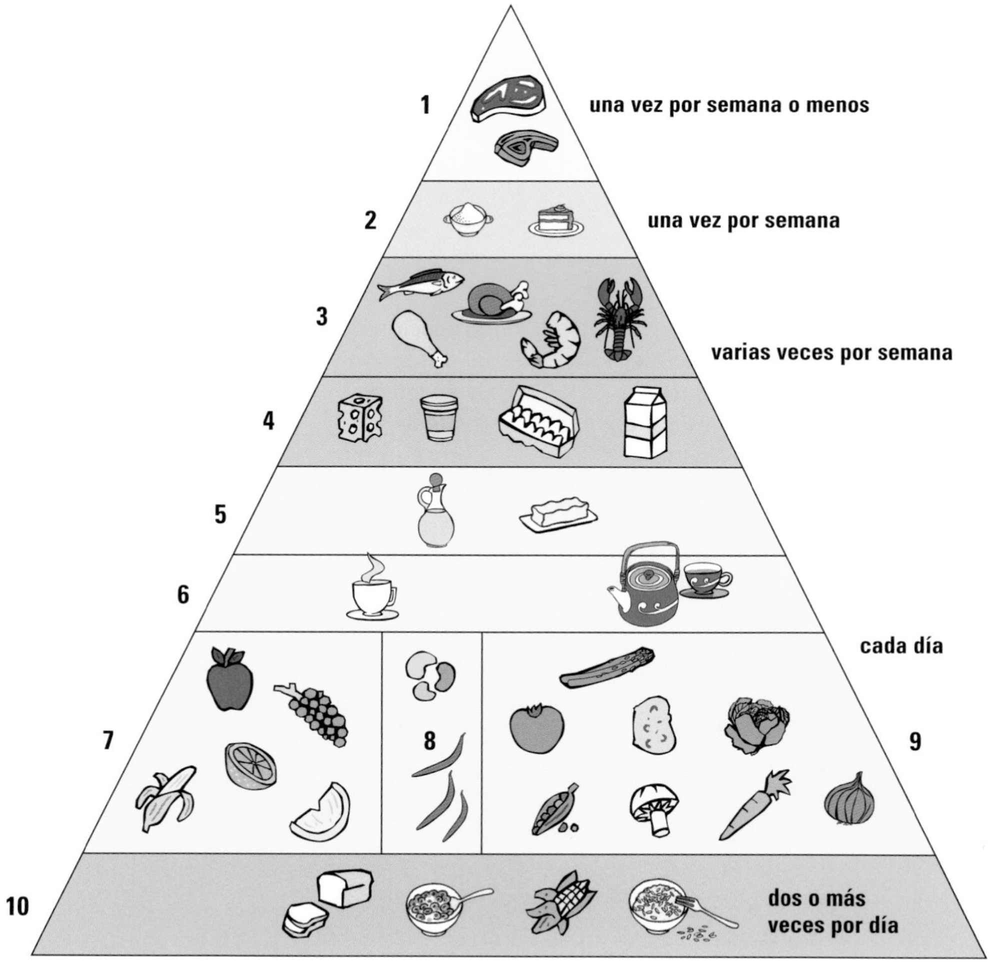

La Pirámide Alimenticia Latinoamericana

6 **¿Cierto o falso?** Consulta la Pirámide Alimenticia Latinoamericana de la página 51 e indica si lo que dice cada oración es **cierto** o **falso**. Si la oración es falsa, escribe las comidas que sí están en el grupo indicado.

modelo

El queso está en el grupo diez.
Falso. En ese grupo están el maíz, el pan, los cereales y el arroz.

1. La manzana, la banana, el limón y las arvejas están en el grupo siete.
2. En el grupo cuatro están los huevos, la leche y el aceite.
3. El azúcar está en el grupo dos.
4. En el grupo diez están el pan, el arroz y el maíz.
5. El pollo está en el grupo uno.
6. En el grupo nueve están la lechuga, el tomate, las arvejas, la naranja, la papa, los espárragos y la cebolla.
7. El café y el té están en el mismo grupo.
8. En el grupo cinco está el arroz.
9. El pescado, el yogur y el bistec están en el grupo tres.

7 **Combinar** Combina palabras de cada columna, en cualquier (*any*) orden, para formar diez oraciones lógicas sobre las comidas. Añade otras palabras si es necesario.

modelo

La camarera nos sirve la ensalada.

A	B	C
el/la camarero/a	almorzar	la sección de no fumar
el/la dueño/a	escoger	el desayuno
mi familia	gustar	la ensalada
mi novio/a	merendar	las uvas
mis amigos y yo	pedir	el restaurante
mis padres	preferir	el jugo de naranja
mi hermano/a	probar	el refresco
el/la médico/a	recomendar	el plato
yo	servir	el arroz

NOTA CULTURAL

El arroz es un alimento básico en el Caribe, Centroamérica y México, entre otros países. Aparece frecuentemente como acompañamiento del plato principal y muchas veces se sirve con frijoles. Un plato muy popular en varios países es **el arroz con pollo** *(chicken and rice casserole)*.

8 **Un menú** Usa la Pirámide Alimenticia Latinoamericana de la página 51 para crear un menú para una cena especial. Incluye alimentos de los diez grupos para los entremeses, los platos principales y las bebidas.

modelo

La cena especial que voy a preparar es deliciosa. Primero, hay dos entremeses: ensalada César y sopa de langosta. El plato principal es salmón con salsa de ajo y espárragos. También voy a servir arroz…

Comunicación

9 **En el restaurante** Escucha la conversación entre Andrea, Julio y un camarero. Luego, indica si las conclusiones son **lógicas** o **ilógicas**, según lo que escuchaste.

	Lógico	Ilógico
1. Andrea y Julio están almorzando.	❍	❍
2. Andrea no come carne.	❍	❍
3. Julio no sabe qué pedir.	❍	❍
4. Andrea y Julio piden entremeses y platos principales.	❍	❍
5. El restaurante sirve jugos de fruta.	❍	❍
6. Andrea y Julio prefieren tomar té helado.	❍	❍

10 **Conversación** Contesta las preguntas de tu compañero/a.

1. ¿Qué te gusta cenar?
2. ¿A qué hora, dónde y con quién almuerzas?
3. ¿Qué almuerzas normalmente?
4. ¿Desayunas? ¿Qué comes y bebes por la mañana?
5. ¿Qué comida te gusta más?
6. ¿Te gusta probar comidas diferentes?
7. ¿Preparas comida en casa? ¿Qué preparas?
8. ¿Eres vegetariano/a? ¿Crees que ser vegetariano/a es buena idea? ¿Por qué?
9. ¿Qué tipo de comida sirve tu restaurante favorito?

11 **Describir** Describe lo que ocurre en las fotos. Incluye en tu descripción las respuestas a estas preguntas.

- ¿Quiénes están en las fotos?
- ¿Dónde están?
- ¿Qué hora es?
- ¿Qué comen y qué beben?

Una cena... romántica

Maru y Miguel quieren tener una cena romántica, pero les espera una sorpresa.

PERSONAJES

MARU

MIGUEL

MARU No sé qué pedir. ¿Qué me recomiendas?

MIGUEL No estoy seguro. Las chuletas de cerdo se ven muy buenas.

MARU ¿Vas a pedirlas?

MIGUEL No sé.

MIGUEL ¡Qué bonitos! ¿Quién te los dio?

MARU Me los compró un chico muy guapo e inteligente.

MIGUEL ¿Es tan guapo como yo?

MARU Sí, como tú, guapísimo.

(*El camarero llega a la mesa.*)

CAMARERO ¿Les gustaría saber nuestras especialidades del día?

MARU Sí, por favor.

CAMARERO Para el entremés, tenemos ceviche de camarón. De plato principal ofrecemos bistec con verduras a la plancha.

MARU Voy a probar el jamón.

CAMARERO Perfecto. ¿Y para usted, caballero?

MIGUEL Pollo asado con champiñones y papas, por favor.

CAMARERO Excelente.

MIGUEL Por nosotros.

MARU Dos años.

(*en otra parte del restaurante*)

JUAN CARLOS Disculpe. ¿Qué me puede contar del pollo? ¿Dónde lo consiguió el chef?

CAMARERO ¡Oiga! ¿Qué está haciendo?

CAMARERO

JUAN CARLOS

FELIPE

GERENTE

FELIPE Los espárragos están sabrosísimos esta noche. Usted pidió el pollo, señor. Estos champiñones saben a mantequilla.

GERENTE ¿Qué pasa aquí, Esteban?

CAMARERO Lo siento, señor. Me quitaron la comida.

GERENTE (*a Felipe*) Señor, ¿quién es usted? ¿Qué cree que está haciendo?

JUAN CARLOS Felipe y yo les servimos la comida a nuestros amigos. Pero desafortunadamente, salió todo mal.

FELIPE Soy el peor camarero del mundo. ¡Lo siento! Nosotros vamos a pagar la comida.

JUAN CARLOS ¿Nosotros?

FELIPE Todo esto fue idea tuya, Juan Carlos.

JUAN CARLOS ¿Mi idea? ¡Felipe! (*al gerente*) Señor, él es más responsable que yo.

GERENTE Tú y tú, vamos.

Expresiones útiles

Ordering food

¿Qué me recomiendas?
What do you recommend?
Las chuletas de cerdo se ven muy buenas.
The pork chops look good.
¿Les gustaría saber nuestras especialidades del día?
Would you like to hear our specials?
Para el entremés, tenemos ceviche de camarón.
For an appetizer, we have shrimp ceviche.
De plato principal ofrecemos bistec con verduras a la plancha.
For a main course, we have beef with grilled vegetables.
Voy a probar el jamón.
I am going to try the ham.

Describing people and things

¡Qué bonitos! ¿Quién te los dio?
How pretty! Who gave them to you?
Me los compró un chico muy guapo e inteligente.
A really handsome, intelligent guy bought them for me.
¿Es tan guapo como yo?
Is he as handsome as I am?
Sí, como tú, guapísimo.
Yes, like you, gorgeous.
Soy el peor camarero del mundo.
I am the worst waiter in the world.
Él es más responsable que yo.
He is more responsible than I am.

Additional vocabulary

el/la gerente *manager*
caballero *gentleman, sir*

¿Qué pasó?

1 Escoger Escoge la respuesta que completa mejor cada oración.

1. Miguel lleva a Maru a un restaurante para _____.
   a. almorzar b. desayunar c. cenar
2. El camarero les ofrece _____ como plato principal.
   a. ceviche de camarón b. bistec con verduras a la plancha
   c. pescado, arroz y ensalada
3. Miguel va a pedir _____.
   a. pollo asado con champiñones y papas
   b. langosta al horno c. pescado con verduras a la mantequilla
4. Felipe les lleva la comida a sus amigos y prueba _____.
   a. el jamón y el agua mineral b. el atún y la lechuga
   c. los espárragos y los champiñones

NOTA CULTURAL

El **ceviche** es un plato típico de varios países hispanos como México, Perú y Costa Rica. En México, se prepara con pescado o mariscos frescos, jugo de limón, jitomate, cebolla, chile y cilantro. Se puede comer como plato fuerte, pero también como entremés o botana (*snack*). Casi siempre se sirve con tostadas (*fried tortillas*) o galletas saladas (*crackers*).

2 Identificar Indica quién puede decir estas oraciones.

1. ¡Qué desastre! Soy un camarero muy malo.
2. Les recomiendo el bistec con verduras a la plancha.
3. Tal vez escoja las chuletas de cerdo, creo que son muy sabrosas.
4. ¿Qué pasa aquí?
5. Dígame las especialidades del día, por favor.
6. No fue mi idea. Felipe es más responsable que yo.

3 Preguntas Contesta estas preguntas sobre la **Fotonovela.**

1. ¿Por qué fueron Maru y Miguel a un restaurante?
2. ¿Qué entremés es una de las especialidades del día?
3. ¿Qué pidió Maru?
4. ¿Quiénes van a pagar la cuenta?

4 En el restaurante

1. Prepara con un(a) compañero/a una conversación en la que le preguntas si conoce algún buen restaurante en tu comunidad. Tu compañero/a responde que él/ella sí conoce un restaurante que sirve una comida deliciosa. Lo/La invitas a cenar y tu compañero/a acepta. Determinan la hora para verse en el restaurante.
2. Trabaja con un(a) compañero/a para representar los papeles de un(a) cliente/a y un(a) camarero/a en un restaurante. El/La camarero/a te pregunta qué te puede servir y tú preguntas cuál es la especialidad de la casa. El/La camarero/a te dice cuál es la especialidad y te recomienda algunos platos del menú. Tú pides entremeses, un plato principal y escoges una bebida. El/La camarero/a te sirve la comida y tú le das las gracias.

CONSULTA

To review indefinite words like **algún**, see **Estructura 1.2**, p. 26.

Pronunciación

ll, ñ, c, and z

pollo **llave** **ella** **cebolla**

Most Spanish speakers pronounce **ll** like the *y* in *yes.*

mañana **señor** **baño** **niña**

The letter **ñ** is pronounced much like the *ny* in *canyon.*

café **colombiano** **cuando** **rico**

Before **a**, **o**, or **u**, the Spanish **c** is pronounced like the *c* in *car.*

cereales **delicioso** **conducir** **conocer**

Before **e** or **i**, the Spanish **c** is pronounced like the *s* in *sit.* (In parts of Spain, **c** before **e** or **i** is pronounced like the *th* in *think.*)

zeta **zanahoria** **almuerzo** **zapato**

The Spanish **z** is pronounced like the *s* in *sit.* (In parts of Spain, **z** is pronounced like the *th* in *think.*)

Práctica Lee las palabras en voz alta.

1. mantequilla
2. cuñado
3. aceite
4. manzana
5. español
6. cepillo
7. zapato
8. azúcar
9. quince
10. compañera
11. almorzar
12. calle

Oraciones Lee las oraciones en voz alta.

1. Mi mejor amigo se llama Toño Núñez. Su familia es de la Ciudad de Guatemala y de Quetzaltenango.
2. Dice que la comida de su mamá es deliciosa, especialmente su pollo al champiñón y sus tortillas de maíz.
3. Creo que Toño tiene razón porque hoy cené en su casa y quiero volver mañana para cenar allí otra vez.

Panza llena, corazón contento.[2]

Refranes Lee los refranes en voz alta.

Las apariencias engañan.[1]

1 Looks can be deceiving.
2 A full belly makes a happy heart.

EN DETALLE

Frutas y verduras de América

Imagínate una pizza sin salsa° de tomate o una hamburguesa sin papas fritas. Ahora piensa que quieres ver una película, pero las palomitas de maíz° y el chocolate no existen. ¡Qué mundo° tan insípido°! Muchas de las comidas más populares del mundo tienen ingredientes esenciales que son originarios del continente llamado Nuevo Mundo. Estas frutas y verduras no fueron introducidas en Europa sino hasta° el siglo° XVI.

El tomate, por ejemplo, era° usado como planta ornamental cuando llegó por primera vez a Europa porque pensaron que era venenoso°. El maíz, por su parte, era ya la base de la comida de muchos países latinoamericanos muchos siglos antes de la llegada de los españoles.

La papa fue un alimento° básico para los incas. Incluso consiguieron deshidratarla para almacenarla° por largos períodos de tiempo. El cacao (planta con la que se hace el chocolate) fue muy importante para los aztecas y los mayas. Ellos usaban sus semillas° como moneda° y como ingrediente de diversas salsas. También las molían° para preparar una bebida, mezclándolas° con agua ¡y con chile!

El aguacate°, la guayaba°, la papaya, la piña y el maracuyá (o fruta de la pasión) son otros ejemplos de frutas originarias de América que son hoy día conocidas en todo el mundo.

Mole

¿En qué alimentos encontramos estas frutas y verduras?

Tomate: pizza, ketchup, salsa de tomate, sopa de tomate

Maíz: palomitas de maíz, tamales, tortillas, arepas (Colombia y Venezuela), pan

Papa: papas fritas, frituras de papa°, puré de papas°, sopa de papas, tortilla de patatas (España)

Cacao: mole (México), chocolatinas°, cereales, helados°, tartas°

Aguacate: guacamole (México), coctel de camarones, sopa de aguacate, nachos, enchiladas hondureñas

salsa *sauce* palomitas de maíz *popcorn* mundo *world* insípido *flavorless* hasta *until* siglo *century* era *was* venenoso *poisonous* alimento *food* almacenarla *to store it* semillas *seeds* moneda *currency* las molían *they used to grind them* mezclándolas *mixing them* aguacate *avocado* guayaba *guava* frituras de papa *chips* puré de papas *mashed potatoes* chocolatinas *chocolate bars* helados *ice cream* tartas *cakes*

ACTIVIDADES

1 **¿Cierto o falso?** Indica si lo que dicen las oraciones es **cierto** o **falso**. Corrige la información falsa.

1. El tomate se introdujo a Europa como planta ornamental.
2. Los incas sólo consiguieron almacenar las papas por poco tiempo.
3. Los aztecas y los mayas usaron las papas como moneda.
4. El maíz era una comida poco popular en Latinoamérica.
5. El aguacate era el alimento básico de los incas.
6. En México se hace una salsa con chocolate.
7. El aguacate, la guayaba, la papaya, la piña y el maracuyá son originarios de América.
8. Las arepas se hacen con cacao.
9. El aguacate es un ingrediente del cóctel de camarones.
10. En España hacen una tortilla con papas.

ASÍ SE DICE

La comida

el banano (Col.), el cambur (Ven.), el guineo (Nic.), el plátano (Amér. L., Esp.)	la banana
el choclo (Amér. S.), el elote (Méx.), el jojoto (Ven.), la mazorca (Esp.)	*corncob*
las caraotas (Ven.), los porotos (Amér. S.), las habichuelas (P. R.)	los frijoles
el durazno (Méx.)	el melocotón
el jitomate (Méx.)	el tomate

EL MUNDO HISPANO

Algunos platos típicos

- **Ceviche peruano:** Es un plato de pescado crudo que se marina° en jugo de limón, con sal, pimienta, cebolla y ají°. Se sirve con lechuga, maíz, camote° y papa amarilla.
- **Gazpacho andaluz:** Es una sopa fría típica del sur de España. Se hace con verduras crudas y molidas°: tomate, ají, pepino° y ajo. También lleva pan, sal, aceite y vinagre.
- **Sancocho colombiano:** Es una sopa de pollo, pescado o carne con plátano, maíz, zanahoria, yuca, papas, cebolla, cilantro y ajo. Se sirve con arroz blanco.

se marina *gets marinated* **ají** *pepper* **camote** *sweet potato* **molidas** *mashed* **pepino** *cucumber*

PERFIL

Ferran Adrià: arte en la cocina°

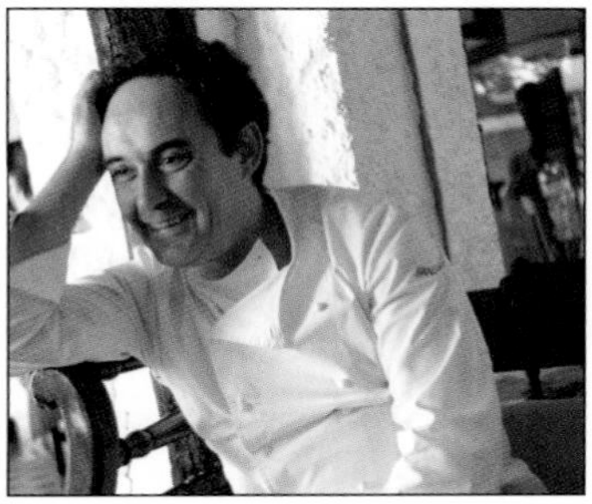

¿Qué haces si un amigo te invita a comer croquetas líquidas o paella de *Kellogg's*? ¿Piensas que es una broma°? ¡Cuidado! Puedes estar perdiendo la oportunidad de probar los platos de uno de los chefs más innovadores del mundo°: **Ferran Adrià.**

Aire de zanahorias

Este artista de la cocina basa su éxito° en la creatividad y en la química. Adrià modifica combinaciones de ingredientes y juega con contrastes de gustos y sensaciones: frío-caliente, crudo°-cocido°, dulce°-salado°... A partir de nuevas técnicas, altera la textura de los alimentos sin alterar su sabor°. Sus platos sorprendentes° y divertidos atraen a muchos nuevos chefs a su academia de cocina experimental. Quizás un día compraremos° en el supermercado té esférico°, carne líquida y espuma° de tomate.

cocina *kitchen* **broma** *joke* **mundo** *world* **éxito** *success* **crudo** *raw* **cocido** *cooked* **dulce** *sweet* **salado** *savory* **sabor** *taste* **sorprendentes** *surprising* **compraremos** *we will buy* **esférico** *spheric* **espuma** *foam*

Conexión Internet

¿Qué platos comen los hispanos en los Estados Unidos?

Use the Web to find more cultural information related to this **Cultura** section.

ACTIVIDADES

2 Comprensión Empareja cada palabra con su definición.

1. fruta amarilla
2. sopa típica de Colombia
3. ingrediente del ceviche
4. chef español

a. gazpacho
b. Ferran Adrià
c. sancocho
d. guineo
e. pescado

3 ¿Qué plato especial hay en tu región? Escribe cuatro oraciones sobre un plato típico de tu región. Explica los ingredientes que contiene y cómo se sirve.

2.1 Preterite of stem-changing verbs

ANTE TODO As you previously learned, **–ar** and **–er** stem-changing verbs have no stem change in the preterite. **–Ir** stem-changing verbs, however, do have a stem change. Study the following chart and observe where the stem changes occur.

CONSULTA

There are a few high-frequency irregular verbs in the preterite. You will learn more about them in **Estructura 3.1**, p. 96.

Preterite of –ir stem-changing verbs

		servir *(to serve)*	**dormir** *(to sleep)*
SINGULAR FORMS	yo	serví	dormí
	tú	serviste	dormiste
	Ud./él/ella	s**i**rvió	d**u**rmió
PLURAL FORMS	nosotros/as	servimos	dormimos
	vosotros/as	servisteis	dormisteis
	Uds./ellos/ellas	s**i**rvieron	d**u**rmieron

▶ Stem-changing **–ir** verbs, in the preterite only, have a stem change in the third-person singular and plural forms. The stem change consists of either **e** to **i** or **o** to **u**.

(e → i) pedir: p**i**dió, p**i**dieron (o → u) morir (*to die*): m**u**rió, m**u**rieron

¿Quién pidió el jamón?

Yo lo pedí.

¡INTÉNTALO! Cambia cada infinitivo al pretérito.

1. Yo *serví, dormí, pedí...* (servir, dormir, pedir, preferir, repetir, seguir)
2. Usted ____________. (morir, conseguir, pedir, sentirse, servir, vestirse)
3. Tú ____________. (conseguir, servir, morir, pedir, dormir, repetir)
4. Ellas ____________. (repetir, dormir, seguir, preferir, morir, servir)
5. Nosotros ____________. (seguir, preferir, servir, vestirse, pedir, dormirse)
6. Ustedes ____________. (sentirse, vestirse, conseguir, pedir, repetir, dormirse)
7. Él ____________. (dormir, morir, preferir, repetir, seguir, pedir)

Práctica

1 **Completar** Completa estas oraciones para describir lo que pasó anoche en el restaurante El Famoso.

NOTA CULTURAL

El horario de las comidas en España es distinto al de los EE.UU. El desayuno es ligero (*light*). La hora del almuerzo es entre las 2 y las 3 de la tarde. Es la comida más importante del día. Mucha gente merienda o come unas tapas por la tarde. La cena, normalmente ligera, suele (*tends*) ser entre las 9 y las 11 de la noche.

▶ 1. Paula y Humberto Suárez llegaron al restaurante El Famoso a las ocho y __________ (seguir) al camarero a una mesa en la sección de no fumar.
2. El señor Suárez __________ (pedir) una chuleta de cerdo.
3. La señora Suárez __________ (preferir) probar los camarones.
4. De tomar, los dos __________ (pedir) agua mineral.
5. El camarero __________ (repetir) el pedido (*the order*) para confirmarlo.
6. La comida tardó mucho (*took a long time*) en llegar y los señores Suárez __________ (dormirse) esperando la comida.
7. A las nueve y media el camarero les __________ (servir) la comida.
8. Después de comer la chuleta, el señor Suárez __________ (sentirse) muy mal.
9. Pobre señor Suárez... ¿por qué no __________ (pedir) los camarones?

2 **El camarero loco** En el restaurante La Hermosa trabaja un camarero muy distraído que siempre comete muchos errores. Indica lo que los clientes pidieron y lo que el camarero les sirvió.

modelo

Armando / papas fritas

Armando pidió papas fritas, pero el camarero le sirvió maíz.

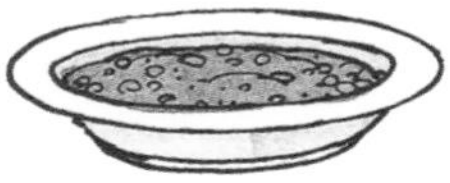

1. nosotros / jugo de naranja
2. Beatriz / queso
3. tú / arroz

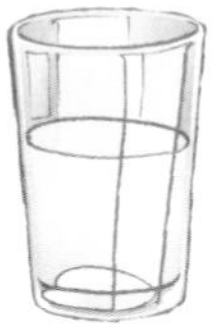

4. Elena y Alejandro / atún
5. usted / refresco
6. yo / hamburguesa

Comunicación

3 **El crítico** Lee lo que escribió un crítico sobre el restaurante Las Delicias. Luego, indica si las conclusiones son **lógicas** o **ilógicas**, según lo que leíste.

> Llegué al restaurante Las Delicias a las 7:30 p.m., hora de mi reservación. Después de esperar una hora, finalmente me llevaron a mi mesa. ¡Les digo la verdad! Pedí una ensalada de verduras y atún como entremés y el camarero me recomendó el pollo a la naranja como plato principal. Después de quince minutos, el camarero me ofreció pan, pero no se acordó de traer la mantequilla. A las nueve llegó mi ensalada. Después de tres minutos, me levanté de la mesa para ir al baño ¡y el camarero se llevó mi plato! A las 9:45 llegó mi plato principal. ¡Encontré un pelo en el plato! Preferí no pedir nada más. Nunca voy a volver a ese restaurante.

	Lógico	Ilógico
1. La cena empieza a las ocho y media en el restaurante Las Delicias.	❍	❍
2. El crítico no puede comer productos derivados de la leche.	❍	❍
3. El camarero piensa que el pollo a la naranja del restaurante sabe bien.	❍	❍
4. El crítico no consiguió terminar ninguno de sus platos.	❍	❍
5. El crítico se sintió enojado al salir del restaurante.	❍	❍

4 **Entrevista** Contesta las preguntas de tu compañero/a.

1. ¿Te acostaste tarde o temprano anoche? ¿A qué hora te dormiste? ¿Dormiste bien?
2. ¿A qué hora te despertaste esta mañana? Y, ¿a qué hora te levantaste?
3. ¿A qué hora vas a acostarte esta noche?
4. ¿Qué almorzaste ayer? ¿Quién te sirvió el almuerzo?
5. ¿Qué cenaste ayer?
6. ¿Cenaste en un restaurante recientemente? ¿Con quién(es)?
7. ¿Qué pediste en el restaurante? ¿Qué pidieron los demás?

Síntesis

5 **Describir** Estudia la foto y las preguntas. Luego, escribe una descripción de la primera (¿y la última?) cita de César y Libertad.

- ¿Adónde salieron a cenar?
- ¿Qué pidieron?
- ¿Les gustó la comida?
- ¿Quién prefirió una cena vegetariana? ¿Por qué?
- ¿Cómo se vistieron?
- ¿De qué hablaron? ¿Les gustó la conversación?
- ¿Van a volver a verse? ¿Por qué?

2.2 Double object pronouns

ANTE TODO In **Senderos 1**, you learned that direct and indirect object pronouns replace nouns and that they often refer to nouns that have already been referenced. You will now learn how to use direct and indirect object pronouns together. Observe the following diagram.

Indirect Object Pronouns				Direct Object Pronouns	
me	nos	**+**		lo	los
te	os			la	las
le (se)	les (se)				

▶ When direct and indirect object pronouns are used together, the indirect object pronoun always precedes the direct object pronoun.

I.O. D.O.
La camarera **me** muestra **el menú**. ⟶ **DOUBLE OBJECT PRONOUNS** La camarera **me lo** muestra.
The waitress shows me the menu. *The waitress shows it to me.*

I.O. D.O.
Nos sirven **los platos**. ⟶ **DOUBLE OBJECT PRONOUNS** **Nos los** sirven.
They serve us the dishes. *They serve them to us.*

I.O. D.O.
Maribel **te** pidió **una hamburguesa**. ⟶ **DOUBLE OBJECT PRONOUNS** Maribel **te la** pidió.
Maribel ordered a hamburger for you. *Maribel ordered it for you.*

¿Quién te los dio?

Me los compró un chico muy guapo.

▶ In Spanish, two pronouns that begin with the letter **l** cannot be used together. Therefore, the indirect object pronouns **le** and **les** always change to **se** when they are used with **lo, los, la,** and **las**.

I.O. D.O.
Le escribí **la carta**. ⟶ **DOUBLE OBJECT PRONOUNS** **Se la** escribí.
I wrote him the letter. *I wrote it to him.*

I.O. D.O.
Les sirvió **los sándwiches**. ⟶ **DOUBLE OBJECT PRONOUNS** **Se los** sirvió.
He served them the sandwiches. *He served them to them.*

- Because **se** has multiple meanings, Spanish speakers often clarify to whom the pronoun refers by adding **a usted, a él, a ella, a ustedes, a ellos,** or **a ellas**.

¿El sombrero? Carlos **se** lo vendió **a ella**.
The hat? Carlos sold it to her.

¿Las verduras? Ellos **se** las compran **a usted**.
The vegetables? They are buying them for you.

- Double object pronouns are placed before a conjugated verb. With infinitives and present participles, they may be placed before the conjugated verb or attached to the end of the infinitive or present participle.

DOUBLE OBJECT PRONOUNS
Te lo voy a mostrar.

DOUBLE OBJECT PRONOUNS
Voy a mostrár**telo**.

DOUBLE OBJECT PRONOUNS
Nos las están comprando.

DOUBLE OBJECT PRONOUNS
Están comprándo**noslas**.

Mi abuelo **me lo** está leyendo.
Mi abuelo está leyéndo**melo**.

El camarero **se los** va a servir.
El camarero va a servír**selos**.

- As you can see above, when double object pronouns are attached to an infinitive or a present participle, an accent mark is added to maintain the original stress.

¡INTÉNTALO! Escribe el pronombre de objeto directo o indirecto que falta en cada oración.

Objeto directo

1. ¿La ensalada? El camarero nos __la__ sirvió.
2. ¿El salmón? La dueña me ______ recomienda.
3. ¿La comida? Voy a preparárte______.
4. ¿Las bebidas? Estamos pidiéndose______.
5. ¿Los refrescos? Te ______ puedo traer ahora.
6. ¿Los platos de arroz? Van a servírnos______ después.

Objeto indirecto

1. ¿Puedes traerme tu plato? No, no __te__ lo puedo traer.
2. ¿Quieres mostrarle la carta? Sí, voy a mostrár______la ahora.
3. ¿Les serviste la carne? No, no ______ la serví.
4. ¿Vas a leerle el menú? No, no ______ lo voy a leer.
5. ¿Me recomiendas la langosta? Sí, ______ la recomiendo.
6. ¿Cuándo vas a prepararnos la cena? ______ la voy a preparar en una hora.

Práctica

1 **Responder** Imagínate que trabajas de camarero/a en un restaurante. Responde a los pedidos (*requests*) de estos clientes usando pronombres.

modelo

Sra. Gómez: Una ensalada, por favor.
▶ *Sí, señora. Enseguida (Right away) se la traigo.*

1. Sres. López: La mantequilla, por favor.
2. Srta. Rivas: Los camarones, por favor.
3. Sra. Lugones: El pollo asado, por favor.
4. Tus amigos: Café, por favor.
5. Tu profesor(a) de español: Papas fritas, por favor.
6. Dra. González: La chuleta de cerdo, por favor.
7. Tu padre: Los champiñones, por favor.
8. Dr. Torres: La cuenta, por favor.

AYUDA

Here are some other useful expressions:

ahora mismo
right now

inmediatamente
immediately

¡A la orden!
At your service!

¡Ya voy!
I'm on my way!

2 **¿Quién?** La señora Cevallos está planeando una cena. Se pregunta cómo va a resolver ciertas situaciones. Indica lo que ella está pensando. Cambia los sustantivos subrayados por pronombres de objeto directo y haz los otros cambios necesarios.

modelo

¡No tengo carne! ¿Quién va a traerme la carne del supermercado? (mi esposo)
Mi esposo va a traérmela./Mi esposo me la va a traer.

1. ¡Las invitaciones! ¿Quién les manda las invitaciones a los invitados (*guests*)? (mi hija)
2. No tengo tiempo de ir a la bodega. ¿Quién me puede comprar el vinagre? (mi hijo)
3. ¡Ay! No tengo suficientes platos (*plates*). ¿Quién puede prestarme los platos que necesito? (mi mamá)
4. Nos falta mantequilla. ¿Quién nos trae la mantequilla? (mi cuñada)
5. ¡Los entremeses! ¿Quién está preparándonos los entremeses? (Silvia y Renata)
6. No hay suficientes sillas. ¿Quién nos trae las sillas que faltan? (Héctor y Lorena)
7. No tengo tiempo de pedirle el aceite a Mónica. ¿Quién puede pedirle el aceite? (mi hijo)
8. ¿Quién va a servirles la cena a los invitados? (mis hijos)
9. Quiero poner buena música de fondo (*background*). ¿Quién me va a recomendar la música? (mi esposo)
10. ¡Los postres! ¿Quién va a preparar los postres para los invitados? (Sra. Villalba)

Comunicación

3 **Una fiesta** Escucha la conversación entre Eva y Marcela. Luego, indica si las conclusiones son **lógicas** o **ilógicas**, según lo que escuchaste.

	Lógico	Ilógico
1. Sebastián no es vegetariano.	❍	❍
2. A una de las chicas no le gustan las verduras.	❍	❍
3. Las dos chicas van a prepararle platos diferentes a Sebastián.	❍	❍
4. A Sebastián le encantan las verduras.	❍	❍
5. La fiesta de Sebastián se va a celebrar en un restaurante de mariscos.	❍	❍

4 **Preguntas** Contesta las preguntas de tu compañero/a.

modelo

Estudiante 1: *¿Les prestas tu casa a tus amigos? ¿Por qué?*
Estudiante 2: *No, no se la presto a mis amigos porque no son muy responsables.*

1. ¿Quién te presta dinero cuando lo necesitas?
2. ¿Les prestas dinero a tus amigos cuando lo necesitan? ¿Por qué?
3. ¿Les escribes mensajes electrónicos a tus amigos? ¿Y a tu familia?
4. ¿Les das regalos a tus amigos? ¿Cuándo?
5. ¿Quién te va a preparar la cena esta noche?
6. ¿Quién te va a preparar el desayuno mañana?

5 **Contestar** Trabajen en parejas. Túrnense para hacer preguntas, usando las palabras interrogativas **¿quién?** o **¿cuándo?**, y para contestarlas. Sigan el modelo.

modelo

nos enseña español
Estudiante 1: *¿Quién nos enseña español?*
Estudiante 2: *La profesora Camacho nos lo enseña.*

1. te puede explicar la tarea cuando no la entiendes
2. les vende el almuerzo a los estudiantes
3. va a prepararles una cena a tus amigos
4. te escribe mensajes de texto
5. te prepara comida
6. me vas a recomendar un libro
7. te compró tu computadora
8. nos va a dar la tarea

Síntesis

6 **Regalos** Recibiste muchos regalos de cumpleaños. Escríbele un mensaje electrónico a un(a) amigo/a contándole sobre los regalos que recibiste y quiénes te los compraron.

2.3 Comparisons

ANTE TODO Both Spanish and English use comparisons to indicate which of two people or things has a lesser, equal, or greater degree of a quality.

> **Comparisons**
>
menos interesante	**más grande**	**tan sabroso como**
> | *less interesting* | *bigger* | *as delicious as* |

Comparisons of inequality

▶ Comparisons of inequality are formed by placing **más** (*more*) or **menos** (*less*) before adjectives, adverbs, and nouns and **que** (*than*) after them.

$$\textbf{más/menos} + \begin{bmatrix} \textit{adjective} \\ \textit{adverb} \\ \textit{noun} \end{bmatrix} + \textbf{que}$$

▶ **¡Atención!** Note that while English has a comparative form for short adjectives (*tall**er***), such forms do not exist in Spanish (**más** alto).

> **adjectives**
>
> Los bistecs son **más caros que** el pollo. | Estas uvas son **menos ricas que** esa pera.
> *Steaks are more expensive than chicken.* | *These grapes are less tasty than that pear.*

> **adverbs**
>
> Me acuesto **más tarde que** tú. | Luis se despierta **menos temprano que** yo.
> *I go to bed later than you (do).* | *Luis wakes up less early than I (do).*

> **nouns**
>
> Juan prepara **más platos que** José. | Susana come **menos carne que** Enrique.
> *Juan prepares more dishes than José (does).* | *Susana eats less meat than Enrique (does).*

> La ensalada es menos cara que la sopa.

> ¿El pollo es más rico que el jamón?

▶ When the comparison involves a numerical expression, **de** is used before the number instead of **que**.

> Hay más **de** cincuenta naranjas. | Llego en menos **de** diez minutos.
> *There are more than fifty oranges.* | *I'll be there in less than ten minutes.*

▶ With verbs, this construction is used to make comparisons of inequality.

$$\begin{bmatrix} \textit{verb} \end{bmatrix} + \textbf{más/menos que}$$

> Mis hermanos **comen más que** yo. | Arturo **duerme menos que** su padre.
> *My brothers eat more than I (do).* | *Arturo sleeps less than his father (does).*

Comparisons of equality

- This construction is used to make comparisons of equality.

tan + [*adjective* / *adverb*] + **como**

tanto/a(s) + [*singular noun* / *plural noun*] + **como**

¿Es tan guapo
como yo?

¿Aquí vienen tantos
mexicanos como
extranjeros?

- **¡Atención!** Note that unlike **tan**, **tanto** acts as an adjective and therefore agrees in number and gender with the noun it modifies.

Estas uvas son **tan ricas como** aquéllas.
These grapes are as tasty as those ones (are).

Yo probé **tantos platos como** él.
I tried as many dishes as he did.

- **Tan** and **tanto** can also be used for emphasis, rather than to compare, with these meanings: **tan** *so*, **tanto** *so much*, **tantos/as** *so many*.

¡Tu almuerzo es **tan** grande!
Your lunch is so big!

¡Comes **tanto**!
You eat so much!

¡Comes **tantas** manzanas!
You eat so many apples!

¡Preparan **tantos** platos!
They prepare so many dishes!

- Comparisons of equality with verbs are formed by placing **tanto como** after the verb. Note that in this construction **tanto** does not change in number or gender.

[*verb*] + **tanto como**

Tú viajas **tanto como** mi tía.
You travel as much as my aunt (does).

Ellos hablan **tanto como** mis hermanas.
They talk as much as my sisters.

Sabemos **tanto como** ustedes.
We know as much as you (do).

No estudio **tanto como** Felipe.
I don't study as much as Felipe (does).

Irregular comparisons

- Some adjectives have irregular comparative forms.

Irregular comparative forms

Adjective		Comparative form	
bueno/a	*good*	**mejor**	*better*
malo/a	*bad*	**peor**	*worse*
grande	*grown, adult*	**mayor**	*older*
pequeño/a	*young*	**menor**	*younger*
joven	*young*	**menor**	*younger*
viejo/a	*old*	**mayor**	*older*

- When **grande** and **pequeño/a** refer to age, the irregular comparative forms, **mayor** and **menor**, are used. However, when these adjectives refer to size, the regular forms, **más grande** and **más pequeño/a**, are used.

Yo soy **menor** que tú.
I'm younger than you.

Pedí un plato **más pequeño.**
I ordered a smaller dish.

Nuestro hijo es **mayor** que el hijo de los Andrade.
Our son is older than the Andrades' son.

La ensalada de Isabel es **más grande** que ésa.
Isabel's salad is bigger than that one.

- The adverbs **bien** and **mal** have the same irregular comparative forms as the adjectives **bueno/a** and **malo/a**.

Julio nada **mejor** que los otros chicos.
Julio swims better than the other boys.

Ellas cantan **peor** que las otras chicas.
They sing worse than the other girls.

¡INTÉNTALO! Escribe el equivalente de las palabras en inglés.

1. Ernesto mira más televisión <u>que</u> (*than*) Alberto.
2. Tú eres ________ (*less*) simpático que Federico.
3. La camarera sirve ________ (*as much*) carne como pescado.
4. Recibo ________ (*more*) propinas que tú.
5. No estudio ________ (*as much as*) tú.
6. ¿Sabes jugar al tenis tan bien ________ (*as*) tu hermana?
7. ¿Puedes beber ________ (*as many*) refrescos como yo?
8. Mis amigos parecen ________ (*as*) simpáticos como ustedes.

Práctica

1 Escoger Escoge la palabra correcta para comparar a dos hermanas muy diferentes. Haz los cambios necesarios.

1. Lucila es más alta y más bonita __________ Tita. (de, más, menos, que)
2. Tita es más delgada porque come __________ verduras que su hermana. (de, más, menos, que)
3. Lucila es más __________ que Tita porque es alegre. (listo, simpático, bajo)
4. A Tita le gusta comer en casa. Va a __________ restaurantes que su hermana. (más, menos, que) Es tímida, pero activa. Hace __________ ejercicio (*exercise*) que su hermana. (más, tanto, menos) Todos los días toma más __________ cinco vasos (*glasses*) de agua mineral. (que, tan, de)
5. Lucila come muchas papas fritas y se preocupa __________ que Tita por comer frutas. (de, más, menos) ¡Son __________ diferentes! Pero se llevan (*they get along*) muy bien. (como, tan, tanto)

2 Emparejar Compara a Mario y a Luis, los novios de Lucila y Tita, completando las oraciones de la columna A con las palabras o frases de la columna B.

A

1. Mario es ______________ como Luis.
2. Mario viaja tanto ______________ Luis.
3. Luis toma ______________ clases de cocina (*cooking*) como Mario.
4. Luis habla ______________ tan bien como Mario.
5. Mario tiene tantos ______________ como Luis.
6. ¡Qué casualidad (*coincidence*)! Mario y Luis también son hermanos, pero no hay tanta ______________ entre ellos como entre Lucila y Tita.

B

tantas
diferencia
tan interesante
amigos extranjeros
como
francés

3 Oraciones Combina elementos de las columnas A, B y C para hacer comparaciones. Escribe oraciones completas.

modelo

Chris Hemsworth tiene tantos autos como Jennifer Aniston.
Jennifer Aniston es menos musculosa que Chris Hemsworth.

A	B	C
la comida japonesa	costar	la gente de Montreal
el fútbol	saber	la música *country*
Chris Hemsworth	ser	el brócoli
el pollo	tener	el presidente de los EE.UU.
la gente de Vancouver	¿?	la comida italiana
la primera dama (*lady*) de los EE.UU.		el hockey
las escuelas privadas		Jennifer Aniston
las espinacas		las escuelas públicas
la música rap		la carne de res

Comunicación

4 **La cena de aniversario** Lucía y Andrés quieren celebrar el aniversario de sus padres en un restaurante. Lee el mensaje de Lucía a Andrés. Luego, indica si las conclusiones son **lógicas** o **ilógicas**, según lo que leíste.

De: Lucía
Para: Andrés
Asunto: Aniversario

¿Conoces los restaurantes Pomodoro y Chez Lucien? Bueno, Pomodoro sirve comida italiana y Chez Lucien sirve comida francesa. En primer lugar, la comida de Pomodoro es tan buena como la comida de Chez Lucien. Los entremeses de Pomodoro me gustaron más que los de Chez Lucien, pero los platos principales de Chez Lucien, en mi opinión, son mejores. En Pomodoro hay más opciones para escoger: su menú tiene más de cuarenta platos. Pero Chez Lucien tiene más de veinte platos vegetarianos diferentes y Papá es vegetariano. Por otro lado, los camareros de Chez Lucien no son tan amables como los camareros de Pomodoro. Tú sabes que a mamá le importa el servicio de un restaurante más que su comida. Pero Pomodoro no acepta reservaciones, y a mí me molesta mucho esperar. ¿Qué piensas? ¿Adónde vamos?

	Lógico	Ilógico
1. Lucía probó entremeses y platos principales en los dos restaurantes.	❍	❍
2. Al papá de Andrés y de Lucía le va a gustar Chez Lucien más que Pomodoro.	❍	❍
3. A la mamá de Andrés y de Lucía le va a gustar Chez Lucien más que Pomodoro.	❍	❍
4. Lucía va a preferir ir a Pomodoro.	❍	❍
5. El menú de Chez Lucien tiene menos de veinte platos.	❍	❍

5 **Comparaciones** Haz comparaciones entre tú y una persona de cada una de las siguientes categorías.

- una persona de tu familia
- un(a) amigo/a especial
- una persona famosa

6 **Intercambiar** En parejas, hagan comparaciones sobre diferentes cosas: restaurantes, comidas, tiendas, profesores, libros, películas, etc.

Síntesis

7 **La familia López** Escribe comparaciones entre Sara, Sabrina, Cristina, Ricardo y David.

2.4 Superlatives

ANTE TODO Both English and Spanish use superlatives to express the highest or lowest degree of a quality.

el/la mejor	**el/la peor**	**el/la más alto/a**
the best	*the worst*	*the tallest*

▶ This construction is used to form superlatives. Note that the noun is always preceded by a definite article and that **de** is equivalent to the English *in* or *of*.

el/la/los/las + [*noun*] + **más/menos** + [*adjective*] + **de**

▶ The noun can be omitted if the person, place, or thing referred to is clear.

¿El restaurante Las Delicias?
Es **el más elegante** de la ciudad.
The restaurant Las Delicias?
It's the most elegant (one) in the city.

Recomiendo el pollo asado.
Es **el más sabroso** del menú.
I recommend the roast chicken.
It's the most delicious on the menu.

▶ Here are some irregular superlative forms.

Irregular superlatives

Adjective		Superlative form	
bueno/a	*good*	**el/la mejor**	*(the) best*
malo/a	*bad*	**el/la peor**	*(the) worst*
grande	*grown, adult*	**el/la mayor**	*(the) oldest*
pequeño/a	*young*	**el/la menor**	*(the) youngest*
joven	*young*	**el/la menor**	*(the) youngest*
viejo/a	*old*	**el/la mayor**	*(the) oldest*

▶ The absolute superlative is equivalent to *extremely*, *super*, or *very*. To form the absolute superlative of most adjectives and adverbs, drop the final vowel, if there is one, and add **-ísimo/a(s)**.

malo → **mal-** → **malísimo**

¡El bistec está **malísimo**!

mucho → **much-** → **muchísimo**

Comes **muchísimo**.

▶ Note these spelling changes.

rico → **riquísimo** **largo** → **larguísimo** **feliz** → **felicísimo**

fácil → **facilísimo** **joven** → **jovencísimo** **trabajador** → **trabajadorcísimo**

¡ATENCIÓN!

While **más** alone means *more*, after **el**, **la**, **los**, or **las**, it means *most*. Likewise, **menos** can mean *less* or *least*.

Es **el café más rico del** país.

It's the most delicious coffee in the country.

Es **el menú menos caro de** todos éstos.

It is the least expensive menu of all of these.

CONSULTA

The rule you learned in **Estructura 2.3** (p. 69) regarding the use of **mayor/menor** with age, but not with size, is also true with superlative forms.

¡INTÉNTALO! Escribe el equivalente de las palabras en inglés.

1. Marisa es <u>la más inteligente</u> (*the most intelligent*) de todas.
2. Ricardo y Tomás son ________________ (*the least boring*) de la fiesta.
3. Miguel y Antonio son ________________ (*the worst*) estudiantes de la clase.
4. Mi maestro de biología es ________________ (*the oldest*) de la escuela.

Práctica y Comunicación

1 **El más...** Contesta las preguntas afirmativamente. Usa las palabras entre paréntesis.

modelo

El cuarto está sucísimo, ¿no? (casa)
Sí, es el más sucio de la casa.

1. El almacén Velasco es buenísimo, ¿no? (centro comercial)
2. La silla de tu madre es comodísima, ¿no? (casa)
3. Ángela y Julia están nerviosísimas por el examen, ¿no? (clase)
4. Jorge es jovencísimo, ¿no? (mis amigos)

2 **Las cafeterías** Martín es un estudiante de intercambio en Guatemala. Lee la carta que él escribe a sus padres en la que describe las diferentes cafeterías de su escuela. Luego, indica si las conclusiones son **lógicas** o **ilógicas**, según lo que leíste.

> Mi escuela es grandísima y tiene varias cafeterías. Unas sirven comida buenísima y otras sirven comida malísima. La cafetería La Merced tiene la mejor comida. El problema es que también es la cafetería menos ordenada. Muchísimos estudiantes van a esa cafetería y las mesas siempre están sucísimas. Las sillas son las menos cómodas de la escuela y nunca están en su lugar. Cuando no voy con mis amigos a comer allí, prefiero traer mi almuerzo de casa. La cafetería Mérida es la más cómoda: hay muchísimas sillas y mesas, y siempre está limpísima... pero la comida es la peor. Siempre veo a los estudiantes más inteligentes de mis clases en esa cafetería... ¡estudiando!

	Lógico	Ilógico
1. Los estudiantes prefieren la comida de la cafetería La Merced.	❍	❍
2. Las cafeterías de la escuela tienen las mismas sillas.	❍	❍
3. Es difícil encontrar una mesa libre en la cafetería Mérida.	❍	❍
4. Algunos estudiantes van a la cafetería Mérida pero no comen allí.	❍	❍

3 **Superlativos** Trabajen en parejas para hacer comparaciones. Usen los superlativos.

modelo

Angelina Jolie, Bill Gates, Jimmy Carter
Estudiante 1: *Bill Gates es el más rico de los tres.*
Estudiante 2: *Sí, ¡es riquísimo! Y Jimmy Carter es el mayor de los tres.*

1. Guatemala, Argentina, España
2. Jaguar, Prius, Smart
3. la comida mexicana, la comida francesa, la comida árabe
4. Amy Adams, Meryl Streep, Jennifer Lawrence
5. Ciudad de México, Buenos Aires, Nueva York
6. *Don Quijote de la Mancha*, *Cien años de soledad*, *Como agua para chocolate*
7. el fútbol americano, el golf, el béisbol
8. las películas románticas, las películas de acción, las películas cómicas

4 **Dos restaurantes** ¿Cuál es el mejor restaurante que conoces? ¿Y el peor? Escribe un párrafo de por lo menos (*at least*) seis oraciones donde expliques por qué piensas así. Puedes hablar de la calidad de la comida, del ambiente, de los precios, del servicio, etc.

Recapitulación

Completa estas actividades para repasar los conceptos de gramática que aprendiste en esta lección.

1 **Completar** Completa la tabla con la forma correcta del pretérito. **27 pts.**

Infinitive	yo	usted	ellos
dormir			
servir			
vestirse			

2 **La cena** Completa la conversación con el pretérito de los verbos. **21 pts.**

PAULA ¡Hola, Daniel! ¿Qué tal el fin de semana?

DANIEL Muy bien. Marta y yo (1) __________ (conseguir) hacer muchas cosas, pero lo mejor fue la cena del sábado.

PAULA Ah, ¿sí? ¿Adónde fueron?

DANIEL Al restaurante Vistahermosa. Es elegante, así que (nosotros) (2) __________ (vestirse) bien.

PAULA Y, ¿qué platos (3) __________ (pedir, ustedes)?

DANIEL Yo (4) __________ (pedir) camarones y Marta (5) __________ (preferir) el pollo. Y al final, el camarero nos (6) __________ (servir) flan.

PAULA ¡Qué rico!

DANIEL Sí. Pero después de la cena Marta no (7) __________ (sentirse) bien.

3 **Camareros** Genaro y Úrsula son camareros en un restaurante. Completa la conversación que tienen con su jefe usando pronombres. **12 pts.**

JEFE Úrsula, ¿le ofreciste agua fría al cliente de la mesa 22?

ÚRSULA Sí, (1) ____________________ de inmediato.

JEFE Genaro, ¿los clientes de la mesa 5 te pidieron ensaladas?

GENARO Sí, (2) ____________________.

ÚRSULA Genaro, ¿recuerdas si ya me mostraste los refrescos?

GENARO Sí, ya (3) ____________________.

JEFE Genaro, ¿van a pagarte la cuenta los clientes de la mesa 5?

GENARO Sí, (4) ____________________ ahora mismo.

RESUMEN GRAMATICAL

2.1 Preterite of stem-changing verbs *p. 60*

servir	dormir
serví	dormí
serviste	dormiste
sirvió	durmió
servimos	dormimos
servisteis	dormisteis
sirvieron	durmieron

2.2 Double object pronouns *pp. 63–64*

Indirect Object Pronouns: **me, te, le (se), nos, os, les (se)**

Direct Object Pronouns: **lo, la, los, las**

Le escribí la carta. → Se la escribí.

Nos van a servir los platos. → Nos los van a servir./ Van a servírnoslos.

2.3 Comparisons *pp. 67–69*

Comparisons of inequality		
más/menos +	*adj., adv., n.*	+ **que**
verb + **más/menos** + **que**		

Comparisons of equality		
tan + **tanto/a(s)** +	*adj., adv.,* *noun*	+ **como** + **como**
verb + **tanto como**		

Irregular comparative forms	
bueno/a	mejor
malo/a	peor
grande	mayor
pequeño/a	menor
joven	menor
viejo/a	mayor

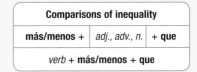

2.4 Superlatives *p. 72*

el/la/ los/las +	*noun*	+ más/ menos +	*adjective*	+ de

► Irregular superlatives follow the same pattern as irregular comparatives.

4 **El menú** Observa el menú y sus características. Completa las oraciones basándote en los elementos dados. Usa comparativos y superlativos. **36 pts.**

Ensaladas	*Precio*	*Calorías*
Ensalada de tomates	$9.00	170
Ensalada de mariscos	$12.99	325
Ensalada de zanahorias	$9.00	200
Platos principales		
Pollo con champiñones	$13.00	495
Cerdo con papas	$10.50	725
Atún con espárragos	$18.95	495

1. ensalada de mariscos / otras ensaladas / costar
   La ensalada de mariscos ____________________ las otras ensaladas.
2. pollo con champiñones / cerdo con papas / calorías
   El pollo con champiñones tiene ____________________ el cerdo con papas.
3. atún con espárragos / pollo con champiñones / calorías
   El atún con espárragos tiene ____________________ el pollo con champiñones.
4. ensalada de tomates / ensalada de zanahorias / caro
   La ensalada de tomates es ____________________ la ensalada de zanahorias.
5. cerdo con papas / platos principales / caro
   El cerdo con papas es ____________________ los platos principales.
6. ensalada de zanahorias / ensalada de tomates / costar
   La ensalada de zanahorias ____________________ la ensalada de tomates.
7. ensalada de mariscos / ensaladas / caro
   La ensalada de mariscos es ____________________ las ensaladas.
8. ensalada de zanahorias / ensalada de tomates / calorías
   La ensalada de zanahorias tiene ____________________ la ensalada de tomates.
9. atún con espárragos / platos principales / barato
   El atún con espárragos es ____________________ los platos principales.

5 **Adivinanza** Completa la adivinanza y adivina la respuesta. **4 pts.**

"En el campo yo nací°,
mis hermanos son
los ________ (*garlic, pl.*),
y aquél que llora° por mí
me está partiendo°
en pedazos°."
¿Quién soy? ________

nací *was born* llora *cries* partiendo *cutting* pedazos *pieces*

Lectura

Antes de leer

Estrategia

Reading for the main idea

As you know, you can learn a great deal about a reading selection by looking at the format and looking for cognates, titles, and subtitles. You can skim to get the gist of the reading selection and scan it for specific information. Reading for the main idea is another useful strategy; it involves locating the topic sentences of each paragraph to determine the author's purpose for writing a particular piece. Topic sentences can provide clues about the content of each paragraph, as well as the general organization of the reading. Your choice of which reading strategies to use will depend on the style and format of each reading selection.

Examinar el texto

En esta sección tenemos dos textos diferentes. ¿Qué estrategias puedes usar para leer la crítica culinaria°? ¿Cuáles son las apropiadas para familiarizarte con el menú? Utiliza las estrategias más eficaces° para cada texto. ¿Qué tienen en común? ¿Qué tipo de comida sirven en el restaurante?

Identificar la idea principal

Lee la primera oración de cada párrafo de la crítica culinaria del restaurante **La feria del maíz.** Apunta° el tema principal de cada párrafo. Luego lee todo el primer párrafo. ¿Crees que el restaurante le gustó al autor de la crítica culinaria? ¿Por qué? Ahora lee la crítica entera. En tu opinión, ¿cuál es la idea principal de la crítica? ¿Por qué la escribió el autor?

crítica culinaria *restaurant review* **eficaces** *effective*
Apunta *Jot down*

MENÚ

Entremeses

Tortilla servida con
• Ajiaceite (chile, aceite) • Ajicomino (chile, comino)

Pan tostado servido con
• Queso frito a la pimienta • Salsa de ajo y mayonesa

Sopas

• Tomate • Cebolla • Verduras • Pollo y huevo
• Carne de res • Mariscos

Entradas

Tomaticán
(tomate, papas, maíz, chile, arvejas y zanahorias)

Tamales
(maíz, azúcar, ajo, cebolla)

Frijoles enchilados
(frijoles negros, carne de cerdo o de res, arroz, chile)

Chilaquil
(tortilla de maíz, queso, hierbas y chile)

Tacos
(tortillas, pollo, verduras y salsa)

Cóctel de mariscos
(camarones, langosta, vinagre, sal, pimienta, aceite)

Postres°

• Plátanos caribeños • Cóctel de frutas
• Uvate (uvas y azúcar de caña) • Flan napolitano
• Helado° de piña y naranja • Pastel° de yogur

Después de leer

Preguntas

Contesta estas preguntas sobre la crítica culinaria de **La feria del maíz.**

1. ¿Quién es el dueño y chef de **La feria del maíz**?
2. ¿Qué tipo de comida se sirve en el restaurante?
3. ¿Cuál es el problema con el servicio?
4. ¿Cómo es el ambiente del restaurante?
5. ¿Qué comidas probó el autor?
6. ¿Quieres ir al restaurante **La feria del maíz**? ¿Por qué?

23F

Gastronomía

Por Eduardo Fernández

La feria del maíz

La feria del maíz
13 calle 4-41 Zona 1
La Antigua, Guatemala
2329912

lunes a sábado
10:30am-11:30pm
domingo 10:00am-10:00pm

Comida 🍴🍴🍴🍴🍴

Servicio 🍴🍴🍴

Ambiente 🍴🍴🍴🍴

Precio 🍴🍴🍴

Sobresaliente°. En el nuevo restaurante **La feria del maíz** va a encontrar la perfecta combinación entre la comida tradicional y el encanto° de la vieja ciudad de Antigua. Ernesto Sandoval, antiguo jefe de cocina° del famoso restaurante **El fogón**, está teniendo mucho éxito° en su nueva aventura culinaria.

El gerente°, el experimentado José Sierra, controla a la perfección la calidad del servicio. El camarero que me atendió esa noche fue muy amable en todo momento. Sólo hay que comentar que, debido al éxito inmediato de **La feria del maíz**, se necesitan más camareros para atender a los clientes de una forma más eficaz. En esta ocasión, el mesero se tomó unos veinte minutos en traerme la bebida.

Afortunadamente, no me importó mucho la espera entre plato y plato, pues el ambiente es tan agradable que me sentí como en casa. El restaurante mantiene el estilo colonial de Antigua. Por dentro°, es elegante y rústico a la vez. Cuando el tiempo lo permite, se puede comer también en el patio, donde hay muchas flores.

El servicio de camareros y el ambiente agradable del local pasan a un segundo plano cuando llega la comida, de una calidad extraordinaria. Las tortillas de casa se sirven con un ajiaceite delicioso. La sopa de mariscos es excelente y los tamales, pues, tengo que confesar que son mejores que los de mi abuelita. También recomiendo los tacos de pollo, servidos con un mole buenísimo. De postre, don Ernesto me preparó su especialidad, unos plátanos caribeños sabrosísimos.

Los precios pueden parecer altos° para una comida tradicional, pero la calidad de los productos con que se cocinan los platos y el exquisito ambiente de **La feria del maíz** garantizan° una experiencia inolvidable°.

Bebidas

- Fresco de Tiste (bebida de cacao, maíz y leche)
- Chilate (bebida de maíz, chile y cacao)
- Jugos de fruta
- Agua mineral
- Té helado
- Horchata (bebida de arroz, melón, canela y leche)

Postres *Desserts* Helado *Ice cream* Pastel *Cake* Sobresaliente *Outstanding* encanto *charm* jefe de cocina *head chef* éxito *success* gerente *manager* Por dentro *Inside* altos *high* garantizan *guarantee* inolvidable *unforgettable*

Un(a) guía turístico/a

Tú eres un(a) guía turístico/a en Guatemala. Estás en el restaurante **La feria del maíz** con un grupo de turistas norteamericanos. Ellos no hablan español y quieren pedir de comer, pero necesitan tu ayuda. Lee nuevamente el menú e indica qué error comete cada turista.

1. La señora Johnson es diabética y no puede comer azúcar. Pide sopa de verduras y tamales. No pide nada de postre.
2. Los señores Petit son vegetarianos y piden sopa de tomate, frijoles enchilados y plátanos caribeños.
3. El señor Smith, que es alérgico al chocolate, pide tortilla servida con ajiaceite, chilaquil y chilate para beber.
4. La adorable hija del señor Smith tiene sólo cuatro años y no le gusta la comida picante (*hot and spicy*). Su papá le pide frijoles enchilados y un cóctel de frutas.
5. La señorita Jackson está a dieta y pide uvate, flan napolitano y helado.

Escritura

Estrategia

Expressing and supporting opinions

Written reviews are just one of the many kinds of writing which require you to state your opinions. In order to convince your reader to take your opinions seriously, it is important to support them as thoroughly as possible. Details, facts, examples, and other forms of evidence are necessary. In a restaurant review, for example, it is not enough just to rate the food, service, and atmosphere. Readers will want details about the dishes you ordered, the kind of service you received, and the type of atmosphere you encountered. If you were writing a concert or album review, what kinds of details might your readers expect to find?

It is easier to include details that support your opinions if you plan ahead. Before going to a place or event that you are planning to review, write a list of questions that your readers might ask. Decide which aspects of the experience you are going to rate and list the details that will help you decide upon a rating. You can then organize these lists into a questionnaire and a rating sheet. Bring these forms with you to help you make your opinions and to remind you of the kinds of information you need to gather in order to support those opinions. Later, these forms will help you organize your review into logical categories. They can also provide the details and other evidence you need to convince your readers of your opinions.

Tema

Escribir una crítica

Escribe una crítica culinaria° sobre un restaurante local para el periódico de la escuela. Clasifica el restaurante dándole de una a cinco estrellas° y anota tus recomendaciones para futuros clientes del restaurante. Incluye tus opiniones acerca de°:

- La comida
  ¿Qué tipo de comida es? ¿Qué tipo de ingredientes usan? ¿Es de buena calidad? ¿Cuál es el mejor plato? ¿Y el peor? ¿Quién es el/la chef?
- El servicio
  ¿Es necesario esperar mucho para conseguir una mesa? ¿Tienen los camareros un buen conocimiento del menú? ¿Atienden a los clientes con rapidez° y cortesía?
- El ambiente
  ¿Cómo es la decoración del restaurante? ¿Es el ambiente informal o elegante? ¿Hay música o algún tipo de entretenimiento°? ¿Hay un bar? ¿Un patio?
- Información práctica
  ¿Cómo son los precios? ¿Se aceptan tarjetas de crédito? ¿Cuál es la dirección° y el número de teléfono? ¿Quién es el/la dueño/a? ¿El/La gerente?

crítica culinaria *restaurant review* estrellas *stars* acerca de *about* rapidez *speed* entretenimiento *entertainment* dirección *address*

Escuchar

Estrategia

Jotting down notes as you listen

Jotting down notes while you listen to a conversation in Spanish can help you keep track of the important points or details. It will help you to focus actively on comprehension rather than on remembering what you have heard.

To practice this strategy, you will now listen to a paragraph. Jot down the main points you hear.

Preparación

Mira la foto. ¿Dónde están estas personas y qué hacen? ¿Sobre qué crees que están hablando?

Ahora escucha

Rosa y Roberto están en un restaurante. Escucha la conversación entre ellos y la camarera y toma nota de cuáles son los especiales del día, qué pidieron y qué bebidas se mencionan.

Especiales del día

Entremeses

____

Plato principal

____

____

____

¿Qué pidieron?

Roberto

____

Rosa

____

Bebidas

____

____

Comprensión

Seleccionar

Usa tus notas para seleccionar la opción correcta para completar cada oración.

1. Dos de los mejores platos del restaurante son _____.
   a. los entremeses del día y el cerdo
   b. el salmón y el arroz con pollo
   c. la carne y el arroz con pollo
2. La camarera _____.
   a. los lleva a su mesa, les muestra el menú y les sirve el postre
   b. les habla de los especiales del día, les recomienda unos platos y ellos deciden qué van a comer
   c. les lleva unas bebidas, les recomienda unos platos y les sirve pan
3. Roberto va a comer _____ Rosa.
   a. tantos platos como
   b. más platos que
   c. menos platos que

Preguntas

Contesta las preguntas: ¿Conoces los platos que Rosa y Roberto pidieron? ¿Conoces platos con los mismos ingredientes? ¿En qué son diferentes o similares? ¿Cuál te gusta más? ¿Por qué?

en pantalla

Anuncio de Sopas Roa

Me voy de esta casa.

Preparación

Contesta las preguntas en español.

1. ¿Normalmente qué comes para el desayuno? ¿Y qué comes para el almuerzo y la cena?
2. ¿Qué comen usualmente los niños? ¿En qué se diferencian las comidas de los niños y las de los adultos? ¿Por qué?

La sopa

La sopa es un plato muy importante en las cocinas° del mundo hispano. Se pueden tomar° frías, como el famoso gazpacho español, a base de tomate y otras verduras y servida totalmente líquida. La mayoría se sirven calientes, como el pozole de México, un plato precolombino preparado con nixtamal°, cerdo, chiles y otras especias°. Otra sopa de origen indígena es la changua, de la región andina central de Colombia. Aunque° las sopas normalmente forman parte del almuerzo, la changua siempre se toma en el desayuno: se hace con agua, leche, huevo y cilantro.

cocinas *cuisines* **tomar** *to eat (soup)* **nixtamal** *hominy* **especias** *spices* **Aunque** *Although*

Vocabulario útil

bajar	*to descend*
la escalera	*staircase*
lo que yo quiera	*whatever I want*
sabor marinero	*seafood flavor*

Comprensión

Ordena cronológicamente estas oraciones.

_____ a. El niño abre la puerta.
_____ b. El niño decide almorzar.
_____ c. El niño baja la escalera con una maleta.
_____ d. El niño se va a lavar las manos.
_____ e. La madre dice que la sopa está servida.

Conversación

Contesta estas preguntas con un(a) compañero/a. ¿Con qué frecuencia comes sopa? ¿Cuál es tu sopa favorita? ¿Quién la prepara o dónde la compras? ¿Qué ingredientes tiene? ¿Con qué se sirve? ¿Cómo la prefieres, caliente o fría? ¿La tomas en el almuerzo o en la cena? ¿En invierno o en verano?

Aplicación

Escoge una de tus recetas (*recipes*) favoritas para compartir con un grupo de compañeros/as. Explica al grupo por qué escogiste esta receta (¿Es tradicional en tu familia? ¿La encontraste al viajar o al leer algo interesante?) y cuáles son los ingredientes que te gustan. Prepara un póster o una presentación digital de tu receta: dale un título a la receta, identifica e ilustra los ingredientes, y escribe un párrafo para explicar por qué compartes esta receta con el grupo.

España y la mayoría de los países de Latinoamérica tienen una producción muy abundante de frutas y verduras. Es por esto que en los hogares° hispanos se acostumbra° cocinar° con productos frescos° más que con alimentos° que vienen en latas° o frascos°. Las salsas mexicanas, el gazpacho español y el sancocho colombiano, por ejemplo, deben prepararse con ingredientes frescos para que mantengan° su sabor° auténtico. Actualmente, en los Estados Unidos está creciendo el interés en cocinar con productos frescos y orgánicos. Cada vez hay más mercados donde los agricultores° pueden vender sus frutas y verduras directamente° al público. Además, las personas prefieren consumir productos locales de temporada°. En este episodio de *Flash cultura* vas a ver algunas de las frutas y verduras típicas de la comida hispana.

Vocabulario útil

blanda	*soft*
cocinar	*to cook*
dura	*hard*
¿Está lista para ordenar?	*Are you ready to order?*
pruébala	*try it, taste it*
las ventas	*sales*

Preparación

¿Probaste alguna vez comida latina? ¿La compraste en un supermercado o fuiste a un restaurante? ¿Qué plato(s) probaste? ¿Te gustó?

¿Cierto o falso?

Indica si cada oración es **cierta** o **falsa.**

1. En Los Ángeles hay comida de países latinoamericanos y de España.
2. Leticia explica que la tortilla del taco americano es blanda y la del taco mexicano es dura.
3. Las ventas de salsa son bajas en los Estados Unidos.
4. Leticia fue a un restaurante ecuatoriano.
5. Leticia probó Inca Kola en un supermercado.

hogares *homes* se acostumbra *they are used* cocinar *to cook* frescos *fresh* alimentos *foods* latas *cans* frascos *jars* para que mantengan *so that they keep* sabor *flavor* agricultores *farmers* directamente *directly* de temporada *seasonal* mostrará *will show*

La comida latina

La mejor comida latina no sólo se encuentra en los grandes restaurantes.

Marta nos mostrará° algunos de los platos de la comida mexicana.

... hay más lugares donde podemos comprar productos hispanos.

Guatemala

El país en cifras

- **Área:** 108.890 km² (42.042 millas²), *un poco más pequeño que Tennessee*
- **Población:** 14.647.000
- **Capital:** Ciudad de Guatemala—1.075.000
- **Ciudades principales:** Quetzaltenango, Escuintla, Mazatenango, Puerto Barrios
- **Moneda:** quetzal
- **Idiomas:** español (oficial), lenguas mayas, xinca, garífuna

El español es la lengua de un 60 por ciento° de la población; el otro 40 por ciento tiene como lengua materna el xinca, el garífuna o, en su mayoría°, una de las lenguas mayas (cakchiquel, quiché y kekchícomo, entre otras). Una palabra que las lenguas mayas tienen en común es ixim, *que significa 'maíz', un cultivo° de mucha importancia en estas culturas.*

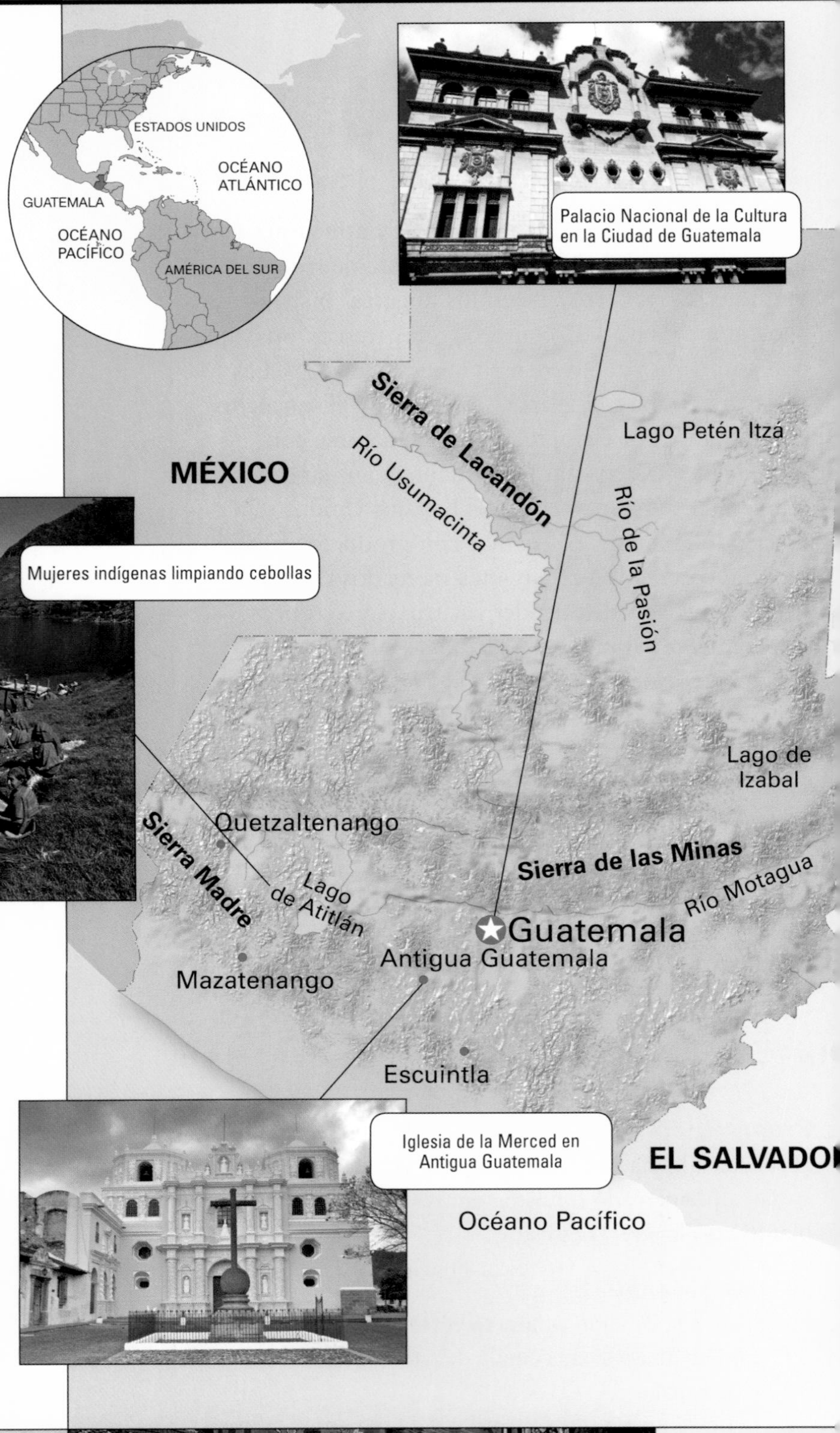

Palacio Nacional de la Cultura en la Ciudad de Guatemala

Mujeres indígenas limpiando cebollas

Iglesia de la Merced en Antigua Guatemala

Bandera de Guatemala

Guatemaltecos célebres

- **Carlos Mérida,** pintor (1891–1984)
- **Miguel Ángel Asturias,** escritor (1899–1974)
- **Margarita Carrera,** poeta y ensayista (1929–)
- **Rigoberta Menchú Tum,** activista (1959–), Premio Nobel de la Paz° en 1992
- **Jaime Viñals Massanet,** montañista (1966–)

por ciento *percent* en su mayoría *most of them* cultivo *crop* Paz *Peace* telas *fabrics* tinte *dye* aplastados *crushed* hace... destiñan *keeps the colors from running*

¡Increíble pero cierto!

¿Qué "ingrediente" secreto se encuentra en las telas° tradicionales de Guatemala? ¡El mosquito! El excepcional tinte° de estas telas es producto de una combinación de flores y de mosquitos aplastados°. El insecto hace que los colores no se destiñan°. Quizás es por esto que los artesanos representan la figura del mosquito en muchas de sus telas.

Ciudades • Antigua Guatemala

Antigua Guatemala fue fundada en 1543. Fue una capital de gran importancia hasta 1773, cuando un terremoto° la destruyó. Sin embargo, conserva el carácter original de su arquitectura y hoy es uno de los centros turísticos del país. Su celebración de la Semana Santa° es, para muchas personas, la más importante del hemisferio.

Naturaleza • El quetzal

El quetzal simbolizó la libertad para los antiguos° mayas porque creían° que este pájaro° no podía° vivir en cautiverio°. Hoy el quetzal es el símbolo nacional. El pájaro da su nombre a la moneda nacional y aparece también en los billetes° del país. Desafortunadamente, está en peligro° de extinción. Para su protección, el gobierno mantiene una reserva ecológica especial.

Historia • Los mayas

Desde 1500 a.C. hasta 900 d.C., los mayas habitaron gran parte de lo que ahora es Guatemala. Su civilización fue muy avanzada. Los mayas fueron arquitectos y constructores de pirámides, templos y observatorios. También descubrieron° y usaron el cero antes que los europeos, e inventaron un calendario complejo° y preciso.

Artesanía • La ropa tradicional

La ropa tradicional de los guatemaltecos se llama *huipil* y muestra el amor° de la cultura maya por la naturaleza. Ellos se inspiran en las flores°, plantas y animales para crear sus diseños° de colores vivos° y formas geométricas. El diseño y los colores de cada *huipil* indican el pueblo de origen y a veces también el sexo y la edad° de la persona que lo lleva.

¿Qué aprendiste? Contesta cada pregunta con una oración completa.

1. ¿Qué significa la palabra *ixim*?
2. ¿Quién es Rigoberta Menchú?
3. ¿Qué pájaro representa a Guatemala?
4. ¿Qué simbolizó el quetzal para los mayas?
5. ¿Cuál es la moneda nacional de Guatemala?
6. ¿De qué fueron arquitectos los mayas?
7. ¿Qué celebración de la Antigua Guatemala es la más importante del hemisferio para muchas personas?
8. ¿Qué descubrieron los mayas antes que los europeos?
9. ¿Qué muestra la ropa tradicional de los guatemaltecos?
10. ¿Qué indica un *huipil* con su diseño y sus colores?

Conexión Internet Investiga estos temas en Internet.

1. Busca información sobre Rigoberta Menchú. ¿De dónde es? ¿Qué libros publicó? ¿Por qué es famosa?
2. Estudia un sitio arqueológico de Guatemala para aprender más sobre los mayas.

terremoto *earthquake* Semana Santa *Holy Week* antiguos *ancient* creían *they believed* pájaro *bird* no podía *couldn't* cautiverio *captivity* los billetes *bills* peligro *danger* descubrieron *they discovered* complejo *complex* amor *love* flores *flowers* diseños *designs* vivos *bright* edad *age*

Las comidas

el/la camarero/a	*waiter/waitress*
la comida	*food; meal*
la cuenta	*bill*
el/la dueño/a	*owner*
el menú	*menu*
la propina	*tip*
el almuerzo	*lunch*
la cena	*dinner*
el desayuno	*breakfast*
los entremeses	*appetizers*
el plato (principal)	*(main) dish*
delicioso/a	*delicious*
rico/a	*tasty; delicious*
sabroso/a	*tasty; delicious*

Las frutas

la banana	*banana*
las frutas	*fruits*
el limón	*lemon*
la manzana	*apple*
el melocotón	*peach*
la naranja	*orange*
la pera	*pear*
la uva	*grape*

Las verduras

las arvejas	*peas*
la cebolla	*onion*
el champiñón	*mushroom*
la ensalada	*salad*
los espárragos	*asparagus*
los frijoles	*beans*
la lechuga	*lettuce*
el maíz	*corn*
las papas/patatas (fritas)	*(fried) potatoes; French fries*
el tomate	*tomato*
las verduras	*vegetables*
la zanahoria	*carrot*

La carne y el pescado

el atún	*tuna*
el bistec	*steak*
los camarones	*shrimp*
la carne	*meat*
la carne de res	*beef*
la chuleta (de cerdo)	*(pork) chop*
la hamburguesa	*hamburger*
el jamón	*ham*
la langosta	*lobster*
los mariscos	*shellfish*
el pavo	*turkey*
el pescado	*fish*
el pollo (asado)	*(roast) chicken*
la salchicha	*sausage*
el salmón	*salmon*

Otras comidas

el aceite	*oil*
el ajo	*garlic*
el arroz	*rice*
el azúcar	*sugar*
los cereales	*cereal; grains*
el huevo	*egg*
la mantequilla	*butter*
la margarina	*margarine*
la mayonesa	*mayonnaise*
el pan (tostado)	*(toasted) bread*
la pimienta	*black pepper*
el queso	*cheese*
la sal	*salt*
el sándwich	*sandwich*
la sopa	*soup*
el vinagre	*vinegar*
el yogur	*yogurt*

Las bebidas

el agua (mineral)	*(mineral) water*
la bebida	*drink*
el café	*coffee*
el jugo (de fruta)	*(fruit) juice*
la leche	*milk*
el refresco	*soft drink*
el té (helado)	*(iced) tea*

Verbos

escoger	*to choose*
merendar (e:ie)	*to snack*
morir (o:ue)	*to die*
pedir (e:i)	*to order (food)*
probar (o:ue)	*to taste; to try*
recomendar (e:ie)	*to recommend*
saber (a)	*to taste (like)*
servir (e:i)	*to serve*

Las comparaciones

como	*like; as*
más de (+ *number*)	*more than*
más... que	*more... than*
menos de (+ *number*)	*fewer than*
menos... que	*less... than*
tan... como	*as... as*
tantos/as... como	*as many... as*
tanto... como	*as much... as*
el/la mayor	*the oldest*
el/la mejor	*the best*
el/la menor	*the youngest*
el/la peor	*the worst*
mejor	*better*
peor	*worse*

Expresiones útiles	*See page 55.*

Las fiestas

3

Communicative Goals

You will learn how to:

- **Express congratulations**
- **Express gratitude**
- **Ask for and pay the bill at a restaurant**

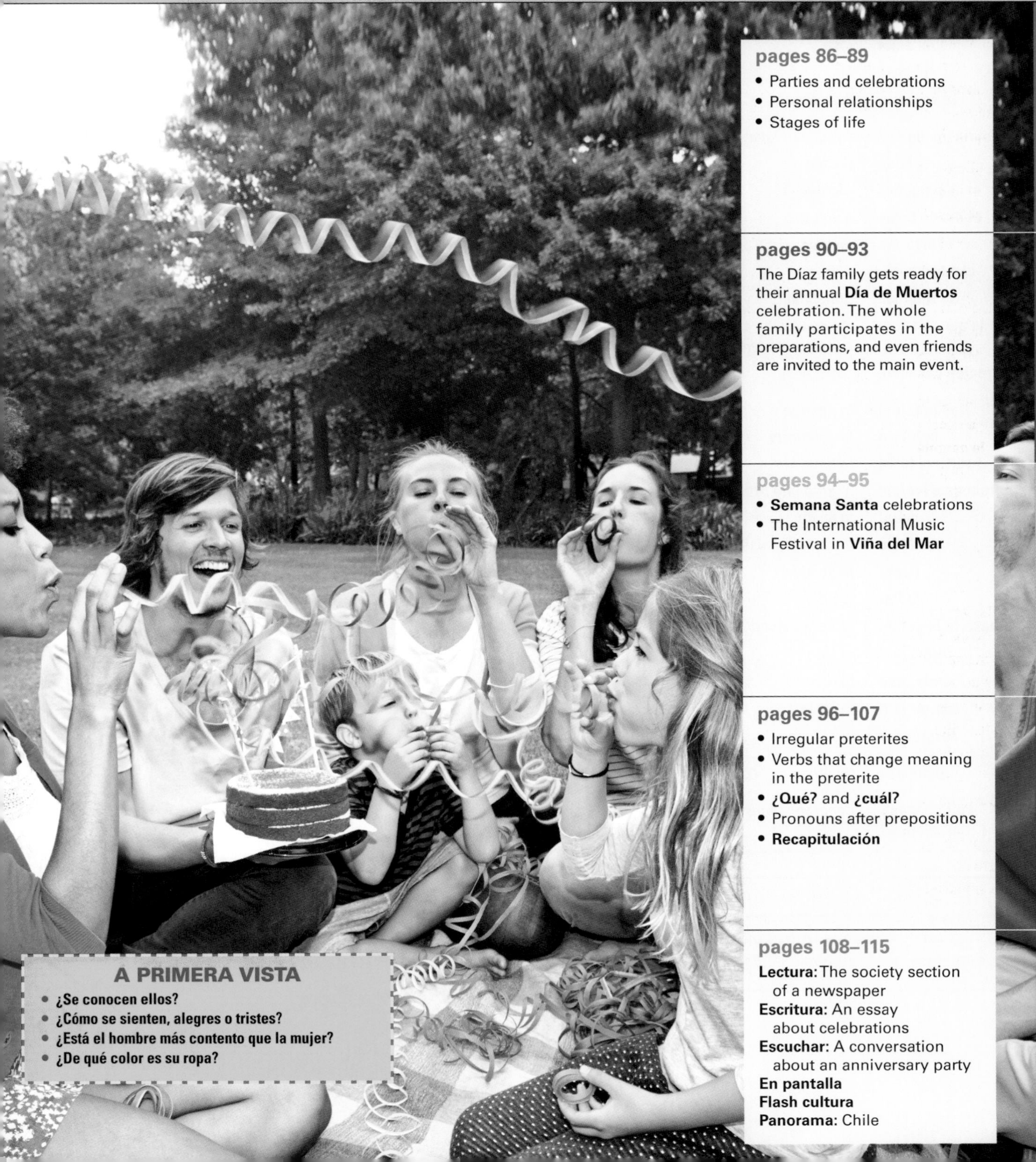

A PRIMERA VISTA

- ¿Se conocen ellos?
- ¿Cómo se sienten, alegres o tristes?
- ¿Está el hombre más contento que la mujer?
- ¿De qué color es su ropa?

Las fiestas

Más vocabulario

la alegría	*happiness*
la amistad	*friendship*
el amor	*love*
el beso	*kiss*
la sorpresa	*surprise*
el aniversario (de bodas)	*(wedding) anniversary*
la boda	*wedding*
el cumpleaños	*birthday*
el día de fiesta	*holiday*
el divorcio	*divorce*
el matrimonio	*marriage*
la Navidad	*Christmas*
la quinceañera	*young woman celebrating her fifteenth birthday*
el/la recién casado/a	*newlywed*
cambiar (de)	*to change*
celebrar	*to celebrate*
divertirse (e:ie)	*to have fun*
graduarse (de/en)	*to graduate (from/in)*
invitar	*to invite*
jubilarse	*to retire (from work)*
nacer	*to be born*
odiar	*to hate*
pasarlo bien/mal	*to have a good/bad time*
reírse (e:i)	*to laugh*
relajarse	*to relax*
sonreír (e:i)	*to smile*
sorprender	*to surprise*
juntos/as	*together*
¡Felicidades!/ ¡Felicitaciones!	*Congratulations!*

Variación léxica

pastel ⟷ torta (*Arg., Col., Venez.*)
comprometerse ⟷ prometerse (*Esp.*)

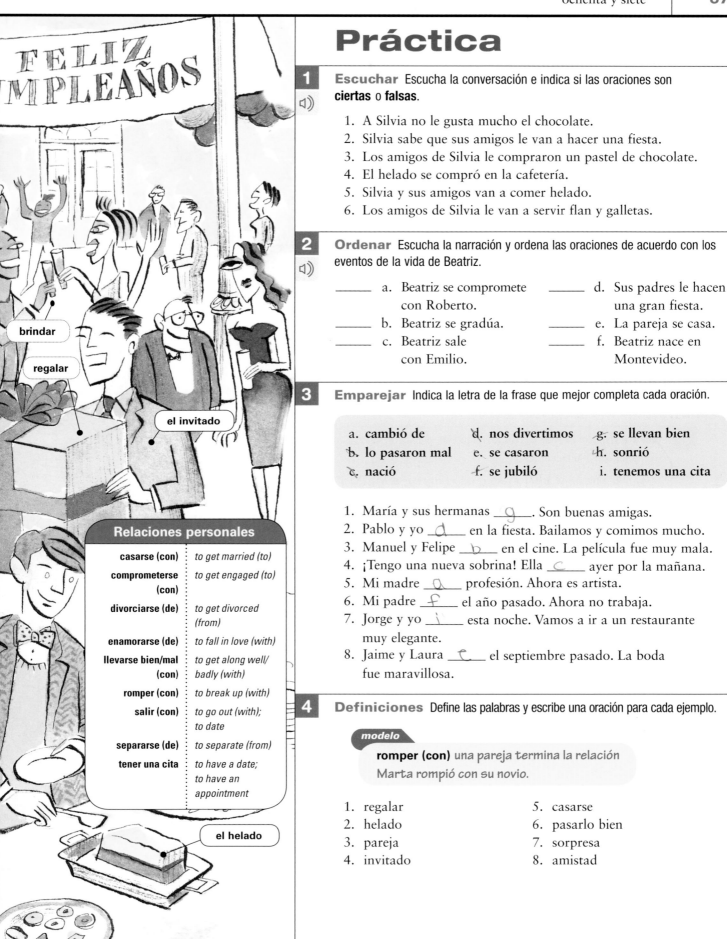

Relaciones personales

casarse (con)	*to get married (to)*
comprometerse (con)	*to get engaged (to)*
divorciarse (de)	*to get divorced (from)*
enamorarse (de)	*to fall in love (with)*
llevarse bien/mal (con)	*to get along well/ badly (with)*
romper (con)	*to break up (with)*
salir (con)	*to go out (with); to date*
separarse (de)	*to separate (from)*
tener una cita	*to have a date; to have an appointment*

Práctica

1 Escuchar Escucha la conversación e indica si las oraciones son **ciertas** o **falsas**.

1. A Silvia no le gusta mucho el chocolate.
2. Silvia sabe que sus amigos le van a hacer una fiesta.
3. Los amigos de Silvia le compraron un pastel de chocolate.
4. El helado se compró en la cafetería.
5. Silvia y sus amigos van a comer helado.
6. Los amigos de Silvia le van a servir flan y galletas.

2 Ordenar Escucha la narración y ordena las oraciones de acuerdo con los eventos de la vida de Beatriz.

_____ a. Beatriz se compromete con Roberto.
_____ b. Beatriz se gradúa.
_____ c. Beatriz sale con Emilio.
_____ d. Sus padres le hacen una gran fiesta.
_____ e. La pareja se casa.
_____ f. Beatriz nace en Montevideo.

3 Emparejar Indica la letra de la frase que mejor completa cada oración.

a. **cambió de**	d. **nos divertimos**	g. **se llevan bien**
b. **lo pasaron mal**	e. **se casaron**	h. **sonrió**
c. **nació**	f. **se jubiló**	i. **tenemos una cita**

1. María y sus hermanas __g__. Son buenas amigas.
2. Pablo y yo __d__ en la fiesta. Bailamos y comimos mucho.
3. Manuel y Felipe __b__ en el cine. La película fue muy mala.
4. ¡Tengo una nueva sobrina! Ella __c__ ayer por la mañana.
5. Mi madre __a__ profesión. Ahora es artista.
6. Mi padre __f__ el año pasado. Ahora no trabaja.
7. Jorge y yo __i__ esta noche. Vamos a ir a un restaurante muy elegante.
8. Jaime y Laura __e__ el septiembre pasado. La boda fue maravillosa.

4 Definiciones Define las palabras y escribe una oración para cada ejemplo.

modelo
romper (con) una pareja termina la relación
Marta rompió con su novio.

1. regalar
2. helado
3. pareja
4. invitado
5. casarse
6. pasarlo bien
7. sorpresa
8. amistad

Las etapas de la vida de Sergio

el nacimiento

la niñez

la adolescencia

la juventud

la madurez

la vejez

Más vocabulario

la edad	*age*
el estado civil	*marital status*
las etapas de la vida	*the stages of life*
la muerte	*death*
casado/a	*married*
divorciado/a	*divorced*
separado/a	*separated*
soltero/a	*single*
viudo/a	*widower/widow*

5 **Las etapas de la vida** Identifica las etapas de la vida que se describen en estas oraciones.

1. Mi abuela se jubiló y se mudó (*moved*) a Viña del Mar.
2. Mi padre trabaja para una compañía grande en Santiago.
3. ¿Viste a mi nuevo sobrino en el hospital? Es precioso y ¡tan pequeño!
4. Mi abuelo murió este año.
5. Mi hermana celebró su fiesta de quince años.
6. Mi hermana pequeña juega con muñecas (*dolls*).

NOTA CULTURAL

Viña del Mar es una ciudad en la costa de Chile, situada al oeste de Santiago. Tiene playas hermosas, excelentes hoteles, casinos y buenos restaurantes. El poeta Pablo Neruda pasó muchos años allí.

¡LENGUA VIVA!

The term **quinceañera** refers to a girl who is celebrating her 15th birthday. The party is called **la fiesta de quince años**.

6 **Cambiar** Imagina que eres el/la hermano/a mayor. Cada vez que tu hermana menor dice algo, se equivoca. Corrígela (*Correct her*), cambiando las expresiones subrayadas (*underlined*).

modelo

La niñez es cuando trabajamos mucho.
No, te equivocas (*you're wrong*). La madurez es cuando trabajamos mucho.

1. El nacimiento es el fin de la vida.
2. La juventud es la etapa cuando nos jubilamos.
3. A los sesenta y cinco años, muchas personas comienzan a trabajar.
4. Julián y nuestra prima se divorcian mañana.
5. Mamá odia a su hermana.
6. El abuelo murió, por eso la abuela es separada.
7. Cuando te gradúas de la universidad, estás en la etapa de la adolescencia.
8. Mi tío nunca se casó; es viudo.

AYUDA

Other ways to contradict someone:

No es verdad.
It's not true.

Creo que no.
I don't think so.

¡Claro que no!
Of course not!

¡Qué va!
No way!

Comunicación

7 **La invitación** Lee el mensaje electrónico de Marcela a su amigo Adrián. Luego, indica si las conclusiones son **lógicas** o **ilógicas**, según lo que leíste.

De: Marcela
Para: Adrián
Asunto: Fiesta

Adrián, te quiero invitar a la fiesta que vamos a hacerle a mi bisabuelo Alfonso por su cumpleaños. ¡Cumple cien años! Queremos celebrar su larga y extraordinaria vida a lo grande: va a haber deliciosos entremeses, riquísimos dulces y muchos refrescos. También vamos a tener tu postre favorito, pastel de chocolate. Tienes que venir a la fiesta. Te vas a relajar mucho y no vas a pensar en los exámenes finales que tenemos el próximo mes. ¡Vas a bailar toda la noche! También vamos a darle una sorpresa a mi bisabuelo: su mejor amigo de la niñez, Roberto, va a venir desde Santiago. ¡Ellos se vieron por última vez en 1940! Te espero entonces este sábado a las 7:30 p.m. en la casa de mis padres.

	Lógico	Ilógico
1. Marcela y Adrián van a la misma escuela.	❍	❍
2. La fiesta es una cena formal.	❍	❍
3. A Adrián no le gustan los postres.	❍	❍
4. Alfonso conoce a Roberto desde la muerte de su esposa.	❍	❍
5. En la fiesta van a brindar por Alfonso.	❍	❍

8 **Preguntas** Contesta las preguntas de tu compañero/a.

1. ¿Te importa la amistad? ¿Por qué?
2. ¿Es mejor tener un(a) buen(a) amigo/a o muchos/as amigos/as?
3. ¿Cuáles son las características que buscas en tus amigos/as?
4. ¿A qué edad es posible enamorarse?
5. ¿Deben las parejas hacer todo juntos? ¿Deben tener las mismas opiniones? ¿Por qué?

¡LENGUA VIVA!

While a **buen(a) amigo/a** is a *good friend,* the term **amigo/a íntimo/a** refers to a *close friend,* or a very good friend, without any romantic overtones.

9 **Una fiesta** Trabaja con un(a) compañero/a para planear una fiesta. Recuerda incluir la siguiente información.

- tipo de fiesta
- lugar
- fecha
- invitados
- comida
- bebidas
- música

El Día de Muertos

La familia Díaz conmemora el Día de Muertos.

PERSONAJES

MARISSA

JIMENA

FELIPE

JUAN CARLOS

MAITE FUENTES El Día de Muertos se celebra en México el primero y el segundo de noviembre. Como pueden ver, hay calaveras de azúcar, flores, música y comida por todas partes. Ésta es una fiesta única que todos deben ver por lo menos una vez en la vida.

MARISSA *Holy moley!* ¡Está delicioso!

TÍA ANA MARÍA Mi mamá me enseñó a prepararlo. El mole siempre fue el plato favorito de mi papá. Mi hijo Eduardo nació el día de su cumpleaños. Por eso le pusimos su nombre.

TÍO RAMÓN ¿Dónde están mis hermanos?

JIMENA Mi papá y Felipe están en el otro cuarto. Esos dos antipáticos no quieren decirnos qué están haciendo. Y la tía Ana María...

TÍO RAMÓN ... está en la cocina.

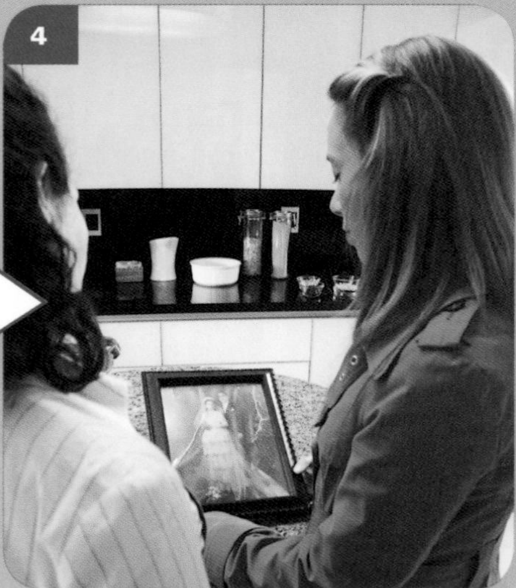

TÍA ANA MARÍA Marissa, ¿le puedes llevar esa foto que está ahí a Carolina? La necesita para el altar.

MARISSA Sí. ¿Son sus padres?

TÍA ANA MARÍA Sí, el día de su boda.

MARISSA ¿Cómo se conocieron?

TÍA ANA MARÍA En la fiesta de un amigo. Fue amor a primera vista.

MARISSA (*Señala la foto.*) La voy a llevar al altar.

TÍA ANA MARÍA Ramón, ¿cómo estás?

TÍO RAMÓN Bien, gracias. ¿Y Mateo? ¿No vino contigo?

TÍA ANA MARÍA No. Ya sabes que me casé con un doctor y, pues, trabaja muchísimo.

SRA. DÍAZ

SR. DÍAZ

TÍA ANA MARÍA

TÍO RAMÓN

TÍA NAYELI

DON DIEGO

MARTA

VALENTINA

MAITE FUENTES

7

SR. DÍAZ Familia Díaz, deben prepararse...

FELIPE ... ¡para la sorpresa de sus vidas!

8

JUAN CARLOS Gracias por invitarme.

SR. DÍAZ Juan Carlos, como eres nuestro amigo, ya eres parte de la familia.

9

(*En el cementerio*)

JIMENA Yo hice las galletas y el pastel. ¿Dónde los puse?

MARTA Postres... ¿Cuál prefiero? ¿Galletas? ¿Pastel? ¡Dulces!

VALENTINA Me gustan las galletas.

10

SR. DÍAZ Brindamos por ustedes, mamá y papá.

TÍO RAMÓN Todas las otras noches estamos separados. Pero esta noche estamos juntos.

TÍA ANA MARÍA Con gratitud y amor.

Expresiones útiles

Discussing family history

El mole siempre fue el plato favorito de mi papá.
Mole was always my dad's favorite dish.
Mi hijo Eduardo nació el día de su cumpleaños.
My son Eduardo was born on his birthday.
Por eso le pusimos su nombre.
That's why we named him after him (after my father).
¿Cómo se conocieron sus padres?
How did your parents meet?
En la fiesta de un amigo. Fue amor a primera vista.
At a friend's party. It was love at first sight.

Talking about a party/celebration

Ésta es una fiesta única que todos deben ver por lo menos una vez.
This is a unique celebration that everyone should see at least once.
Gracias por invitarme.
Thanks for inviting me.
Brindamos por ustedes.
A toast to you.

Additional vocabulary

alma *soul*
altar *altar*
ángel *angel*
calavera de azúcar *skull made out of sugar*
cementerio *cemetery*
cocina *kitchen*
disfraz *costume*

¿Qué pasó?

1 **Completar** Completa las oraciones con la información correcta, según la **Fotonovela**.

1. El Día de Muertos es una ________________ única que todos deben ver.
2. La tía Ana María preparó ________________ para celebrar.
3. Marissa lleva la ________________ al altar.
4. Jimena hizo las ________________ y el ________________.
5. Marta no sabe qué ________________ prefiere.

2 **Identificar** Identifica quién puede decir estas oraciones. Vas a usar un nombre dos veces.

1. Mis padres se conocieron en la fiesta de un amigo.
2. El Día de Muertos se celebra con flores, calaveras de azúcar, música y comida.
3. Gracias por invitarme a celebrar este Día de Muertos.
4. Los de la foto son mis padres el día de su boda.
5. A mí me gustan mucho las galletas.
6. ¡Qué bueno que estás aquí, Juan Carlos! Eres uno más de la familia.

SR. DÍAZ

MAITE FUENTES

JUAN CARLOS

VALENTINA

TÍA ANA MARÍA

3 **Seleccionar** Selecciona algunas de las opciones de la lista para completar las oraciones.

amor	días de fiesta	pasarlo bien	salieron
el helado	divorciarse	postres	se enamoraron
cumpleaños	flan	la quinceañera	una sorpresa

1. El Sr. Díaz y Felipe prepararon ________________ para la familia.
2. Los ________________, como el Día de Muertos, se celebran con la familia.
3. Eduardo, el hijo de Ana María, nació el día del ________________ de su abuelo.
4. La tía Ana María siente gratitud y ________________ hacia (*toward*) sus padres.
5. Los días de fiesta también son para ________________ con los amigos.
6. El Día de Muertos se hacen muchos ________________.
7. Los padres de la tía Ana María ________________ a primera vista.

4 **Una cena** Trabajen en parejas para representar una conversación en una cena de Año Nuevo.

- Una persona brinda por el año que está por comenzar y por estar con su familia y amigos.
- Cada persona habla de cuál es su comida favorita en año nuevo.
- Después de la cena, una persona dice que es hora de (*it's time to*) comer las uvas.
- Cada persona dice qué desea para el año que empieza.
- Después, cada persona debe desear Feliz Año Nuevo a las demás.

NOTA CULTURAL

Comer doce uvas a las doce de la noche del 31 de diciembre de cada año es una costumbre que nació en España y que también se observa en varios países de Latinoamérica. Se debe comer una uva por cada una de las 12 campanadas (*strokes*) del reloj y se cree que (*it's believed that*) quien lo hace va a tener un año próspero.

Pronunciación
The letters **h**, **j**, and **g**

helado	**h**ombre	**h**ola	**h**ermosa

The Spanish **h** is always silent.

José	**j**ubilarse	de**j**ar	pare**j**a

The letter **j** is pronounced much like the English *h* in *his*.

a**g**encia	**g**eneral	**G**il	**G**isela

The letter **g** can be pronounced three different ways. Before **e** or **i**, the letter **g** is pronounced much like the English *h*.

Gustavo, **g**racias por llamar el domin**g**o.

At the beginning of a phrase or after the letter **n**, the Spanish **g** is pronounced like the English *g* in *girl*.

Me **g**radué en a**g**osto.

In any other position, the Spanish **g** has a somewhat softer sound.

Gu**e**rra	conse**g**u**i**r	**g**u**a**ntes	a**g**u**a**

In the combinations **gue** and **gui**, the **g** has a hard sound and the **u** is silent. In the combination **gua**, the **g** has a hard sound and the **u** is pronounced like the English *w*.

Práctica Lee las palabras en voz alta, prestando atención a la **h**, la **j** y la **g**.

1. hamburguesa	5. geografía	9. seguir	13. Jorge
2. jugar	6. magnífico	10. gracias	14. tengo
3. oreja	7. espejo	11. hijo	15. ahora
4. guapa	8. hago	12. galleta	16. guantes

Oraciones Lee las oraciones en voz alta, prestando atención a la **h**, la **j** y la **g**.

1. Hola. Me llamo Gustavo Hinojosa Lugones y vivo en Santiago de Chile.
2. Tengo una familia grande; somos tres hermanos y tres hermanas.
3. Voy a graduarme en mayo.
4. Para celebrar mi graduación, mis padres van a regalarme un viaje a Egipto.
5. ¡Qué generosos son!

Refranes Lee los refranes en voz alta, prestando atención a la **h**, la **j** y la **g**.

A la larga, lo más dulce amarga.[1]

El hábito no hace al monje.[2]

1 *Too much of a good thing.*
2 *The clothes don't make the man.*

EN DETALLE

Semana Santa: vacaciones y tradición

¿Te imaginas pasar veinticuatro horas tocando un tambor° entre miles de personas? Así es como mucha gente celebra el Viernes Santo° en el pequeño pueblo de **Calanda**, España.

De todas las celebraciones hispanas, la Semana Santa° es una de las más espectaculares y únicas.

Procesión en Sevilla, España

Semana Santa es la semana antes de Pascua°, una celebración religiosa que conmemora la Pasión de Jesucristo. Generalmente, la gente tiene unos días de vacaciones en esta semana. Algunas personas aprovechan° estos días para viajar, pero otras prefieren participar en las tradicionales celebraciones religiosas en las calles. En **Antigua**, Guatemala, hacen alfombras° de flores° y altares; también organizan Vía Crucis° y danzas. En las famosas procesiones y desfiles° religiosos de **Sevilla**, España, los fieles° sacan a las calles imágenes religiosas. Las imágenes van encima de plataformas ricamente decoradas con abundantes flores y velas°. En la procesión, los penitentes llevan túnicas y unos sombreros cónicos que les cubren° la cara°. En sus manos llevan faroles° o velas encendidas.

Si visitas algún país hispano durante la Semana Santa, debes asistir a un desfile. Las playas y las discotecas pueden esperar hasta la semana siguiente.

Alfombra de flores en Antigua, Guatemala

Otras celebraciones famosas

Ayacucho, Perú: Además de alfombras de flores y procesiones, aquí hay una antigua tradición llamada "quema de la chamiza"°.

Iztapalapa, Ciudad de México: Es famoso el Vía Crucis del cerro° de la Estrella. Es una representación del recorrido° de Jesucristo con la cruz°.

Popayán, Colombia: En las procesiones "chiquitas" los niños llevan imágenes que son copias pequeñas de las que llevan los mayores.

tocando un tambor *playing a drum* Viernes Santo *Good Friday* Semana Santa *Holy Week* Pascua *Easter Sunday* aprovechan *take advantage of* alfombras *carpets* flores *flowers* Vía Crucis *Stations of the Cross* desfiles *parades* fieles *faithful* velas *candles* cubren *cover* cara *face* faroles *lamps* quema de la chamiza *burning of brushwood* cerro *hill* recorrido *route* cruz *cross*

ACTIVIDADES

1 **¿Cierto o falso?** Indica si lo que dicen las oraciones sobre Semana Santa en países hispanos es **cierto** o **falso**. Corrige las falsas.

1. La Semana Santa se celebra después de Pascua.
2. Las personas tienen días libres durante la Semana Santa.
3. Todas las personas asisten a las celebraciones religiosas.
4. En los países hispanos, las celebraciones se hacen en las calles.
5. En Antigua y en Ayacucho es típico hacer alfombras de flores.
6. En Sevilla, sacan imágenes religiosas a las calles.
7. En Sevilla, las túnicas cubren la cara.
8. En la procesión en Sevilla algunas personas llevan flores en sus manos.
9. El Vía Crucis de Iztapalapa es en el interior de una iglesia.
10. Las procesiones "chiquitas" son famosas en Sevilla, España.

ASÍ SE DICE

Fiestas y celebraciones

la despedida de soltero/a	*bachelor(ette) party*
el día feriado/festivo	**el día de fiesta**
disfrutar	*to enjoy*
festejar	**celebrar**
los fuegos artificiales	*fireworks*
pasarlo en grande	**divertirse mucho**
la vela	*candle*

EL MUNDO HISPANO

Celebraciones latinoamericanas

- **Oruro, Bolivia** Durante el carnaval de Oruro se realiza la famosa Diablada, una antigua danza° que muestra la lucha° entre el Bien y el Mal: ángeles contra° demonios.
- **Panchimalco, El Salvador** La primera semana de mayo, Panchimalco se cubre de flores y de color. También hacen el Desfile de las palmas° y bailan danzas antiguas.
- **Quito, Ecuador** El mes de agosto es el Mes de las Artes. Danza, teatro, música, cine, artesanías° y otros eventos culturales inundan la ciudad.
- **San Pedro Sula, Honduras** En junio se celebra la Feria Juniana. Hay comida típica, bailes, desfiles, conciertos, rodeos, exposiciones ganaderas° y eventos deportivos y culturales.

danza *dance* lucha *fight* contra *versus* palmas *palm leaves* artesanías *handcrafts* exposiciones ganaderas *cattle shows*

PERFIL

Festival de Viña del Mar

En 1959 unos estudiantes de **Viña del Mar**, Chile, celebraron una fiesta en una casa de campo conocida como la Quinta Vergara donde hubo° un espectáculo° musical. En 1960 repitieron el evento. Asistió tanta gente que muchos vieron el espectáculo parados° o sentados en el suelo°. Algunos se subieron a los árboles°.

Años después, se convirtió en el **Festival Internacional de la Canción**. Este evento se celebra en febrero, en el mismo lugar donde empezó. ¡Pero ahora nadie necesita subirse a un árbol para verlo! Hay un anfiteatro con capacidad para quince mil personas.

Nelly Furtado

En el festival hay concursos° musicales y conciertos de artistas famosos como Calle 13 y Nelly Furtado.

hubo *there was* espectáculo *show* parados *standing* suelo *floor* se subieron a los árboles *climbed trees* concursos *competitions*

Conexión Internet

¿Qué celebraciones hispanas hay en los Estados Unidos y Canadá?

Use the Web to find more cultural information related to this **Cultura** section.

ACTIVIDADES

2 Comprensión Contesta las preguntas.

1. ¿Cuántas personas por día pueden asistir al Festival de Viña del Mar?
2. ¿Qué es la Diablada?
3. ¿Qué celebran en Quito en agosto?
4. Nombra dos atracciones en la Feria Juniana de San Pedro Sula.
5. ¿Qué es la Quinta Vergara?

3 ¿Cuál es tu celebración favorita? Escribe un pequeño párrafo sobre la celebración que más te gusta de tu comunidad. Explica cómo se llama, cuándo ocurre y cómo es.

3.1 Irregular preterites

ANTE TODO You already know that the verbs **ir** and **ser** are irregular in the preterite. You will now learn other verbs whose preterite forms are also irregular.

Preterite of tener, venir, and decir

		tener (**u**-stem)	**venir** (**i**-stem)	**decir** (**j**-stem)
SINGULAR FORMS	yo	tuv**e**	vin**e**	dij**e**
	tú	tuv**iste**	vin**iste**	dij**iste**
	Ud./él/ella	tuv**o**	vin**o**	dij**o**
PLURAL FORMS	nosotros/as	tuv**imos**	vin**imos**	dij**imos**
	vosotros/as	tuv**isteis**	vin**isteis**	dij**isteis**
	Uds./ellos/ellas	tuv**ieron**	vin**ieron**	dij**eron**

- **¡Atención!** The endings of these verbs are the regular preterite endings of **-er/-ir** verbs, except for the **yo** and **usted/él/ella** forms. Note that these two endings are unaccented.

- These verbs observe similar stem changes to **tener, venir,** and **decir**.

INFINITIVE	U-STEM	PRETERITE FORMS
poder	pud-	pude, pudiste, pudo, pudimos, pudisteis, pudieron
poner	pus-	puse, pusiste, puso, pusimos, pusisteis, pusieron
saber	sup-	supe, supiste, supo, supimos, supisteis, supieron
estar	estuv-	estuve, estuviste, estuvo, estuvimos, estuvisteis, estuvieron

INFINITIVE	I-STEM	PRETERITE FORMS
querer	quis-	quise, quisiste, quiso, quisimos, quisisteis, quisieron
hacer	hic-	hice, hiciste, hizo, hicimos, hicisteis, hicieron

INFINITIVE	J-STEM	PRETERITE FORMS
traer	traj-	traje, trajiste, trajo, trajimos, trajisteis, trajeron
conducir	conduj-	conduje, condujiste, condujo, condujimos, condujisteis, condujeron
traducir	traduj-	traduje, tradujiste, tradujo, tradujimos, tradujisteis, tradujeron

¡ATENCIÓN!
Note the **c** → **z** spelling change in the third-person singular form of **hacer**: **hizo**.

- **¡Atención!** Most verbs that end in **-cir** are **j**-stem verbs in the preterite. For example, **producir** → **produje, produjiste,** etc.

Produjimos un documental sobre los accidentes en la casa.
We produced a documentary about accidents in the home.

- Notice that the preterites with **j**-stems omit the letter **i** in the **ustedes/ellos/ellas** form.

Mis amigos **trajeron** comida a la fiesta.
My friends brought food to the party.

Ellos **dijeron** la verdad.
They told the truth.

The preterite of dar

yo	d**i**	nosotros/as	d**imos**
tú	d**iste**	vosotros/as	d**isteis**
Ud./él/ella	d**io**	Uds./ellos/ellas	d**ieron**
SINGULAR FORMS		PLURAL FORMS	

- The endings for **dar** are the same as the regular preterite endings for **-er** and **-ir** verbs, except that there are no accent marks.

La camarera me **dio** el menú.
The waitress gave me the menu.

Los invitados le **dieron** un regalo.
The guests gave him/her a gift.

Le **di** a Juan algunos consejos.
I gave Juan some advice.

Nosotros **dimos** una gran fiesta.
We gave a great party.

- The preterite of **hay** (*inf.* **haber**) is **hubo** (*there was; there were*).

CONSULTA

Note that there are other ways to say *there was* or *there were* in Spanish. See **Estructura 4.1**, p. 128.

Marissa le dio la foto a la Sra. Díaz.

Hubo una celebración en casa de los Díaz.

¡INTÉNTALO! Escribe la forma correcta del pretérito de cada verbo que está entre paréntesis.

1. (querer) tú quisiste
2. (decir) usted ________
3. (hacer) nosotras ________
4. (traer) yo ________
5. (conducir) ellas ________
6. (estar) ella ________
7. (tener) tú ________
8. (dar) ella y yo ________
9. (traducir) yo ________
10. (haber) ayer ________
11. (saber) usted ________
12. (poner) ellos ________
13. (venir) yo ________
14. (poder) tú ________
15. (querer) ustedes ________
16. (estar) nosotros ________
17. (decir) tú ________
18. (saber) ellos ________
19. (hacer) él ________
20. (poner) yo ________
21. (traer) nosotras ________
22. (tener) yo ________
23. (dar) tú ________
24. (poder) ustedes ________

Práctica

1 **Completar** Completa estas oraciones con el pretérito de los verbos entre paréntesis.

1. El sábado __________ (haber) una fiesta sorpresa para Elsa en mi casa.
2. Sofía ________ (hacer) un pastel para la fiesta y Miguel ________ (traer) un flan.
3. Los amigos y parientes de Elsa __________ (venir) y __________ (traer) regalos.
4. El hermano de Elsa no ________ (venir) porque ________ (tener) que trabajar.
5. Su tía María Dolores tampoco __________ (poder) venir.
6. Cuando Elsa abrió la puerta, todos gritaron: "¡Feliz cumpleaños!" y su esposo le __________ (dar) un beso.
7. Elsa no __________ (saber) cómo reaccionar (*react*). __________ (Estar) un poco nerviosa al principio, pero pronto sus amigos __________ (poner) música y ella __________ (poder) relajarse bailando con su esposo.
8. Al final de la noche, todos __________ (decir) que se divirtieron mucho.

NOTA CULTURAL

El **flan** es un postre muy popular en los países de habla hispana. Se prepara con huevos, leche y azúcar y se sirve con salsa de caramelo. Existen variedades deliciosas como el flan de chocolate o el flan de coco.

2 **Describir** Usa verbos de la lista para describir lo que estas personas hicieron. Debes dar por lo menos dos oraciones por cada dibujo.

dar	hacer	tener	traer
estar	poner	traducir	venir

1. el señor López

2. Norma

3. anoche nosotros

4. Roberto y Elena

Comunicación

3 **La petición de mano** Lee el mensaje electrónico de Marta a su amiga Victoria. Luego, indica si las conclusiones son **lógicas** o **ilógicas**, según lo que leíste.

De: Marta
Para: Victoria
Asunto: David

¡Me acabo de comprometer con David! Estoy muy feliz. Es muy inteligente y simpático. ¡Y guapo también! Como David es muy tradicional, habló con mi papá primero. Condujo tres horas para ir a la casa de mis padres. David no habla bien el español; tradujo varias frases en Internet y se las aprendió de memoria para decírselas a mi papá. ¡Pobre! La comunicación no fue ideal, pero a mi papá le gustó el gesto (*gesture*) de David. ¿Y la petición de mano? Bueno, ese día David hizo una reservación en mi restaurante favorito. La cena estuvo deliciosa y nos divertimos mucho como siempre. Después de cenar, David dijo algo, pero yo no oí bien lo que dijo. Luego vi el hermoso anillo (*ring*) de diamantes: ¡qué sorpresa! David preguntó otra vez: "¿Quieres casarte conmigo?" Hubo un silencio muy largo. Cuando yo pude hablar, le dije: "¡Sí!".

	Lógico	Ilógico
1. Marta está enamorada de David.	❍	❍
2. A David no le importa la opinión del padre de Marta.	❍	❍
3. David y el padre de Marta tuvieron una conversación muy larga e interesante.	❍	❍
4. Los padres de Marta viven en la misma ciudad que David y Marta.	❍	❍
5. David trajo el anillo al restaurante.	❍	❍

4 **Preguntas** Contesta las preguntas de tu compañero/a.

1. ¿Fuiste a una fiesta de cumpleaños el año pasado? ¿De quién?
2. ¿Quiénes fueron a la fiesta?
3. ¿Cómo estuvo el ambiente de la fiesta?
4. ¿Quién llevó regalos, bebidas o comida? ¿Llevaste algo especial?
5. ¿Hubo comida? ¿Quién la hizo?
6. ¿Qué regalos trajeron los invitados?
7. ¿Cuántos invitados hubo en la fiesta?
8. ¿Qué tipo de música hubo?

5 **Una fiesta** Describe una fiesta a la que fuiste. Incluye en tu descripción cuál fue la ocasión, quién dio la fiesta, quiénes estuvieron allí, qué trajeron los invitados y qué hicieron los invitados.

Síntesis

6 **Conversación** En parejas, preparen una conversación en la que uno/a de ustedes va a visitar a su hermano/a para explicarle por qué no fue a su fiesta de graduación y para saber cómo estuvo la fiesta. Incluyan esta información en la conversación:

- cuál fue el menú
- quiénes vinieron a la fiesta y quiénes no pudieron venir
- quiénes prepararon la comida o trajeron algo
- si él/ella tuvo que preparar algo
- lo que la gente hizo antes y después de comer
- cómo lo pasaron, bien o mal

3.2 Verbs that change meaning in the preterite

ANTE TODO The verbs **conocer, saber, poder,** and **querer** change meanings when used in the preterite. Because of this, each of them corresponds to more than one verb in English, depending on its tense.

Verbs that change meaning in the preterite

Present		Preterite
to know; to be acquainted with **Conozco** a esa pareja. *I know that couple.*	**conocer**	*to meet* **Conocí** a esa pareja ayer. *I met that couple yesterday.*
to know information; to know how to do something **Sabemos** la verdad. *We know the truth.*	**saber**	*to find out; to learn* **Supimos** la verdad anoche. *We found out (learned) the truth last night.*
to be able; can **Podemos** hacerlo. *We can do it.*	**poder**	*to manage; to succeed (could and did)* **Pudimos** hacerlo ayer. *We managed to do it yesterday.*
to want; to love **Quiero** ir, pero tengo que trabajar. *I want to go, but I have to work.*	**querer**	*to try* **Quise** evitarlo, pero fue imposible. *I tried to avoid it, but it was impossible.*

¡ATENCIÓN!

In the preterite, the verbs **poder** and **querer** have different meanings, depending on whether they are used in affirmative or negative sentences.

pude *I succeeded*
no pude *I failed (to)*
quise *I tried (to)*
no quise *I refused (to)*

¡INTÉNTALO! Elige la respuesta más lógica.

1. Yo no hice lo que me pidieron mis amigos. ¡Tengo mis principios!
   a. No quise hacerlo. b. No supe hacerlo.
2. Hablamos por primera vez con Nuria y Ana en la boda.
   a. Las conocimos en la boda. b. Les dijimos en la boda.
3. Por fin hablé con mi hermano después de llamarlo siete veces.
   a. No quise hablar con él. b. Pude hablar con él.
4. Josefina se acostó para relajarse. Se durmió inmediatamente.
   a. Pudo relajarse. b. No pudo relajarse.
5. Después de mucho buscar, encontraste la definición en el diccionario.
   a. No supiste la respuesta. b. Supiste la respuesta.
6. Las chicas fueron a la fiesta. Cantaron y bailaron mucho.
   a. Ellas pudieron divertirse. b. Ellas no supieron divertirse.

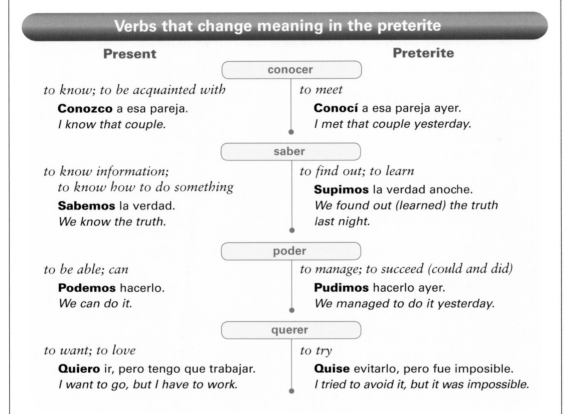

Práctica y Comunicación

1 **Carlos y Eva** Forma oraciones con los siguientes elementos. Usa el pretérito y haz todos los cambios necesarios. Al final, inventa la razón del divorcio de Carlos y Eva.

1. anoche / mi esposa y yo / saber / que / Carlos y Eva / divorciarse
2. los / conocer / viaje / isla de Pascua
3. no / poder / hablar / mucho / con / ellos / ese día
4. pero / ellos / ser / simpático / y / nosotros / hacer planes / vernos / con más / frecuencia
5. yo / poder / encontrar / su / número / teléfono / páginas / amarillo
6. (yo) querer / llamar / los / ese día / pero / no / tener / tiempo
7. cuando / los / llamar / nosotros / poder / hablar / Eva
8. nosotros / saber / razón / divorcio / después / hablar / ella
9. ______________________________

NOTA CULTURAL

La isla de Pascua es un remoto territorio chileno situado en el océano Pacífico Sur. Sus inmensas estatuas son uno de los mayores misterios del mundo: nadie sabe cómo o por qué se crearon. Para más información, véase **Panorama**, p. 115.

2 **Completar** En parejas, túrnense para completar estas frases de una manera lógica.

1. Ayer mi compañero/a de clase supo...
2. Esta mañana no pude...
3. Conocí a mi mejor amigo/a en...
4. Mis padres no quisieron...
5. Mi mejor amigo/a no pudo...
6. La semana pasada supe...
7. Ayer mis amigos quisieron...

3 **Telenovela** Escribe el diálogo para una escena de una telenovela (*soap opera*). La escena trata de una situación amorosa entre tres personas: Mirta, Daniel y Raúl. Usa el pretérito de **conocer, poder, querer** y **saber** en tu diálogo.

Síntesis

4 **Conversación** En una hoja de papel, escribe dos listas: las cosas que hiciste durante el fin de semana y las cosas que quisiste hacer, pero no pudiste. Luego, compara tu lista con la de un(a) compañero/a, y expliquen ambos por qué no pudieron hacer esas cosas.

3.3 ¿Qué? and ¿cuál?

ANTE TODO You've already learned how to use interrogative words and phrases. As you know, **¿qué?** and **¿cuál?** or **¿cuáles?** mean *what?* or *which?* However, they are not interchangeable.

- **¿Qué?** is used to ask for a definition or an explanation.

  ¿**Qué** es el flan?
  What is flan?

  ¿**Qué** estudias?
  What do you study?

- **¿Cuál(es)?** is used when there is more than one possibility to choose from.

  ¿**Cuál** de los dos prefieres, las galletas o el helado?
  Which of these (two) do you prefer, cookies or ice cream?

  ¿**Cuáles** son tus medias, las negras o las blancas?
  Which ones are your socks, the black ones or the white ones?

- **¿Cuál?** should not be used before a noun; in this case, **¿qué?** is used.

  ¿**Qué** sorpresa te dieron tus amigos?
  What surprise did your friends give you?

  ¿**Qué** colores te gustan?
  What colors do you like?

- **¿Qué?** used before a noun has the same meaning as **¿cuál?**

  ¿**Qué regalo** te gusta?
  What (Which) gift do you like?

  ¿**Qué dulces** quieren ustedes?
  What (Which) sweets do you want?

Review of interrogative words and phrases

¿a qué hora?	*at what time?*	**¿cuántos/as?**	*how many?*
¿adónde?	*(to) where?*	**¿de dónde?**	*from where?*
¿cómo?	*how?*	**¿dónde?**	*where?*
¿cuál(es)?	*what?; which?*	**¿por qué?**	*why?*
¿cuándo?	*when?*	**¿qué?**	*what?; which?*
¿cuánto/a?	*how much?*	**¿quién(es)?**	*who?*

¡INTÉNTALO! Completa las preguntas con **¿qué?** o **¿cuál(es)?**, según el contexto.

1. ¿ Cuál de los dos te gusta más?
2. ¿ ________ es tu teléfono?
3. ¿ ________ tipo de pastel pediste?
4. ¿ ________ es una galleta?
5. ¿ ________ haces ahora?
6. ¿ ________ son tus platos favoritos?
7. ¿ ________ bebidas te gustan más?
8. ¿ ________ es esto?
9. ¿ ________ es el mejor?
10. ¿ ________ es tu opinión?
11. ¿ ________ fiestas celebras tú?
12. ¿ ________ regalo prefieres?
13. ¿ ________ es tu helado favorito?
14. ¿ ________ pones en la mesa?
15. ¿ ________ restaurante prefieres?
16. ¿ ________ estudiantes estudian más?
17. ¿ ________ quieres comer esta noche?
18. ¿ ________ es la sorpresa mañana?
19. ¿ ________ postre prefieres?
20. ¿ ________ opinas?

Práctica y Comunicación

1 **Completar** Tu clase de español va a crear un sitio web. Completa estas preguntas con alguna(s) palabra(s) interrogativa(s). Luego, contesta las preguntas.

1. ¿__________ es la fecha de tu cumpleaños?
2. ¿__________________ naciste?
3. ¿__________ es tu estado civil?
4. ¿________________ te relajas?
5. ¿__________ es tu mejor amigo/a?
6. ¿__________ cosas te hacen reír?
7. ¿__________ postres te gustan? ¿__________ te gusta más?
8. ¿__________ problemas tuviste el primer día de escuela?

2 **El aniversario** Escucha la conversación entre Silvia y su prima Gisela. Luego, indica si las conclusiones siguientes son **lógicas** o **ilógicas**, según lo que escuchaste.

	Lógico	Ilógico
1. Silvia y Gisela llegaron juntas a la fiesta.	❍	❍
2. Silvia comió antes que Gisela en la fiesta.	❍	❍
3. A Gisela no le gustan las verduras.	❍	❍
4. Silvia probó cada uno de los postres.	❍	❍
5. Gisela va a comer flan.	❍	❍

3 **Una invitación** En parejas, lean esta invitación. Luego, túrnense para hacer y contestar preguntas con **qué** y **cuál** basadas en la información de la invitación.

modelo

Estudiante 1: ¿Cuál es el nombre del padre de la novia?
Estudiante 2: Su nombre es Fernando Sandoval Valera.

Fernando Sandoval Valera
Isabel Arzipe de Sandoval

Lorenzo Vásquez Amaral
Elena Soto de Vásquez

tienen el agrado de invitarlos
a la boda de sus hijos

María Luisa y José Antonio

La ceremonia religiosa tendrá lugar
el sábado 10 de junio a las dos de la tarde
en el Templo de Santo Domingo
(Calle Santo Domingo, 961).

Después de la ceremonia, sírvanse pasar a la recepción en el salón de baile del Hotel Metrópoli (Sotero del Río, 465).

¡LENGUA VIVA!

The word **invitar** is not always used exactly like *invite*. Sometimes, if you say **Te invito un café**, it means that you are offering to buy that person a coffee.

3.4 Pronouns after prepositions

ANTE TODO In Spanish, as in English, the object of a preposition is the noun or pronoun that follows a preposition. Observe the following diagram.

PREPOSITION	NOUN	PREPOSITION	PRONOUN
La sopa es para	Alicia	y para	él.

Prepositional pronouns

	Singular		Plural	
preposition +	**mí**	*me*	**nosotros/as**	*us*
	ti	*you (fam.)*	**vosotros/as**	*you (fam.)*
	Ud.	*you (form.)*	**Uds.**	*you*
	él	*him*	**ellos**	*them (m.)*
	ella	*her*	**ellas**	*them (f.)*

- Note that, except for **mí** and **ti,** these pronouns are the same as the subject pronouns. **¡Atención! Mí** (*me*) has an accent mark to distinguish it from the possessive adjective **mi** (*my*).

- The preposition **con** combines with **mí** and **ti** to form **conmigo** and **contigo**, respectively.

  —¿Quieres venir **conmigo** a Concepción?
  Do you want to come with me to Concepción?

  —Sí, gracias, me gustaría ir **contigo**.
  Yes, thanks, I would like to go with you.

- The preposition **entre** is followed by **tú** and **yo** instead of **ti** and **mí**.

  Papá va a sentarse **entre tú y yo**.
  Dad is going to sit between you and me.

¡INTÉNTALO! Completa estas oraciones con las preposiciones y los pronombres apropiados.

1. (*with him*) No quiero ir con él.
2. (*for her*) Las galletas son ________.
3. (*for me*) Los mariscos son ________.
4. (*with you*, pl.) Preferimos estar ________.
5. (*with you*, sing. fam.) Me gusta salir ________.
6. (*with me*) ¿Por qué no quieres tener una cita ________?
7. (*for her*) La cuenta es ________.
8. (*for them*, m.) La habitación es muy pequeña ________.
9. (*with them*, f.) Anoche celebré la Navidad ________.
10. (*for you*, sing. fam.) Este beso es ________.
11. (*with you*, sing. fam.) Nunca me aburro ________.
12. (*with you*, pl.) ¡Qué bien que vamos ________!
13. (*for you*, sing. fam.) ________ la vida es muy fácil.
14. (*for them*, f.) ________ no hay sorpresas.

Práctica y Comunicación

1 **Completar** David sale con sus amigos a comer. Para saber quién come qué, lee el mensaje electrónico que David le envió (*sent*) a Cecilia dos días después y completa el diálogo en el restaurante con los pronombres apropiados.

modelo

Camarero: Los camarones en salsa verde, ¿para quién son?
David: Son para ___ella___.

NOTA CULTURAL

Las **machas a la parmesana** son un plato muy típico de Chile. Se prepara con machas, un tipo de almeja (*clam*) que se encuentra en Suramérica. Las machas a la parmesana se hacen con queso parmesano, limón, sal, pimienta y mantequilla, y luego se ponen en el horno (*oven*).

Para: Cecilia | Asunto: El menú

Hola, Cecilia:
¿Recuerdas la comida del viernes? Quiero repetir el menú en mi casa el miércoles. Ahora voy a escribir lo que comimos, luego me dices si falta algún plato. Yo pedí el filete de pescado y Maribel camarones en salsa verde. Tatiana pidió un plato grandísimo de machas a la parmesana. Diana y Silvia pidieron langostas, ¿te acuerdas? Y tú, ¿qué pediste? Ah, sí, un bistec grande con papas. Héctor también pidió un bistec, pero más pequeño. Miguel pidió pollo y agua mineral para todos. Y la profesora comió ensalada verde porque está a dieta. ¿Falta algo? Espero tu mensaje. Hasta pronto. David.

CAMARERO El filete de pescado, ¿para quién es?
DAVID Es para (1)__________.
CAMARERO Aquí está. ¿Y las machas a la parmesana y las langostas?
DAVID Las machas son para (2)__________.
SILVIA Y DIANA Las langostas son para (3)__________.
CAMARERO Tengo un bistec grande...
DAVID Cecilia, es para (4)__________, ¿no es cierto? Y el bistec más pequeño es para (5)__________.
CAMARERO ¿Y la botella de agua mineral?
MIGUEL Es para todos (6)__________, y el pollo es para (7)__________.
CAMARERO (*a la profesora*) Entonces la ensalada verde es para (8)__________.

2 **Preguntas** En parejas, túrnense para hacerse preguntas tomando las frases de la lista. Usen los pronombres apropiados en sus respuestas.

modelo

tú / acordarte de tus amigos de la infancia
Estudiante 1: *¿Te acuerdas de tus amigos de la infancia?*
Estudiante 2: *No, no me acuerdo de ellos.*

tu familia / vivir contigo
tú / preocuparte por tus padres
yo / poder estudiar contigo
tú / llevarte bien con tus parientes
tú / querer practicar el español conmigo
tus padres / preocuparse mucho por ti
tú / comprar regalos para tus amigos
tus amigos / sacar muchas fotos de ti

3 **Feliz cumpleaños** Escribe un párrafo de cinco oraciones que describa cómo celebraste tu último cumpleaños. Usa el pretérito y los pronombres que acabas de aprender.

Recapitulación

Completa estas actividades para repasar los conceptos de gramática que aprendiste en esta lección.

1 **Completar** Completa la tabla con el pretérito de los verbos. **18 pts.**

Infinitive	yo	ella	nosotros
conducir			
hacer			
saber			

2 **Mi fiesta** Completa este mensaje electrónico con el pretérito de los verbos de la lista. Vas a usar cada verbo sólo una vez. **30 pts.**

dar	haber	tener
decir	hacer	traer
estar	poder	venir
	poner	

Hola, Omar:

Como tú no (1) __________ venir a mi fiesta de cumpleaños, quiero contarte cómo fue. El día de mi cumpleaños, muy temprano por la mañana, mis hermanos me (2) __________ una gran sorpresa: ellos (3) __________ un regalo delante de la puerta de mi habitación: ¡una bicicleta roja preciosa! Mi madre nos preparó un desayuno riquísimo. Después de desayunar, mis hermanos y yo (4) __________ que limpiar toda la casa, así que (*therefore*) no (5) __________ más celebración hasta la tarde. A las seis y media (nosotros) (6) __________ una barbacoa en el patio de la casa. Todos los invitados (7) __________ bebidas y regalos. (8) __________ todos mis amigos, excepto tú, ¡qué pena! :-(La fiesta (9) __________ muy animada hasta las diez de la noche, cuando mis padres (10) __________ que los vecinos (*neighbors*) iban a (*were going to*) protestar y entonces todos se fueron a sus casas.

RESUMEN GRAMATICAL

3.1 Irregular preterites pp. 96–97

u-stem	estar poder poner saber tener	estuv- pud- pus- sup- tuv-	-e, -iste, -o, -imos, -isteis, -(i)eron
i-stem	hacer querer venir	hic- quis- vin-	
j-stem	conducir decir traducir traer	conduj- dij- traduj- traj-	

- Preterite of **dar: di, diste, dio, dimos, disteis, dieron**
- Preterite of **hay** (*inf.* **haber**): **hubo**

3.2 Verbs that change meaning in the preterite p.

Present	Preterite
conocer	
to know; to be acquainted with	*to meet*
saber	
to know info.; to know how to do something	*to find out; to learn*
poder	
to be able; can	*to manage; to succeed*
querer	
to want; to love	*to try*

3.3 ¿Qué? and ¿cuál? p. 102

- Use **¿qué?** to ask for a definition or an explanation.
- Use **¿cuál(es)?** when there is more than one possibility to choose from.
- **¿Cuál?** should not be used before a noun; use **¿qué?** instead.
- **¿Qué?** used before a noun has the same meaning as **¿cuál?**

3.4 Pronouns after prepositions p. 104

Prepositional pronouns

	Singular	Plural
Preposition +	mí ti Ud. él ella	nosotros/as vosotros/as Uds. ellos ellas

► Exceptions: **conmigo, contigo, entre tú y yo**

3 **¿Presente o pretérito?** Escoge la forma correcta de los verbos en paréntesis. 18 pts.

1. Después de muchos intentos (*tries*), (podemos/ pudimos) hacer una piñata.
2. —¿Conoces a Pepe?
   —Sí, lo (conozco/ conocí) en tu fiesta.
3. Como no es de aquí, Cristina no (sabe/supo) mucho de las celebraciones locales.
4. Yo no (quiero/quise) ir a un restaurante grande, pero tú decides.
5. Ellos (quieren/quisieron) darme una sorpresa, pero Nina me lo dijo todo.
6. Mañana se terminan las vacaciones; por fin (podemos/pudimos) volver a la escuela.

4 **Preguntas** Escribe una pregunta para cada respuesta con los elementos dados. Empieza con **qué, cuál** o **cuáles** de acuerdo con el contexto y haz los cambios necesarios. 16 pts.

1. —¿? / pastel / querer —Quiero el pastel de chocolate.
2. —¿? / ser / sangría —La sangría es una bebida típica española.
3. —¿? / ser / restaurante favorito —Mis restaurantes favoritos son Dalí y Jaleo.
4. —¿? / ser / dirección electrónica —Mi dirección electrónica es paco@email.com.

5 **¿Dónde me siento?** Completa la conversación con los pronombres apropiados. 14 pts.

JUAN A ver, te voy a decir dónde te vas a sentar. Manuel, ¿ves esa silla? Es para __________. Y esa otra silla es para tu novia, que todavía no está aquí.

MANUEL Muy bien, yo la reservo para __________.

HUGO ¿Y esta silla es para __________ (*me*)?

JUAN No, Hugo. No es para __________. Es para Carmina, que viene con Julio.

HUGO No, Carmina y Julio no pueden venir. Hablé con __________ y me avisaron.

JUAN Pues ellos se lo pierden (*it's their loss*). ¡Más comida para __________ (*us*)!

CAMARERO Aquí tienen el menú. Les doy un minuto y enseguida estoy con __________.

6 **Poema** Completa este fragmento del poema *Elegía nocturna* de Carlos Pellicer con el pretérito de los verbos entre paréntesis. 4 pts.

"Ay de mi corazón° que nadie ________ (querer)
tomar de entre mis manos desoladas.
Tú ________ (venir) a mirar sus llamaradas°
y le miraste arder° claro° y sereno."

corazón *heart* llamaradas *flames* arder *to burn* claro *clear*

Lectura

Antes de leer

Estrategia
Recognizing word families

Recognizing root words can help you guess the meaning of words in context, ensuring better comprehension of a reading selection. Using this strategy will enrich your Spanish vocabulary as you will see below.

Examinar el texto

Familiarízate con el texto usando las estrategias de lectura más efectivas para ti. ¿Qué tipo de documento es? ¿De qué tratan° las cuatro secciones del documento? Explica tus respuestas.

Raíces°

Completa el siguiente cuadro° para ampliar tu vocabulario. Usa palabras de la lectura de esta lección y vocabulario de las lecciones anteriores. ¿Qué significan las palabras que escribiste en el cuadro?

Verbos	Sustantivos	Otras formas
1. agradecer *to thank, to be grateful for*	*agradecimiento/gracias* *gratitude/thanks*	*agradecido* *grateful, thankful*
2. estudiar	________	________
3. ________	________	celebrado
4. ________	baile	________
5. bautizar	________	________

¿De qué tratan...? *What are... about?* Raíces *Roots* cuadro *chart*

Vida social

Matrimonio
Espinoza Álvarez-Reyes Salazar

El día sábado 17 de junio a las 19 horas, se celebró el matrimonio de Silvia Reyes y Carlos Espinoza en la catedral de Santiago. La ceremonia fue oficiada por el pastor Federico Salas y participaron los padres de los novios, el señor Jorge Espinoza y señora y el señor José Alfredo Reyes y señora. Después de la ceremonia, los padres de los recién casados ofrecieron una fiesta bailable en el restaurante La Misión.

Bautismo
José María recibió el bautismo el 26 de junio.

Sus padres, don Roberto Lagos Moreno y doña María Angélica Sánchez, compartieron la alegría de la fiesta con todos sus parientes y amigos. La ceremonia religiosa tuvo lugar° en la catedral de Aguas Blancas. Después de la ceremonia, padres, parientes y amigos celebraron una fiesta en la residencia de la familia Lagos.

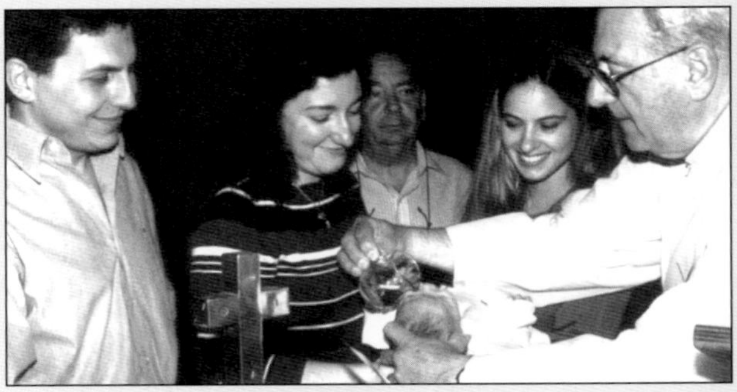

32B

Fiesta de quince años

El doctor don Amador Larenas Fernández y la señora Felisa Vera de Larenas celebraron los quince años de su hija Ana Ester junto a sus parientes y amigos. La quinceañera reside en la ciudad de Valparaíso y es estudiante del Colegio Francés. La fiesta de presentación en sociedad de la señorita Ana Ester fue el día viernes 2 de mayo a las 19 horas en el Club Español. Entre los invitados especiales asistieron el alcalde° de la ciudad, don Pedro Castedo, y su esposa. La música estuvo a cargo de la Orquesta Americana. ¡Feliz cumpleaños, le deseamos a la señorita Ana Ester en su fiesta bailable!

Expresión de gracias
Carmen Godoy Tapia

Agradecemos° sinceramente a todas las personas que nos acompañaron en el último adiós a nuestra apreciada esposa, madre, abuela y tía, la señora Carmen Godoy Tapia. El funeral tuvo lugar el día 28 de junio en la ciudad de Viña del Mar. La vida de Carmen Godoy fue un ejemplo de trabajo, amistad, alegría y amor para todos nosotros. Su esposo, hijos y familia agradecen de todo corazón° su asistencia° al funeral a todos los parientes y amigos.

tuvo lugar *took place* **alcalde** *mayor* **Agradecemos** *We thank* **de todo corazón** *sincerely* **asistencia** *attendance*

Después de leer

Corregir

Escribe estos comentarios otra vez para corregir la información errónea.

1. El alcalde y su esposa asistieron a la boda de Silvia y Carlos.
2. Todos los anuncios (*announcements*) describen eventos felices.
3. Felisa Vera de Larenas cumple quince años.
4. Roberto Lagos y María Angélica Sánchez son hermanos.
5. Carmen Godoy Tapia les dio las gracias a las personas que asistieron al funeral.

Identificar

Escribe el nombre de la(s) persona(s) descrita(s) (*described*).

1. Dejó viudo a su esposo el 28 de junio.
2. Sus padres y todos los invitados brindaron por él, pero él no entendió por qué.
3. El Club Español les presentó una cuenta considerable.
4. Unió a los novios en santo matrimonio.
5. Su fiesta de cumpleaños se celebró en Valparaíso.

Un anuncio

Inventa un anuncio breve sobre una celebración importante. Puede ser una graduación, un matrimonio o una gran fiesta en la que participas. Incluye la siguiente información.

1. nombres de los participantes
2. la fecha, la hora y el lugar
3. qué se celebra
4. otros detalles de interés

Escritura

Estrategia

Planning and writing a comparative analysis

Writing any kind of comparative analysis requires careful planning. Venn diagrams are useful for organizing your ideas visually before comparing and contrasting people, places, objects, events, or issues. To create a Venn diagram, draw two circles that overlap one another and label the top of each circle. List the differences between the two elements in the outer rings of the two circles, then list their similarities where the two circles overlap. Review the following example.

Diferencias y similitudes

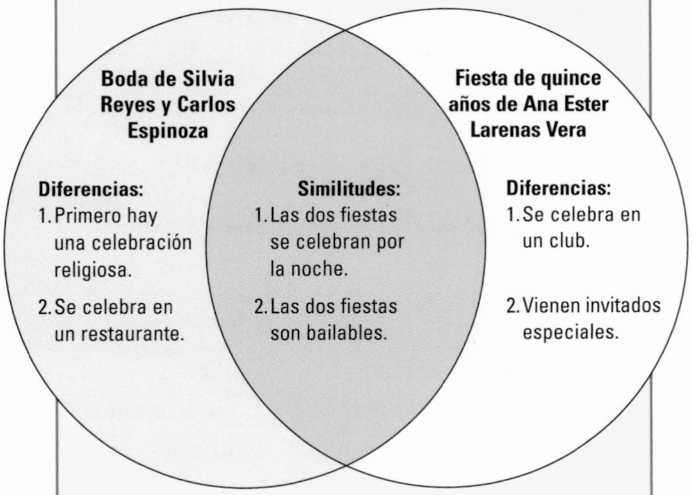

Boda de Silvia Reyes y Carlos Espinoza
Fiesta de quince años de Ana Ester Larenas Vera
Diferencias:
1. Primero hay una celebración religiosa.
2. Se celebra en un restaurante.
Similitudes:
1. Las dos fiestas se celebran por la noche.
2. Las dos fiestas son bailables.
Diferencias:
1. Se celebra en un club.
2. Vienen invitados especiales.

La lista de palabras y expresiones a la derecha puede ayudarte a escribir este tipo de ensayo (*essay*).

Tema

Escribir una composición

Compara una celebración familiar (como una boda, una fiesta de cumpleaños o una graduación) a la que tú asististe recientemente con otro tipo de celebración. Utiliza palabras y expresiones de esta lista.

Para expresar similitudes

además; también	*in addition; also*
al igual que	*the same as*
como	*as; like*
de la misma manera	*in the same manner (way)*
del mismo modo	*in the same manner (way)*
tan + [*adjetivo*] + como	*as* + [adjective] + *as*
tanto/a(s) + [*sustantivo*] + como	*as many/much* + [noun] + *as*

Para expresar diferencias

a diferencia de	*unlike*
a pesar de	*in spite of*
aunque	*although*
en cambio	*on the other hand*
más/menos... que	*more/less . . . than*
no obstante	*nevertheless; however*
por el contrario	*on the contrary*
por otro lado	*on the other hand*
sin embargo	*nevertheless; however*

Escuchar

Estrategia

Guessing the meaning of words through context

When you hear an unfamiliar word, you can often guess its meaning by listening to the words and phrases around it.

To practice this strategy, you will now listen to a paragraph. Jot down the unfamiliar words that you hear. Then listen to the paragraph again and jot down the word or words that give the most useful clues to the meaning of each unfamiliar word.

Preparación

Lee la invitación. ¿De qué crees que van a hablar Rosa y Josefina?

Ahora escucha

Ahora escucha la conversación entre Josefina y Rosa. Cuando oigas una de las palabras de la columna A, usa el contexto para identificar el sinónimo o la definición en la columna B.

A	B
_____ 1. festejar	a. conmemoración religiosa de una muerte
_____ 2. dicha	b. tolera
_____ 3. bien parecido	c. suerte
_____ 4. finge (fingir)	d. celebrar
_____ 5. soporta (soportar)	e. me divertí
_____ 6. yo lo disfruté (disfrutar)	f. horror
	g. crea una ficción
	h. guapo

Margarita Robles de García
y Roberto García Olmos

Piden su presencia en la celebración
del décimo aniversario de bodas
el día 13 de marzo
con una misa en la Iglesia Virgen del Coromoto
a las 6:30

seguida por cena y baile
en el restaurante El Campanero,
Calle Principal, Las Mercedes
a las 8:30

Comprensión

¿Cierto o falso?

Lee cada oración e indica si lo que dice es **cierto** o **falso**. Corrige las oraciones falsas.

1. No invitaron a mucha gente a la fiesta de Margarita y Roberto porque ellos no conocen a muchas personas.
2. Algunos fueron a la fiesta con pareja y otros fueron sin compañero/a.
3. Margarita y Roberto decidieron celebrar el décimo aniversario porque no hicieron una fiesta el día de su boda.
4. Rafael les parece interesante a Rosa y a Josefina.
5. Josefina se divirtió mucho en la fiesta porque bailó toda la noche con Rafael.

Preguntas

Contesta estas preguntas con oraciones completas.

1. ¿Son solteras Rosa y Josefina? ¿Cómo lo sabes?
2. ¿Tienen las chicas una amistad de mucho tiempo con la pareja que celebra su aniversario? ¿Cómo lo sabes?

en pantalla

Fiestas Patrias: Chilevisión

Noviembre: disfraces, dulces...

Preparación

Contesta las siguientes preguntas y después comparte las respuestas con un grupo de compañeros/as.

1. ¿Por qué son importantes las celebraciones de una nación?
2. ¿Cuál es la fiesta más importante de tu país? ¿Cómo se celebra?
3. ¿Cómo celebra tu familia las fiestas más importantes del año?

Las Fiestas Patrias

El 18 de septiembre, Chile conmemora su independencia de España, y los chilenos celebran toda una semana. Durante las Fiestas Patrias°, casi todas las oficinas° y escuelas se cierran para que la gente se reúna° a festejar. Desfiles y rodeos representan la tradición de los vaqueros° del país, y la gente baila cueca, el baile nacional. Las familias y los amigos se reúnen para disfrutar platos tradicionales como las empanadas y los asados. Otra de las tradiciones de estas fiestas son las cometas°, llamadas volantines. En este video podrás ver cómo se celebran otras fiestas en Chile.

Fiestas Patrias *Independence Day celebrations* oficinas *offices* se reúna *would get together* vaqueros *cowboys* cometas/volantines *kites*

Vocabulario útil

conejo	*bunny*
disfraces	*costumes*
mariscal	*traditional Chilean soup with raw seafood*
sustos	*frights*
vieja (Chi.)	*mother*

Comprensión

Selecciona la palabra que no está relacionada con cada grupo.

1. disfraces • noviembre • arbolito • sustos
2. volantines • arbolito • regalos • diciembre
3. conejo • enero • huevitos • chocolates
4. septiembre • volantines • disfraces • asado

Conversación

Discute estas preguntas con un(a) compañero/a.

¿En tu país existen fiestas similares a las de Chile durante todo el año? ¿Cómo se celebran? ¿Y cómo se celebran las Fiestas Patrias de tu país?

Aplicación

En grupos pequeños, preparen una presentación sobre una fiesta o evento importante en la vida de sus familias o su comunidad. Incluyan imágenes en su presentación y describan estos aspectos: cuándo y dónde se celebra, quiénes la celebran, los elementos que identifican esta celebración y la diferencian de otras, los alimentos, la música y los regalos que forman parte del evento.

El Día de los Reyes Magos* es una celebración muy popular en muchos países hispanos. No sólo es el día en que los reyes les traen regalos a los niños, también es una fiesta llena° de tradiciones. La tarde del 5 de enero, en muchas ciudades como Barcelona, España, se hace un desfile° en que los reyes regalan dulces a los niños y reciben sus cartas con peticiones. Esa noche, antes de irse a dormir, los niños deben dejar un zapato junto a la ventana y un bocado° para los reyes. En Puerto Rico, por ejemplo, los niños ponen una caja con hierba° bajo su cama para alimentar a los camellos° de los reyes.

Vocabulario útil

los cabezudos	*carnival figures with large heads*
los carteles	*posters*
fiesta de pueblo	*popular celebration*
santos de palo	*wooden saints*

Preparación

¿Se celebra la Navidad en tu país? ¿Qué otras fiestas importantes se celebran? En cada caso, ¿cuántos días dura la fiesta? ¿Cuáles son las tradiciones y actividades típicas? ¿Hay alguna comida típica en esa celebración?

Elegir

Indica cuál de las dos opciones resume mejor este episodio.

a. Las Navidades puertorriqueñas son las más largas y terminan después de las fiestas de la calle San Sebastián. Esta fiesta de pueblo se celebra con baile, música y distintas expresiones artísticas típicas.

b. En la celebración de las Navidades puertorriqueñas, los cabezudos son una tradición de España y son el elemento más importante de la fiesta. A la gente le gusta bailar y hacer procesiones por la noche.

* *According to the Christian tradition, the Three Wise Men were the three kings that traveled to Bethlehem after the birth of Baby Jesus, carrying with them gifts of gold, frankincense, and myrrh to pay him homage.*

llena *full* desfile *parade* bocado *snack* hierba *grass* alimentar los camellos *feed the camels*

Las fiestas

Los cabezudos son una tradición [...] de España.

Hay mucha gente y mucho arte.

Es una fiesta de pueblo... una tradición. Vengo todos los años.

Chile

El país en cifras

- **Área:** 756.950 km² (292.259 millas²), *dos veces el área de Montana*
- **Población:** 17.819.000 *Aproximadamente el 80 por ciento de la población del país es urbana.*
- **Capital:** Santiago de Chile—6.158.080
- **Ciudades principales:** Valparaíso—865.000, Concepción, Viña del Mar, Temuco
- **Moneda:** peso chileno
- **Idiomas:** español (oficial), mapuche

Bandera de Chile

Chilenos célebres

- **Bernardo O'Higgins,** militar° y héroe nacional (1778–1842)
- **Gabriela Mistral,** Premio Nobel de Literatura, 1945; poeta y diplomática (1889–1957)
- **Pablo Neruda,** Premio Nobel de Literatura, 1971; poeta (1904–1973)
- **Isabel Allende,** novelista (1942–)
- **Ana Tijoux,** cantante (1977–)

Pablo Neruda

militar *soldier* desierto *desert* el más seco *the driest* mundo *world* han tenido *have had* ha sido usado *has been used* Marte *Mars*

El puerto de Valparaíso

La costa de Viña del Mar

Edificio antiguo en Santiago

Torres del Paine

Una celebración en Temuco

¡Increíble pero cierto!

El desierto° de Atacama, en el norte de Chile, es el más seco° del mundo°. Con más de cien mil km² de superficie, algunas zonas de este desierto nunca han tenido° lluvia. Atacama ha sido usado° como escenario para representar a Marte° en películas y series de televisión.

Lugares • La isla de Pascua

La isla de Pascua° recibió ese nombre porque los exploradores holandeses° llegaron a la isla por primera vez el día de Pascua de 1722. Ahora es parte del territorio de Chile. La isla de Pascua es famosa por los *moái*, estatuas enormes que representan personas con rasgos° muy exagerados. Estas estatuas las construyeron los *rapa nui*, los antiguos habitantes de la zona. Todavía no se sabe mucho sobre los *rapa nui*, ni tampoco se sabe por qué decidieron abandonar la isla.

Deportes • Los deportes de invierno

Hay muchos lugares para practicar deportes de invierno en Chile porque las montañas nevadas de los Andes ocupan gran parte del país. El Parque Nacional Villarrica, por ejemplo, situado al pie de un volcán y junto a° un lago, es un sitio popular para el esquí y el *snowboard*. Para los que prefieren deportes más extremos, el centro de esquí Valle Nevado organiza excursiones para practicar heliesquí.

Ciencias • Astronomía

Los observatorios chilenos, situados en los Andes, son lugares excelentes para las observaciones astronómicas. Científicos° de todo el mundo van a Chile para estudiar las estrellas° y otros cuerpos celestes. Hoy día Chile está construyendo nuevos observatorios y telescopios para mejorar las imágenes del universo.

Economía • La minería

La minería constituye una parte importante en la economía chilena, pues está presente en la mayoría de las regiones del país y extrae 25 productos diferentes, entre los que se encuentran el cobre°, el litio, el yodo°, el hierro°, el nitrato, el oro° y la plata°. Chile es el mayor productor en el mundo de cobre, y cuenta con el 28% de las reservas mundiales de este metal. Además de la explotación de recursos como carbón° y salitre°, Chile cuenta con depósitos de lapislázuli, gema declarada piedra nacional.

¿Qué aprendiste? Contesta cada pregunta con una oración completa.

1. ¿Qué porcentaje (*percentage*) de la población chilena es urbana?
2. ¿Qué son los *moái*? ¿Dónde están?
3. ¿Qué deporte extremo ofrece el centro de esquí Valle Nevado?
4. ¿Por qué van a Chile científicos de todo el mundo?
5. ¿De qué metal es Chile el mayor productor en el mundo?
6. ¿Cuál es la piedra nacional de Chile?

Conexión Internet Investiga estos temas en Internet.

1. Busca información sobre Pablo Neruda e Isabel Allende. ¿Dónde y cuándo nacieron? ¿Cuáles son algunas de sus obras (*works*)? ¿Cuáles son algunos de los temas de sus obras?
2. Busca información sobre sitios donde los chilenos y los turistas practican deportes de invierno en Chile. Selecciona un sitio y descríbelo.

La isla de Pascua *Easter Island* holandeses *Dutch* rasgos *features* junto a *beside* Científicos *Scientists* estrellas *stars* cobre *copper* yodo *iodine* hierro *iron* oro *gold* plata *silver* carbón *carbon* salitre *saltpeter*

Las celebraciones

el aniversario (de bodas)	*(wedding) anniversary*
la boda	*wedding*
el cumpleaños	*birthday*
el día de fiesta	*holiday*
la fiesta	*party*
el/la invitado/a	*guest*
la Navidad	*Christmas*
la quinceañera	*young woman celebrating her fifteenth birthday*
la sorpresa	*surprise*
brindar	*to toast* (drink)
celebrar	*to celebrate*
divertirse (e:ie)	*to have fun*
invitar	*to invite*
pasarlo bien/mal	*to have a good/bad time*
regalar	*to give* (a gift)
reírse (e:i)	*to laugh*
relajarse	*to relax*
sonreír (e:i)	*to smile*
sorprender	*to surprise*

Los postres y otras comidas

los dulces	*sweets; candy*
el flan (de caramelo)	*baked (caramel) custard*
la galleta	*cookie*
el helado	*ice cream*
el pastel (de chocolate)	*(chocolate) cake; pie*
el postre	*dessert*

Las relaciones personales

la amistad	*friendship*
el amor	*love*
el divorcio	*divorce*
el estado civil	*marital status*
el matrimonio	*marriage*
la pareja	*(married) couple; partner*
el/la recién casado/a	*newlywed*
casarse (con)	*to get married (to)*
comprometerse (con)	*to get engaged (to)*
divorciarse (de)	*to get divorced (from)*
enamorarse (de)	*to fall in love (with)*
llevarse bien/mal (con)	*to get along well/ badly (with)*
odiar	*to hate*
romper (con)	*to break up (with)*
salir (con)	*to go out (with); to date*
separarse (de)	*to separate (from)*
tener una cita	*to have a date; to have an appointment*
casado/a	*married*
divorciado/a	*divorced*
juntos/as	*together*
separado/a	*separated*
soltero/a	*single*
viudo/a	*widower/widow*

Las etapas de la vida

la adolescencia	*adolescence*
la edad	*age*
las etapas de la vida	*the stages of life*
la juventud	*youth*
la madurez	*maturity; middle age*
la muerte	*death*
el nacimiento	*birth*
la niñez	*childhood*
la vejez	*old age*
cambiar (de)	*to change*
graduarse (de/en)	*to graduate (from/in)*
jubilarse	*to retire (from work)*
nacer	*to be born*

Palabras adicionales

la alegría	*happiness*
el beso	*kiss*
conmigo	*with me*
contigo	*with you*
¡Felicidades!/ ¡Felicitaciones!	*Congratulations!*
¡Feliz cumpleaños!	*Happy birthday!*

Expresiones útiles	*See page 91.*

En el consultorio 4

Communicative Goals

You will learn how to:

- **Describe how you feel physically**
- **Talk about health and medical conditions**

A PRIMERA VISTA

- ¿Están en una farmacia o en un hospital?
- ¿La mujer es médica o dentista?
- ¿Qué hace ella, una operación o un examen médico?
- ¿Crees que la paciente está nerviosa?

En el consultorio

Más vocabulario

la clínica	*clinic*
el consultorio	*doctor's office*
el/la dentista	*dentist*
el examen médico	*physical exam*
la farmacia	*pharmacy*
el hospital	*hospital*
la operación	*operation*
la sala de emergencia(s)	*emergency room*
el cuerpo	*body*
el oído	*(sense of) hearing; inner ear*
el accidente	*accident*
la salud	*health*
el síntoma	*symptom*
caerse	*to fall (down)*
darse con	*to bump into; to run into*
doler (o:ue)	*to hurt*
enfermarse	*to get sick*
estar enfermo/a	*to be sick*
lastimarse (el pie)	*to injure (one's foot)*
poner una inyección	*to give an injection*
recetar	*to prescribe*
romperse (la pierna)	*to break (one's leg)*
sacar(se) un diente	*to have a tooth removed*
sufrir una enfermedad	*to suffer an illness*
torcerse (o:ue) (el tobillo)	*to sprain (one's ankle)*
toser	*to cough*

Variación léxica

gripe ⟷ gripa (*Col., Gua., Méx.*)
resfriado ⟷ catarro (*Cuba, Esp., Gua.*)
sala de emergencia(s) ⟷ sala de urgencias (*Arg., Col., Esp., Méx.*)
romperse ⟷ quebrarse (*Arg., Gua.*)

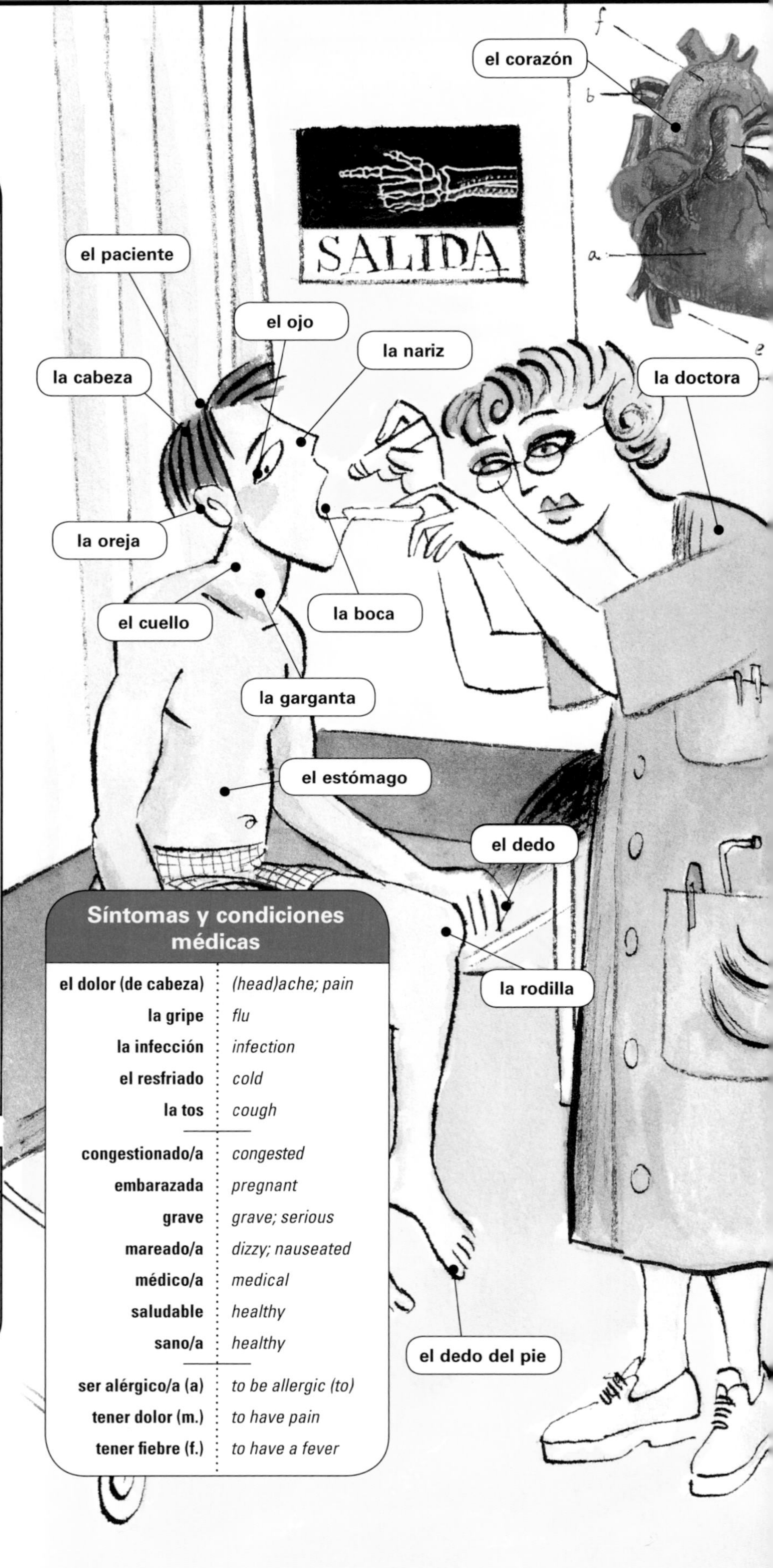

Síntomas y condiciones médicas

el dolor (de cabeza)	*(head)ache; pain*
la gripe	*flu*
la infección	*infection*
el resfriado	*cold*
la tos	*cough*
congestionado/a	*congested*
embarazada	*pregnant*
grave	*grave; serious*
mareado/a	*dizzy; nauseated*
médico/a	*medical*
saludable	*healthy*
sano/a	*healthy*
ser alérgico/a (a)	*to be allergic (to)*
tener dolor (m.)	*to have pain*
tener fiebre (f.)	*to have a fever*

La medicina

el antibiótico	*antibiotic*
la aspirina	*aspirin*
el medicamento	*medication*
la pastilla	*pill*
la receta	*prescription*

Práctica

1 **Escuchar** Escucha las preguntas y selecciona la respuesta más adecuada.

a. Tengo dolor de cabeza y fiebre.
b. No fui a la clase porque estaba (*I was*) enfermo.
c. Me caí la semana pasada jugando al tenis.
d. Debes ir a la farmacia.
e. Porque tengo gripe.
f. Sí, tengo mucha tos por las noches.
g. Lo llevaron directamente a la sala de emergencia.
h. No sé. Todavía tienen que tomarme la temperatura.

1. ________ 3. ________ 5. ________ 7. ________
2. ________ 4. ________ 6. ________ 8. ________

2 **Seleccionar** Escucha la conversación entre Daniel y su doctor y selecciona la respuesta que mejor complete cada oración.

1. Daniel cree que tiene ____.
   a. gripe b. un resfriado c. la temperatura alta
2. A Daniel le duele la cabeza, estornuda, tose y ____.
   a. se cae b. tiene fiebre c. está congestionado
3. El doctor le ____.
   a. pone una inyección b. toma la temperatura
   c. mira el oído
4. A Daniel no le gustan ____.
   a. las inyecciones b. los antibióticos c. las visitas al doctor
5. El doctor dice que Daniel tiene ____.
   a. gripe b. un resfriado c. fiebre
6. Después de la consulta Daniel va a ____.
   a. la sala de emergencia b. la clínica c. la farmacia

3 **Completar** Completa las oraciones con una palabra de la misma familia de la palabra subrayada. Usa la forma correcta de cada palabra.

1. Cuando oyes algo, usas el ________.
2. Cuando te enfermas, te sientes ________ y necesitas ir al consultorio para ver a la ________.
3. ¿Alguien ________? Creo que oí un estornudo (*sneeze*).
4. No puedo arrodillarme (*kneel down*) porque me lastimé la ________ en un accidente de coche.
5. ¿Vas al ________ para consultar al médico?
6. Si te rompes un diente, vas al ________.

4 **Contestar** Mira el dibujo y contesta las preguntas.

1. ¿Qué hace la doctora?
2. ¿Qué hay en la pared (*wall*)?
3. ¿Qué hace la enfermera?
4. Qué hace el paciente?
5. ¿A quién le duele la garganta?
6. ¿Qué tiene la paciente?

5 **Asociaciones** Identifica las partes del cuerpo que asocias con estas actividades.

modelo

nadar

Usamos los brazos y las piernas para nadar.

1. hablar por teléfono
2. tocar el piano
3. correr en el parque
4. escuchar música
5. ver una película
6. toser
7. llevar zapatos
8. comprar perfume
9. estudiar biología
10. comer pollo asado

AYUDA

Remember that in Spanish, parts of the body are usually referred to with an article and not a possessive adjective: **Me duelen los pies.** The indirect object pronoun **me** is used to express the concept of *my*.

6 **Cuestionario** Contesta el cuestionario seleccionando las respuestas que reflejen mejor tus experiencias. Suma (*Add*) los puntos de cada respuesta y anota el resultado.

¿Tienes buena salud?

27–30 puntos	Salud y hábitos excelentes
23–26 puntos	Salud y hábitos buenos
22 puntos o menos	Salud y hábitos problemáticos

1. **¿Con qué frecuencia te enfermas? (resfriados, gripe, etc.)**
   Cuatro veces por año o más. (1 punto)
   Dos o tres veces por año. (2 puntos)
   Casi nunca. (3 puntos)

2. **¿Con qué frecuencia tienes dolores de estómago o problemas digestivos?**
   Con mucha frecuencia. (1 punto)
   A veces. (2 puntos)
   Casi nunca. (3 puntos)

3. **¿Con qué frecuencia sufres de dolores de cabeza?**
   Frecuentemente. (1 punto)
   A veces. (2 puntos)
   Casi nunca. (3 puntos)

4. **¿Comes verduras y frutas?**
   No, casi nunca como verduras ni frutas. (1 punto)
   Sí, a veces. (2 puntos)
   Sí, todos los días. (3 puntos)

5. **¿Eres alérgico/a a algo?**
   Sí, a muchas cosas. (1 punto)
   Sí, a algunas cosas. (2 puntos)
   No. (3 puntos)

6. **¿Haces ejercicios aeróbicos?**
   No, casi nunca hago ejercicios aeróbicos. (1 punto)
   Sí, a veces. (2 puntos)
   Sí, con frecuencia. (3 puntos)

7. **¿Con qué frecuencia te haces un examen médico?**
   Nunca o casi nunca. (1 punto)
   Cada dos años. (2 puntos)
   Cada año y/o antes de empezar a practicar un deporte. (3 puntos)

8. **¿Con qué frecuencia vas al dentista?**
   Nunca voy al dentista. (1 punto)
   Sólo cuando me duele un diente. (2 puntos)
   Por lo menos una vez por año. (3 puntos)

9. **¿Qué comes normalmente por la mañana?**
   No como nada por la mañana. (1 punto)
   Tomo una bebida dietética. (2 puntos)
   Como cereal y fruta. (3 puntos)

10. **¿Con qué frecuencia te sientes mareado/a?**
    Frecuentemente. (1 punto)
    A veces. (2 puntos)
    Casi nunca. (3 puntos)

Comunicación

7 **En el hospital** Escucha la conversación entre Javier, Victoria y una doctora. Luego, indica si las conclusiones son **lógicas** o **ilógicas**, según lo que escuchaste.

	Lógico	Ilógico
1. Un pasatiempo de Javier es practicar deportes.	❍	❍
2. La situación de Javier es grave.	❍	❍
3. Es necesario esperar mucho en ese hospital para ver un doctor.	❍	❍
4. Javier no está contento con el diagnóstico de la doctora.	❍	❍
5. Javier es un mal paciente.	❍	❍

8 **¿Qué les pasó?** Describe qué les pasó y cómo se sienten estas personas.

1. Adela

2. Francisco

3. Pilar

4. Pedro

5. Cristina

6. Félix

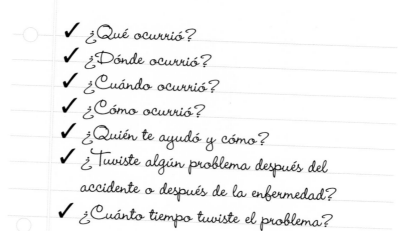

9 **Un accidente** Escribe un párrafo sobre un accidente o una enfermedad que tuviste. Incluye información relacionada con estas preguntas.

✓ ¿Qué ocurrió?
✓ ¿Dónde ocurrió?
✓ ¿Cuándo ocurrió?
✓ ¿Cómo ocurrió?
✓ ¿Quién te ayudó y cómo?
✓ ¿Tuviste algún problema después del accidente o después de la enfermedad?
✓ ¿Cuánto tiempo tuviste el problema?

10 **No me siento bien** En parejas, representen una situación entre un(a) paciente y un(a) enfermero/a. Incluyan en la conversación los síntomas del/de la paciente, dónde tiene dolor, la medicina que debe tomar y lo que debe hacer para sentirse mejor.

¡Qué dolor!

Jimena no se siente bien y tiene que ir al doctor.

PERSONAJES

ELENA

JIMENA

ELENA ¿Cómo te sientes?

JIMENA Me duele un poco la garganta. Pero no tengo fiebre.

ELENA Creo que tienes un resfriado. Te voy a llevar a casa.

ELENA ¿Don Diego ya fue a la farmacia? ¿Cuánto tiempo hace que lo llamaste?

JIMENA Hace media hora. Ay, qué cosas, de niña apenas me enfermaba. No perdí ni un solo día de clases.

ELENA Yo tampoco.

ELENA Nunca tenía resfriados, pero me rompí el brazo dos veces. Mi hermana y yo estábamos paseando en bicicleta y casi me di con un señor que caminaba por la calle. Me caí y me rompí el brazo.

JIMENA ¿Qué es esto?

ELENA Es té de jengibre. Cuando me dolía el estómago, mi mamá siempre me hacía tomarlo. Se dice que es bueno para el dolor de estómago.

JIMENA Pero no me duele el estómago.

JIMENA Hola, don Diego. Gracias por venir.

DON DIEGO Fui a la farmacia. Aquí están las pastillas para el resfriado. Se debe tomar una cada seis horas con las comidas. Y no se deben tomar más de seis pastillas al día.

(*La Sra. Díaz llama a Jimena.*)

JIMENA Hola, mamá. Don Diego me trajo los medicamentos... ¿Al doctor? ¿Estás segura? Allá nos vemos. (*A Elena*) Mi mamá ya hizo una cita para mí con el Dr. Meléndez.

DON DIEGO

SRA. DÍAZ

DR. MELÉNDEZ

SRA. DÍAZ ¿Te pusiste un suéter anoche?

JIMENA No, mamá. Se me olvidó.

SRA. DÍAZ Doctor, esta jovencita salió anoche, se le olvidó ponerse un suéter y parece que le dio un resfriado.

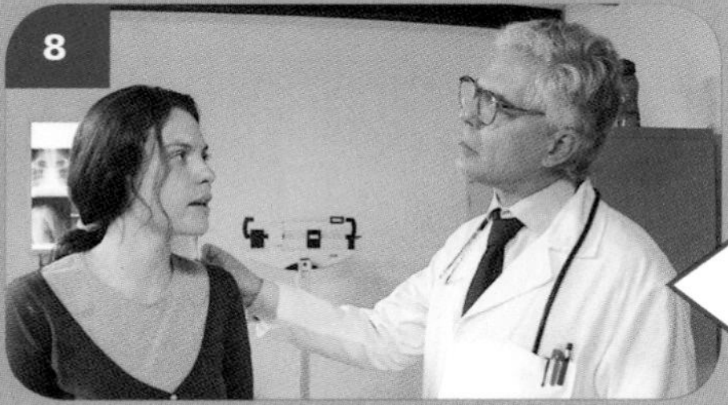

DR. MELÉNDEZ Jimena, ¿cuáles son tus síntomas?

JIMENA Toso con frecuencia y me duele la garganta.

DR. MELÉNDEZ ¿Cuánto tiempo hace que tienes estos síntomas?

JIMENA Hace dos días que me duele la garganta.

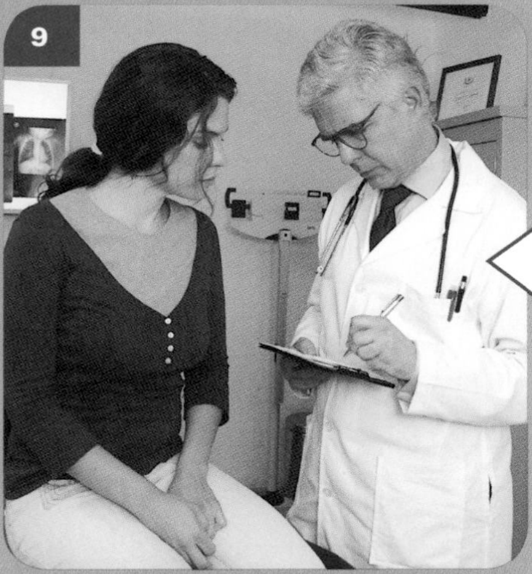

DR. MELÉNDEZ Muy bien. Aquí no tienes infección. No tienes fiebre. Te voy a mandar algo para la garganta. Puedes ir por los medicamentos inmediatamente a la farmacia.

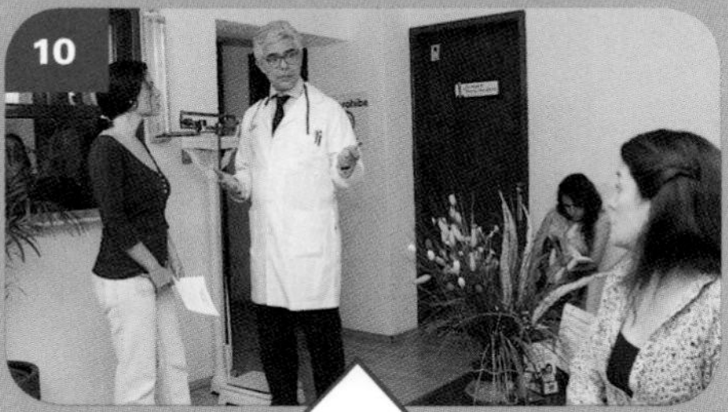

SRA. DÍAZ Doctor, ¿cómo está? ¿Es grave?

DR. MELÉNDEZ No, no es nada grave. Jimena, la próxima vez, escucha a tu mamá. ¡Tienes que usar suéter!

Expresiones útiles

Discussing medical conditions

¿Cómo te sientes?
How do you feel?
Me duele un poco la garganta.
My throat hurts a little.
No me duele el estómago.
My stomach doesn't hurt.
De niño/a apenas me enfermaba.
As a child, I rarely got sick.
¡Soy alérgico/a a chile!
I'm allergic to chili powder!

Discussing remedies

Se dice que el té de jengibre es bueno para el dolor de estómago.
They say ginger tea is good for stomachaches.
Aquí están las pastillas para el resfriado.
Here are the pills for your cold.
Se debe tomar una cada seis horas.
You should take one every six hours.

Expressions with hacer

Hace + [*period of time*] **que** + [*present /preterite*]
¿Cuánto tiempo hace que tienes estos síntomas?
How long have you had these symptoms?
Hace dos días que me duele la garganta.
My throat has been hurting for two days.
¿Cuánto tiempo hace que lo llamaste?
How long has it been since you called him?
Hace media hora.
It's been a half hour (since I called).

Additional vocabulary

canela *cinnamon*
miel *honey*
terco *stubborn*

¿Qué pasó?

1 **¿Cierto o falso?** Decide si lo que dicen estas oraciones sobre Jimena es **cierto** o **falso**. Corrige las oraciones falsas.

	Cierto	Falso
1. Dice que de niña apenas se enfermaba.	❍	❍
2. Tiene dolor de garganta y fiebre.	❍	❍
3. Olvidó ponerse un suéter anoche.	❍	❍
4. Hace tres días que le duele la garganta.	❍	❍
5. El doctor le dice que tiene una infección.	❍	❍

2 **Identificar** Identifica quién puede decir estas oraciones.

1. Como dice tu mamá, tienes que usar suéter.
2. Por pasear en bicicleta me rompí el brazo dos veces.
3. ¿Cuánto tiempo hace que toses y te duele la garganta?
4. Tengo cita con el Dr. Meléndez.
5. Dicen que el té de jengibre es muy bueno para los dolores de estómago.
6. Nunca perdí un día de clases porque apenas me enfermaba.

DR. MELÉNDEZ

ELENA

JIMENA

3 **Ordenar** Pon estos sucesos en el orden correcto.

a. Jimena va a ver al doctor. ______
b. El doctor le dice a la Sra. Díaz que no es nada serio. ______
c. Elena le habla a Jimena de cuando se rompió el brazo. ______
d. El doctor le receta medicamentos. ______
e. Jimena le dice a Elena que le duele la garganta. ______
f. Don Diego le trae a Jimena las pastillas para el resfriado. ______

4 **En el consultorio** Trabajen en parejas para representar los papeles de un(a) médico/a y su paciente. Usen las instrucciones como guía.

El/La médico/a		El/La paciente
Pregúntale al / a la paciente qué le pasó.	→	Dile que te caíste en casa. Describe tu dolor.
Pregúntale cuánto tiempo hace que se cayó.	→	Describe la situación. Piensas que te rompiste el dedo.
Mira el dedo. Debes recomendar un tratamiento (*treatment*) al / a la paciente.	→	Debes hacer preguntas al / a la médico/a sobre el tratamiento (*treatment*).

AYUDA

Here are some useful expressions:

¿Cómo se lastimó...?
¿Qué le pasó?
¿Cuánto tiempo hace que...?
Tengo...
Estoy...
¿Es usted alérgico/a a algún medicamento?
Usted debe...

Ortografía

El acento y las sílabas fuertes

In Spanish, written accent marks are used on many words. Here is a review of some of the principles governing word stress and the use of written accents.

as-pi-ri-na **gri-pe** **to-man** **an-tes**

In Spanish, when a word ends in a vowel, **-n**, or **-s**, the spoken stress usually falls on the next-to-last syllable. Words of this type are very common and do not need a written accent.

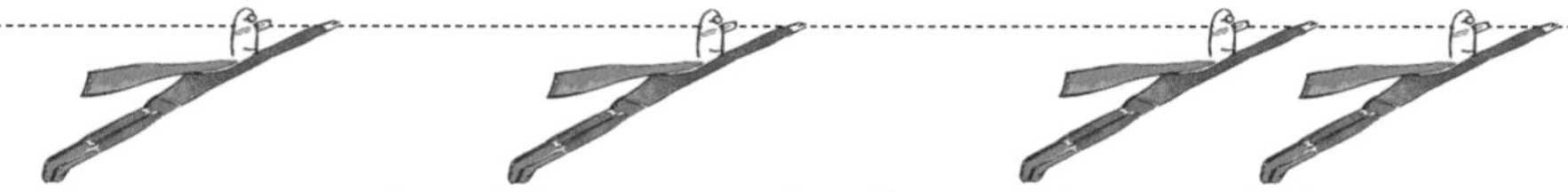

a-sí **in-glés** **in-fec-ción** **hé-ro-e**

When a word ends in a vowel, **-n**, or **-s**, and the spoken stress does *not* fall on the next-to-last syllable, then a written accent is needed.

hos-pi-tal **na-riz** **re-ce-tar** **to-ser**

When a word ends in any consonant *other* than **-n** or **-s**, the spoken stress usually falls on the last syllable. Words of this type are very common and do not need a written accent.

lá-piz **fút-bol** **hués-ped** **sué-ter**

When a word ends in any consonant *other* than **-n** or **-s** and the spoken stress does *not* fall on the last syllable, then a written accent is needed.

far-ma-cia **bio-lo-gí-a** **su-cio** **frí-o**

Diphthongs (two weak vowels or a strong and weak vowel together) are normally pronounced as a single syllable. A written accent is needed when a diphthong is broken into two syllables.

sol **pan** **mar** **tos**

Spanish words of only one syllable do not usually carry a written accent (unless it is to distinguish meaning: **se** and **sé**).

Práctica Busca las palabras que necesitan acento escrito y escribe su forma correcta.

1. sal-mon
2. ins-pec-tor
3. nu-me-ro
4. fa-cil
5. ju-go
6. a-bri-go
7. ra-pi-do
8. sa-ba-do
9. vez
10. me-nu
11. o-pe-ra-cion
12. im-per-me-a-ble
13. a-de-mas
14. re-ga-te-ar
15. an-ti-pa-ti-co
16. far-ma-cia
17. es-qui
18. pen-sion
19. pa-is
20. per-don

El ahorcado Juega al ahorcado (*hangman*) para adivinar las palabras.

1. __ l __ __ __ __ a — Vas allí cuando estás enfermo.
2. __ __ __ e __ c __ __ n — Se usa para poner una vacuna (*vaccination*).
3. __ __ d __ o __ __ __ __ __ a — Permite ver los huesos.
4. __ __ __ i __ o — Trabaja en un hospital.
5. a __ __ __ b __ __ __ __ __ __ — Es una medicina.

EN DETALLE

Servicios de salud

¿Sabías que en los países hispanos no necesitas pagar por los servicios de salud? Ésta es una de las diferencias que hay entre países como los Estados Unidos y los países hispanos.

En la mayor parte de estos países, el gobierno ofrece servicios médicos muy baratos o gratuitos° a sus ciudadanos°. Los turistas y extranjeros también pueden tener acceso a los servicios médicos a bajo° costo. La Seguridad Social y organizaciones similares son las responsables de gestionar° estos servicios.

Naturalmente, esto no funciona igual° en todos los países. En Ecuador, México y Perú, la situación varía según las regiones. Los habitantes de las ciudades y pueblos grandes tienen acceso a más servicios médicos, mientras que quienes viven en pueblos remotos sólo cuentan con° pequeñas clínicas.

Por su parte, Costa Rica, Colombia, Cuba y España tienen sistemas de salud muy desarrollados°.

Cruz verde de farmacia en Madrid, España

En España, por ejemplo, la mayoría de la gente tiene acceso a ellos y en muchos casos son completamente gratuitos. Según un informe de la Organización Mundial de la Salud, el sistema de salud español ocupa uno de los primeros diez lugares del mundo. Esto se debe no sólo al buen funcionamiento° del sistema, sino también al nivel de salud general de la población. Impresionante, ¿no?

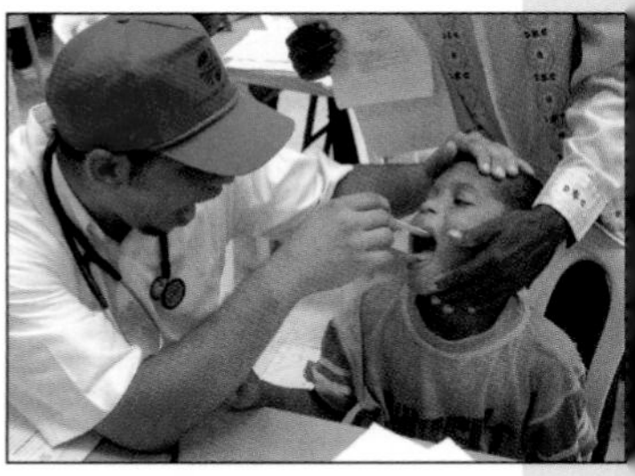

Consulta médica en la República Dominicana

Las farmacias

Farmacia de guardia: Las farmacias generalmente tienen un horario comercial. Sin embargo°, en cada barrio° hay una farmacia de guardia que abre las veinticuatro horas del día.

Productos farmacéuticos: Todavía hay muchas farmacias tradicionales que están más especializadas en medicinas y productos farmacéuticos. No venden una gran variedad de productos.

Recetas: Muchos medicamentos se venden sin receta médica. Los farmacéuticos aconsejan° a las personas sobre problemas de salud y les dan las medicinas.

Cruz° verde: En muchos países, las farmacias tienen como símbolo una cruz verde. Cuando la cruz verde está encendida°, la farmacia está abierta.

gratuitos *free (of charge)* **ciudadanos** *citizens* **bajo** *low* **gestionar** *to manage* **igual** *in the same way* **cuentan con** *have* **desarrollados** *developed* **funcionamiento** *operation* **Sin embargo** *However* **barrio** *neighborhood* **aconsejan** *advise* **Cruz** *Cross* **encendida** *lit (up)*

ACTIVIDADES

1 **¿Cierto o falso?** Indica si lo que dicen las oraciones es **cierto** o **falso**. Corrige la información falsa.

1. En los países hispanos los gobiernos ofrecen servicios de salud accesibles a sus ciudadanos.
2. En los países hispanos los extranjeros tienen que pagar mucho dinero por los servicios médicos.
3. El sistema de salud español es uno de los mejores del mundo.
4. Las farmacias de guardia abren sólo los sábados y domingos.
5. En los países hispanos las farmacias venden una gran variedad de productos.
6. Los farmacéuticos de los países hispanos aconsejan a los enfermos y venden algunas medicinas sin necesidad de receta.
7. En México y otros países, los pueblos remotos cuentan con grandes centros médicos.
8. Muchas farmacias usan una cruz verde como símbolo.

ASÍ SE DICE

La salud

el chequeo (Esp., Méx.)	**el examen médico**
la droguería (Col.)	**la farmacia**
la herida	*injury; wound*
la píldora	**la pastilla**
los primeros auxilios	*first aid*
la sangre	*blood*

EL MUNDO HISPANO

Remedios caseros° y plantas medicinales

- **Achiote°** En Suramérica se usa para curar inflamaciones de garganta. Las hojas° de achiote se cuecen° en agua, se cuelan° y se hacen gárgaras° con esa agua.
- **Ají** En Perú se usan cataplasmas° de las semillas° de ají para aliviar los dolores reumáticos y la tortícolis°.
- **Azúcar** En Nicaragua y otros países centroamericanos se usa el azúcar para detener° la sangre en pequeñas heridas.
- **Sábila (aloe vera)** En Latinoamérica, el jugo de las hojas de sábila se usa para reducir cicatrices°. Se recomienda aplicarlo sobre la cicatriz dos veces al día, durante varios meses.

Remedios caseros *Home remedies* Achiote *Annatto* hojas *leaves* se cuecen *are cooked* se cuelan *they are drained* gárgaras *gargles* cataplasmas *pastes* semillas *seeds* tortícolis *stiff neck* detener *to stop* cicatrices *scars*

PERFILES

Curanderos° y chamanes

¿Quieres ser doctor(a), juez(a)°, político/a o psicólogo/a? En algunas sociedades de las Américas **los curanderos** y **los chamanes** no tienen que escoger entre estas profesiones porque ellos son mediadores de conflictos y dan consejos a la comunidad. Su opinión es muy respetada.

Códice Florentino, México, siglo XVI

Desde las culturas antiguas° de las Américas muchas personas piensan que la salud del cuerpo y de la mente sólo puede existir si hay un equilibrio entre el ser humano y la naturaleza. Los curanderos y los chamanes son quienes cuidan este equilibrio.

Los curanderos se especializan más en enfermedades físicas, mientras que los chamanes están más relacionados con los males° de la mente y el alma°. Ambos° usan plantas, masajes y rituales y sus conocimientos se basan en la tradición, la experiencia, la observación y la intuición.

Cuzco, Perú

Curanderos *Healers* juez(a) *judge* antiguas *ancient* males *illnesses* alma *soul* Ambos *Both*

Conexión Internet

¿Cuáles son algunos hospitales importantes del mundo hispano?

Use the Web to find more cultural information related to this Cultura section.

ACTIVIDADES

2 Comprensión Contesta las preguntas.

1. ¿Cómo se les llama a las farmacias en Colombia?
2. ¿Qué parte del achiote se usa para curar la garganta?
3. ¿Cómo se aplica la sábila para reducir cicatrices?
4. En algunas partes de las Américas, ¿quiénes mantienen el equilibrio entre el ser humano y la naturaleza?
5. ¿Qué usan los curanderos y chamanes para curar?

3 ¿Qué haces cuando tienes gripe? Escribe cuatro oraciones sobre las cosas que haces cuando tienes gripe. Explica si vas al médico, si tomas medicamentos o si sigues alguna dieta especial.

4.1 The imperfect tense

ANTE TODO In **Lecciones 1–3,** you learned the preterite tense. You will now learn the imperfect, which describes past activities in a different way.

The imperfect of regular verbs

		cantar	beber	escribir
SINGULAR FORMS	yo	cant**aba**	beb**ía**	escrib**ía**
	tú	cant**abas**	beb**ías**	escrib**ías**
	Ud./él/ella	cant**aba**	beb**ía**	escrib**ía**
PLURAL FORMS	nosotros/as	cant**ábamos**	beb**íamos**	escrib**íamos**
	vosotros/as	cant**abais**	beb**íais**	escrib**íais**
	Uds./ellos/ellas	cant**aban**	beb**ían**	escrib**ían**

¡ATENCIÓN!

Note that the imperfect endings of **-er** and **-ir** verbs are the same. Also note that the **nosotros** form of **-ar** verbs always carries an accent mark on the first **a** of the ending. All forms of **-er** and **-ir** verbs in the imperfect carry an accent on the first **i** of the ending.

De niña apenas me enfermaba.

Cuando me dolía el estómago, mi mamá me daba té de jengibre.

- There are no stem changes in the imperfect.

entender (e:ie)	**Entendíamos** japonés. *We used to understand Japanese.*
servir (e:i)	El camarero les **servía** el café. *The waiter was serving them coffee.*
doler (o:ue)	A Javier le **dolía** el tobillo. *Javier's ankle was hurting.*

- The imperfect form of **hay** is **había** *(there was; there were; there used to be).*
- **¡Atención! Ir, ser,** and **ver** are the only verbs that are irregular in the imperfect.

AYUDA

Like **hay, había** can be followed by a singular or plural noun.

Había un solo médico en la sala.

Había dos pacientes allí.

The imperfect of irregular verbs

		ir	ser	ver
SINGULAR FORMS	yo	**iba**	**era**	**veía**
	tú	**ibas**	**eras**	**veías**
	Ud./él/ella	**iba**	**era**	**veía**
PLURAL FORMS	nosotros/as	**íbamos**	**éramos**	**veíamos**
	vosotros/as	**ibais**	**erais**	**veíais**
	Uds./ellos/ellas	**iban**	**eran**	**veían**

CONSULTA

You will learn more about the contrast between the preterite and the imperfect in **Estructura 4.2**, pp. 132–137.

Uses of the imperfect

- As a general rule, the imperfect is used to describe actions that are seen by the speaker as incomplete or "continuing," while the preterite is used to describe actions that have been completed. The imperfect expresses what was happening at a certain time or how things used to be. The preterite, in contrast, expresses a completed action.

—¿Qué te **pasó**?
What happened to you?

—Me **torcí** el tobillo.
I sprained my ankle.

—¿Dónde **vivías** de niño?
Where did you live as a child?

—**Vivía** en San José.
I lived in San José.

- These expressions are often used with the imperfect because they express habitual or repeated actions: **de niño/a** (*as a child*), **todos los días** (*every day*), **mientras** (*while*).

Uses of the imperfect

1. Habitual or repeated actions	**Íbamos** al parque los domingos. *We used to go to the park on Sundays.*
2. Events or actions that were in progress	Yo **leía** mientras él **estudiaba**. *I was reading while he was studying.*
3. Physical characteristics.	**Era** alto y guapo. *He was tall and handsome.*
4. Mental or emotional states	**Quería** mucho a su familia. *He loved his family very much.*
5. Telling time.	**Eran** las tres y media. *It was 3:30.*
6. Age	Los niños **tenían** seis años. *The children were six years old.*

¡INTÉNTALO!

Indica la forma correcta de cada verbo en el imperfecto.

1. Mis hermanos ___veían___ (ver) televisión todas las tardes.
2. Yo ______________ (viajar) en el tren de las 3:30.
3. ¿Dónde ______________ (vivir) Samuel de niño?
4. Tú ______________ (hablar) con Javier.
5. Leonardo y yo ______________ (correr) por el parque.
6. Ustedes ______________ (ir) a la clínica.
7. Nadia ______________ (bailar) merengue.
8. ¿Cuándo ______________ (asistir) tú a clase de español?
9. Yo ______________ (ser) muy feliz.
10. Nosotras ______________ (comprender) las preguntas.

Práctica

1 Completar Primero, completa las oraciones con el imperfecto de los verbos. Luego, pon las oraciones en orden lógico.

a. El doctor dijo que no ________ (ser) nada grave. ______
b. El doctor ________ (querer) ver la nariz del niño. ______
c. Su mamá ________ (estar) dibujando cuando Miguelito entró llorando. ______
d. Miguelito ________ (tener) la nariz hinchada (*swollen*). Fueron al hospital. ______
e. Miguelito no ________ (ir) a jugar más. Ahora quería ir a casa a descansar. ______
f. Miguelito y sus amigos ________ (jugar) al béisbol en el patio. ______
g. ________ (Ser) las dos de la tarde. ______
h. Miguelito le dijo a la enfermera que ________ (dolerle) la nariz. ______

2 Transformar Forma oraciones completas para describir lo que hacían Julieta y César. Usa las formas correctas del imperfecto y añade todas las palabras necesarias.

1. Julieta y César / ser / paramédicos
2. trabajar / juntos y / llevarse / muy bien
3. cuando / haber / accidente, / siempre / analizar / situación / con cuidado
4. preocuparse / mucho / por / pacientes
5. si / paciente / tener / mucho / dolor, / ponerle / inyección

3 En la escuela de medicina Usa los verbos de la lista para completar las oraciones con las formas correctas del imperfecto. Algunos verbos se usan más de una vez.

caerse	enfermarse	ir	querer	tener
comprender	estornudar	pensar	sentirse	tomar
doler	hacer	poder	ser	toser

1. Cuando Javier y Victoria ________ estudiantes de medicina, siempre ________ que ir al médico.
2. Cada vez que él ________ un examen, a Javier le ________ mucho la cabeza.
3. Cuando Victoria ________ ejercicios aeróbicos, siempre ________ mareada.
4. Todas las primaveras, Javier ________ mucho porque es alérgico al polen.
5. Victoria también ________ de su bicicleta camino a la escuela.
6. Después de comer en la cafetería, a Victoria siempre le ________ el estómago.
7. Javier ________ ser médico para ayudar a los demás.
8. Pero no ________ por qué él ________ con tanta frecuencia.
9. Cuando Victoria ________ fiebre, no ________ ni leer el termómetro.
10. A Javier ________ los dientes, pero nunca ________ ir al dentista.
11. Victoria ________ mucho cuando ________ congestionada.
12. Javier y Victoria ________ que nunca ________ a graduarse.

Comunicación

4 **El paciente de Daniel** Lee el mensaje electrónico de Daniel a su mamá. Luego, indica si las conclusiones son **lógicas** o **ilógicas**, según lo que leíste.

De: Daniel
Para: Mamá
Asunto: Hospital

Me encanta mi nuevo trabajo en el hospital. Veo a muchos pacientes y aprendo algo nuevo todos los días. Te cuento que había un hombre viejo que venía al hospital todos los miércoles. Les decía a los enfermeros que estaba enfermo o que tenía algún dolor: una semana era un dolor de cabeza, otra semana era un dolor de oído, en fin… siempre tenía algo. Cuando yo lo examinaba, no veía ningún problema serio y, por el contrario, él no parecía sentirse muy mal porque hablaba mucho: me contaba historias de su juventud. Sólo quería conversar conmigo y siempre preguntaba por mí. No quería a otro doctor. Cuando yo estaba ocupado con otros pacientes, él me esperaba. Me gusta hablar con él, pero estoy muy ocupado en el hospital. Ahora nos vemos en un café todos los miércoles cuando termina mi turno (*shift*) en el hospital.
Daniel

	Lógico	Ilógico
1. Daniel es enfermero.	❍	❍
2. Daniel veía a este mismo paciente una vez por semana.	❍	❍
3. Este paciente sufría una enfermedad grave.	❍	❍
4. Cuando Daniel no podía ver a este paciente, el paciente buscaba a otro doctor.	❍	❍
5. Daniel no le recetaba nada a este paciente cuando lo veía.	❍	❍

5 **Entrevista** Contesta las preguntas de tu compañero/a.

1. Cuando eras estudiante de primaria, ¿te gustaban tus profesores/as?
2. ¿Veías mucha televisión cuando eras niño/a?
3. Cuando tenías diez años, ¿cuál era tu programa de televisión favorito?
4. Cuando eras niño/a, ¿qué hacía tu familia durante las vacaciones?
5. ¿Cuántos años tenías en 2010?
6. Cuando estabas en el quinto año escolar, ¿qué hacías con tus amigos/as?
7. Cuando tenías once años, ¿cuál era tu grupo musical favorito?
8. Antes de tomar esta clase, ¿sabías hablar español?

6 **Describir** Describe en un párrafo cómo era tu niñez. Puedes usar las sugerencias de la lista.

- las vacaciones
- ocasiones especiales
- qué hacías durante el verano
- celebraciones con tu familia
- cómo era tu escuela
- cómo eran tus amigos/as
- a qué jugabas
- qué hacías cuando te sentías enfermo/a

Síntesis

7 **En la escuela primaria** En parejas, túrnense para hacerse preguntas sobre cómo era su vida durante la escuela primaria. Pueden usar las sugerencias de la lista u otras ideas.

comer comida saludable
enfermarse mucho
lastimarse con frecuencia
ser alérgico/a a algo

4.2 The preterite and the imperfect

ANTE TODO Now that you have learned the forms of the preterite and the imperfect, you will learn more about how they are used. The preterite and the imperfect are not interchangeable. In Spanish, the choice between these two tenses depends on the context and on the point of view of the speaker.

Me rompí el brazo cuando estaba paseando en bicicleta.

Tenía dolor de cabeza, pero me tomé una aspirina y se me fue.

COMPARE & CONTRAST

Use the preterite to...

1. Express actions that are viewed by the speaker as completed

   Sandra **se rompió** la pierna.
   Sandra broke her leg.

   Fueron a Buenos Aires ayer.
   They went to Buenos Aires yesterday.

2. Express the beginning or end of a past action

   La película **empezó** a las nueve.
   The movie began at nine o'clock.

   Ayer **terminé** el proyecto para la clase de química.
   Yesterday I finished the project for chemistry class.

3. Narrate a series of past actions or events

   La doctora me **miró** los oídos, me **hizo** unas preguntas y **escribió** la receta.
   The doctor looked in my ears, asked me some questions, and wrote the prescription.

   Me di con la mesa, **me caí** y **me lastimé** el pie.
   I bumped into the table, I fell, and I injured my foot.

Use the imperfect to...

1. Describe an ongoing past action with no reference to its beginning or end

   Sandra **esperaba** al doctor.
   Sandra was waiting for the doctor.

   El médico **se preocupaba** por sus pacientes.
   The doctor worried about his patients.

2. Express habitual past actions and events

   Cuando **era** joven, **jugaba** al tenis.
   When I was young, I used to play tennis.

   De niño, Eduardo **se enfermaba** con mucha frecuencia.
   As a child, Eduardo used to get sick very frequently.

3. Describe physical and emotional states or characteristics

   La chica **quería** descansar. **Se sentía** mal y **tenía** dolor de cabeza.
   The girl wanted to rest. She felt ill and had a headache.

   Ellos **eran** altos y **tenían** ojos verdes.
   They were tall and had green eyes.

   Estábamos felices de ver a la familia.
   We were happy to see our family.

AYUDA

These words and expressions, as well as similar ones, commonly occur with the preterite: **ayer, anteayer, una vez, dos veces, tres veces, el año pasado, de repente.**
They usually imply that an action has happened at a specific point in time.

AYUDA

These words and expressions, as well as similar ones, commonly occur with the imperfect: **de niño/a, todos los días, mientras, siempre, con frecuencia, todas las semanas.**
They usually express habitual or repeated actions in the past.

- The preterite and the imperfect often appear in the same sentence. In such cases, the imperfect describes what *was happening*, while the preterite describes the action that "interrupted" the ongoing activity.

Miraba la tele cuando **sonó** el teléfono.
I was watching TV when the phone rang.

Felicia **leía** el periódico cuando **llegó** Ramiro.
Felicia was reading the newspaper when Ramiro arrived.

- You will also see the preterite and the imperfect together in narratives such as fiction, news, and the retelling of events. The imperfect provides background information, such as time, weather, and location, while the preterite indicates the specific events that occurred.

Eran las dos de la mañana y el detective ya no **podía** mantenerse despierto. **Se bajó** lentamente del coche, **estiró** las piernas y **levantó** los brazos hacia el cielo oscuro.
It was two in the morning, and the detective could no longer stay awake. He slowly stepped out of the car, stretched his legs, and raised his arms toward the dark sky.

La luna **estaba** llena y no **había** en el cielo ni una sola nube. De repente, el detective **escuchó** un grito espeluznante proveniente del parque.
The moon was full and there wasn't a single cloud in the sky. Suddenly, the detective heard a piercing scream coming from the park.

Un médico colombiano desarrolló una vacuna contra la malaria

En 1986, el doctor colombiano Manuel Elkin Patarroyo creó la primera vacuna sintética para combatir la malaria. Esta enfermedad parecía haberse erradicado hacía décadas en muchas partes del mundo. Sin embargo, justo cuando Patarroyo terminó de elaborar la inmunización, los casos de malaria empezaban a aumentar de nuevo. En mayo de 1993, el doctor colombiano cedió la patente de la vacuna a la Organización Mundial de la Salud en nombre de Colombia. Los grandes laboratorios farmacéuticos presionaron a la OMS porque querían la vacuna. Las presiones no tuvieron éxito y, en 1995, el doctor Patarroyo y la OMS pactaron continuar con el acuerdo inicial: la vacuna seguía siendo propiedad de la OMS.

¡INTÉNTALO! Elige el pretérito o el imperfecto para completar la historia. Explica por qué se usa ese tiempo verbal en cada ocasión.

1. ___Eran___ (Fueron/Eran) las doce.
2. __________ (Hubo/Había) mucha gente en la calle.
3. A las doce y media, Tomás y yo __________ (entramos/entrábamos) en el restaurante Tárcoles.
4. Todos los días yo __________ (almorcé/almorzaba) con Tomás al mediodía.
5. El camarero __________ (llegó/llegaba) inmediatamente con el menú.
6. Nosotros __________ (empezamos/empezábamos) a leerlo.
7. Yo __________ (pedí/pedía) el pescado.
8. De repente, el camarero __________ (volvió/volvía) a nuestra mesa.
9. Y nos __________ (dio/daba) una mala noticia.
10. Desafortunadamente, no __________ (tuvieron/tenían) más pescado.
11. Por eso Tomás y yo __________ (decidimos/decidíamos) comer en otro lugar.
12. __________ (Llovió/Llovía) mucho cuando __________ (salimos/salíamos) del restaurante.
13. Así que __________ (regresamos/regresábamos) al restaurante Tárcoles.
14. Esta vez, __________ (pedí/pedía) arroz con pollo.

Práctica

1 **En el periódico** Completa esta noticia con las formas correctas del pretérito o el imperfecto.

Un accidente trágico

Ayer temprano por la mañana (1) ________ (haber) un trágico accidente en el centro de San José cuando el conductor de un autobús no (2) ________ (ver) venir un carro. La mujer que (3) ________ (manejar) el carro (4) ________ (morir) al instante y los paramédicos (5) ________ (tener) que llevar al pasajero al hospital porque (6) ________ (sufrir) varias fracturas. El conductor del autobús (7) ________ (decir) que no (8) ________ (ver) el carro hasta el último momento porque (9) ________ (estar) muy nublado y (10) ________ (llover). Él (11) ________ (intentar) (*to attempt*) dar un viraje brusco (*to swerve*), pero (12) ________ (perder) el control del autobús y no (13) ________ (poder) evitar (*to avoid*) el accidente. Según nos informaron, no (14) ________ (lastimarse) ningún pasajero del autobús.

AYUDA

Reading Spanish-language newspapers is a good way to practice verb tenses. You will find that both the imperfect and the preterite occur with great regularity. Many newsstands carry international papers, and many Spanish-language newspapers (such as Spain's ***El País***, Mexico's ***Reforma***, and Argentina's ***Clarín***) are on the Web.

2 **Seleccionar** Utiliza el tiempo verbal adecuado, según el contexto.

1. La semana pasada, Manolo y Aurora ________ (querer) dar una fiesta. ________ (Decidir) invitar a seis amigos y servirles mucha comida.
2. Manolo y Aurora ________ (estar) preparando la comida cuando Elena ________ (llamar). Como siempre, ________ (tener) que estudiar para un examen.
3. A las seis, ________ (volver) a sonar el teléfono. Su amigo Francisco tampoco ________ (poder) ir a la fiesta, porque ________ (tener) fiebre. Manolo y Aurora ________ (sentirse) muy tristes, pero ________ (tener) que preparar la comida.
4. Después de otros quince minutos, ________ (sonar) el teléfono. Sus amigos, los señores Vega, ________ (estar) en camino (*en route*) al hospital: a su hijo le ________ (doler) mucho el estómago. Sólo dos de los amigos ________ (poder) ir a la cena.
5. Por supuesto, ________ (ir) a tener demasiada comida. Finalmente, cinco minutos antes de las ocho, ________ (llamar) Ramón y Javier. Ellos ________ (pensar) que la fiesta ________ (ser) la próxima semana.
6. Tristes, Manolo y Aurora ________ (sentarse) a comer solos. Mientras ________ (comer), pronto ________ (llegar) a la conclusión de que ________ (ser) mejor estar solos: ¡La comida ________ (estar) malísima!

3 **Completar** Completa las frases de una manera lógica. Usa el pretérito o el imperfecto.

1. De niño/a, yo...
2. Yo conducía el auto mientras...
3. Anoche mi hermano/a...
4. Ayer el/la profesor(a)...
5. La semana pasada un(a) amigo/a...
6. Con frecuencia mis padres...
7. Esta mañana en la cafetería...
8. Hablábamos con el doctor cuando...

Comunicación

4 **¡Qué nervios!** Escucha lo que le cuenta Sandra a su amiga sobre su día. Luego, indica si las conclusiones son **lógicas** o **ilógicas**, según lo que escuchaste.

	Lógico	Ilógico
1. Sandra trabaja en un hospital o una clínica.	❍	❍
2. La enfermera es antipática.	❍	❍
3. Sandra no tiene mucha experiencia profesional.	❍	❍
4. El paciente trabaja como enfermero.	❍	❍
5. Cuando era joven, el paciente tuvo una experiencia similar a la experiencia de Sandra.	❍	❍

5 **Entrevista** Contesta las preguntas de tu compañero/a.

1. ¿Quién era tu mejor amigo/a en la escuela primaria?
2. ¿Cuántos años tenías cuando lo/la conociste?
3. ¿Cómo era él/ella?
4. ¿Qué le gustaba hacer? ¿Tenían ustedes los mismos pasatiempos?
5. ¿Adónde iban los fines de semana?
6. ¿Cuándo fue la última vez que lo/la viste?

6 **La sala de emergencias** Mira la lista de pacientes e inventa una historia para cada uno de ellos para explicar por qué están en la sala de emergencias.

modelo

Eran las tres de la tarde. Como todos los días, Pablo jugaba al fútbol con sus amigos. Estaba muy contento. De repente, se cayó y se rompió el brazo. Entonces fue a la sala de emergencias.

Paciente	Edad	Hora	Estado
1. Pablo Romero	9 años	15:20	hueso roto (el brazo)
2. Estela Rodríguez	45 años	15:25	tobillo torcido
3. Lupe Quintana	29 años	15:37	embarazada, dolores
4. Manuel López	52 años	15:45	infección de garganta
5. Marta Díaz	3 años	16:00	congestión, fiebre
6. Roberto Salazar	32 años	16:06	dolor de oído
7. Marco Brito	18 años	16:18	daño en el cuello, posible fractura
8. Ana María Ortiz	66 años	16:29	reacción alérgica a un medicamento

Síntesis

7 **La primera vez** Escribe un párrafo sobre la primera vez que te rompiste un hueso, pasaste la noche en un hospital, fuiste a la sala de emergencias, etc. Incluye en tu párrafo qué edad tenías, qué pasó y cómo te sentías.

4.3 Constructions with se

ANTE TODO In **Lección 1,** you learned how to use **se** as the third person reflexive pronoun (**Él se despierta. Ellos se visten. Ella se baña.**). **Se** can also be used to form constructions in which the person performing the action is not expressed or is de-emphasized.

Impersonal constructions with se

AYUDA

In English, the passive voice or indefinite subjects (*you, they, one*) are used where Spanish uses impersonal constructions with **se**.

▶ In Spanish, verbs that are not reflexive can be used with **se** to form impersonal constructions. These are statements in which the person performing the action is not defined.

Se habla español en Costa Rica.
Spanish is spoken in Costa Rica.

Se puede leer en la sala de espera.
You can read in the waiting room.

Se hacen operaciones aquí.
They perform operations here.

Se necesitan medicinas enseguida.
They need medicine right away.

▶ **¡Atención!** Note that the third person singular verb form is used with singular nouns and the third person plural form is used with plural nouns.

Se vende ropa. **Se venden** camisas.

▶ You often see the impersonal **se** in signs, advertisements, and directions.

SE PROHÍBE NADAR

Se necesitan programadores
Grupo Tecno
Tel. 778-34-34

Entrada

Se entra por la izquierda

Se for unplanned events

¿Te pusiste un suéter anoche?

No, mamá. Se me olvidó.

▶ **Se** also describes accidental or unplanned events. In this construction, the person who performs the action is de-emphasized, implying that the accident or unplanned event is not his or her direct responsibility. Note this construction.

$$\mathbf{se} \; + \; \begin{bmatrix} \text{INDIRECT} \\ \text{OBJECT} \\ \text{PRONOUN} \end{bmatrix} \; + \; \begin{bmatrix} \text{VERB} \end{bmatrix} \; + \; \begin{bmatrix} \text{SUBJECT} \end{bmatrix}$$

Se me cayó la pluma.

- In this type of construction, what would normally be the direct object of the sentence becomes the subject, and it agrees with the verb, not with the indirect object pronoun.

	I.O. PRONOUN	VERB		SUBJECT
Se	me, te, le, nos, os, les	quedó cayó dañó	SINGULAR	la receta. la taza. el radio.
		rompieron olvidaron perdieron	PLURAL	las botellas. las pastillas. las llaves.

- These verbs are the ones most frequently used with **se** to describe unplanned events.

Verbs commonly used with se

caer	*to fall; to drop*	**perder (e:ie)**	*to lose*
dañar	*to damage; to break down*	**quedar**	*to be left behind*
olvidar	*to forget*	**romper**	*to break*

Se me perdió el teléfono de la farmacia.
I lost the pharmacy's phone number.

Se nos olvidaron los pasajes.
We forgot the tickets.

- **¡Atención!** While Spanish has a verb for *to fall* (**caer**), there is no direct translation for *to drop*. **Dejar caer** (*To let fall*) or a **se** construction is often used to mean *to drop*.

El médico **dejó caer** la aspirina.
The doctor dropped the aspirin.

A mí **se me cayeron** los cuadernos.
I dropped the notebooks.

- To clarify or emphasize who the person involved in the action is, this construction commonly begins with the preposition **a** + [*noun*] or **a** + [*prepositional pronoun*].

Al paciente se le perdió la receta.
The patient lost his prescription.

A ustedes se les quedaron los libros en casa.
You left the books at home.

CONSULTA

For an explanation of prepositional pronouns, refer to **Estructura 3.4,** p. 104.

¡INTÉNTALO! Completa las oraciones con **se** impersonal y los verbos en presente.

A

1. *Se enseñan* (enseñar) cinco lenguas en esta escuela.
2. ________________ (comer) muy bien en Las Delicias.
3. ________________ (vender) muchas camisetas allí.
4. ________________ (servir) platos exquisitos cada noche.

Completa las oraciones con **se** y los verbos en pretérito.

B

1. *Se me rompieron* (*I broke*) las gafas.
2. ________________ (*You* (fam., sing.) *dropped*) las pastillas.
3. ________________ (*They lost*) la receta.
4. ________________ (*You* (form., sing.) *left*) aquí la radiografía.

Práctica

1 **¿Cierto o falso?** Lee estas oraciones sobre la vida en 1901. Indica si lo que dice cada oración es **cierto** o **falso**. Luego corrige las oraciones falsas.

1. Se veía mucha televisión.
2. Se escribían muchos libros.
3. Se viajaba mucho en tren.
4. Se montaba a caballo.
5. Se mandaba correo electrónico.
6. Se preparaban comidas en casa.
7. Se llevaban minifaldas.
8. Se pasaba mucho tiempo con la familia.

2 **Traducir** Traduce estos letreros (*signs*) y anuncios al español.

1. Nurses needed
2. Eating and drinking prohibited
3. Programmers sought
4. English is spoken
5. Computers sold
6. No talking
7. Teacher needed
8. Books sold
9. Do not enter
10. Spanish is spoken

3 **¿Qué pasó?** Mira los dibujos e indica lo que pasó en cada uno.

1. camarero / pastel

2. Sr. Álvarez / espejo

3. Arturo / tarea

4. Sra. Domínguez / llaves

5. Carla y Lupe / botellas

6. Juana / platos

Comunicación

4 **Se necesitan voluntarios** Lee la carta de Mauricio que apareció en el periódico. Luego, indica si las conclusiones son **lógicas** o **ilógicas**, según lo que leíste.

> La semana pasada leí un artículo en el periódico: se necesitaban voluntarios para llevar medicamentos a una zona muy pobre de la ciudad. El evento era un sábado, así que me inscribí (*so I signed up*). La mañana del sábado tenía mucha prisa. Salí corriendo y me di con la puerta en la cara: se me rompieron las gafas. No podía conducir porque no veía bien y tuve que tomar el autobús. Llegué tarde al lugar del evento. El encargado (*person in charge*) me dijo: "¿Se le perdió el reloj? La cita era a las nueve de la mañana. Son las diez... Bueno, se nos quedaron medicamentos en el camión (*truck*). ¿Nos puede ayudar?" Yo contesté que sí. Trabajé cinco horas, y al final del día estaba muy cansado. No pensé que ése iba a ser mi trabajo cuando leí el artículo, pero ayudamos a muchas personas que no tienen dinero para pagar por medicamentos.
> Mauricio Romero

	Lógico	Ilógico
1. Mauricio es dentista.	❍	❍
2. Mauricio se rompió la nariz cuando se dio con la puerta.	❍	❍
3. En el evento del sábado se regalaron medicamentos.	❍	❍
4. Mauricio no necesita gafas para conducir.	❍	❍
5. El encargado del evento se enojó con Mauricio cuando llegó tarde.	❍	❍

5 **¿Distraído/a yo?** Contesta las preguntas de tu compañero/a.

¿Alguna vez...
1. se te olvidó invitar a alguien a una fiesta o comida? ¿A quién?
2. se te quedó algo importante en la casa? ¿Qué?
3. se te perdió algo importante durante un viaje? ¿Qué?
4. se te rompió algo muy caro? ¿Qué?

¿Sabes...
5. si en el supermercado se aceptan cheques?
6. dónde se arreglan zapatos y botas?

6 **Opiniones** En parejas, terminen cada oración con ideas originales.

1. No se tiene que dejar propina cuando...
2. Antes de viajar, se debe...
3. Si se come bien, ...
4. Para tener una vida sana, se debe...
5. Se sirve la mejor comida en...
6. Se hablan muchas lenguas en...

Síntesis

7 **Anuncio** Prepara el guión (*script*) para un anuncio de televisión de un producto. En el guión usa el imperfecto y por lo menos (*at least*) dos construcciones con **se**.

modelo

Se me cayeron unos libros en el pie y me dolía mucho. Pero ahora no, gracias a SuperAspirina 500. ¡Dos pastillas y se me fue el dolor! Se puede comprar SuperAspirina 500 en todas las farmacias Recetamax.

4.4 Adverbs

ANTE TODO Adverbs are words that describe how, when, and where actions take place. They can modify verbs, adjectives, and even other adverbs. In previous lessons, you have already learned many Spanish adverbs, such as the ones below.

aquí	hoy	nunca
ayer	mal	siempre
bien	muy	temprano

- The most common adverbs end in **-mente**, equivalent to the English ending *-ly*.

verdaderamente *truly, really* **generalmente** *generally* **simplemente** *simply*

- To form these adverbs, add **-mente** to the feminine form of the adjective. If the adjective does not have a special feminine form, just add **-mente** to the standard form. **¡Atención!** Adjectives do not lose their accents when adding **-mente**.

ADJECTIVE	FEMININE FORM	SUFFIX	ADVERB
seguro	segura	-mente	seguramente
fabuloso	fabulosa	-mente	fabulosamente
enorme		-mente	enormemente
fácil		-mente	fácilmente

- Adverbs that end in **-mente** generally follow the verb, while adverbs that modify an adjective or another adverb precede the word they modify.

Maira dibuja **maravillosamente**.
Maira draws wonderfully.

Sergio está **casi siempre** ocupado.
Sergio is almost always busy.

¡ATENCIÓN!

When a sentence contains two or more adverbs in sequence, the suffix **-mente** is dropped from all but the last adverb.

Ex: **El médico nos habló simple y abiertamente.** *The doctor spoke to us simply and openly.*

Common adverbs and adverbial expressions

a menudo	*often*	**así**	*like this; so*	**menos**	*less*
a tiempo	*on time*	**bastante**	*enough; rather*	**muchas veces**	*a lot; many times*
a veces	*sometimes*	**casi**	*almost*	**poco**	*little*
además (de)	*furthermore; besides*	**con frecuencia**	*frequently*	**por lo menos**	*at least*
apenas	*hardly; scarcely*	**de vez en cuando**	*from time to time*	**pronto**	*soon*
		despacio	*slowly*	**rápido**	*quickly*

¡ATENCIÓN!

Rápido functions as an adjective (**Ella tiene una computadora rápida.**) as well as an adverb (**Ellas corren rápido.**). Note that as an adverb, **rápido** does not need to agree with any other word in the sentence. You can also use the adverb **rápidamente** (**Ella corre rápidamente.**).

¡INTÉNTALO! Transforma los adjetivos en adverbios.

1. alegre *alegremente*
2. constante ______
3. gradual ______
4. perfecto ______
5. real ______
6. frecuente ______
7. tranquilo ______
8. regular ______
9. maravilloso ______
10. normal ______
11. básico ______
12. afortunado ______

Práctica

1 **Escoger** Completa la historia con los adverbios adecuados.

1. La cita era a las dos, pero llegamos ______________. (menos, nunca, tarde)
2. El problema fue que ______________ se nos dañó el despertador. (aquí, ayer, despacio)
3. La recepcionista no se enojó porque sabe que normalmente llego ______________. (a veces, a tiempo, poco)
4. ______________ el doctor estaba listo. (Por lo menos, Muchas veces, Casi)
5. ______________ tuvimos que esperar cinco minutos. (Así, Además, Apenas)
6. El doctor dijo que nuestra hija Irene necesitaba cambiar su rutina diaria ______________. (temprano, menos, inmediatamente)
7. El doctor nos explicó ______________ las recomendaciones del Cirujano General (*Surgeon General*) sobre la salud de los jóvenes. (de vez en cuando, bien, apenas)
8. ______________ nos dijo que Irene estaba bien, pero tenía que hacer más ejercicio y comer mejor. (Bastante, Afortunadamente, A menudo)

NOTA CULTURAL

La doctora Antonia Novello, de Puerto Rico, fue la primera mujer y la primera hispana en tomar el cargo de **Cirujana General** de los Estados Unidos (1990–1993).

Comunicación

2 **Medicina natural** Escucha el programa de radio *Medicina Natural* de esta semana en el que hablan sobre los remedios caseros (*home remedies*). Luego, indica si las conclusiones son **lógicas** o **ilógicas**, según lo que escuchaste.

	Lógico	Ilógico
1. La doctora Martínez es una invitada del programa *Medicina Natural*.	❍	❍
2. Guillermo es un niño.	❍	❍
3. Se toma el remedio de la abuela cuando se siente mareado.	❍	❍
4. El remedio de la abuela de Guillermo es delicioso.	❍	❍
5. Guillermo toma este remedio de vez en cuando.	❍	❍

3 **¿Con qué frecuencia?** En parejas, túrnense para hacerse preguntas sobre la frecuencia con la que hacen varias actividades. Pueden usar las sugerencias de la lista u otras ideas.

modelo

ir al doctor

Estudiante 1: *¿Con qué frecuencia vas al doctor?*

Estudiante 2: *Voy al doctor por lo menos una vez al año para hacerme un examen médico.*

estar enfermo/a	jugar a las cartas	tener dolor de cabeza
hacer un viaje	leer el correo electrónico	ver una película en el cine
ir al dentista	practicar deportes	

Recapitulación

Completa estas actividades para repasar los conceptos de gramática que aprendiste en esta lección.

1 **Completar** Completa el cuadro con la forma correcta del imperfecto. **24 pts.**

yo/Ud./él/ella	tú	nosotros	Uds./ellos/ellas
era			
	cantabas		
		veníamos	
			querían

2 **Adverbios** Escoge el adverbio correcto de la lista para completar estas oraciones. Lee con cuidado las oraciones; los adverbios sólo se usan una vez. No vas a usar uno de los adverbios. **24 pts.**

a menudo	apenas	fácilmente
a tiempo	casi	maravillosamente
además	despacio	por lo menos

1. Pablito se cae ________; un promedio (*average*) de cuatro veces por semana.
2. No me duele nada y no sufro de ninguna enfermedad; me siento ____________ bien.
3. —Doctor, ¿cómo supo que tuve una operación de garganta?
   —Muy ________, lo leí en su historial médico (*medical history*).
4. ¿Le duele mucho la espalda (*back*)? Entonces tiene que levantarse ________.
5. Ya te sientes mucho mejor, ¿verdad? Mañana puedes volver al trabajo; tu temperatura es ________ normal.
6. Es importante hacer ejercicio con regularidad, ________ tres veces a la semana.
7. El examen médico no comenzó ni tarde ni temprano. Comenzó ________, a las tres de la tarde.
8. Parece que ya te estás curando del resfriado. ________ estás congestionada.

RESUMEN GRAMATICAL

4.1 The imperfect tense pp. 128–129

The imperfect of regular verbs

cantar	beber	escribir
cantaba	bebía	escribía
cantabas	bebías	escribías
cantaba	bebía	escribía
cantábamos	bebíamos	escribíamos
cantabais	bebíais	escribíais
cantaban	bebían	escribían

- There are no stem changes in the imperfect: **entender (e:ie) → entendía; servir (e:i) → servía; doler (o:ue) → dolía**
- The imperfect of **hay** is **había.**
- Only three verbs are irregular in the imperfect.
  ir: **iba, ibas, iba, íbamos, ibais, iban**
  ser: **era, eras, era, éramos, erais, eran**
  ver: **veía, veías, veía, veíamos, veíais, veían**

4.2 The preterite and the imperfect pp. 132–133

Preterite	Imperfect
1. Completed actions **Fueron a Buenos Aires ayer.**	1. Ongoing past action **Usted miraba el fútbol.**
2. Beginning or end of past action **La película empezó a las nueve.**	2. Habitual past actions **Todos los domingos yo visitaba a mi abuela.**
3. Series of past actions or events **Me caí y me lastimé el pie.**	3. Description of states or characteristics **Ella era alta.** **Quería descansar.**

4.3 Constructions with se pp. 136–137

Impersonal constructions with se

Se	prohíbe fumar.
	habla español.
	hablan varios idiomas.

Se for unplanned events		
Se	me, te, le, nos, os, les	cayó la taza.
		dañó el radio.
		rompieron las botellas.
		olvidaron las llaves.

4.4 Adverbs *p. 140*

Formation of adverbs	
fácil →	fácilmente
seguro →	seguramente
verdadero →	verdaderamente

3 **Un accidente** Escoge el imperfecto o el pretérito según el contexto para completar esta conversación. 30 pts.

NURIA Hola, Felipe. ¿Estás bien? ¿Qué es eso? ¿(1) (Te lastimaste/Te lastimabas) el pie?

FELIPE Ayer (2) (tuve/tenía) un pequeño accidente.

NURIA Cuéntame. ¿Cómo (3) (pasó/pasaba)?

FELIPE Bueno, (4) (fueron/eran) las cinco de la tarde y (5) (llovió/llovía) mucho cuando (6) (salí/salía) de la casa en mi bicicleta. No (7) (vi/veía) a una chica que (8) (caminó/caminaba) en mi dirección, y los dos (9) (nos caímos/nos caíamos) al suelo (*ground*).

NURIA Y la chica, ¿está bien ella?

FELIPE Sí. Cuando llegamos al hospital, ella sólo (10) (tuvo/tenía) dolor de cabeza.

4 **Oraciones** Escribe oraciones con **se** a partir de los elementos dados (*given*). Usa el tiempo especificado entre paréntesis y añade pronombres cuando sea necesario. 18 pts.

modelo

Carlos / quedar / la tarea en casa (pretérito)
A Carlos se le quedó la tarea en casa.

1. en la farmacia / vender / medicamentos (presente)
2. ¿(tú) / olvidar / las llaves / otra vez? (pretérito)
3. (yo) / dañar / la computadora (pretérito)
4. en esta clase / prohibir / hablar inglés (presente)
5. ellos / romper / las gafas / en el accidente (pretérito)
6. (nosotros) / perder / el dinero (pretérito)

5 **Refrán** Completa el refrán con las palabras que faltan. 4 pts.

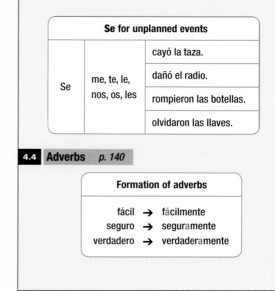

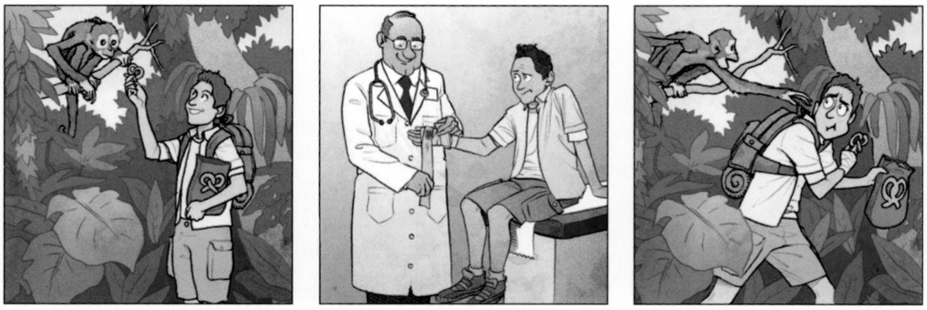

**“Lo que ________ (*well*) se aprende,
nunca ________ pierde.”**

Lectura

Antes de leer

Estrategia

Activating background knowledge

Using what you already know about a particular subject will often help you better understand a reading selection. For example, if you read an article about a recent medical discovery, you might think about what you already know about health in order to understand unfamiliar words or concepts.

Examinar el texto

Utiliza las estrategias de lectura que tú consideras más efectivas para hacer algunas observaciones preliminares acerca del texto. Luego contesta estas preguntas:

- Analiza el formato del texto: ¿Qué tipo de texto es? ¿Dónde crees que se publicó este artículo?
- ¿Quiénes son Carla Baron y Tomás Monterrey?
- Mira la foto del libro. ¿Qué sugiere el título del libro sobre su contenido?

Conocimiento previo

Ahora piensa en tu conocimiento previo° sobre el cuidado de la salud en los viajes. Considera estas preguntas:

- ¿Viajaste alguna vez a otro estado o a otro país?
- ¿Tuviste problemas durante tus viajes con el agua, la comida o el clima del lugar?
- ¿Olvidaste poner en tu maleta algún medicamento que después necesitaste?
- Imagina que un(a) amigo/a se va de viaje. Indica por lo menos cinco cosas que debe hacer para prevenir cualquier problema de salud.

conocimiento previo *background knowledge*

Libro de la semana

Después de leer

Correspondencias

Busca las correspondencias entre los problemas y las recomendaciones.

Problemas

1. el agua ____
2. el sol ____
3. la comida ____
4. la identificación ____
5. el clima ____

Recomendaciones

a. Hay que adaptarse a los ingredientes desconocidos (*unknown*).
b. Toma sólo productos purificados (*purified*).
c. Es importante llevar ropa adecuada cuando viajas.
d. Lleva loción o crema con alta protección solar.
e. Lleva tu pasaporte.

Entrevista a Carla Baron

por Tomás Monterrey

Tomás: ¿Por qué escribió su libro *Cómo hacer un viaje saludable y feliz*?

Carla: Me encanta viajar, conocer otras culturas y escribir. Mi primer viaje lo hice cuando era estudiante universitaria. Todavía recuerdo el día en que llegamos a San Juan, Puerto Rico. Era el panorama ideal para unas vacaciones maravillosas, pero al llegar a la habitación del hotel, bebí mucha agua de la llave° y luego pedí un jugo de frutas con mucho hielo°. El clima en San Juan es tropical y yo tenía mucha sed y calor. Los síntomas llegaron en menos de media hora: pasé dos días con dolor de estómago y corriendo al cuarto de baño cada diez minutos. Desde entonces, siempre que viajo sólo bebo agua mineral y llevo un pequeño bolso con medicinas necesarias, como pastillas para el dolor y también bloqueador solar, una crema repelente de mosquitos y un desinfectante.

Tomás: ¿Son reales° las situaciones que se narran en su libro?

Carla: Sí, son reales y son mis propias° historias°. A menudo los autores crean caricaturas divertidas de un turista en dificultades. ¡En mi libro la turista en dificultades soy yo!

Tomás: ¿Qué recomendaciones puede encontrar el lector en su libro?

Carla: Bueno, mi libro es anecdótico y humorístico, pero el tema de la salud se trata° de manera seria. En general, se dan recomendaciones sobre ropa adecuada para cada sitio, consejos para protegerse del sol, y comidas y bebidas adecuadas para el turista que viaja al Caribe o Suramérica.

Tomás: ¿Tiene algún consejo para las personas que se enferman cuando viajan?

Carla: Muchas veces los turistas toman el avión sin saber nada acerca del país que van a visitar. Ponen toda su ropa en la maleta, toman el pasaporte, la cámara fotográfica y ¡a volar°! Es necesario tomar precauciones porque nuestro cuerpo necesita adaptarse al clima, al sol, a la humedad, al agua y a la comida. Se trata de° viajar, admirar las maravillas del mundo y regresar a casa con hermosos recuerdos. En resumen, el secreto es "prevenir en vez de° curar".

llave *faucet* hielo *ice* reales *true* propias *own* historias *stories* se trata *is treated* ¡a volar! *Off they go!* Se trata de *It's a question of* en vez de *instead of*

Seleccionar

Selecciona la respuesta correcta.

1. El tema principal de este libro es _____.
   a. Puerto Rico b. la salud y el agua c. otras culturas
   d. el cuidado de la salud en los viajes
2. Las situaciones narradas en el libro son _____.
   a. autobiográficas b. inventadas c. ficticias
   d. imaginarias
3. ¿Qué recomendaciones no vas a encontrar en este libro? _____
   a. cómo vestirse adecuadamente
   b. cómo prevenir las quemaduras solares
   c. consejos sobre la comida y la bebida
   d. cómo dar propina en los países del Caribe o de Suramérica
4. En opinión de la señorita Baron, _____.
   a. es bueno tomar agua de la llave y beber jugo de frutas con mucho hielo
   b. es mejor tomar solamente agua embotellada (*bottled*)
   c. los minerales son buenos para el dolor abdominal
   d. es importante visitar el cuarto de baño cada diez minutos
5. ¿Cuál de estos productos no lleva la autora cuando viaja a otros países? _____
   a. desinfectante
   b. crema repelente
   c. detergente
   d. pastillas medicinales

Escritura

Estrategia

Mastering the simple past tenses

In Spanish, when you write about events that occurred in the past you will need to know when to use the preterite and when to use the imperfect tense. A good understanding of the uses of each tense will make it much easier to determine which one to use as you write.

Look at the summary of the uses of the preterite and the imperfect and write your own example sentence for each of the rules described.

Preterite vs. imperfect

Preterite

1. Completed actions
____
____
2. Beginning or end of past actions
____
____
3. Series of past actions
____
____

Imperfect

1. Ongoing past actions
____
____
2. Habitual past actions
____
____
3. Mental, physical, and emotional states and characteristics in the past
____
____

Use your example sentences and the chart as a guide to help you decide which tense to use as you are writing a story or other type of narration about the past.

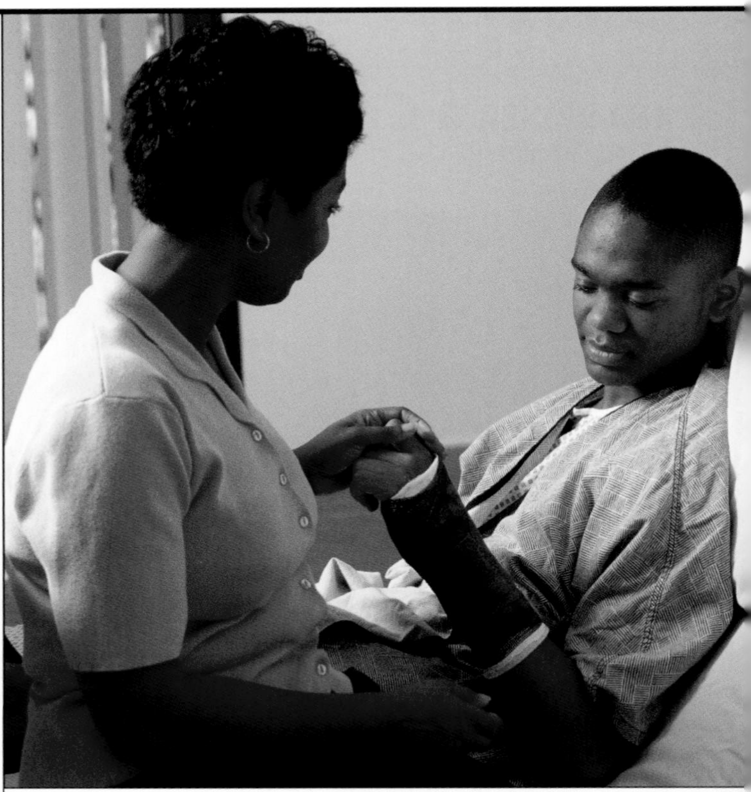

Tema

Escribir una historia

Escribe una historia acerca de una experiencia tuya° (o de otra persona) con una enfermedad, accidente o problema médico. Tu historia puede ser real o imaginaria y puede tratarse de un incidente divertido, humorístico o desastroso. Incluye todos los detalles relevantes. Consulta la lista de sugerencias° con detalles que puedes incluir.

- Descripción del/de la paciente
  nombre y apellidos
  edad
  características físicas
  historial médico°
- Descripción de los síntomas
  enfermedades
  accidente
  problemas médicos
- Descripción del tratamiento°
  tratamientos
  recetas
  operaciones

tuya *of yours* **sugerencias** *suggestions* **historial médico** *medical history* **tratamiento** *treatment*

Escuchar

Estrategia

Listening for specific information

You can listen for specific information effectively once you identify the subject of a conversation and use your background knowledge to predict what kinds of information you might hear.

To practice this strategy, you will listen to a paragraph from a letter Marta wrote to a friend about her fifteenth birthday celebration. Before you listen to the paragraph, use what you know about this type of party to predict the content of the letter. What kinds of details might Marta include in her description of the celebration? Now listen to the paragraph and jot down the specific information Marta relates. Then compare these details to the predictions you made about the letter.

Preparación

Mira la foto. ¿Con quién crees que está conversando Carlos Peña? ¿De qué están hablando?

Ahora escucha

Ahora escucha la conversación de la señorita Méndez y Carlos Peña. Marca las oraciones donde se mencionan los síntomas de Carlos.

1. ___ Tiene infección en los ojos.
2. ___ Se lastimó el dedo.
3. ___ No puede dormir.
4. ___ Siente dolor en los huesos.
5. ___ Está mareado.
6. ___ Está congestionado.
7. ___ Le duele el estómago.
8. ___ Le duele la cabeza.
9. ___ Es alérgico a la aspirina.
10. ___ Tiene tos.
11. ___ Le duele la garganta.
12. ___ Se rompió la pierna.
13. ___ Tiene dolor de oído.
14. ___ Tiene frío.

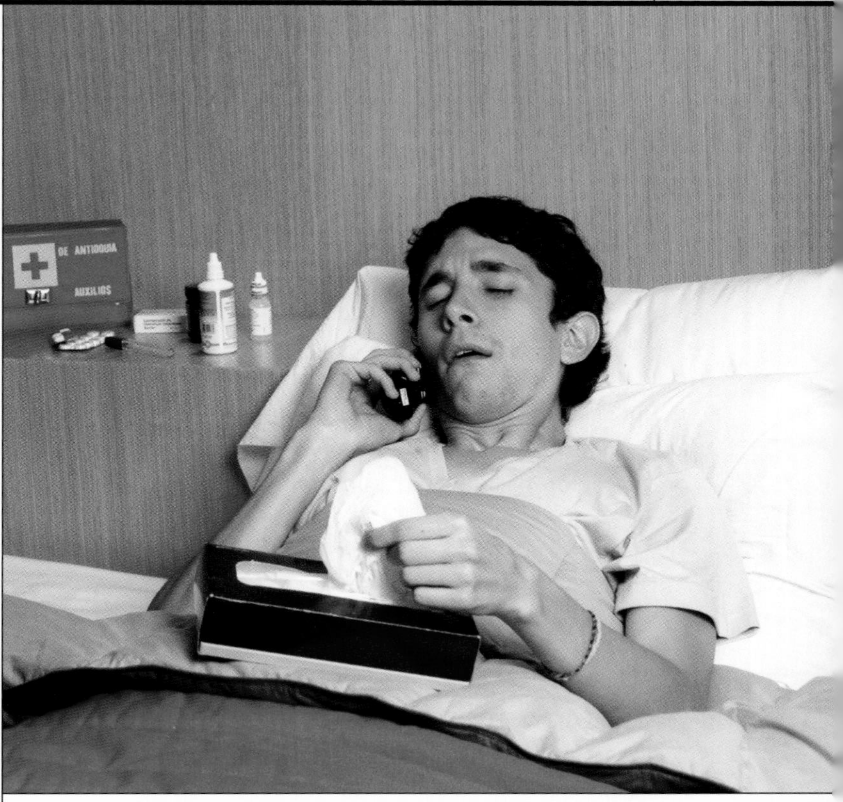

Comprensión

Preguntas

1. ¿Tiene fiebre Carlos?
2. ¿Cuánto tiempo hace que le duele la garganta a Carlos?
3. ¿Qué tiene que hacer el médico antes de recetarle algo a Carlos?
4. ¿A qué hora es su cita con el médico?
5. Después de darle una cita con el médico, ¿qué otra información le pide a Carlos la señorita del consultorio?
6. En tu opinión, ¿qué tiene Carlos? ¿Gripe? ¿Un resfriado? ¿Alergias? Explica tu opinión.

Diálogo

Escribe el diálogo entre el Dr. Aguilar y Carlos Peña en el consultorio del médico.Usa la información del diálogo telefónico para pensar en lo que dice el médico mientras examina a Carlos. Imagina cómo responde Carlos y qué preguntas le hace al médico. ¿Cuál es el diagnóstico del médico?

en pantalla

Asociación Parkinson Alicante

Tal vez la gente pueda creerse que ser hombre lobo provoque Parkinson.

Preparación

¿Conoces alguna ONG (organización no gubernamental)? ¿Cuál? ¿Qué cosas se hacen en esa organización para ayudar a los demás? Utiliza construcciones con **se**.

El objetivo de esta original y divertida campaña es informar y sensibilizar° a la sociedad sobre la enfermedad del Parkinson y el sufrimiento que ocasiona° a los que la padecen°. Además de darse a conocer° y enfrentarse a° la indiferencia, con esta campaña también se pretende° recaudar fondos°, ya que la Asociación Parkinson Alicante se ha visto afectada por la crisis económica española, disminuyendo así el número de ayudas recibidas.

sensibilizar *to raise awareness* ocasiona *causes* la padecen *suffer from it* darse a conocer *spreading the word* enfrentarse a *to fight against* se pretende *the hope is to* recaudar fondos *to raise money*

Vocabulario útil

aullar	*to howl*
hombre lobo	*werewolf*
lucha	*fight, battle*
manada	*pack (of wolves)*
subvenciones	*subsidies*
tiembla	*trembles, shakes*

Escoger

Elige la opción correcta.

1. Las _____ a la asociación estaban fallando.
   a. subvenciones b. peticiones
2. La asociación decidió inventar una _____ para el Parkinson.
   a. pastilla b. causa
3. Michael J. Fox hizo el papel de un _____ y tiene Parkinson.
   a. hombre lobo b. hombre araña
4. La forma para llegar a todo el mundo es _____ lo más fuerte (*loud*) posible.
   a. cantar b. aullar

Aplicación

Crea una campaña para transformar una organización, real o ficticia. Utiliza el imperfecto y construcciones con **se**.

Flash Cultura

Argentina tiene una gran tradición médica influenciada desde el siglo XIX por la medicina francesa. Tres de los cinco premios Nobel de esta nación están relacionados con investigaciones médicas que han hecho° grandes aportes° al avance de las ciencias de la salud. Además, existen otros adelantos° de médicos argentinos que han hecho historia. Entre ellos se cuentan el *bypass* coronario, desarrollado° por el cirujano° René Favaloro en 1967, y la técnica de cirugía cardiovascular sin circulación extracorpórea° desarrollada en 1978 por Federico Benetti, quien es considerado uno de los padres de la cirugía cardíaca moderna.

Vocabulario útil

la cita previa	*previous appointment*
la guardia	*emergency room*
Me di un golpe.	*I got hit.*
la práctica	*rotation (hands-on medical experience)*

Preparación

¿Qué haces si tienes un pequeño accidente o quieres hacer una consulta? ¿Visitas a tu médico general o vas al hospital? ¿Debes pedir un turno (*appointment*)?

¿Cierto o falso?

Indica si las oraciones son **ciertas** o **falsas**.

1. Silvina tuvo un accidente en su automóvil.
2. Silvina fue a la guardia del hospital.
3. La guardia del hospital está abierta sólo durante el día y es necesario tener cita previa.
4. Los entrevistados (*interviewees*) tienen enfermedades graves.
5. En Argentina, los médicos reciben la certificación cuando terminan la práctica.

La salud

1 **¿Le podría° pedir que me explique qué es la guardia?**

2 **Nuestro hospital público es gratuito para todas las personas.**

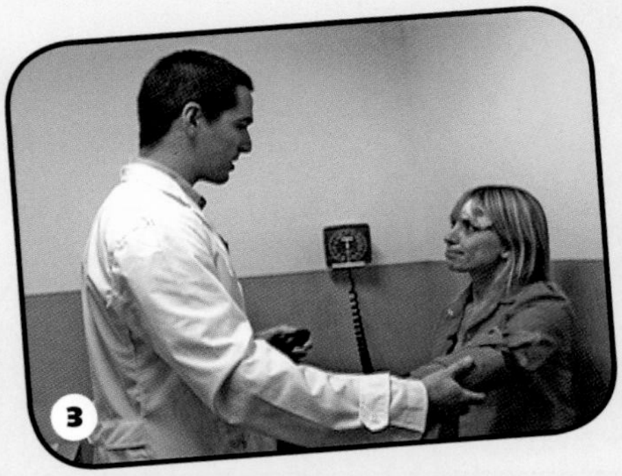

3 **... la carrera de medicina comienza con el primer año de la universidad.**

han hecho *have done* aportes *contributions* adelantos *advances* desarrollado *developed* cirujano *surgeon* extracorpórea *out-of-body* podría *could*

Costa Rica

El país en cifras

- **Área**: 51.100 km² (19.730 millas²), *aproximadamente el área de Virginia Occidental°*
- **Población**: 4.874.000

Costa Rica es el país de Centroamérica con la población más homogénea. El 94% de sus habitantes es blanco y mestizo°. Más del 50% de la población es de ascendencia° española y un alto porcentaje tiene sus orígenes en otros países europeos.

- **Capital**: San José —1.515.000
- **Ciudades principales**: Alajuela, Cartago, Puntarenas, Heredia
- **Moneda**: colón costarricense
- **Idioma**: español (oficial)

Bandera de Costa Rica

Costarricenses célebres

- **Carmen Lyra,** escritora (1888–1949)
- **Chavela Vargas,** cantante (1919–2012)
- **Óscar Arias Sánchez,** ex presidente de Costa Rica (1941–)
- **Laura Chinchilla Miranda,** ex presidenta de Costa Rica (1959–)
- **Claudia Poll,** nadadora° olímpica (1972–)

Óscar Arias recibió el Premio Nobel de la Paz en 1987.

Mercado Central en San José

Vista del volcán Arenal

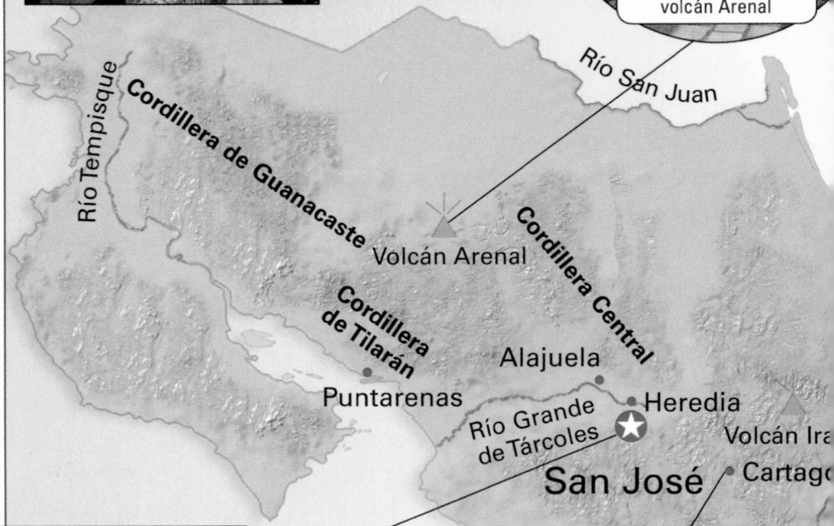

Edificio Metálico en San José

Basílica de Nuestra Señora de los Ángeles en Cartago

Virginia Occidental *West Virginia* mestizo *of indigenous and white parentage* ascendencia *descent* nadadora *swimmer* ejército *army* gastos *expenditures* invertir *to invest* cuartel *barracks*

¡Increíble pero cierto!

Costa Rica no tiene ejército°. Sin gastos° militares, el gobierno puede invertir° más dinero en la educación y las artes. En la foto aparece el Museo Nacional de Costa Rica, antiguo cuartel° del ejército.

Lugares • Los parques nacionales

El sistema de parques nacionales de Costa Rica ocupa aproximadamente el 12% de su territorio y fue establecido° para la protección de su biodiversidad. En los parques, los ecoturistas pueden admirar montañas, cataratas° y una gran variedad de plantas exóticas. Algunos ofrecen también la oportunidad de ver quetzales°, monos°, jaguares, armadillos y mariposas° en su hábitat natural.

Caribe

Economía • Las plantaciones de café

Costa Rica fue el primer país centroamericano en desarrollar° la industria del café. En el siglo° XIX, los costarricenses empezaron a exportar esta semilla a Inglaterra°, lo que significó una contribución importante a la economía de la nación. Actualmente, más de 50.000 costarricenses trabajan en el cultivo del café. Este producto representa cerca del 15% de sus exportaciones anuales.

ón

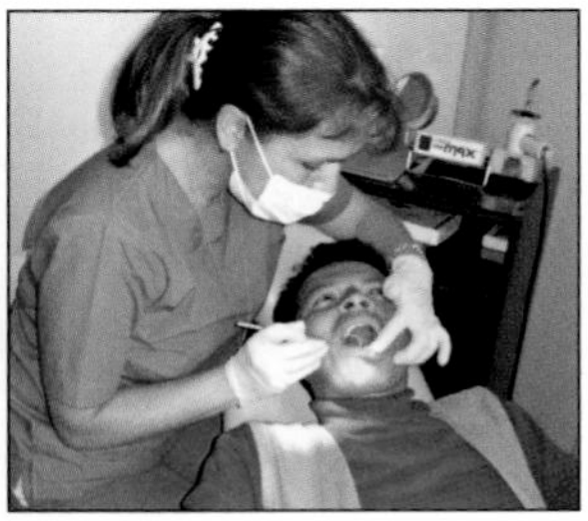

Sociedad • Una nación progresista

Costa Rica es un país progresista. Tiene un nivel de alfabetización° del 96%, uno de los más altos de Latinoamérica. En 1871, esta nación centroamericana abolió la pena de muerte° y en 1948 eliminó el ejército e hizo obligatoria y gratuita° la educación para todos sus ciudadanos.

ca

PANAMÁ

Parque Morazán en San José

¿Qué aprendiste? Contesta las preguntas con oraciones completas.

1. ¿Cómo se llama la capital de Costa Rica?
2. ¿Quién es Claudia Poll?
3. ¿Qué porcentaje del territorio de Costa Rica ocupan los parques nacionales?
4. ¿Para qué se establecieron los parques nacionales?
5. ¿Qué pueden ver los turistas en los parques nacionales?
6. ¿Cuántos costarricenses trabajan en las plantaciones de café hoy día?
7. ¿Cuándo eliminó Costa Rica la pena de muerte?

Conexión Internet Investiga estos temas en Internet.

1. Busca información sobre Óscar Arias Sánchez. ¿Quién es? ¿Por qué se le considera (*is he considered*) un costarricense célebre?
2. Busca información sobre los artistas de Costa Rica. ¿Qué artista, escritor o cantante te interesa más? ¿Por qué?

establecido *established* cataratas *waterfalls* quetzales *type of tropical bird* monos *monkeys* mariposas *butterflies*
en desarrollar *to develop* siglo *century* Inglaterra *England* nivel de alfabetización *literacy rate* pena de muerte *death penalty*
gratuita *free*

El cuerpo

la boca	*mouth*
el brazo	*arm*
la cabeza	*head*
el corazón	*heart*
el cuello	*neck*
el cuerpo	*body*
el dedo	*finger*
el dedo del pie	*toe*
el estómago	*stomach*
la garganta	*throat*
el hueso	*bone*
la nariz	*nose*
el oído	*(sense of) hearing; inner ear*
el ojo	*eye*
la oreja	*(outer) ear*
el pie	*foot*
la pierna	*leg*
la rodilla	*knee*
el tobillo	*ankle*

La salud

el accidente	*accident*
el antibiótico	*antibiotic*
la aspirina	*aspirin*
la clínica	*clinic*
el consultorio	*doctor's office*
el/la dentista	*dentist*
el/la doctor(a)	*doctor*
el dolor (de cabeza)	*(head)ache; pain*
el/la enfermero/a	*nurse*
el examen médico	*physical exam*
la farmacia	*pharmacy*
la gripe	*flu*
el hospital	*hospital*
la infección	*infection*
el medicamento	*medication*
la medicina	*medicine*
la operación	*operation*
el/la paciente	*patient*
la pastilla	*pill*
la radiografía	*X-ray*
la receta	*prescription*
el resfriado	*cold (illness)*
la sala de emergencia(s)	*emergency room*
la salud	*health*
el síntoma	*symptom*
la tos	*cough*

Verbos

caerse	*to fall (down)*
dañar	*to damage; to break down*
darse con	*to bump into; to run into*
doler (o:ue)	*to hurt*
enfermarse	*to get sick*
estar enfermo/a	*to be sick*
estornudar	*to sneeze*
lastimarse (el pie)	*to injure (one's foot)*
olvidar	*to forget*
poner una inyección	*to give an injection*
prohibir	*to prohibit*
recetar	*to prescribe*
romper	*to break*
romperse (la pierna)	*to break (one's leg)*
sacar(se) un diente	*to have a tooth removed*
ser alérgico/a (a)	*to be allergic (to)*
sufrir una enfermedad	*to suffer an illness*
tener dolor (*m.*)	*to have pain*
tener fiebre (*f.*)	*to have a fever*
tomar la temperatura	*to take someone's temperature*
torcerse (o:ue) (el tobillo)	*to sprain (one's ankle)*
toser	*to cough*

Adjetivos

congestionado/a	*congested*
embarazada	*pregnant*
grave	*grave; serious*
mareado/a	*dizzy; nauseated*
médico/a	*medical*
saludable	*healthy*
sano/a	*healthy*

Adverbios

a menudo	*often*
a tiempo	*on time*
a veces	*sometimes*
además (de)	*furthermore; besides*
apenas	*hardly; scarcely*
así	*like this; so*
bastante	*enough; rather*
casi	*almost*
con frecuencia	*frequently*
de niño/a	*as a child*
de vez en cuando	*from time to time*
despacio	*slowly*
menos	*less*
muchas veces	*a lot; many times*
poco	*little*
por lo menos	*at least*
pronto	*soon*
rápido	*quickly*
todos los días	*every day*

Conjunción

mientras	*while*

Expresiones útiles	*See page 337.*

La tecnología

5

Communicative Goals

You will learn how to:

- **Talk about using technology and electronics**
- **Use common expressions on the telephone**
- **Talk about car trouble**

A PRIMERA VISTA

- ¿Qué hacen las chicas?
- ¿Crees que usan sus teléfonos con frecuencia?
- ¿Son unas chicas saludables?
- ¿Qué partes del cuerpo se ven en la foto?

La tecnología

Más vocabulario

la cámara digital/de video	*digital/video camera*
el canal	*(TV) channel*
el cargador	*charger*
el correo de voz	*voice mail*
el estéreo	*stereo*
el reproductor de CD	*CD player*
la aplicación	*app*
el archivo	*file*
la arroba	*@ symbol*
el blog	*blog*
el buscador	*browser*
la conexión inalámbrica	*wireless connection*
la dirección electrónica	*e-mail address*
Internet	*Internet*
el mensaje de texto	*text message*
la página principal	*home page*
el programa de computación	*software*
la red	*network; Web*
el sitio web	*website*
apagar	*to turn off*
borrar	*to erase*
chatear	*to chat*
descargar	*to download*
escanear	*to scan*
funcionar	*to work*
grabar	*to record*
guardar	*to save*
imprimir	*to print*
llamar	*to call*
navegar (en Internet)	*to surf (the Internet)*
poner, prender	*to turn on*
sonar (o:ue)	*to ring*
descompuesto/a	*not working; out of order*
lento/a	*slow*
lleno/a	*full*

Variación léxica

computadora ⟷ ordenador (*Esp.*), computador (*Col.*)

descargar ⟷ bajar (*Arg., Col., Esp., Ven.*)

Práctica

1 **Escuchar** Escucha la conversación entre dos amigas. Después completa las oraciones.

1. María y Ana están en _______.
   a. una tienda b. un cibercafé c. un restaurante
2. A María le encantan _______.
   a. los celulares b. las cámaras digitales c. los cibercafés
3. Ana y María _______ las fotos.
   a. escanean b. borran c. imprimen
4. María quiere tomar un café y _______.
   a. poner la computadora b. sacar fotos digitales
   c. navegar en Internet
5. Ana paga por el café y _______.
   a. el uso de Internet b. la impresora c. la cámara

2 **¿Cierto o falso?** Escucha las oraciones e indica si lo que dice cada una es **cierto** o **falso**, según el dibujo.

1. _______
2. _______
3. _______
4. _______
5. _______
6. _______
7. _______
8. _______

3 **Oraciones** Escribe oraciones usando estos elementos. Usa el pretérito y añade las palabras necesarias.

1. yo / descargar / fotos / Internet
2. tú / apagar / televisor / diez / noche
3. Daniel y su esposa / comprar / computadora portátil / ayer
4. Sara y yo / ir / cibercafé / para / navegar en Internet
5. Jaime / decidir / comprar / reproductor de MP3
6. teléfono celular / sonar / pero / yo / no contestar

4 **Preguntas** Mira el dibujo y contesta las preguntas.

1. ¿Qué tipo de café es?
2. ¿Cuántas impresoras hay? ¿Cuántos ratones?
3. ¿Por qué vinieron estas personas al café?
4. ¿Qué hace el camarero?
5. ¿Qué hace la mujer en la computadora? ¿Y el hombre?
6. ¿Qué máquinas están cerca del televisor?
7. ¿Dónde hay un cibercafé en tu comunidad?
8. ¿Por qué puedes tú necesitar un cibercafé?

En la gasolinera

Más vocabulario

la autopista	*highway*
la calle	*street*
la carretera	*highway; (main) road*
la circulación, el tráfico	*traffic*
el garaje, el taller (mecánico)	*garage; (mechanic's) repair shop*
la licencia de conducir	*driver's license*
el/la mecánico/a	*mechanic*
la policía	*police (force)*
la velocidad máxima	*speed limit*
arrancar	*to start*
arreglar	*to fix; to arrange*
bajar(se) de	*to get off of/out of (a vehicle)*
conducir, manejar	*to drive*
estacionar	*to park*
parar	*to stop*
subir(se) a	*to get on/into (a vehicle)*

5 **Completar** Completa estas oraciones con las palabras correctas.

1. Para poder conducir legalmente, necesitas...
2. Puedes poner las maletas en...
3. Si tu carro no funciona, debes llevarlo a...
4. Para llenar el tanque de tu coche, necesitas ir a...
5. Antes de un viaje largo, es importante revisar...
6. Otra palabra para autopista es...
7. Mientras hablas por teléfono celular, no es buena idea...
8. Otra palabra para coche es...

¡LENGUA VIVA!

Aunque **carro** es el término que se usa en la mayoría de países hispanos, no es el único. En España, por ejemplo, se dice **coche**, y en Argentina, Chile y Uruguay se dice **auto.**

6 **Conversación** Completa la conversación con las palabras de la lista.

el aceite	la gasolina	llenar	el parabrisas	el taller
el baúl	las llantas	manejar	revisar	el volante

EMPLEADO Bienvenido al (1) __________ mecánico *Óscar*. ¿En qué le puedo servir?

JUAN Buenos días. Quiero (2) __________ el tanque y revisar (3) __________, por favor.

EMPLEADO Con mucho gusto. Si quiere, también le limpio (4) __________.

JUAN Sí, gracias. Está un poquito sucio. La próxima semana tengo que (5) __________ hasta Buenos Aires. ¿Puede cambiar (6) __________? Están gastadas (*worn*).

EMPLEADO Claro que sí, pero voy a tardar (*it will take me*) un par de horas.

JUAN Mejor regreso mañana. Ahora no tengo tiempo. ¿Cuánto le debo por (7) __________?

EMPLEADO Sesenta pesos. Y veinticinco por (8) __________ y cambiar el aceite.

CONSULTA

For more information about **Buenos Aires**, see **Panorama**, p. 186.

Comunicación

7 **Postal** Lee la tarjeta postal que encontraste. Luego, indica si las conclusiones son **lógicas** o **ilógicas**, según lo que leíste.

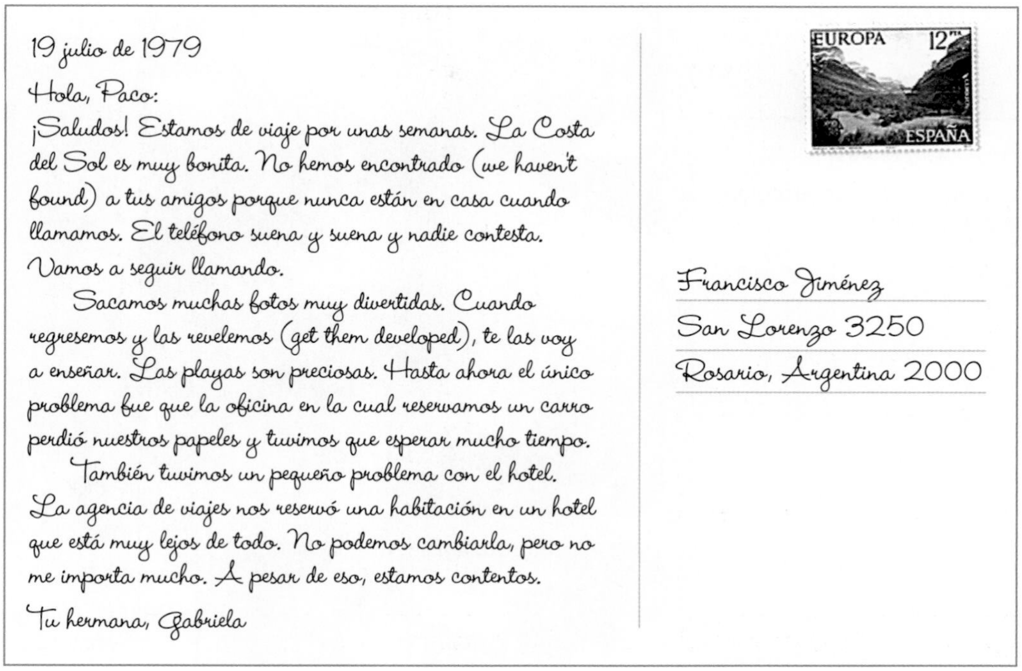
EUROPA 12 ESPAÑA

19 julio de 1979

Hola, Paco:

¡Saludos! Estamos de viaje por unas semanas. La Costa del Sol es muy bonita. No hemos encontrado (*we haven't found*) a tus amigos porque nunca están en casa cuando llamamos. El teléfono suena y suena y nadie contesta. Vamos a seguir llamando.

Sacamos muchas fotos muy divertidas. Cuando regresemos y las revelemos (*get them developed*), te las voy a enseñar. Las playas son preciosas. Hasta ahora el único problema fue que la oficina en la cual reservamos un carro perdió nuestros papeles y tuvimos que esperar mucho tiempo.

También tuvimos un pequeño problema con el hotel. La agencia de viajes nos reservó una habitación en un hotel que está muy lejos de todo. No podemos cambiarla, pero no me importa mucho. A pesar de eso, estamos contentos.

Tu hermana, Gabriela

Francisco Jiménez
San Lorenzo 3250
Rosario, Argentina 2000

	Lógico	Ilógico
1. Paco y Francisco son la misma persona.	❍	❍
2. Los amigos de Paco tenían correo de voz.	❍	❍
3. Gabriela y Francisco viajaron juntos a la Costa del Sol.	❍	❍
4. Gabriela tenía una cámara digital.	❍	❍
5. Gabriela se divirtió en su viaje.	❍	❍

8 **Preguntas** Contesta las preguntas de tu compañero/a.

1. a. ¿Tienes un teléfono celular? ¿Para qué lo usas?
   b. ¿Qué utilizas más para comunicarte: el teléfono o el correo electrónico? ¿Por qué?
2. a. ¿Con qué frecuencia usas la computadora?
   b. ¿Para qué usas Internet?
   c. ¿Qué sitios web visitas a menudo?
3. a. ¿Miras la televisión con frecuencia? ¿Qué programas ves?
   b. ¿Dónde miras tus programas favoritos, en la tele o en la computadora?
   c. ¿Qué prefieres usar para escuchar música: la radio, tu teléfono o tu computadora?

NOTA CULTURAL

Algunos sitios web utilizan códigos para identificar su país de origen. Éstos son los códigos para algunos países hispanohablantes:

Argentina, .ar; Colombia, .co; España, .es; México, .mx; Venezuela, .ve

9 **Ayer y hoy** ¿Cómo era la tecnología en los años setenta y ochenta? ¿Cómo es la tecnología hoy? Haz una comparación entre ellas.

En el taller

El coche de Miguel está descompuesto y Maru tiene problemas con su computadora.

PERSONAJES

MIGUEL

JORGE

MIGUEL ¿Cómo lo ves?

JORGE Creo que puedo arreglarlo. ¿Me pasas la llave?

JORGE ¿Y dónde está Maru?

MIGUEL Acaba de enviarme un mensaje de texto: "Última noticia sobre la computadora portátil: todavía está descompuesta. Moni intenta arreglarla. Voy para allá".

JORGE ¿Está descompuesta tu computadora?

MIGUEL No, la mía no, la suya. Una amiga la está ayudando.

JORGE Un mal día para la tecnología, ¿no?

MIGUEL Ella está preparando un proyecto para ver si puede hacer sus prácticas profesionales en el Museo de Antropología.

JORGE ¿Y todo está en la computadora?

MIGUEL Y claro.

MARU Buenos días, Jorge.

JORGE ¡Qué gusto verte, Maru! ¿Cómo está la computadora?

MARU Mi amiga Mónica recuperó muchos archivos, pero muchos otros se borraron.

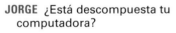

MARU Estamos en una triste situación. Yo necesito una computadora nueva, y Miguel necesita otro coche.

JORGE Y un televisor nuevo para mí, por favor.

MARU

7

MARU ¿Qué vamos a hacer, Miguel?

MIGUEL Tranquila, cariño. Por eso tenemos amigos como Jorge y Mónica. Nos ayudamos los unos a los otros.

8

JORGE ¿No te sientes afortunada, Maru? No te preocupes. Sube.

MIGUEL ¡Por fin!

MARU Gracias, Jorge. Eres el mejor mecánico de la ciudad.

9

MIGUEL ¿Cuánto te debo por el trabajo?

JORGE Hombre, no es nada. Guárdalo para el coche nuevo. Eso sí, recomiéndame con tus amigos.

MIGUEL Gracias, Jorge.

10

JORGE No manejes en carretera. Revisa el aceite cada 1.500 kilómetros y asegúrate de llenarle el tanque... No manejes con el cofre abierto. Nos vemos.

Expresiones útiles

Giving instructions to a friend

¿Me pasas la llave?
Can you pass me the wrench?
No lo manejes en carretera.
Don't drive it on the highway.
Revisa el aceite cada 1.500 kilómetros.
Check the oil every 1,500 kilometers.
Asegúrate de llenar el tanque.
Make sure to fill up the tank.
No manejes con el cofre abierto.
Don't drive with the hood open.
Recomiéndame con tus amigos.
Recommend me to your friends.

Taking a phone call

Aló./Bueno./Diga.
Hello.
¿Quién habla?/¿De parte de quién?
Who is speaking/calling?
Con él/ella habla.
Speaking.
¿Puedo dejar un recado?
May I leave a message?

Reassuring someone

Tranquilo/a, cariño.
Relax, sweetie.
Nos ayudamos los unos a los otros.
We help each other out.
No te preocupes.
Don't worry.

Additional vocabulary

entregar *to hand in*
el intento *attempt*
la noticia *news*
el proyecto *project*
recuperar *to recover*

¿Qué pasó?

1 **Seleccionar** Selecciona las respuestas que completan correctamente estas oraciones.

1. Jorge intenta arreglar ____.
   a. la computadora de Maru b. el coche de Miguel c. el teléfono celular de Felipe
2. Maru dice que se borraron muchos ____ de su computadora.
   a. archivos b. sitios web c. mensajes de texto
3. Jorge dice que necesita un ____.
   a. navegador GPS b. reproductor de DVD c. televisor
4. Maru dice que Jorge es el mejor ____.
   a. mecánico de la ciudad b. amigo del mundo c. compañero de la clase
5. Jorge le dice a Miguel que no maneje su coche en ____.
   a. el tráfico b. el centro de la ciudad c. la carretera

2 **Identificar** Identifica quién puede decir estas oraciones.

1. Cómprate un coche nuevo y recomiéndame con tus amigos.
2. El mensaje de texto de Maru dice que su computadora todavía está descompuesta.
3. Mi amiga Mónica me ayudó a recuperar muchos archivos, pero necesito una computadora nueva.
4. No conduzcas con el cofre abierto y recuerda que el tanque debe estar lleno.
5. Muchos de los archivos de mi computadora se borraron.

MARU

MIGUEL

JORGE

3 **Problema mecánico** Trabajen en parejas para representar los papeles de un(a) mecánico/a y un(a) cliente/a que está llamando al taller porque su carro está descompuesto. Usen las instrucciones como guía.

Mecánico/a	Cliente/a
Contesta el teléfono con un saludo y el nombre del taller.	→ Saluda y explica que tu carro está descompuesto.
Pregunta qué tipo de problema tiene exactamente.	→ Explica que tu carro no arranca cuando hace frío.
Di que debe traer el carro al taller.	→ Pregunta cuándo puedes llevarlo.
Ofrece una hora para revisar el carro.	→ Acepta la hora que ofrece el/la mecánico/a.

Ahora cambien los papeles y representen otra conversación. Ustedes son un(a) técnico/a y un(a) cliente/a. Usen estas ideas:

el celular no guarda mensajes	la impresora imprime muy lentamente
la computadora no descarga fotos	el reproductor de DVD está descompuesto

Ortografía

La acentuación de palabras similares

Although accent marks usually indicate which syllable in a word is stressed, they are also used to distinguish between words that have the same or similar spellings.

Él maneja el coche. **Sí, voy si quieres.**

Although one-syllable words do not usually carry written accents, some *do* have accent marks to distinguish them from words that have the same spelling but different meanings.

Sé cocinar. **Se baña.** **¿Tomas té?** **Te duermes.**

Sé (*I know*) and **té** (*tea*) have accent marks to distinguish them from the pronouns **se** and **te**.

para mí **mi cámara** **Tú lees.** **tu estéreo**

Mí (*Me*) and **tú** (*you*) have accent marks to distinguish them from the possessive adjectives **mi** and **tu**.

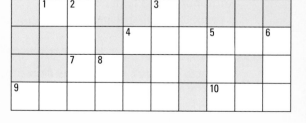

¿Por qué vas? **Voy porque quiero.**

Several words of more than one syllable also have accent marks to distinguish them from words that have the same or similar spellings.

Éste es rápido. **Este tren es rápido.**

Demonstrative pronouns may have accent marks to distinguish them from demonstrative adjectives.

¿Cuándo fuiste? **Fui cuando me llamó.**
¿Dónde trabajas? **Voy al taller donde trabajo.**

Adverbs have accent marks when they are used to convey a question.

Práctica Marca los acentos en las palabras que los necesitan.

ANA Alo, tío. ¿Que tal?
TÍO JUAN Hola, Ana, pero... ¿por que me llamas tan tarde?
ANA Porque mañana tienes que llevarme a la escuela. El auto de mamá auto esta dañado.
TÍO JUAN ¿Como se daño?
ANA Se daño el sabado. Un vecino (*neighbor*) choco con (*crashed into*) el.

Crucigrama Utiliza las siguientes pistas (*clues*) para completar el crucigrama. ¡Ojo con los acentos!

Horizontales

1. Él __________ levanta.
4. No voy __________ no puedo.
7. Tú __________ acuestas.
9. ¿ __________ es el examen?
10. Quiero este video y __________.

Verticales

2. ¿Cómo __________ usted?
3. Eres __________ mi hermano.
5. ¿ __________ tal?
6. Me gusta __________ suéter.
8. Navego __________ la red.

	1	2			3				
				4			5		6
		7	8						
9							10		

EN DETALLE

Las redes sociales

¿Cómo te comunicas con tu familia y con tus amigos? Al igual que° en los Estados Unidos, en los países hispanohablantes las redes sociales han tenido° un gran impacto en los últimos años. Los usos básicos de los teléfonos celulares ya no son las llamadas° y los mensajes de texto, sino el contacto entre amigos y familiares por medio de° redes sociales y de aplicaciones como Facebook, Twitter, Tuenti o Instagram.

La mayoría de los hispanos tiene un perfil° en Facebook o en Twitter, pero el método de comunicación más popular en los países hispanohablantes es Whatsapp. Por medio de esta aplicación de mensajería los usuarios° pueden crear grupos y enviarse° un número ilimitado de imágenes, videos y mensajes de texto y de audio. Su popularidad se debe a que es una forma rápida y prácticamente gratuita° de comunicarse.

Hoy en día, los teléfonos inteligentes y los contratos telefónicos son más asequibles°, por lo que la mayoría de los hispanos disfruta de estos celulares y de sus ventajas tecnológicas. Gracias a las redes sociales y a las aplicaciones, las personas pueden estar en constante comunicación con sus seres queridos° más lejanos°. La inevitable pregunta es: ¿Qué ocurre con los seres queridos que están cerca? La influencia que tienen las redes sociales en las relaciones humanas es cada vez un tema más polémico.

El español en las redes sociales

- El español es la tercera lengua más utilizada en las redes sociales.
- El español es la segunda lengua más usada en Twitter, con un crecimiento° de más de 800% en los últimos diez años.
- Facebook tiene 80 millones de usuarios hispanohablantes.
- Sólo en España, Whatsapp tiene 20 millones de usuarios que usan la aplicación un promedio° de 150 veces al día.

Al igual que *Like* **han tenido** *have had* **llamadas** *calls* **por medio de** *through* **perfil** *profile* **usuarios** *users* **enviarse** *send each other* **gratuita** *free* **asequibles** *affordable* **seres queridos** *loved ones* **lejanos** *distant* **crecimiento** *growth* **promedio** *average*

ACTIVIDADES

1 **¿Cierto o falso?** Indica si lo que dicen estas oraciones es **cierto** o **falso**. Corrige la información falsa.

1. Los hispanos prefieren las llamadas para comunicarse con sus familias y con sus amigos.
2. Twitter no se usa en Latinoamérica.
3. Whatsapp es un método de comunicación muy común en los países hispanos.
4. Whatsapp permite enviar fotos a los contactos del celular.
5. Pocos hispanos pueden comprar un teléfono inteligente.
6. Una ventaja de las redes sociales es el contacto con las personas que están lejos.
7. El español es la segunda lengua más utilizada en las redes sociales.
8. Los españoles visitan constantemente la aplicación de Whatsapp.

ASÍ SE DICE

La tecnología

los audífonos (Méx., Col.), los auriculares (Arg.), los cascos (Esp.)	*headset; earphones*
el móvil (Esp.)	**el celular**
el manos libres (Amér. S.)	*hands-free system*
la memoria	*memory*
mensajear (Méx.)	**enviar y recibir mensajes de texto**

EL MUNDO HISPANO

Las bicimotos

- **Argentina** El *ciclomotor* se usa mayormente° para repartir a domicilio° comidas y medicinas.
- **Perú** La *motito* se usa mucho para el reparto a domicilio de pan fresco todos los días.
- **México** La *Vespa* se usa para evitar° el tráfico en grandes ciudades.
- **España** La población usa el *Vespino* para ir y volver al trabajo cada día.
- **Puerto Rico** Una *scooter* es el medio de transporte favorito en las zonas rurales.
- **República Dominicana** Las *moto-taxis* son el medio de transporte más económico, ¡pero no olvides el casco°!

mayormente *mainly* **repartir a domicilio** *home delivery of* **evitar** *to avoid* **casco** *helmet*

PERFIL

Los mensajes de texto

¿Qué tienen en común un **mensaje de texto** y un telegrama?: la necesidad de decir lo máximo en el menor espacio posible —y rápidamente—. Así como los abuelos se las arreglaron° para hacer más baratos sus telegramas, que se cobraban° por número de palabras, ahora los jóvenes buscan ahorrar° espacio, tiempo y dinero, en sus mensajes de texto. Esta economía del lenguaje dio origen al **lenguaje chat**, una forma de escritura muy creativa y compacta. Olvídate de la gramática, la puntuación y la ortografía: es tan flexible que evoluciona° todos los días con el uso que cada quien° le da, aunque° hay muchas palabras y expresiones ya establecidas°. Fácilmente encontrarás° abreviaturas (**xq?**, "¿Por qué?"; **tkm**, "Te quiero mucho."), sustitución de sonidos por números (**a2**, "Adiós."; **5mntrios**, "Sin comentarios."), símbolos (**ad+**, "además") y omisión de vocales y acentos (**tb**, "también"; **k tl?**, "¿Qué tal?"). Ahora que lo sabes, si un amigo te envía: **cont xfa, m dbs $!**°, puedes responderle: **ntp, ns vms + trd**°.

se las arreglaron *they managed to* **se cobraban** *were charged* **ahorrar** *to save* **evoluciona** *evolves* **cada quien** *each person* **aunque** *although* **establecidas** *fixed* **encontrarás** *you will find* **cont xfa, m dbs $!** Contesta, por favor, ¡me debes dinero! **ntp, ns vms +trd** No te preocupes, nos vemos más tarde.

Conexión Internet

¿Qué sitios web son populares entre los jóvenes hispanos?

Use the Web to find more cultural information related to this **Cultura** section.

ACTIVIDADES

2 **Comprensión** Contesta las preguntas.

1. ¿Cuáles son tres formas de decir *headset*?
2. ¿Para qué se usan las bicimotos en Argentina?
3. ¿Qué dio origen al "lenguaje chat"?
4. ¿Es importante escribir los acentos en los mensajes de texto?

3 **¿Cómo te comunicas?** Escribe un párrafo breve en donde expliques qué utilizas para comunicarte con tus amigos/as (correo electrónico, redes sociales, teléfono, etc.) y de qué hablan cuando se llaman por teléfono.

5.1 Familiar commands

ANTE TODO In Spanish, the command forms are used to give orders or advice. You use **tú** commands (**mandatos familiares**) when you want to give an order or advice to someone you normally address with the familiar **tú**.

Affirmative tú commands

Infinitive	Present tense él/ella form	Affirmative tú command
hablar	habla	**habla** (tú)
guardar	guarda	**guarda** (tú)
prender	prende	**prende** (tú)
volver	vuelve	**vuelve** (tú)
pedir	pide	**pide** (tú)
imprimir	imprime	**imprime** (tú)

- Affirmative **tú** commands usually have the same form as the **él/ella** form of the present indicative.

Guarda el documento antes de cerrarlo.
Save the document before closing it.

Imprime tu tarea para la clase de inglés.
Print your homework for English class.

- The following verbs have irregular affirmative **tú** commands.

Irregular affirmative tú commands

decir	**di**	salir	**sal**
hacer	**haz**	ser	**sé**
ir	**ve**	tener	**ten**
poner	**pon**	venir	**ven**

¡**Sal** ahora mismo!
Leave at once!

Haz los ejercicios.
Do the exercises.

- Since **ir** and **ver** have the same **tú** command (**ve**), context will determine the meaning.

Ve al cibercafé con Yolanda.
Go to the cybercafé with Yolanda.

Ve ese programa... es muy interesante.
See that program... it's very interesting.

Súbete al coche
y préndelo.

No lo manejes
en la carretera.
MECANICA

▶ The negative **tú** commands are formed by dropping the final **-o** of the **yo** form of the present tense. For **-ar** verbs, add **-es**. For **-er** and **-ir** verbs, add **-as**.

Negative tú commands

Infinitive	Present tense yo form	Negative tú command
hablar	hablo	**no hables** (tú)
guardar	guardo	**no guardes** (tú)
prender	prendo	**no prendas** (tú)
volver	vuelvo	**no vuelvas** (tú)
pedir	pido	**no pidas** (tú)

Héctor, **no pares** el carro aquí.
Héctor, don't stop the car here.

No prendas la computadora todavía.
Don't turn on the computer yet.

▶ Verbs with irregular **yo** forms maintain the same irregularity in their negative **tú** commands. These verbs include **conducir, conocer, decir, hacer, ofrecer, oír, poner, salir, tener, traducir, traer, venir,** and **ver**.

No pongas el disco en la computadora.
Don't put the disk in the computer.

No conduzcas tan rápido.
Don't drive so fast.

▶ Note also that stem-changing verbs keep their stem changes in negative **tú** commands.

No p**ie**rdas tu celular.
Don't lose your cell phone.

No v**ue**lvas a esa gasolinera.
Don't go back to that gas station.

No rep**i**tas las instrucciones.
Don't repeat the instructions.

▶ Verbs ending in **-car**, **-gar**, and **-zar** have a spelling change in the negative **tú** commands.

sa**car**	**c** → **qu**	no sa**qu**es
apa**gar**	**g** → **gu**	no apa**gu**es
almor**zar**	**z** → **c**	no almuer**c**es

▶ The following verbs have irregular negative **tú** commands.

Irregular negative tú commands

dar	**no des**
estar	**no estés**
ir	**no vayas**
saber	**no sepas**
ser	**no seas**

¡ATENCIÓN!

In affirmative commands, reflexive, indirect, and direct object pronouns are always attached to the end of the verb. In negative commands, these pronouns always precede the verb.

Bórralos./No los borres.
Escríbeles un mensaje electrónico./**No les escribas** un mensaje electrónico.

•••

When a pronoun is attached to an affirmative command that has two or more syllables, an accent mark is added to maintain the original stress:

borra → **bórralos**
prende → **préndela**
imprime → **imprímelo**

¡INTÉNTALO! Indica los mandatos familiares afirmativos y negativos de estos verbos.

1. correr ___Corre___ más rápido. No ___corras___ más rápido.
2. llenar ________ el tanque. No ________ el tanque.
3. salir ________ ahora. No ________ ahora.
4. descargar ________ ese documento. No ________ ese documento.
5. levantarse ________ temprano. No ________ temprano.
6. hacerlo ________ ya. No ________ ahora.

Práctica

1 **Completar** Tu mejor amigo no entiende nada de tecnología y te pide ayuda. Completa los comentarios de tu amigo con el mandato de cada verbo.

1. No __________ en una hora. __________ ahora mismo. (venir)
2. __________ tu tarea después. No la __________ ahora. (hacer)
3. No __________ a la tienda a comprar papel para la impresora. __________ a la cafetería a comprarme algo de comer. (ir)
4. No __________ que no puedes abrir un archivo. __________ que el programa de computación funciona sin problemas. (decirme)
5. __________ generoso con tu tiempo y no __________ antipático si no entiendo fácilmente. (ser)
6. __________ mucha paciencia y no __________ prisa. (tener)
7. __________ tu teléfono celular, pero no __________ la computadora. (apagar)

2 **Cambiar** Pedro y Marina no pueden ponerse de acuerdo (*agree*) cuando viajan en su carro. Cuando Pedro dice que algo es necesario, Marina expresa una opinión diferente. Usa la información entre paréntesis para formar las órdenes que Marina le da a Pedro.

modelo

Pedro: Necesito revisar el aceite del carro. (seguir hasta el próximo pueblo)
Marina: *No revises el aceite del carro. Sigue hasta el próximo pueblo.*

1. Necesito conducir más rápido. (parar el carro)
2. Necesito poner el radio. (hablarme)
3. Necesito almorzar ahora. (comer más tarde)
4. Necesito sacar los discos compactos. (manejar con cuidado)
5. Necesito estacionar el carro en esta calle. (pensar en otra opción)
6. Necesito volver a esa gasolinera. (arreglar el carro en un taller)
7. Necesito leer el mapa. (pedirle ayuda a aquella señora)
8. Necesito dormir en el carro. (acostarse en una cama)

3 **Problemas** Tú eres voluntario en el centro de computadoras de la escuela. Muchos estudiantes están llegando con problemas. Dales órdenes para ayudarlos a resolverlos.

modelo

Problema: *No veo nada en la pantalla.*
Tu respuesta: *Prende la pantalla de tu computadora.*

apagar...	descargar...	grabar...	imprimir...	prender...
borrar...	funcionar...	guardar...	navegar...	volver...

1. No me gusta este programa de computación.
2. Tengo miedo de perder mi documento.
3. Prefiero leer este sitio web en papel.
4. Mi correo electrónico funciona muy lentamente.
5. Busco información sobre los gauchos de Argentina.
6. Tengo demasiados archivos en mi computadora.
7. Mi computadora se congeló (*froze*).
8. Quiero ver las fotos del cumpleaños de mi hermana.

NOTA CULTURAL

Los gauchos (*nomadic cowboys*), conocidos por su habilidad (*skill*) para montar a caballo y utilizar el lazo, viven en la Región Pampeana, una llanura muy extensa ubicada en el centro de Argentina y dedicada a la agricultura (*agriculture*).

Comunicación

4 **El carro de Cristina** Lee el mensaje de Joaquín a su hermana Cristina. Luego, indica si las conclusiones son **lógicas** o **ilógicas**, según lo que leíste.

De: Joaquín
Para: Cristina
Asunto: Carro

¿Cómo te fue con el carro esta primera semana? ¿Ya te familiarizaste con él? Voy a extrañarlo (*to miss it*). Fue mi primer carro: desde el último año de la escuela secundaria hasta terminar la universidad. ¡Pero ahora es tu carro, hermanita! Recuerda que tienes que comprar llantas nuevas antes del invierno. Esas llantas están muy viejas para usarlas en la nieve. El próximo mes, lleva el carro al taller para su mantenimiento. Revisa el aceite y arregla el navegador GPS. Si (*If*) quieres, lleva el carro al taller que está en la calle Independencia. Yo lo llevaba allí y el mecánico me conoce. Dile que eres mi hermana y te va a hacer un descuento. Por último, conduce siempre con cuidado. ¡NUNCA escribas mensajes de texto mientras conduces! ¿Vienes este fin de semana a visitarme? Dejé unos discos compactos en el baúl; tráelos, por favor.

	Lógico	Ilógico
1. Joaquín le regaló su carro a Cristina.	❍	❍
2. Joaquín llevó el carro al taller la semana pasada.	❍	❍
3. Cristina tiene un teléfono celular.	❍	❍
4. Joaquín se preocupa por Cristina.	❍	❍
5. Joaquín le prestó unos discos compactos a Cristina.	❍	❍

5 **La tecnología** Escribe por lo menos seis oraciones en las que le digas a un(a) amigo/a qué hacer para tener "una buena relación" con la tecnología. Usa mandatos familiares afirmativos y negativos.

Síntesis

6 **¿Qué hago?** En parejas, túrnense para darse consejos (*advice*) usando mandatos familiares afirmativos o negativos. Pueden usar las sugerencias de la lista o inventar sus propias situaciones.

modelo

tener un resfriado
Estudiante 1: *Tengo un resfriado.*
Estudiante 2: *Toma medicina./No te levantes hoy.*

- estar aburrido/a
- conducir mal
- gastar mucho dinero
- tener dolor de cabeza
- estar cansado/a
- tener un carro que no arranca
- perder la licencia de conducir
- tener una computadora que no funciona bien
- olvidar el cumpleaños de alguien
- tener un teléfono celular que está descompuesto

5.2 Por and para

ANTE TODO Unlike English, Spanish has two words that mean *for*: **por** and **para**. These two prepositions are not interchangeable. Study the following charts to see how they are used.

- **Por** and **para** are most commonly used to describe aspects of movement, time, and action, but in different circumstances.

Por	Para
Movement	
Through or by a place La excursión nos llevó **por** el centro. *The tour took us through downtown.*	**Toward a destination** Mis amigos van **para** el estadio. *My friends are going to the stadium.*
Time	
Duration of an event Ana navegó la red **por** dos horas. *Ana surfed the net for two hours.*	**Action deadline** Tengo que escribir un ensayo **para** mañana. *I have to write an essay by tomorrow.*
Action	
Reason or motive for an action or circumstance Llegué a casa tarde **por** el tráfico. *I got home late because of the traffic.*	**Indication of for whom something is intended or done** Estoy preparando una sorpresa **para** Eduardo. *I'm preparing a surprise for Eduardo.*

- Here is a list of the uses of **por** and **para**.

Por is used to indicate...

1. **Movement: Motion or a general location** . . *(around, through, along, by)*	Pasamos **por** el parque y **por** el río. *We passed by the park and along the river.*
2. **Time: Duration of an action** . . . . *(for, during, in)*	Estuve en la Patagonia **por** un mes. *I was in Patagonia for a month.*
3. **Action: Reason or motive for an action** . . *(because of, on account of, on behalf of)*	Lo hizo **por** su familia. *She did it on behalf of her family.*
4. **Object of a search** . . . . *(for, in search of)*	Vengo **por** ti a las ocho. *I'm coming for you at eight.* Manuel fue **por** su cámara digital. *Manuel went in search of his digital camera.*
5. **Means by which something is done** . . . *(by, by way of, by means of)*	Ellos viajan **por** la autopista. *They travel by (by way of) the highway.*
6. **Exchange or substitution** . . . . *(for, in exchange for)*	Le di dinero **por** el reproductor de MP3. *I gave him money for the MP3 player.*
7. **Unit of measure** . . . . *(per, by)*	José manejaba a 120 kilómetros **por** hora. *José was driving 120 kilometers per hour.*

¡ATENCIÓN!

Por is also used in several idiomatic expressions, including:

por aquí *around here*

por ejemplo *for example*

por eso *that's why; therefore*

por fin *finally*

AYUDA

Remember that when giving an exact time, **de** is used instead of **por** before **la mañana, la tarde,** or **la noche**.

La clase empieza a las nueve **de** la mañana.

• • •

In addition to **por**, **durante** is also commonly used to mean *for* when referring to time.

Esperé al mecánico **durante** cincuenta minutos.

Para is used to indicate...

1. **Movement: Destination** . . . . (*toward, in the direction of*)	Salimos **para** Córdoba el sábado. *We are leaving for Córdoba on Saturday.*
2. **Time: Deadline or a specific time in the future** . . . . (*by, for*)	Él va a arreglar el carro **para** el viernes. *He will fix the car by Friday.*
3. **Action: Purpose or goal** + [*infinitive*]. . . . (*in order to*)	Juan estudia **para** (ser) mecánico. *Juan is studying to be a mechanic.*
4. **Purpose** + [*noun*] . . . . (*for, used for*)	Es una llanta **para** el carro. *It's a tire for the car.*
5. **The recipient of something** . . . . (*for*)	Compré una impresora **para** mi hijo. *I bought a printer for my son.*
6. **Comparison with others or an opinion**. . (*for, considering*)	**Para** un joven, es demasiado serio. *For a young person, he is too serious.* **Para** mí, esta lección no es difícil. *For me, this lesson isn't difficult.*
7. **In the employment of** . . . . (*for*)	Sara trabaja **para** Telecom Argentina. *Sara works for Telecom Argentina.*

▶ In many cases it is grammatically correct to use either **por** or **para** in a sentence. The meaning of the sentence is different, however, depending on which preposition is used.

Caminé **por** el parque.
I walked through the park.

Caminé **para** el parque.
I walked to (toward) the park.

Trabajó **por** su padre.
He worked for (in place of) his father.

Trabajó **para** su padre.
He worked for his father('s company).

¡INTÉNTALO! Completa estas oraciones con las preposiciones **por** o **para**.

1. Fuimos al cibercafé ___por___ la tarde.
2. Necesitas un navegador GPS ______ encontrar la casa de Luis.
3. Entraron ______ la puerta.
4. Quiero un pasaje ______ Buenos Aires.
5. ______ arrancar el carro, necesito la llave.
6. Arreglé el televisor ______ mi amigo.
7. Estuvieron nerviosos ______ el examen.
8. ¿No hay una gasolinera ______ aquí?
9. El reproductor de MP3 es ______ usted.
10. Juan está enfermo. Tengo que trabajar ______ él.
11. Estuvimos en Canadá ______ dos meses.
12. ______ mí, el español es fácil.
13. Tengo que estudiar la lección ______ el lunes.
14. Voy a ir ______ la carretera.
15. Compré dulces ______ mi hermana.
16. Compramos el auto ______ un buen precio.

Práctica

1 **Completar** Completa este párrafo con las preposiciones **por** o **para**.

El mes pasado mi esposo y yo hicimos un viaje a Buenos Aires y sólo pagamos dos mil dólares (1)______ los pasajes. Estuvimos en Buenos Aires (2)______ una semana y paseamos por toda la ciudad. Durante el día caminamos (3)______ la plaza San Martín, el microcentro y el barrio de La Boca, donde viven muchos artistas. (4)______ la noche fuimos a una tanguería, que es una especie de teatro, (5)______ mirar a la gente bailar tango. Dos días después decidimos hacer una excursión (6)______ las pampas (7)______ ver el paisaje y un rodeo con gauchos. Alquilamos (*We rented*) un carro y manejamos (8)______ todas partes y pasamos unos días muy agradables. El último día que estuvimos en Buenos Aires fuimos a Galerías Pacífico (9)______ comprar recuerdos (*souvenirs*) (10)______ nuestros hijos y nietos. Compramos tantos regalos que tuvimos que pagar impuestos (*duties*) en la aduana al regresar.

2 **Oraciones** Crea oraciones originales con los elementos de las columnas. Une los elementos usando **por** o **para**.

modelo

Fuimos a Mar del Plata por razones de salud para visitar a un especialista.

(no) fue al mercado	por/para	comprar frutas	por/para	¿?
(no) fuimos a las montañas	por/para	tres días	por/para	¿?
(no) fuiste a Mar del Plata	por/para	razones de salud	por/para	¿?
(no) fueron a Buenos Aires	por/para	tomar el sol	por/para	¿?

NOTA CULTURAL

Mar del Plata es un centro turístico en la costa de Argentina. La ciudad es conocida como "la perla del Atlántico" y todos los años muchos turistas visitan sus playas y casinos.

3 **Describir** Usa **por** o **para** y el tiempo presente para describir estos dibujos.

1. ________________

2. ________________

3. ________________

4. ________________

5. ________________

6. ________________

Comunicación

4 **Los planes** Escucha la conversación telefónica entre Antonio y Sonia. Luego, indica si las conclusiones son **lógicas** o **ilógicas**, según lo que escuchaste.

	Lógico	Ilógico
1. En junio hace frío en Bariloche.	❍	❍
2. Sonia va a viajar por las carreteras.	❍	❍
3. Sonia vive en Santiago de Chile.	❍	❍
4. Antonio vive en Buenos Aires.	❍	❍
5. Sonia va al centro por una bolsa.	❍	❍
6. Sonia no sabe esquiar.	❍	❍

5 **Descripciones** En parejas, usen **por** o **para** y completen estas frases de manera lógica.

1. En casa, hablo con mis amigos...
2. Mi padre/madre trabaja...
3. A veces voy a la biblioteca...
4. Esta noche tengo que estudiar...
5. Compré un regalo...
6. Necesito hacer la tarea...

6 **Situación** En parejas, dramaticen esta situación. Utilicen muchos ejemplos de **por** y **para.**

Hijo/a		Padre/Madre
Pídele dinero a tu padre/madre.	→	Pregúntale a tu hijo/a para qué lo necesita.
Dile que quieres comprar un carro.	→	Pregúntale por qué necesita un carro.
Explica tres razones por las que necesitas un carro.	→	Explica por qué sus razones son buenas o malas.
Dile que por no tener un carro tu vida es muy difícil.	→	Decide si vas a darle el dinero y explica por qué.

Síntesis

7 **La tecnología y tú** Escribe un párrafo sobre cómo usas los diferentes tipos de tecnología y aparatos (*devices*) electrónicos en tu vida diaria: para qué tareas (*tasks*), en qué momento del día, por cuánto tiempo, etc.

5.3 Reciprocal reflexives

ANTE TODO

In **Lección 1**, you learned that reflexive verbs indicate that the subject of a sentence does the action to itself. Reciprocal reflexives, on the other hand, express a shared or reciprocal action between two or more people or things. In this context, the pronoun means *(to) each other* or *(to) one another*.

Luis y Marta **se** miran en el espejo.
Luis and Marta look at themselves in the mirror.

Luis y Marta **se** miran.
Luis and Marta look at each other.

- Only the plural forms of the reflexive pronouns (**nos**, **os**, **se**) are used to express reciprocal actions because the action must involve more than one person or thing.

Cuando **nos vimos** en la calle, **nos abrazamos**.
When we saw each other on the street, we hugged (one another).

Ustedes **se** van a **encontrar** en el cibercafé, ¿no?
You are meeting (each other) at the cybercafé, right?

Nos ayudamos cuando usamos la computadora.
We help each other when we use the computer.

Las amigas **se saludaron** y **se besaron**.
The friends greeted each other and kissed (one another).

¡ATENCIÓN!

Here is a list of common verbs that can express reciprocal actions:

abrazar(se) *to hug; to embrace (each other)*
ayudar(se) *to help (each other)*
besar(se) *to kiss (each other)*
encontrar(se) *to meet (each other); to run into (each other)*
saludar(se) *to greet (each other)*

¡INTÉNTALO! Indica el reflexivo recíproco adecuado de estos verbos en el presente o el pretérito.

presente

1. (escribir) Los novios se escriben.
   Nosotros ____________.
   Ana y Ernesto ____________.
2. (escuchar) Mis tíos ____________.
   Nosotros ____________.
   Ellos ____________.
3. (ver) Nosotros ____________.
   Fernando y Tomás ____________.
   Ustedes ____________.
4. (llamar) Ellas ____________.
   Mis hermanos ____________.
   Pepa y yo ____________.

pretérito

1. (saludar) Nicolás y tú se saludaron.
   Nuestros vecinos ____________.
   Nosotros ____________.
2. (hablar) Los amigos ____________.
   Elena y yo ____________.
   Ustedes ____________.
3. (conocer) Alberto y yo ____________.
   Ustedes ____________.
   Ellos ____________.
4. (encontrar) Ana y Javier ____________.
   Los primos ____________.
   Mi hermana y yo ____________.

Práctica y Comunicación

1 **Un amor recíproco** Describe a Laura y a Elián usando los verbos recíprocos.

modelo

Laura veía a Elián todos los días. Elián veía a Laura todos los días.
Laura y Elián se veían todos los días.

1. Laura conocía bien a Elián. Elián conocía bien a Laura.
2. Laura miraba a Elián con amor. Elián la miraba con amor también.
3. Laura entendía bien a Elián. Elián entendía bien a Laura.
4. Laura hablaba con Elián todas las noches por teléfono. Elián hablaba con Laura todas las noches por teléfono.
5. Laura ayudaba a Elián con sus problemas. Elián la ayudaba también con sus problemas.

2 **Describir** Mira los dibujos y describe lo que estas personas hicieron.

1. Las hermanas ____________.

2. Ellos ____________.

3. Gilberto y Mercedes ____________ / ____________ / ____________.

4. Tú y yo ________________ / ________________________.

3 **Preguntas** Contesta las preguntas de tu compañero/a.

1. ¿Se vieron tú y tu mejor amigo/a ayer? ¿Cuándo se ven ustedes normalmente?
2. ¿Dónde y cuándo se encuentran tú y tus amigos?
3. ¿Se ayudan tú y tu mejor amigo/a con sus problemas?
4. ¿Se entienden bien tú y tus amigos?
5. ¿Dónde se conocieron tú y tu mejor amigo/a?
6. ¿Cuándo se dan regalos tú y tu familia?
7. ¿Se escriben tú y tus amigos mensajes de texto o prefieren llamarse por teléfono?
8. ¿Siempre se llevan bien tú y tu mejor amigo/a? Explica tu respuesta.

5.4 Stressed possessive adjectives and pronouns

ANTE TODO Spanish has two types of possessive adjectives: the unstressed (or short) forms you learned in **Senderos 1** and the stressed (or long) forms. The stressed forms are used for emphasis or to express *of mine*, *of yours*, and so on.

Stressed possessive adjectives

Masculine singular	Feminine singular	Masculine plural	Feminine plural	
mío	**mía**	**míos**	**mías**	*my; (of) mine*
tuyo	**tuya**	**tuyos**	**tuyas**	*your; (of) yours* (fam.)
suyo	**suya**	**suyos**	**suyas**	*your; (of) yours* (form.)*; his; (of) his; her; (of) hers; its*
nuestro	**nuestra**	**nuestros**	**nuestras**	*our; (of) ours*
vuestro	**vuestra**	**vuestros**	**vuestras**	*your; (of) yours* (fam.)
suyo	**suya**	**suyos**	**suyas**	*your; (of) yours; their; (of) theirs*

- **¡Atención!** Used with **un/una**, these possessives are similar in meaning to the English expression *of mine/yours*/etc.

  Juancho es **un** amigo **mío**.
  Juancho is a friend of mine.

  Ella es **una** compañera **nuestra**.
  She is a classmate of ours.

- Stressed possessive adjectives agree in gender and number with the nouns they modify. While unstressed possessive adjectives are placed before the noun, stressed possessive adjectives are placed after the noun they modify.

  su impresora
  her printer

  nuestros televisores
  our television sets

  la impresora **suya**
  her printer

  los televisores **nuestros**
  our television sets

- A definite article, an indefinite article, or a demonstrative adjective usually precedes a noun modified by a stressed possessive adjective.

  Me encantan
  - **unos** discos compactos **tuyos**. *I love some of your CDs.*
  - **los** discos compactos **tuyos**. *I love your CDs.*
  - **estos** discos compactos **tuyos**. *I love these CDs of yours.*

- Since **suyo, suya, suyos,** and **suyas** have more than one meaning, you can avoid confusion by using the construction: [*article*] + [*noun*] + **de** + [*subject pronoun*].

  el teclado **suyo**

  el teclado **de él/ella/usted**
  el teclado **de ustedes/ellos/ellas**

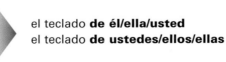

Possessive pronouns

- Possessive pronouns are used to replace a noun + [*possessive adjective*]. In Spanish, the possessive pronouns have the same forms as the stressed possessive adjectives, but they are preceded by a definite article.

la cámara **nuestra**	▶	**la nuestra**
el navegador GPS **tuyo**		**el tuyo**
los archivos **suyos**		**los suyos**

- A possessive pronoun agrees in number and gender with the noun it replaces.

—Aquí está **mi coche**. ¿Dónde está **el tuyo**?
Here's my car. Where is yours?

—**El mío** está en el taller de mi hermano.
Mine is at my brother's garage.

—¿Tienes **las revistas** de Carlos?
Do you have Carlos' magazines?

—No, pero tengo **las nuestras**.
No, but I have ours.

¿También está descompuesta tu computadora?

No, la mía no, la suya.

¡INTÉNTALO! Indica las formas tónicas (*stressed*) de estos adjetivos posesivos y los pronombres posesivos correspondientes.

	adjetivos	pronombres
1. su cámara digital	la cámara digital suya	la suya
2. mi televisor		
3. nuestros discos compactos		
4. tus aplicaciones		
5. su monitor		
6. mis videos		
7. nuestra impresora		
8. tu estéreo		
9. nuestro blog		
10. mi computadora		

Práctica

1 **Oraciones** Forma oraciones con estas palabras. Usa el presente y haz los cambios necesarios.

1. un / amiga / suyo / vivir / Mendoza
2. ¿me / prestar / calculadora / tuyo?
3. el / coche / suyo / nunca / funcionar / bien
4. no / nos / interesar / problemas / suyo
5. yo / querer / cámara digital / mío / ahora mismo
6. un / amigos / nuestro / manejar / como / loco

2 **¿Es suyo?** Un policía ha capturado (*has captured*) al hombre que robó (*robbed*) en tu casa. Ahora quiere saber qué cosas son tuyas. Túrnate con un(a) compañero/a para hacer el papel del policía y usa las pistas (*clues*) para contestar las preguntas.

modelo

no/viejo
Policía: *Esta impresora, ¿es suya?*
Estudiante: *No, no es mía. La mía era más vieja.*

1. sí

2. no/pequeño

3. sí

4. sí

5. no/grande

6. no/caro

3 **Conversaciones** Completa estas conversaciones con las formas adecuadas de los pronombres posesivos.

1. —La casa de ellos estaba en la Avenida Alvear. ¿Dónde estaba la casa de ustedes?
   —__________ estaba en la calle Bolívar.
2. —A Carmen le encanta su monitor nuevo.
   —¿Sí? A José no le gusta __________.
3. —Puse mis discos aquí. ¿Dónde pusiste __________, Alfonso?
   —Puse __________ en el escritorio.
4. —Se me olvidó traer mis llaves. ¿Trajeron ustedes __________?
   —No, dejamos __________ en casa.
5. —Yo compré mi computadora en una tienda y Marta compró __________ en Internet. Y __________, ¿dónde la compraste?
   —__________ es de Cíbermax.

Comunicación

4 **Eso es mío** Escucha la conversación entre Pablo y Ana. Luego, indica si las conclusiones son **lógicas** o **ilógicas**, según lo que escuchaste.

	Lógico	Ilógico
1. Pablo y Ana acaban de romper.	❍	❍
2. Pablo tiene licencia de conducir.	❍	❍
3. Pablo es camarero.	❍	❍
4. Ana se va a llevar la computadora.	❍	❍
5. Pablo y Ana van a ver una película juntos.	❍	❍

5 **Comparar** Trabajen en parejas. Intenta (*Try to*) convencer a tu compañero/a de que algo que tú tienes es mejor que lo que él/ella tiene. Pueden hablar de sus carros, computadoras, televisores, teléfonos celulares, clases, horarios o trabajos.

modelo

Estudiante 1: *Mi televisor tiene una pantalla de veinte pulgadas (inches). ¿Y el tuyo?*
Estudiante 2: *El mío es mejor porque tiene una pantalla de treinta y siete pulgadas.*
Estudiante 1: *Pues el mío…*

Síntesis

6 **Inventos locos** Imagina que acabas de inventar un aparato (*device*) tecnológico revolucionario. Dibuja tu invento y descríbelo contestando las preguntas que siguen.

modelo

Este invento mío se usa para cocinar huevos y funciona de una manera muy fácil...

- ¿Para qué se usa?
- ¿Cómo es?
- ¿Cuánto cuesta?
- ¿Qué personas van a comprar este aparato?

Recapitulación

Completa estas actividades para repasar los conceptos de gramática que aprendiste en esta lección.

1 Completar Completa la tabla con las formas de los mandatos familiares. **16 pts.**

Infinitivo	Mandato	
	Afirmativo	Negativo
comer	come	no comas
hacer		
sacar		
venir		
ir		

2 Por y para Completa el diálogo con **por** o **para.** **20 pts.**

MARIO Hola, yo trabajo (1) ________ el periódico de la escuela. ¿Puedo hacerte unas preguntas?

INÉS Sí, claro.

MARIO ¿Navegas mucho (2) ________ la red?

INÉS Sí, todos los días me conecto a Internet (3) ________ leer mi correo y navego (4) ________ una hora. También me gusta hablar (5) ________ *Skype* con mis amigos. Es muy bueno y, (6) ________ mí, es divertido.

MARIO ¿Y qué piensas sobre hacer la tarea en la computadora?

INÉS En general, me parece bien, pero (7) ________ ejemplo, anoche hice unos ejercicios (8) ________ la clase de álgebra y al final me dolieron los ojos. (9) ________ eso a veces prefiero hacer la tarea a mano.

MARIO Muy bien. Muchas gracias (10) ________ tu tiempo.

3 Posesivos Completa las oraciones y confirma de quién son las cosas. **12 pts.**

1. —¿Éste es mi video? —Sí, es el ________ (*fam.*).
2. —¿Ésta es la cámara de tu papá? —Sí, es la ________.
3. —¿Ese teléfono es de Pilar? —Sí, es el ________.
4. —¿Éstos son los cargadores de ustedes? —No, no son ________.
5. —¿Ésta es tu computadora portátil? —No, no es ________.
6. —¿Ésas son mis fotos? —Sí, son las ________ (*form.*).

RESUMEN GRAMATICAL

5.1 Familiar commands pp. 164–165

tú commands		
Infinitive	Affirmative	Negative
guardar	**guarda**	**no guardes**
volver	**vuelve**	**no vuelvas**
imprimir	**imprime**	**no imprimas**

► Irregular **tú** command forms

dar → **no des**
decir → **di**
estar → **no estés**
hacer → **haz**
ir → **ve, no vayas**
poner → **pon**
saber → **no sepas**
salir → **sal**
ser → **sé, no seas**
tener → **ten**
venir → **ven**

► Verbs ending in **-car**, **-gar**, **-zar** have a spelling change in the negative **tú** commands:

sacar → no saques
apagar → no apagues
almorzar → no almuerces

5.2 Por and para pp. 168–169

► Uses of **por:**

motion or general location; duration; reason or motive; object of a search; means by which something is done; exchange or substitution; unit of measure

► Uses of **para:**

destination; deadline; purpose or goal; recipient of something; comparison or opinion; in the employment of

5.3 Reciprocal reflexives p. 172

► Reciprocal reflexives express a shared or reciprocal action between two or more people or things. Only the plural forms (**nos, os, se**) are used.

Cuando **nos vimos** en la calle, **nos abrazamos.**

► Common verbs that can express reciprocal actions:

abrazar(se), ayudar(se), besar(se), conocer(se), encontrar(se), escribir(se), escuchar(se), hablar(se), llamar(se), mirar(se), saludar(se), ver(se)

5.4 Stressed possessive adjectives and pronouns

pp. 174–175

Stressed possessive adjectives	
Masculine	**Feminine**
mío(s)	mía(s)
tuyo(s)	tuya(s)
suyo(s)	suya(s)
nuestro(s)	nuestra(s)
vuestro(s)	vuestra(s)
suyo(s)	suya(s)

la impresora **suya** → **la suya**

las llaves **mías** → **las mías**

4 **Ángel y diablito** A Juan le gusta pedir consejos a su ángel y a su diablito imaginarios. Completa las respuestas con mandatos familiares desde las dos perspectivas. 24 pts.

1. Estoy manejando. ¿Voy más rápido?
   Á No, no ________ más rápido.
   D Sí, ________ más rápido.
2. Es el reproductor de MP3 de mi hermana. ¿Lo pongo en mi mochila?
   Á No, no ________ en tu mochila.
   D Sí, ________ en tu mochila.
3. Necesito estirar (*to stretch*) las piernas. ¿Doy un paseo?
   Á Sí, ________ un paseo.
   D No, no ________ un paseo.
4. Mi amigo necesita imprimir algo. ¿Apago la impresora?
   Á No, no ________ la impresora.
   D Sí, ________ la impresora.

5 **Oraciones** Forma oraciones para expresar acciones recíprocas con el tiempo indicado. 24 pts.

modelo

tú y yo / conocer / bien (presente) *Tú y yo nos conocemos bien.*

1. José y Paco / llamar / una vez por semana (imperfecto)
2. mi mamá y yo / ver / todos los días (presente)
3. los compañeros de clase / ayudar / con la tarea (pretérito)
4. tú y tu mamá / escribir / por correo electrónico / cada semana (imperfecto)
5. mis hermanas y yo / entender / perfectamente (presente)
6. los profesores / saludar / con mucho respeto (pretérito)

6 **Saber compartir** Completa la expresión con los dos pronombres posesivos que faltan. 4 pts.

"Lo que° es ________ es ________."

Lo que *What*

Lectura

Antes de leer

Estrategia

Recognizing borrowed words

One way languages grow is by borrowing words from each other. English words that relate to technology often are borrowed by Spanish and other languages throughout the world. Sometimes the words are modified slightly to fit the sounds of the languages that borrow them. When reading in Spanish, you can often increase your understanding by looking for words borrowed from English or other languages you know.

Examinar el texto

Observa la tira cómica°. ¿De qué trata°? ¿Cómo lo sabes?

Buscar

Esta lectura contiene una palabra tomada° del inglés. Encuéntrala.

____

Repasa° las palabras nuevas relacionadas con la tecnología que aprendiste en **Contextos** y expande la lista de palabras tomadas del inglés.

_______________	_______________
_______________	_______________
_______________	_______________

Sobre el autor

Juan Matías Loiseau (1974–). Más conocido como Tute, este artista nació en Buenos Aires, Argentina. Estudió diseño gráfico, humorismo y cine. Sus tiras cómicas se publican en Estados Unidos, Francia y toda Latinoamérica.

tira cómica *comic strip* **¿De qué trata?** *What is it about?* **tomada** *taken* **Repasa** *Review*

Después de leer

Comprensión

Indica si las oraciones son **ciertas** o **falsas**. Corrige las falsas.

Cierto **Falso**

____ ____ 1. Hay tres personajes en la tira cómica: un usuario de teléfono, un amigo y un empleado de la empresa (*company*) telefónica.

____ ____ 2. El nuevo servicio de teléfono incluye las llamadas telefónicas únicamente.

____ ____ 3. El empleado duerme en su casa.

____ ____ 4. El contrato de teléfono dura (*lasts*) un año.

____ ____ 5. El usuario y el amigo están trabajando (*working*).

Preguntas

Contesta estas preguntas con oraciones completas. Usa el pretérito y el imperfecto.

1. ¿Al usuario le gustaba usar el teléfono celular todo el tiempo?
____
2. ¿Por qué el usuario decidió tirar el teléfono al mar?
____
3. Según el amigo, ¿para qué tenía el usuario que tirar el teléfono celular al mar?
____
4. ¿Qué ocurrió cuando el usuario tiró el teléfono?
____
5. ¿Qué le dijo el empleado al usuario cuando salió del mar?
____

Contestar

Contesta las preguntas.

1. ¿Te sientes identificado/a con el usuario de teléfono de la tira cómica? ¿Por qué?
2. ¿Cuáles son los aspectos positivos y los negativos de tener teléfono celular?
3. ¿Cuál es para ti el límite que debe tener la tecnología en nuestras vidas?

te viene *comes with* **tipo** *guy, dude* **te avisa** *alerts you* **escuchás** *listen (Arg.)* **distraídos** *careless* **piso** *floor* **bolsa de dormir** *sleeping bag* **darle de baja** *to suspend* **harto** *fed up* **revolear** *throw it away with energy (S. America)* **bien hecho** *well done* **llamada perdida** *missed call*

Escritura

Estrategia

Listing key words

Once you have determined the purpose for a piece of writing and identified your audience, it is helpful to make a list of key words you can use while writing. If you were to write a description of your campus, for example, you would probably need a list of prepositions that describe location, such as **al lado de** and **detrás de**. Likewise, a list of descriptive adjectives would be useful to you if you were writing about the people and places of your childhood.

By preparing a list of potential words ahead of time, you will find it easier to avoid using the dictionary while writing your first draft. You will probably also learn a few new words in Spanish while preparing your list of key words.

Listing useful vocabulary is also a valuable organizational strategy, since the act of brainstorming key words will help you to form ideas about your topic. In addition, a list of key words can help you avoid redundancy when you write.

If you were going to help someone write a personal ad, what words would be most helpful to you? Jot a few of them down.

1. ______________________
2. ______________________
3. ______________________
4. ______________________
5. ______________________
6. ______________________

Tema

Escribir instrucciones

Uno de tus amigos argentinos quiere crear un sitio web sobre películas estadounidenses. Te pide sugerencias sobre qué información puede incluir y no incluir en su sitio web.

Escríbele un mensaje electrónico en el que le explicas claramente° cómo organizar el sitio web y qué información puede incluir.

Cuando escribas tu mensaje electrónico, considera esta información:

- una sugerencia para el nombre del sitio web
- mandatos afirmativos para describir en detalle lo que tu amigo/a puede incluir en el sitio web
- una lista de las películas americanas más importantes de todos los tiempos (en tu opinión)
- mandatos negativos para sugerirle a tu amigo/a qué información no debe incluir en el sitio web

claramente *clearly*

Escuchar

Estrategia

Recognizing the genre of spoken discourse

You will encounter many different genres of spoken discourse in Spanish. For example, you may hear a political speech, a radio interview, a commercial, a voicemail message, or a news broadcast. Try to identify the genre of what you hear so that you can activate your background knowledge about that type of discourse and identify the speakers' motives and intentions.

To practice this strategy, you will now listen to two short selections. Identify the genre of each one.

Preparación

Mira la foto de Ricardo Moreno. ¿Puedes imaginarte qué tipo de discurso vas a oír?

Ahora escucha

Mientras escuchas a Ricardo Moreno, contesta las preguntas.

1. ¿Qué tipo de discurso es?
   a. las noticias° por radio o televisión
   b. una conversación entre amigos
   c. un anuncio comercial
   d. una reseña° de una película
2. ¿De qué habla?
   a. del tiempo
   b. de su vida
   c. de un producto o servicio
   d. de algo que oyó o vio
3. ¿Cuál es el propósito°?
   a. informar
   b. vender
   c. relacionarse con alguien
   d. dar opiniones

noticias *news* reseña *review* propósito *purpose*

Comprensión

Identificar

Indica si esta información está incluida en el discurso; si está incluida, escribe los detalles que escuchaste.

	Sí	No
1. El anuncio describe un servicio. ________	❍	❍
2. Explica cómo está de salud. ________	❍	❍
3. Informa sobre la variedad de productos. ________	❍	❍
4. Pide tu opinión. ________	❍	❍
5. Explica por qué es la mejor tienda. ________	❍	❍
6. Informa sobre el tiempo para mañana. ________	❍	❍
7. Informa dónde se puede conseguir el servicio. ________	❍	❍
8. Informa sobre las noticias del mundo. ________	❍	❍

Haz un anuncio

Haz un anuncio comercial de algún producto. No te olvides de dar toda la información necesaria.

en pantalla

Preparación

Contesta las preguntas y después comparte tus respuestas con un grupo de compañeros/as.

1. ¿Para qué usas la tecnología? ¿Para qué usamos las computadoras, los teléfonos celulares y las tabletas?
2. ¿Te gusta más leer libros y revistas en papel o en formato electrónico? ¿Por qué? ¿Qué ventajas tiene cada uno de estos formatos?

Conocimiento bio-óptico organizado

¿Para qué sirven la tecnología y los aparatos digitales? La tecnología cambia las actividades diarias y los deseos de las personas. Las compañías que venden objetos tradicionales necesitan imaginación para vender sus productos en el mundo digital. La compañía **Popular libros**, un distribuidor español de libros en Internet, hizo este video como un proyecto cultural para promover los libros impresos y la lectura, de una manera creativa y divertida.

BOOK

...sin necesidad de usar las manos.

Vocabulario útil

atril	*stand*
búsqueda	*search*
colgarse	*to crash*
disfrutar (de)	*to enjoy*
recargarse	*to recharge*
reiniciar	*to restart, reboot*
toma de corriente	*(electric) outlet*
ventajas	*advantages*

Comprensión

¿Para qué sirve? Empareja los elementos según el contenido del video.

1. atril	a. tomar notas personales
2. índice	b. duplicar la información
3. lapicero	c. abrir el libro en un punto exacto
4. marcapáginas	d. leer sin usar las manos
5. papel opaco	e. señalar la localización exacta de información

Conversación

Contesta las siguientes preguntas con un(a) compañero/a.

1. ¿Cuáles son algunos de los adjetivos que describen a BOOK? ¿Y algunas de sus características?
2. Según el video, ¿cuáles son las ventajas de BOOK en comparación con los aparatos de lectura digital?

Aplicación

Este anuncio habla de cómo leer de manera tradicional, pero de una manera cómica y usando el vocabulario del mundo digital. Trabaja con un grupo pequeño para hacer lo mismo con las actividades siguientes: escribir cartas a los amigos, encontrar un lugar en una ciudad, comprar música u otro tema que consideren interesante.

Flash Cultura

Hoy día, en cualquier ciudad grande latinoamericana puedes encontrar **un cibercafé**. Allí uno puede disfrutar de° un refresco o un café mientras navega en Internet, escribe mensajes electrónicos o chatea. De hecho°, el negocio° del cibercafé está mucho más desarrollado° en Latinoamérica que en los Estados Unidos. En una ciudad hispana, es común ver varios en una misma cuadra°. Los cibercafés ofrecen servicios especializados que permiten su coexistencia. Por ejemplo, mientras que el cibercafé Videomax atrae° a los niños con videojuegos, el Conécta-T ofrece servicio de chat con cámara para jóvenes, y el Mundo° Ejecutivo atrae a profesionales, todos en la misma calle.

Vocabulario útil	
comunidad indígena	*indigenous community*
localizados	*located*
usuarios	*users*

Preparación

¿Con qué frecuencia navegas en Internet? ¿Dónde lo haces, en tu casa o en un lugar público?

Elegir

Indica cuál de las dos opciones resume mejor este episodio.

a. En Cuzco, Internet es un elemento importante para las comunidades indígenas que quieren vender sus productos en otros países. Con Internet inalámbrica, estas comunidades chatean con clientes en otros países.

b. En Cuzco, la comunidad y los turistas usan la tecnología de los celulares e Internet para comunicarse con sus familias o vender productos. Para navegar en Internet, se pueden visitar las cabinas de Internet o ir a la Plaza de Armas con una computadora portátil.

disfrutar de *enjoy* De hecho *In fact* negocio *business* desarrollado *developed* cuadra *(city) block* atrae *attracts* Mundo *World*

Maravillas de la tecnología

... los cibercafés se conocen comúnmente como "cabinas de Internet" y están localizados por todo el país.

... el primer *hotspot* de Cuzco [...] permite a los usuarios navegar de manera inalámbrica...

Puedo usar Internet en medio de la plaza y nadie me molesta.

Argentina

El país en cifras

- **Área:** 2.780.400 km² (1.074.000 millas²) *Argentina es el país de habla española más grande del mundo. Su territorio es dos veces el tamaño° de Alaska.*
- **Población:** 43.024.000
- **Capital:** Buenos Aires (y su área metropolitana) —13.528.000 *En el gran Buenos Aires vive más del treinta por ciento de la población total del país. La ciudad es conocida° como el "París de Suramérica" por su estilo parisino°.*

Buenos Aires

- **Ciudades principales:** Córdoba —1.493.000, Rosario —1.231.000, Mendoza —917.000
- **Moneda:** peso argentino
- **Idiomas:** español (oficial), lenguas indígenas

Bandera de Argentina

Argentinos célebres

- **Jorge Luis Borges,** escritor (1899–1986)
- **María Eva Duarte de Perón ("Evita"),** primera dama° (1919–1952)
- **Mercedes Sosa,** cantante (1935–2009)
- **Leandro "Gato" Barbieri,** saxofonista (1932–)
- **Adolfo Pérez Esquivel,** activista (1931–), Premio Nobel de la Paz en 1980

tamaño *size* conocida *known* parisino *Parisian* primera dama *First Lady* anchas *wide* mide *it measures* campo *field*

Gaucho de las pampas

Monte Fitz Roy (Chaltén)

Vista de San Carlos de Bariloche

¡Increíble pero cierto!

La Avenida 9 de Julio en Buenos Aires es una de las calles más anchas° del mundo. De lado a lado mide° cerca de 140 metros, lo que es equivalente a un campo° y medio de fútbol. Su nombre conmemora el Día de la Independencia de Argentina.

Historia • Inmigración europea

Se dice que Argentina es el país más "europeo" de toda Latinoamérica. Después del año 1880, inmigrantes italianos, alemanes, españoles e ingleses llegaron para establecerse en esta nación. Esta diversidad cultural ha dejado° una profunda huella° en la música, el cine y la arquitectura argentinos.

Artes • El tango

El tango es uno de los símbolos culturales más importantes de Argentina. Este género° musical es una mezcla de ritmos de origen africano, italiano y español, y se originó a finales del siglo XIX entre los porteños°. Poco después se hizo popular entre el resto de los argentinos y su fama llegó hasta París. Como baile, el tango en un principio° era provocativo y violento, pero se hizo más romántico durante los años 30. Hoy día, este estilo musical tiene adeptos° en muchas partes del mundo°.

Lugares • Las cataratas del Iguazú

Las famosas cataratas° del Iguazú se encuentran entre las fronteras de Argentina, Paraguay y Brasil, al norte de Buenos Aires. Cerca de ellas confluyen° los ríos Iguazú y Paraná. Estas extensas caídas de agua tienen hasta 80 metros (262 pies) de altura° y en época° de lluvias llegan a medir 4 kilómetros (2,5 millas) de ancho. Situadas en el Parque Nacional Iguazú, las cataratas son un destino° turístico muy visitado.

¿Qué aprendiste? Contesta cada pregunta con una oración completa.

1. ¿Qué porcentaje de la población de Argentina vive en el gran Buenos Aires?
2. ¿Quién era Mercedes Sosa?
3. Se dice que Argentina es el país más europeo de Latinoamérica. ¿Por qué?
4. ¿Qué tipo de baile es uno de los símbolos culturales más importantes de Argentina?
5. ¿Dónde y cuándo se originó el tango?
6. ¿Cómo era el baile del tango originalmente?
7. ¿En qué parque nacional están las cataratas del Iguazú?

Artesano en Buenos Aires

Conexión Internet Investiga estos temas en Internet.

1. Busca información sobre el tango. ¿Te gustan los ritmos y sonidos del tango? ¿Por qué? ¿Se baila el tango en tu comunidad?
2. ¿Quiénes fueron Juan y Eva Perón y qué importancia tienen en la historia de Argentina?

ha dejado *has left* huella *mark* género *genre* porteños *people of Buenos Aires* en un principio *at first* adeptos *followers* mundo *world* cataratas *waterfalls* confluyen *converge* altura *height* época *season* destino *destination*

La tecnología

la aplicación	*app*
la cámara digital/de video	*digital/video camera*
el canal	*(TV) channel*
el cargador	*charger*
el cibercafé	*cybercafé*
el control remoto	*remote control*
el correo de voz	*voice mail*
el disco compacto	*CD*
el estéreo	*stereo*
el radio	*radio (set)*
el reproductor de CD	*CD player*
el reproductor de MP3	*MP3 player*
el (teléfono) celular	*(cell) phone*
el televisor	*television set*
apagar	*to turn off*
funcionar	*to work*
llamar	*to call*
poner, prender	*to turn on*
sonar (o:ue)	*to ring*
descompuesto/a	*not working; out of order*
lento/a	*slow*
lleno/a	*full*

Verbos

abrazar(se)	*to hug; to embrace (each other)*
ayudar(se)	*to help (each other)*
besar(se)	*to kiss (each other)*
encontrar(se) (o:ue)	*to meet (each other); to run into (each other)*
saludar(se)	*to greet (each other)*

La computadora

el archivo	*file*
la arroba	*@ symbol*
el blog	*blog*
el buscador	*browser*
la computadora (portátil)	*(portable) computer; (laptop)*
la conexión inalámbrica	*wireless connection*
la dirección electrónica	*e-mail address*
la impresora	*printer*
Internet	*Internet*
el mensaje de texto	*text message*
el monitor	*(computer) monitor*
la página principal	*home page*
la pantalla	*screen*
el programa de computación	*software*
el ratón	*mouse*
la red	*network; Web*
el reproductor de DVD	*DVD player*
el sitio web	*website*
el teclado	*keyboard*
borrar	*to erase*
chatear	*to chat*
descargar	*to download*
escanear	*to scan*
grabar	*to record*
guardar	*to save*
imprimir	*to print*
navegar (en Internet)	*to surf (the Internet)*

El carro

la autopista	*highway*
el baúl	*trunk*
la calle	*street*
la carretera	*highway; (main) road*
el capó, el cofre	*hood*
el carro, el coche	*car*
la circulación, el tráfico	*traffic*
el garaje, el taller (mecánico)	*garage; (mechanic's) repair shop*
la gasolina	*gasoline*
la gasolinera	*gas station*
la licencia de conducir	*driver's license*
la llanta	*tire*
el/la mecánico/a	*mechanic*
el navegador GPS	*GPS*
el parabrisas	*windshield*
la policía	*police (force)*
la velocidad máxima	*speed limit*
el volante	*steering wheel*
arrancar	*to start*
arreglar	*to fix; to arrange*
bajar(se) de	*to get off of/out of (a vehicle)*
conducir, manejar	*to drive*
estacionar	*to park*
llenar (el tanque)	*to fill (the tank)*
parar	*to stop*
revisar (el aceite)	*to check (the oil)*
subir(se) a	*to get on/into (a vehicle)*

Otras palabras y expresiones

por aquí	*around here*
por ejemplo	*for example*
por eso	*that's why; therefore*
por fin	*finally*

Por and **para**	*See pages 168–169.*
Stressed possessive adjectives and pronouns	*See pages 174–175.*
Expresiones útiles	*See page 159.*

La vivienda

6

Communicative Goals

You will learn how to:

- **Welcome people to your home**
- **Describe your house or apartment**
- **Talk about household chores**
- **Give instructions**

A PRIMERA VISTA

- ¿Están los chicos en casa?
- ¿Viven en una casa o en un apartamento?
- ¿Ya comieron o van a comer?
- ¿Están de buen humor o de mal humor?

La vivienda

Más vocabulario

las afueras	*suburbs; outskirts*
el alquiler	*rent (payment)*
el ama (*m., f.*) de casa	*housekeeper; caretaker*
el barrio	*neighborhood*
el edificio de apartamentos	*apartment building*
el/la vecino/a	*neighbor*
la vivienda	*housing*
el balcón	*balcony*
la entrada	*entrance*
la escalera	*stairs*
el garaje	*garage*
el jardín	*garden; yard*
el patio	*patio; yard*
el pasillo	*hallway*
el sótano	*basement*
la cafetera	*coffee maker*
el electrodoméstico	*electrical appliance*
el horno (de microondas)	*(microwave) oven*
la lavadora	*washing machine*
la luz	*light; electricity*
la secadora	*clothes dryer*
la tostadora	*toaster*
el cartel	*poster*
la mesita de noche	*night stand*
los muebles	*furniture*
alquilar	*to rent*
mudarse	*to move (from one house to another)*

Variación léxica

dormitorio ←→ alcoba (*Arg.*); aposento (*Rep. Dom.*); recámara (*Méx.*)

apartamento ←→ departamento (*Arg., Chile, Méx.*); piso (*Esp.*)

lavar los platos ←→ lavar/fregar los trastes (*Amér. C., Rep. Dom.*)

Los quehaceres domésticos

arreglar	*to straighten up*
barrer el suelo	*to sweep the floor*
cocinar	*to cook*
ensuciar	*to get (something) dirty*
hacer quehaceres domésticos	*to do household chores*
lavar (el suelo, los platos)	*to wash (the floor, the dishes)*
limpiar la casa	*to clean the house*
planchar la ropa	*to iron the clothes*
quitar la mesa	*to clear the table*
quitar el polvo	*to dust*

Práctica

1 Escuchar Escucha la conversación y completa las oraciones.

1. Pedro va a limpiar primero ____________.
2. Paula va a comenzar en ____________.
3. Pedro va a ____________ en el sótano.
4. Pedro también va a limpiar ____________.
5. Ellos están limpiando la casa porque ______________________.

2 Respuestas Escucha las preguntas y selecciona la respuesta más adecuada. Una respuesta no se va a usar.

___ a. Sí, la alfombra estaba muy sucia.
___ b. No, porque todavía se están mudando.
___ c. Sí, sacudí la mesa y el estante.
___ d. Sí, puse el pollo en el horno.
___ e. Hice la cama, pero no limpié los muebles.
___ f. Sí, después de sacarla de la secadora.

3 Escoger Escoge la letra de la respuesta correcta.

1. Cuando quieres tener una lámpara y un despertador cerca de tu cama, puedes ponerlos en _____.
   a. el barrio b. el cuadro c. la mesita de noche
2. Si no quieres vivir en el centro de la ciudad, puedes mudarte _____.
   a. al alquiler b. a las afueras c. a la vivienda
3. Guardamos (*We keep*) los pantalones, las camisas y los zapatos en _____.
   a. la secadora b. el armario c. el patio
4. Para subir de la planta baja al primer piso, usas _____.
   a. la entrada b. el cartel c. la escalera
5. Ponemos cuadros y pinturas en _____.
   a. las paredes b. los quehaceres c. los jardines

4 Definiciones Identifica cada cosa que se describe. Luego inventa tus propias descripciones de algunas palabras y expresiones de **Contextos**.

modelo
Es donde pones los libros.
el estante

1. Es donde pones la cabeza cuando duermes.
2. Es el quehacer doméstico que haces después de comer.
3. Algunos de ellos son las cómodas y los sillones.
4. Son las personas que viven en tu barrio.
5. ______________________________
6. ______________________________

5 **Completar** Completa estas frases con las palabras más adecuadas.

1. Para comer una ensalada necesitas...
2. Para tomar café necesitas...
3. Para poner la comida en la mesa necesitas...
4. Para limpiarte la boca después de comer necesitas...
5. Para cortar (*to cut*) un bistec necesitas...
6. Para tomar agua necesitas...
7. Para tomar sopa necesitas...

6 **Los quehaceres** Indica quién hace estos quehaceres domésticos en tu casa. Luego contesta las preguntas.

barrer el suelo	lavar los platos	planchar la ropa
cocinar	lavar la ropa	sacar la basura
hacer las camas	pasar la aspiradora	sacudir los muebles

modelo

pasar la aspiradora

Mi hermano y yo pasamos la aspiradora en mi casa.

1. ¿Quién hace más quehaceres, tú o tus compañeros/as?
2. ¿Quiénes hacen la mayoría de los quehaceres, los hombres o las mujeres?
3. ¿Piensas que debes hacer más quehaceres? ¿Por qué?

Comunicación

7 **En la oficina de la agente inmobiliaria** Escucha la conversación entre el señor Fuentes y una agente inmobiliaria (*real estate agent*). Luego, indica si las conclusiones son **lógica**s o **ilógicas**, según lo que escuchaste.

	Lógico	Ilógico
1. El señor Fuentes quiere tener un jardín grande.	❍	❍
2. El señor Fuentes vive en los Estados Unidos.	❍	❍
3. El apartamento está en un barrio ideal para familias con niños.	❍	❍
4. Al señor Fuentes y a su familia les encanta usar la escalera.	❍	❍
5. El señor Fuentes necesita comprar electrodomésticos si alquila el apartamento.	❍	❍

8 **La vida doméstica** Describe las habitaciones de estas fotos. Para cada foto, incluye por lo menos cinco muebles o adornos (*accessories*) y dos quehaceres que se pueden hacer en esa habitación.

9 **Mi casa** En parejas, túrnense para hacerse preguntas sobre su vivienda y los quehaceres domésticos.

modelo

ciudad o afueras

Estudiante 1: *¿Dónde vives: en la ciudad o en las afueras?*

Estudiante 2: *Vivo en la ciudad. ¿Y tú?*

Estudiante 1: *Yo vivo en las afueras, a quince minutos de la ciudad.*

- casa o apartamento
- número de pisos
- vecinos
- muebles
- número de habitaciones
- electrodomésticos en la cocina
- quehacer doméstico más aburrido
- quehacer doméstico menos aburrido

Los quehaceres

Jimena y Felipe deben limpiar el apartamento para poder ir de viaje con Marissa.

PERSONAJES

JIMENA

FELIPE

SR. DÍAZ Quieren ir a Yucatán con Marissa, ¿verdad?

SRA. DÍAZ Entonces, les sugiero que arreglen este apartamento. Regresamos más tarde.

SR. DÍAZ Les aconsejo que preparen la cena para las 8:30.

MARISSA ¿Qué pasa?

JIMENA Nuestros papás quieren que Felipe y yo arreglemos toda la casa.

FELIPE Y que, además, preparemos la cena.

MARISSA ¡Pues, yo les ayudo!

MARISSA Mis padres siempre quieren que mis hermanos y yo ayudemos con los quehaceres. No me molesta ayudar. Pero odio limpiar el baño.

JIMENA Lo que más odio yo es sacar la basura.

JUAN CARLOS Hola, Jimena. ¿Está Felipe? (*a Felipe*) Te olvidaste del partido de fútbol.

FELIPE Juan Carlos, ¿verdad que mi papá te considera como de la familia?

JUAN CARLOS Sí.

(*Don Diego llega a ayudar a los chicos.*)

FELIPE Tenemos que limpiar la casa hoy.

JIMENA ¿Nos ayuda, don Diego?

DON DIEGO Claro. Recomiendo que se organicen en equipos para limpiar.

MARISSA Yo lleno el lavaplatos... después de vaciarlo.

DON DIEGO Juan Carlos, ¿por qué no terminas de pasar la aspiradora? Y Felipe, tú limpia el polvo. ¡Ya casi acaban!

SRA. DÍAZ

SR. DÍAZ

MARISSA

JUAN CARLOS

DON DIEGO

7

(*Los chicos preparan la cena y ponen la mesa.*)

JUAN CARLOS ¿Dónde están los tenedores?

JIMENA Allá.

JUAN CARLOS ¿Y las servilletas?

MARISSA Aquí están.

8

FELIPE La sala está tan limpia. Le pasamos la aspiradora al sillón y a las cortinas. ¡Y también a las almohadas!

JIMENA Yucatán, ¡ya casi llegamos!

9

(*Papá y mamá regresan a casa.*)

SRA. DÍAZ ¡Qué bonita está la casa!

SR. DÍAZ Buen trabajo, muchachos. ¿Qué hay para cenar?

JIMENA Quesadillas. Vengan.

10

SRA. DÍAZ Don Diego, quédese a cenar con nosotros. Venga.

SR. DÍAZ Sí, don Diego. Pase.

DON DIEGO Gracias.

Expresiones útiles

Making recommendations

Le(s) sugiero que arregle(n) este apartamento.
I suggest you tidy up this apartment.
Le(s) aconsejo que prepare(n) la cena para las ocho y media.
I recommend that you have dinner ready for eight thirty.

Organizing work

Recomiendo que se organicen en equipos para limpiar.
I recommend that you divide yourselves into teams to clean.
Yo lleno el lavaplatos... después de vaciarlo.
I'll fill the dishwasher... after I empty it.
¿Por qué no terminas de pasar la aspiradora?
Why don't you finish vacuuming?
¡Ya casi acaban!
You're almost finished!
Felipe, tú quita el polvo.
Felipe, you dust.

Making polite requests

Don Diego, quédese a cenar con nosotros.
Don Diego, stay and have dinner with us.
Venga.
Come on.
Don Diego, pase.
Don Diego, come in.

Additional vocabulary

el plumero *duster*

¿Qué pasó?

1 **¿Cierto o falso?** Indica si lo que dicen estas oraciones es **cierto** o **falso**. Corrige las oraciones falsas.

	Cierto	Falso
1. Felipe y Jimena tienen que preparar el desayuno.	❍	❍
2. Don Diego ayuda a los chicos organizando los quehaceres domésticos.	❍	❍
3. Jimena le dice a Juan Carlos dónde están los tenedores.	❍	❍
4. A Marissa no le molesta limpiar el baño.	❍	❍
5. Juan Carlos termina de lavar los platos.	❍	❍

2 **Identificar** Identifica quién puede decir estas oraciones.

1. Yo les ayudo, no me molesta hacer quehaceres domésticos.
2. No me gusta sacar la basura, pero es necesario hacerlo.
3. Es importante que termines de pasar la aspiradora, Juan Carlos.
4. ¡La casa está muy limpia! ¡Qué bueno que pasamos la aspiradora!
5. ¡Buen trabajo, chicos! ¿Qué vamos a cenar?

3 **Completar** Los chicos y don Diego están haciendo los quehaceres. Adivina en qué cuarto está cada uno de ellos.

1. Jimena limpia el congelador. Jimena está en ______________.
2. Don Diego limpia el escritorio. Don Diego está en ______________.
3. Felipe pasa la aspiradora debajo de la mesa y las sillas. Felipe está en ______________.
4. Juan Carlos sacude el sillón. Juan Carlos está en ______________.
5. Marissa hace la cama. Marissa está en ______________.

4 **Mi casa** En parejas, pídanse (*ask for*) ayuda para hacer dos quehaceres domésticos. Pueden usar estas frases en su conversación.

Quiero que me ayudes a (sacar la basura).
Por favor, ayúdame con…

Ortografía

Mayúsculas y minúsculas

Here are some of the rules that govern the use of capital letters (**mayúsculas**) and lowercase letters (**minúsculas**) in Spanish.

Los estudiantes llegaron al aeropuerto a las dos.
Luego fueron al hotel.

In both Spanish and English, the first letter of every sentence is capitalized.

Rubén Blades **Panamá** **Colón** **los Andes**

The first letter of all proper nouns (names of people, countries, cities, geographical features, etc.) is capitalized.

Cien años de soledad ***Don Quijote de la Mancha***
El País ***Muy Interesante***

The first letter of the first word in titles of books, films, and works of art is generally capitalized, as well as the first letter of any proper names. In newspaper and magazine titles, as well as other short titles, the initial letter of each word is often capitalized.

---

la señora Ramos **don Francisco**
el presidente **Sra. Vives**

Titles associated with people are *not* capitalized unless they appear as the first word in a sentence. Note, however, that the first letter of an abbreviated title is capitalized.

Último **Álex** **MENÚ** **PERDÓN**

Accent marks should be retained on capital letters. In practice, however, this rule is often ignored.

---

lunes **viernes** **marzo** **primavera**

The first letter of days, months, and seasons is not capitalized.

---

español **estadounidense** **japonés** **panameños**

The first letter of nationalities and languages is not capitalized.

Profesor Herrera, ¿es cierto que somos venenosas°?
Sí, Pepito. ¿Por qué lloras?

Práctica Corrige las mayúsculas y minúsculas incorrectas.

1. soy lourdes romero. Soy Colombiana.
2. éste Es mi Hermano álex.
3. somos De panamá.
4. ¿es ud. La sra. benavides?
5. ud. Llegó el Lunes, ¿no?

Palabras desordenadas Lee el diálogo de las serpientes. Ordena las letras para saber de qué palabras se trata. Después escribe las letras indicadas para descubrir por qué llora Pepito.

m n a a P á _ _ _ _ _ _

s t e m r a _ _ _ _ _ _

i g s l é n _ _ _ _ _ _

y a U r u g u _ _ _ _ _ _ _

r o ñ e s a _ _ _ _ _ _

¡ _ orque _ e acabo de morder° la _ en _ u _ !

Respuestas: Panamá, martes, inglés, Uruguay, señora.
¡Porque me acabo de morder la lengua!

venenosas *venomous* morder *to bite*

EN DETALLE

El patio central

En las tardes cálidas° de Oaxaca, México; Córdoba, España, o Popayán, Colombia, es un placer sentarse en **el patio central** de una casa y tomar un refresco disfrutando de° una buena conversación. De influencia árabe, esta característica arquitectónica° fue traída° a las Américas por los españoles. En la época° colonial, se construyeron casas, palacios, monasterios, hospitales y escuelas con patio central. Éste es un espacio privado e íntimo en donde se puede disfrutar del sol y de la brisa° estando aislado° de la calle.

El centro del patio es un espacio abierto. Alrededor de° él, separado por columnas, hay un pasillo cubierto°. Así, en el patio hay zonas de sol y de sombra°. El patio es una parte importante de la vivienda familiar y su decoración se cuida° mucho. En el centro del patio muchas veces hay una fuente°, plantas e incluso árboles°. El agua es un elemento muy importante en la cultura islámica porque simboliza la purificación del cuerpo y del alma°. Por esta razón y para disminuir° la temperatura, el agua en estas construcciones es muy importante. El agua y la vegetación ayudan a mantener la temperatura fresca y el patio proporciona° luz y ventilación a todas las habitaciones.

La distribución

Las casas con patio central eran usualmente las viviendas de familias adineradas°. Son casas de dos o tres pisos. Los cuartos de la planta baja son las áreas comunes: cocina, comedor, sala, etc., y tienen puertas al patio. En los pisos superiores están las habitaciones privadas de la familia.

cálidas *hot* **disfrutando de** *enjoying* **arquitectónica** *architectural* **traída** *brought* **época** *era* **brisa** *breeze* **aislado** *isolated* **Alrededor de** *Surrounding* **cubierto** *covered* **sombra** *shade* **se cuida** *is looked after* **fuente** *fountain* **árboles** *trees* **alma** *soul* **disminuir** *lower* **proporciona** *provides* **adineradas** *wealthy*

ACTIVIDADES

1 **¿Cierto o falso?** Indica si lo que dicen las oraciones es **cierto** o **falso**. Corrige las falsas.

1. Los patios centrales de Latinoamérica tienen su origen en la tradición indígena.
2. Los españoles llevaron a América el concepto del patio.
3. En la época colonial las casas eran las únicas construcciones con patio central.
4. El patio es una parte importante en estas construcciones, y es por eso que se le presta atención a su decoración.
5. El patio central es un lugar de descanso que da luz y ventilación a las habitaciones.
6. Las fuentes en los patios tienen importancia por razones culturales y porque bajan la temperatura.
7. En la cultura española el agua simboliza salud y bienestar del cuerpo y del alma.
8. Las casas con patio central eran para personas adineradas.
9. Los cuartos de la planta baja son privados.
10. Los dormitorios están en los pisos superiores.

ASÍ SE DICE

La vivienda

el ático, el desván	el altillo
la cobija (Col., Méx.), la frazada (Arg., Cuba, Ven.)	la manta
el escaparate (Cuba, Ven.), el ropero (Méx.)	el armario
el fregadero	*kitchen sink*
el frigidaire (Perú); el frigorífico (Esp.), la nevera	el refrigerador
el lavavajillas (Arg., Esp., Méx.)	el lavaplatos

EL MUNDO HISPANO

Los muebles

- **Mecedora°** La mecedora es un mueble típico de Latinoamérica, especialmente de la zona del Caribe. A las personas les gusta relajarse mientras se mecen° en el patio.
- **Mesa camilla** Era un mueble popular en España hasta hace algunos años. Es una mesa con un bastidor° en la parte inferior° para poner un brasero°. En invierno, las personas se sentaban alrededor de la mesa camilla para conversar, jugar a las cartas o tomar café.

- **Hamaca** Se cree que los taínos hicieron las primeras hamacas con fibras vegetales. Su uso es muy popular en toda Latinoamérica para dormir y descansar.

Mecedora *Rocking chair* se mecen *they rock themselves* bastidor *frame* inferior *bottom* brasero *container for hot coals*

PERFIL

Las islas flotantes del lago Titicaca

Bolivia y Perú comparten el **lago Titicaca**, donde viven **los uros**, uno de los pueblos indígenas más antiguos de América. Hace muchos años, los uros fueron a vivir al lago escapando de **los incas.** Hoy en día, siguen viviendo allí en **islas flotantes** que ellos mismos hacen con unos juncos° llamados **totora**. Primero tejen° grandes plataformas. Luego, con el mismo material, construyen sus casas sobre las plataformas. La totora es resistente, pero con el tiempo el agua la pudre°. Los habitantes de las islas necesitan renovar continuamente las plataformas y las casas. Sus muebles y sus barcos también están hechos° de juncos. Los uros viven de la pesca y del turismo; en las islas hay unas tiendas donde venden artesanías° hechas con totora.

juncos *reeds* tejen *they weave* la pudre *rots it* hechos *made* artesanías *handcrafts*

Conexión Internet

¿Cómo son las casas modernas en los países hispanos?

Use the Web to find more cultural information related to this **Cultura** section.

ACTIVIDADES

2 Comprensión Contesta las preguntas.

1. Tu amigo mexicano te dice: "La **cobija** azul está en el **ropero**". ¿Qué quiere decir?
2. ¿Quiénes hicieron las primeras hamacas? ¿Qué material usaron?
3. ¿Qué grupo indígena vive en el lago Titicaca?
4. ¿Qué pueden comprar los turistas en las islas flotantes del lago Titicaca?

3 Viviendas tradicionales Escribe cuatro oraciones sobre una vivienda tradicional que conoces. Explica en qué lugar se encuentra, de qué materiales está hecha y cómo es.

6.1 Relative pronouns

ANTE TODO In both English and Spanish, relative pronouns are used to combine two sentences or clauses that share a common element, such as a noun or pronoun. Study this diagram.

Mis padres me regalaron **la computadora**.
My parents gave me the computer.

La computadora funciona muy bien.
The computer works really well.

La computadora **que** mis padres me regalaron funciona muy bien.
The computer that my parents gave me works really well.

Lourdes es muy inteligente.
Lourdes is very intelligent.

Lourdes estudia español.
Lourdes is studying Spanish.

Lourdes, **quien** estudia español, es muy inteligente.
Lourdes, who studies Spanish, is very intelligent.

Eso fue todo lo que dijimos.

Mi papá se lleva bien con Juan Carlos, quien es como mi hermano.

- Spanish has three frequently used relative pronouns. **¡Atención!** Even though interrogative words (**qué**, **quién**, etc.) always carry an accent, relative pronouns never carry a written accent.

que	*that; which; who*
quien(es)	*who; whom; that*
lo que	*that which; what*

- **Que** is the most frequently used relative pronoun. It can refer to things or to people. Unlike its English counterpart, *that*, **que** is never omitted.

¿Dónde está la cafetera **que** compré?
Where is the coffee maker (that) I bought?

El hombre **que** limpia es Pedro.
The man who is cleaning is Pedro.

- The relative pronoun **quien** refers only to people, and is often used after a preposition or the personal **a. Quien** has only two forms: **quien** (singular) and **quienes** (plural).

¿Son las chicas **de quienes** me hablaste la semana pasada?
Are they the girls (that) you told me about last week?

Eva, **a quien** conocí anoche, es mi nueva vecina.
Eva, whom I met last night, is my new neighbor.

¡LENGUA VIVA!

In English, it is generally recommended that *who(m)* be used to refer to people, and that *that* and *which* be used to refer to things. In Spanish, however, it is perfectly acceptable to use **que** when referring to people.

- **Quien(es)** is occasionally used instead of **que** in clauses set off by commas.

Lola, **quien** es cubana, es médica.
Lola, who is Cuban, is a doctor.

Su tía, **que** es alemana, ya llegó.
His aunt, who is German, already arrived.

- Unlike **que** and **quien(es), lo que** doesn't refer to a specific noun. It refers to an idea, a situation, or a past event and means *what, that which,* or *the thing that.*

Lo que me molesta es el calor.
What bothers me is the heat.

Lo que quiero es una casa.
What I want is a house.

Este supermercado tiene todo **lo que** necesito.

A Samuel no le gustó **lo que** le dijo Violeta.

¡INTÉNTALO! Completa estas oraciones con pronombres relativos.

1. Voy a utilizar los platos ___que___ me regaló mi abuela.
2. Ana comparte un apartamento con la chica a __________ conocimos en la fiesta de Jorge.
3. Esta oficina tiene todo __________ necesitamos.
4. Puedes estudiar en el dormitorio __________ está a la derecha de la cocina.
5. Los señores __________ viven en esa casa acaban de llegar de Centroamérica.
6. Los niños a __________ viste en nuestro jardín son mis sobrinos.
7. La piscina __________ ves desde la ventana es la piscina de mis vecinos.
8. Úrsula, __________ ayudó a mamá a limpiar el refrigerador, es muy simpática.
9. El hombre de __________ hablo es mi padre.
10. __________ te dijo Pablo no es cierto.
11. Tengo que sacudir los muebles __________ están en el altillo una vez al mes.
12. No entiendo por qué no lavaste los vasos __________ te dije.
13. La mujer a __________ saludaste vive en las afueras.
14. ¿Sabes __________ necesita este dormitorio? ¡Unas cortinas!
15. No quiero volver a hacer __________ hice ayer.
16. No me gusta vivir con personas a __________ no conozco.

Práctica

1 Combinar Combina elementos de la columna A y la columna B para formar oraciones lógicas.

A

1. Ése es el hombre ____.
2. Rubén Blades, ____.
3. No traje ____.
4. ¿Te gusta la manta ____?
5. ¿Cómo se llama el programa ____?
6. La mujer ____.

B

a. con quien bailaba es mi vecina
b. que te compró Cecilia
c. quien es de Panamá, es un cantante muy bueno
d. que arregló mi lavadora
e. lo que necesito para la clase de matemáticas
f. que comiste en el restaurante
g. que escuchaste en la radio anoche

NOTA CULTURAL

Rubén Blades es un cantante, compositor y actor panameño muy famoso. Este versátil abogado fue también Ministro de Turismo en su país (2004–2009) y fue nombrado Embajador contra el racismo por las Naciones Unidas en el 2000.

2 Completar Completa la historia sobre la casa que Jaime y Tina quieren comprar, usando los pronombres relativos **que, quien, quienes** o **lo que**.

1. Jaime y Tina son los chicos a ________ conocí la semana pasada.
2. Quieren comprar una casa ________ está en las afueras de la ciudad.
3. Es una casa ________ era de una artista famosa.
4. La artista, a ________ yo conocía, murió el año pasado y no tenía hijos.
5. Ahora se vende la casa con todos los muebles ________ ella tenía.
6. La sala tiene una alfombra ________ ella trajo de Kuwait.
7. La casa tiene muchos estantes, ________ a Tina le encanta.

3 Oraciones Javier y Ana acaban de casarse y han comprado (*they have bought*) una casa y muchas otras cosas. Combina sus declaraciones para formar una sola oración con los pronombres relativos **que, quien(es)** y **lo que**.

modelo

Vamos a usar los vasos nuevos mañana. Los pusimos en el comedor.

Mañana vamos a usar los vasos nuevos que pusimos en el comedor.

1. Tenemos una cafetera nueva. Mi prima nos la regaló.
2. Tenemos una cómoda nueva. Es bueno porque no hay espacio en el armario.
3. Esos platos no nos costaron mucho. Están encima del horno.
4. Esas copas me las regaló mi amiga Amalia. Ella viene a visitarme mañana.
5. La lavadora está casi nueva. Nos la regalaron mis suegros.
6. La vecina nos dio una manta de lana. Ella la compró en México.

Comunicación

4 **La mudanza** Alejandra es una joven profesional que cambia de apartamento. Lee su mensaje electrónico e indica si las conclusiones son **lógicas** o **ilógicas**.

De: Alejandra
Para: Susana, Roberto, María del Carmen, José, Daniela
Asunto: Mudanza

Como ustedes ya saben, ¡me mudo el fin de semana! Tengo algunas cosas que no pienso llevar conmigo, así que les escribo para saber si les interesa comprar o llevarse algunas de ellas. La cómoda grande que tiene un espejo está a 50 dólares. Está en muy buena condición. El sillón que está en la sala está a 25 dólares. Es muy cómodo y sólo tiene dos años. La lámpara que está cerca del balcón está a 10 dólares. Estoy regalando los cuadros y la alfombra que están en la sala. Tengo también platos, vasos, tazas y copas que son suyos si les gustan.

¡Casi estoy lista para mi nuevo apartamento! Unos amigos con quienes estudié en la escuela secundaria vinieron a ayudarme a empacar (*pack*). Todo lo que necesito ya está en mi carro. Sebastián, quien vive al lado de mi apartamento, me ayudó a limpiar el apartamento ayer. ¡Está listo! Ustedes sólo tienen que llevarse las cosas que quedan.

Alejandra

	Lógico	Ilógico
1. Alejandra está vendiendo algunos de sus muebles.	❍	❍
2. Los amigos de Alejandra pueden ir a su apartamento y llevarse algunas de sus cosas sin pagar.	❍	❍
3. El viejo apartamento de Alejandra está en la planta baja.	❍	❍
4. Lo que Alejandra necesita es ayuda para llevar sus cosas a su nuevo apartamento.	❍	❍
5. El vecino de Alejandra es muy antipático.	❍	❍

5 **Entrevista** Contesta las preguntas de tu compañero/a.

1. ¿Qué es lo que más te gusta de vivir en las afueras o en la ciudad?
2. ¿Cómo son las personas que viven en tu barrio?
3. ¿Quién es la persona que hace los quehaceres domésticos en tu casa?
4. ¿Hay vecinos que te caen bien? ¿Quiénes?
5. ¿Cuál es el barrio de tu ciudad que más te gusta y por qué?
6. ¿Cuál es el lugar de la casa donde te sientes más cómodo/a? ¿Por qué?
7. ¿Qué es lo que más te gusta de tu barrio?
8. ¿Qué es lo que menos te gusta de tu barrio?

Síntesis

6 **Describir** Describe en un párrafo los muebles y accesorios que hay en una habitación de tu casa o apartamento, e indica lo que quieres tener en esa habitación pero todavía no tienes. Usa pronombres relativos.

modelo

Las cortinas que me regaló mi mamá son de color verde y están en la sala. La alfombra que compré... Lo que necesito para la sala son dos lámparas para las dos mesitas que tengo y un sofá más cómodo.

6.2 Formal (usted/ustedes) commands

ANTE TODO As you learned in **Lección 5**, the command forms are used to give orders or advice. Formal commands are used with people you address as **usted** or **ustedes**. Observe these examples, then study the chart.

Hable con ellos, don Francisco.
Talk with them, Don Francisco.

Coma frutas y verduras.
Eat fruits and vegetables.

Laven los platos ahora mismo.
Wash the dishes right now.

Beban menos té y café.
Drink less tea and coffee.

AYUDA

By learning formal commands, it will be easier for you to learn the subjunctive forms that are presented in **Estructura 6.3**, p. 208.

Formal commands (Ud. and Uds.)

Infinitive	Present tense yo form	Ud. command	Uds. command
limpiar	limpi**o**	limpi**e**	limpi**en**
barrer	barr**o**	barr**a**	barr**an**
sacudir	sacud**o**	sacud**a**	sacud**an**
decir (e:i)	dig**o**	dig**a**	dig**an**
pensar (e:ie)	piens**o**	piens**e**	piens**en**
volver (o:ue)	vuelv**o**	vuelv**a**	vuelv**an**
servir (e:i)	sirv**o**	sirv**a**	sirv**an**

- The **usted** and **ustedes** commands, like the negative **tú** commands, are formed by dropping the final **-o** of the **yo** form of the present tense. For **-ar** verbs, add **-e** or **-en**. For **-er** and **-ir** verbs, add **-a** or **-an**.

Don Diego, quédese a cenar con nosotros.

No se preocupen, yo los ayudo.

- Verbs with irregular **yo** forms maintain the same irregularity in their formal commands. These verbs include **conducir, conocer, decir, hacer, ofrecer, oír, poner, salir, tener, traducir, traer, venir,** and **ver**.

Oiga, don Manolo...
Listen, Don Manolo...

¡Salga inmediatamente!
Leave immediately!

Ponga la mesa, por favor.
Set the table, please.

Hagan la cama antes de salir.
Make the bed before leaving.

- Note also that verbs maintain their stem changes in **usted** and **ustedes** commands.

e:ie	o:ue	e:i
No **pierda** la llave.	**Vuelva** temprano, joven.	**Sirva** la sopa, por favor.
Cierren la puerta.	**Duerman** bien, chicos.	**Repitan** las frases.

AYUDA

These spelling changes are necessary to ensure that the words are pronounced correctly. See **Lección 2, Pronunciación,** p. 57, and **Lección 3, Pronunciación,** p. 93.

•••

It may help you to study the following four series of syllables. Note that, within each series, the consonant sound doesn't change.

ca que qui co cu
za ce ci zo zu
ga gue gui go gu
ja ge gi jo ju

- Verbs ending in **-car**, **-gar**, and **-zar** have a spelling change in the command forms.

sa**car**	**c → qu**	sa**qu**e, sa**qu**en
ju**gar**	**g → gu**	jue**gu**e, jue**gu**en
almor**zar**	**z → c**	almuer**c**e, almuer**c**en

- These verbs have irregular formal commands.

Infinitive	Ud. command	Uds. command
dar	**dé**	**den**
estar	**esté**	**estén**
ir	**vaya**	**vayan**
saber	**sepa**	**sepan**
ser	**sea**	**sean**

- To make a formal command negative, simply place **no** before the verb.

No ponga las maletas en la cama.
Don't put the suitcases on the bed.

No ensucien los sillones.
Don't dirty the armchairs.

- In affirmative commands, reflexive, indirect, and direct object pronouns are always attached to the end of the verb.

Siénten**se**, por favor.
Síga**me,** Laura.

Acuésten**se** ahora.
Póngan**las** en el suelo, por favor.

- **¡Atención!** When a pronoun is attached to an affirmative command that has two or more syllables, an accent mark is added to maintain the original stress.

limpie → límpielo
diga → dígamelo

lean → léanlo
sacudan → sacúdanlos

- In negative commands, these pronouns always precede the verb.

No **se** preocupe.
No **me lo** dé.

No **los** ensucien.
No **nos las** traigan.

- **Usted** and **ustedes** can be used with the command forms to strike a more formal tone. In such instances, they follow the command form.

Muéstrele usted la foto a su amigo.
Show the photo to your friend.

Tomen ustedes esta mesa.
Take this table.

¡INTÉNTALO! Indica los mandatos (*commands*) afirmativos y negativos correspondientes.

1. escucharlo (Ud.) Escúchelo. No lo escuche.
2. decírmelo (Uds.) ________. ________.
3. salir (Ud.) ________. ________.
4. servírnoslo (Uds.) ________. ________.
5. barrerla (Ud.) ________. ________.
6. hacerlo (Ud.) ________. ________.

Práctica

1 **Completar** La señora González quiere mudarse de casa. Ayúdala a organizarse. Indica el mandato formal de cada verbo.

1. __________ los anuncios del periódico y __________. (Leer, guardarlos)
2. __________ personalmente y __________ las casas usted misma. (Ir, ver)
3. Decida qué casa quiere y __________ al agente. __________ un contrato de alquiler. (llamar, Pedirle)
4. __________ un camión (*truck*) para ese día y __________ la hora exacta de llegada. (Contratar, preguntarles)
5. El día de la mudanza (*On moving day*) __________ tranquila. __________ a revisar su lista para completar todo lo que tiene que hacer. (estar, Volver)
6. Primero, __________ a todos en casa que usted va a estar ocupada. No __________ que usted va a hacerlo todo. (decirles, decirles)
7. __________ tiempo para hacer las maletas tranquilamente. No __________ las maletas a los niños más grandes. (Sacar, hacerles)
8. No __________. __________ que todo va a salir bien. (preocuparse, Saber)

2 **¿Qué dicen?** Mira los dibujos y escribe un mandato lógico para cada uno. Usa palabras que aprendiste en **Contextos**.

1. ______________________________

2. ______________________________

3. ______________________________

4. ______________________________

5. ______________________________

6. ______________________________

Comunicación

3 **La nota** Juan va a alquilar su apartamento a dos estudiantes extranjeros. Lee la nota que va a dejar para ellos. Luego, indica si las conclusiones son **lógicas** o **ilógicas**, según lo que leíste.

Enrique y Pablo:
¡Bienvenidos a Panamá! Hay jugo, pan, queso y frutas para ustedes en el refrigerador. El supermercado está a treinta minutos en carro desde el apartamento, así que les dejé algunas cosas mientras se instalan (*settle in*). No vayan al supermercado los fines de semana porque hay muchísima gente; los lunes o martes por la noche son los mejores días. No usen el horno porque está descompuesto; usen la estufa o el horno de microondas. Saquen la basura los jueves por la noche porque sólo se la llevan los viernes por la mañana. Por favor, quítense los zapatos en los dormitorios porque la alfombra es muy difícil de limpiar. Diviértanse mucho en Panamá y nos vemos la tercera semana de septiembre.
Juan

	Lógico	Ilógico
1. No es muy conveniente ir al supermercado desde el apartamento de Juan.	❍	❍
2. Enrique y Pablo deben ir al supermercado los sábados.	❍	❍
3. Pablo va a hacer un pastel de chocolate durante el verano.	❍	❍
4. Enrique y Pablo tienen que barrer el suelo de los dormitorios.	❍	❍

4 **Solucionar** Trabajen en parejas. Un(a) estudiante presenta los problemas de la columna A y el/la otro/a los de la columna B. Usen mandatos formales y túrnense para ofrecer soluciones.

modelo

Estudiante 1: Vilma se torció un tobillo jugando al tenis. Es la tercera vez.
Estudiante 2: *No juegue más al tenis. / Vaya a ver a un especialista.*

A

1. Se me perdió el libro de español con todas mis notas.
2. A Vicente se le cayó la botella de agua para la cena.
3. ¿Cómo? ¿Se le olvidó traer el traje de baño a la playa?

B

1. Mis hijas no se levantan temprano. Siempre llegan tarde a la escuela.
2. A mi abuela le robaron (*stole*) las maletas. Era su primer día de vacaciones.
3. Nuestra casa es demasiado pequeña para nuestra familia.

Síntesis

5 **El anuncio** Prepara el guión (*script*) para un anuncio de televisión. El anuncio debe tratar de un detergente, un electrodoméstico o una agencia inmobiliaria (*real estate agency*). Usa mandatos, los pronombres relativos (**que, quien(es)** o **lo que**) y el **se** impersonal.

modelo

Compre el lavaplatos Destellos. Tiene todo lo que usted desea. Es el lavaplatos que mejor funciona. Venga a verlo ahora mismo... No pierda ni un minuto más.

6.3 # The present subjunctive

ANTE TODO With the exception of commands, all the verb forms you have been using have been in the indicative mood. The indicative is used to state facts and to express actions or states that the speaker considers to be real and definite. In contrast, the subjunctive mood expresses the speaker's attitudes toward events, as well as actions or states the speaker views as uncertain or hypothetical.

Por favor, quiten los platos de la mesa.

Les aconsejo que preparen la cena.

▶ The present subjunctive is formed very much like **usted**, **ustedes**, and *negative* **tú** commands. From the **yo** form of the present indicative, drop the **-o** ending, and replace it with the subjunctive endings.

INFINITIVE	PRESENT INDICATIVE	VERB STEM	PRESENT SUBJUNCTIVE
hablar	habl**o**	habl-	habl**e**
comer	com**o**	com-	com**a**
escribir	escrib**o**	escrib-	escrib**a**

▶ The present subjunctive endings are:

-ar verbs		-er and -ir verbs	
-e	-emos	-a	-amos
-es	-éis	-as	-áis
-e	-en	-a	-an

		hablar	**comer**	**escribir**
SINGULAR FORMS	yo	habl**e**	com**a**	escrib**a**
	tú	habl**es**	com**as**	escrib**as**
	Ud./él/ella	habl**e**	com**a**	escrib**a**
PLURAL FORMS	nosotros/as	habl**emos**	com**amos**	escrib**amos**
	vosotros/as	habl**éis**	com**áis**	escrib**áis**
	Uds./ellos/ellas	habl**en**	com**an**	escrib**an**

Present subjunctive of regular verbs

AYUDA

Note that, in the present subjunctive, **-ar** verbs use endings normally associated with present tense **-er** and **-ir** verbs. Likewise, **-er** and **-ir** verbs in the present subjunctive use endings normally associated with **-ar** verbs in the present tense. Note also that, in the present subjunctive, the **yo** form is the same as the **Ud./él/ella** form.

¡LENGUA VIVA!

You may think that English has no subjunctive, but it does! While once common, it now survives mostly in set expressions such as *If I were you…* and *Be that as it may…*

- Verbs with irregular **yo** forms show the same irregularity in all forms of the present subjunctive.

Infinitive	Present indicative	Verb stem	Present subjunctive
conducir	conduzco	**conduzc-**	**conduzca**
conocer	conozco	**conozc-**	**conozca**
decir	digo	**dig-**	**diga**
hacer	hago	**hag-**	**haga**
ofrecer	ofrezco	**ofrezc-**	**ofrezca**
oír	oigo	**oig-**	**oiga**
parecer	parezco	**parezc-**	**parezca**
poner	pongo	**pong-**	**ponga**
tener	tengo	**teng-**	**tenga**
traducir	traduzco	**traduzc-**	**traduzca**
traer	traigo	**traig-**	**traiga**
venir	vengo	**veng-**	**venga**
ver	veo	**ve-**	**vea**

- To maintain the **c, g,** and **z** sounds, verbs ending in **-car, -gar,** and **-zar** have a spelling change in all forms of the present subjunctive.

sacar: sa**qu**e, sa**qu**es, sa**qu**e, sa**qu**emos, sa**qu**éis, sa**qu**en

jugar: jue**gu**e, jue**gu**es, jue**gu**e, ju**gu**emos, ju**gu**éis, jue**gu**en

almorzar: almuer**c**e, almuer**c**es, almuer**c**e, almor**c**emos, almor**c**éis, almuer**c**en

Present subjunctive of stem-changing verbs

AYUDA

Note that stem-changing verbs and verbs that have a spelling change have the same ending as regular verbs in the present subjunctive.

- **-Ar** and **-er** stem-changing verbs have the same stem changes in the subjunctive as they do in the present indicative.

pensar (e:ie): p**ie**nse, p**ie**nses, p**ie**nse, pensemos, penséis, p**ie**nsen

mostrar (o:ue): m**ue**stre, m**ue**stres, m**ue**stre, mostremos, mostréis, m**ue**stren

entender (e:ie): ent**ie**nda, ent**ie**ndas, ent**ie**nda, entendamos, entendáis, ent**ie**ndan

volver (o:ue): v**ue**lva, v**ue**lvas, v**ue**lva, volvamos, volváis, v**ue**lvan

- **-Ir** stem-changing verbs have the same stem changes in the subjunctive as they do in the present indicative, but in addition, the **nosotros/as** and **vosotros/as** forms undergo a stem change. The unstressed **e** changes to **i**, while the unstressed **o** changes to **u**.

pedir (e:i): p**i**da, p**i**das, p**i**da, p**i**damos, p**i**dáis, p**i**dan

sentir (e:ie): s**ie**nta, s**ie**ntas, s**ie**nta, s**i**ntamos, s**i**ntáis, s**ie**ntan

dormir (o:ue): d**ue**rma, d**ue**rmas, d**ue**rma, d**u**rmamos, d**u**rmáis, d**ue**rman

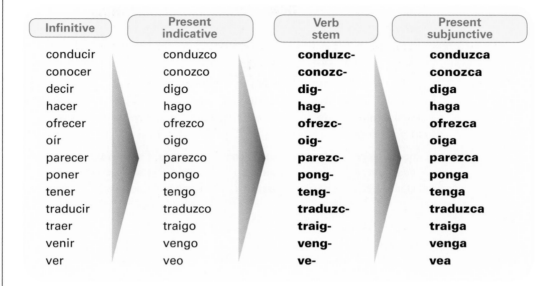

Irregular verbs in the present subjunctive

- These five verbs are irregular in the present subjunctive.

Irregular verbs in the present subjunctive

		dar	estar	ir	saber	ser
SINGULAR FORMS	yo	**dé**	**esté**	**vaya**	**sepa**	**sea**
	tú	**des**	**estés**	**vayas**	**sepas**	**seas**
	Ud./él/ella	**dé**	**esté**	**vaya**	**sepa**	**sea**
PLURAL FORMS	nosotros/as	**demos**	**estemos**	**vayamos**	**sepamos**	**seamos**
	vosotros/as	**deis**	**estéis**	**vayáis**	**sepáis**	**seáis**
	Uds./ellos/ellas	**den**	**estén**	**vayan**	**sepan**	**sean**

- **¡Atención!** The subjunctive form of **hay** (*there is, there are*) is also irregular: **haya**.

General uses of the subjunctive

- The subjunctive is mainly used to express: 1) will and influence, 2) emotion, 3) doubt, disbelief, and denial, and 4) indefiniteness and nonexistence.

- The subjunctive is most often used in sentences that consist of a main clause and a subordinate clause. The main clause contains a verb or expression that triggers the use of the subjunctive. The conjunction **que** connects the subordinate clause to the main clause.

Main clause | Connector | Subordinate clause

Es muy importante | que | **vayas** al hotel ahora mismo.

- These impersonal expressions are always followed by clauses in the subjunctive:

Es bueno que...
It's good that...

Es mejor que...
It's better that...

Es malo que...
It's bad that...

Es importante que...
It's important that...

Es necesario que...
It's necessary that...

Es urgente que...
It's urgent that...

¡INTÉNTALO! Indica el presente de subjuntivo de estos verbos.

1. (alquilar, beber, vivir) que yo alquile, beba, viva
2. (estudiar, aprender, asistir) que tú ______
3. (encontrar, poder, tener) que él ______
4. (hacer, pedir, dormir) que nosotras ______
5. (dar, hablar, escribir) que ellos ______
6. (pagar, empezar, buscar) que ustedes ______
7. (ser, ir, saber) que yo ______
8. (estar, dar, oír) que tú ______

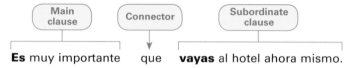

Práctica y Comunicación

1 **Completar** Completa las oraciones con el presente de subjuntivo de los verbos entre paréntesis. Luego, empareja las oraciones del primer grupo con las del segundo grupo.

A

1. Es mejor que ____________ en casa. (nosotros, cenar) ____
2. Es importante que ____________ las casas colgadas de Cuenca. (tú, visitar) ____
3. Señora, es urgente que le ____________ el diente. Tiene una infección. (yo, sacar) ____
4. Es malo que Ana les ____________ tantos dulces a los niños. (dar) ____
5. Es necesario que ____________ a la una de la tarde. (ustedes, llegar) ____
6. Es importante que ____________ temprano. (nosotros, acostarse) ____

NOTA CULTURAL

Las casas colgadas (*hanging*) de Cuenca, España, son muy famosas. Situadas en un acantilado (*cliff*), forman parte del paisaje de la ciudad.

B

a. Es importante que ____________ más verduras. (ellos, comer)
b. No, es mejor que ____________ a comer. (nosotros, salir)
c. Y yo creo que es bueno que ____________ a Madrid después. (yo, ir)
d. En mi opinión, no es necesario que ____________ tanto. (nosotros, dormir)
e. ¿Ah, sí? ¿Es necesario que me ____________ un antibiótico también? (yo, tomar)
f. Para llegar a tiempo, es necesario que ____________ temprano. (nosotros, almorzar)

2 **Minidiálogos** Completa los minidiálogos con expresiones impersonales de una manera lógica.

modelo

Miguelito: Mamá, no quiero arreglar mi cuarto.
Sra. Casas: *Es necesario que lo arregles. Y es importante que sacudas los muebles también.*

1. **MIGUELITO** Mamá, no quiero estudiar. Quiero salir a jugar con mis amigos.
   SRA. CASAS ____
2. **MIGUELITO** Mamá, es que no me gustan las verduras. Prefiero comer pasteles.
   SRA. CASAS ____
3. **MIGUELITO** ¿Tengo que poner la mesa, mamá?
   SRA. CASAS ____
4. **MIGUELITO** No me siento bien, mamá. Me duele todo el cuerpo y tengo fiebre.
   SRA. CASAS ____

3 **Entrevista** Contesta las preguntas de tu compañero/a. Explica tus respuestas.

1. ¿Es importante que las personas sepan una segunda lengua? ¿Por qué?
2. ¿Es urgente que los norteamericanos aprendan otras lenguas?
3. Si un(a) norteamericano/a quiere aprender francés, ¿es mejor que lo aprenda en Francia?
4. ¿Es necesario que una persona sepa decir "te amo" en la lengua nativa de su pareja?
5. ¿Es importante que un cantante de ópera entienda italiano?

6.4 Subjunctive with verbs of will and influence

ANTE TODO You will now learn how to use the subjunctive with verbs and expressions of will and influence.

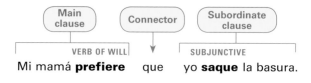

¡ATENCIÓN!

In English, verbs or expressions of will and influence often use a construction with an infinitive, such as *I want you to go*. This is not the case in Spanish, where the subjunctive would be used in a subordinate clause.

- Verbs of will and influence are often used when someone wants to affect the actions or behavior of other people.

Enrique **quiere** que salgamos a cenar.
Enrique wants us to go out to dinner.

Paola **prefiere** que cenemos en casa.
Paola prefers that we have dinner at home.

- Here is a list of widely used verbs of will and influence.

Verbs of will and influence

aconsejar	*to advise*	**pedir** (e:i)	*to ask (for)*
desear	*to wish; to desire*	**preferir** (e:ie)	*to prefer*
importar	*to be important; to matter*	**prohibir**	*to prohibit*
insistir (en)	*to insist (on)*	**querer** (e:ie)	*to want*
mandar	*to order*	**recomendar** (e:ie)	*to recommend*
necesitar	*to need*	**rogar** (o:ue)	*to beg*
		sugerir (e:ie)	*to suggest*

- Some impersonal expressions, such as **es necesario que, es importante que, es mejor que,** and **es urgente que,** are considered expressions of will or influence.

- When the main clause contains an expression of will or influence, the subjunctive is required in the subordinate clause, provided that the two clauses have different subjects.

Main clause — Connector — Subordinate clause

VERB OF WILL — SUBJUNCTIVE

Mi mamá **prefiere** que yo **saque** la basura.

Les sugiero que arreglen este apartamento.

Recomiendo que se organicen en equipos.

- Indirect object pronouns are often used with the verbs **aconsejar, importar, mandar, pedir, prohibir, recomendar, rogar,** and **sugerir**.

Te aconsejo que estudies.
I advise you to study.

Le sugiero que vaya a casa.
I suggest that he go home.

Les recomiendo que barran el suelo.
I recommend that you sweep the floor.

Le ruego que no venga.
I'm begging you not to come.

- Note that all the forms of **prohibir** in the present tense carry a written accent, except for the **nosotros/as** form: **prohíbo, prohíbes, prohíbe, prohibimos, prohibís, prohíben**.

Ella les **prohíbe** que miren la televisión.
She prohibits them from watching TV.

Nos **prohíben** que nademos en la piscina.
They prohibit us from swimming in the swimming pool.

- The infinitive is used with words or expressions of will and influence if there is no change of subject in the sentence.

No quiero **sacudir** los muebles.
I don't want to dust the furniture.

Paco prefiere **descansar**.
Paco prefers to rest.

Es importante **sacar** la basura.
It's important to take out the trash.

No es necesario **quitar** la mesa.
It's not necessary to clear the table.

¡INTÉNTALO! Completa cada oración con la forma correcta del verbo entre paréntesis.

1. Te sugiero que ___vayas___ (ir) con ella al supermercado.
2. Él necesita que yo le __________ (prestar) dinero.
3. No queremos que tú __________ (hacer) nada especial para nosotros.
4. Mis papás quieren que yo __________ (limpiar) mi cuarto.
5. Nos piden que la __________ (ayudar) a preparar la comida.
6. Quieren que tú __________ (sacar) la basura todos los días.
7. Quiero __________ (descansar) esta noche.
8. Es importante que ustedes __________ (limpiar) los estantes.
9. Su tía les manda que __________ (poner) la mesa.
10. Te aconsejo que no __________ (salir) con él.
11. Mi tío insiste en que mi prima __________ (hacer) la cama.
12. Prefiero __________ (ir) al cine.
13. Es necesario __________ (estudiar).
14. Recomiendo que ustedes __________ (pasar) la aspiradora.

Práctica

1 **Completar** Completa el diálogo con verbos de la lista.

cocina	haga	quiere	sea
comas	ponga	saber	ser
diga	prohíbe	sé	vaya

IRENE Tengo problemas con Vilma. Sé que debo hablar con ella. ¿Qué me recomiendas que le (1)__________?

JULIA Pues, necesito (2)__________ más antes de darte consejos.

IRENE Bueno, para empezar me (3)__________ que traiga dulces a la casa.

JULIA Pero chica, tiene razón. Es mejor que tú no (4)__________ cosas dulces.

IRENE Sí, ya lo sé. Pero quiero que (5)__________ más flexible. Además, insiste en que yo (6)__________ todo en la casa.

JULIA Yo (7)__________ que Vilma (8)__________ y hace los quehaceres todos los días.

IRENE Sí, pero siempre que hay fiesta me pide que (9)__________ los cubiertos (*silverware*) y las copas en la mesa y que (10)__________ al sótano por las servilletas y los platos. ¡Es lo que más odio: ir al sótano!

JULIA Mujer, ¡Vilma sólo (11)__________ que ayudes en la casa!

2 **Aconsejar** Lee lo que dice cada persona. Luego da consejos lógicos usando verbos como **aconsejar, recomendar** y **prohibir**. Tus consejos deben ser diferentes de lo que la persona quiere hacer.

modelo

Isabel: Quiero conseguir un comedor con los muebles más caros del mundo.

Consejo: *Te aconsejamos que consigas unos muebles menos caros.*

1. **DAVID** Pienso poner el cuadro del lago de Maracaibo en la cocina.
2. **SARA** Voy en bicicleta a comprar unas copas de cristal.
3. **SR. ALARCÓN** Insisto en comenzar a arreglar el jardín en marzo.
4. **SRA. VILLA** Quiero ver las tazas y los platos de la tienda El Ama de Casa Feliz.
5. **DOLORES** Voy a poner servilletas de tela (*cloth*) para los cuarenta invitados.
6. **SR. PARDO** Pienso poner todos mis muebles nuevos en el altillo.
7. **SRA. GONZÁLEZ** Hay una fiesta en casa esta noche, pero no quiero limpiarla.
8. **CARLITOS** Hoy no tengo ganas de hacer las camas ni de quitar la mesa.

NOTA CULTURAL

En el **lago de Maracaibo,** en Venezuela, hay casas suspendidas sobre el agua que se llaman **palafitos**. Este tipo de construcciones les recordó a los conquistadores la ciudad de Venecia, Italia, de donde viene el nombre "Venezuela", que significa "pequeña Venecia".

3 **Preguntas** Contesta las preguntas de tu compañero/a. Usa el subjuntivo.

1. ¿Te dan consejos tus amigos/as? ¿Qué te aconsejan? ¿Aceptas sus consejos? ¿Por qué?
2. ¿Qué te sugieren tus profesores que hagas antes de terminar las clases?
3. ¿Insisten tus amigos/as en que salgas mucho con ellos?
4. ¿Qué quieres que te regalen tu familia y tus amigos/as en tu cumpleaños?
5. ¿Qué le recomiendas tú a un(a) amigo/a que no quiere salir los sábados con su novio/a?
6. ¿Qué les aconsejas a los nuevos estudiantes de tu escuela?

Comunicación

4 **¿Qué hacemos?** Escucha la conversación entre Alfredo y su profesora. Luego, indica si las conclusiones son **lógicas** o **ilógicas**, según lo que escuchaste.

	Lógico	Ilógico
1. Alfredo tiene que entregar un trabajo para la clase de ciencias.	❍	❍
2. Alfredo tiene un trabajo asignado desde hace dos semanas.	❍	❍
3. La profesora está de acuerdo con que Alfredo entregue el trabajo la próxima semana.	❍	❍
4. Alfredo no pudo presentar su trabajo a tiempo porque no tomó apuntes en la clase.	❍	❍
5. No es urgente que Alfredo haga su trabajo.	❍	❍

5 **Hablar** Mira la ilustración. En parejas, imaginen que Gerardo es su hermano y necesita ayuda para arreglar su casa y resolver sus problemas románticos y económicos. Usen expresiones impersonales y verbos como **aconsejar**, **sugerir** y **recomendar**.

modelo

Es mejor que arregles el apartamento más a menudo.
Te aconsejo que no dejes para mañana lo que puedes hacer hoy.

Síntesis

6 **La doctora Salvamórez** Hernán tiene problemas con su madre y le escribe a la doctora Salvamórez, columnista del periódico *Panamá y su gente*. Ella responde a las cartas de las personas con problemas familiares. En parejas, lean el mensaje de Hernán y después usen el subjuntivo para escribir los consejos de la doctora.

Estimada doctora Salvamórez:

Mi madre nunca quiere que yo salga de casa. No le molesta que vengan mis amigos a visitarme. Pero insiste en que nosotros sólo miremos los programas de televisión que ella quiere. Necesita saber dónde estoy en cada momento, y yo necesito que ella me dé un poco de independencia. ¿Qué hago?

Hernán

Recapitulación

Completa estas actividades para repasar los conceptos de gramática que aprendiste en esta lección.

1 **Completar** Completa el cuadro con la forma correspondiente del presente de subjuntivo. **24 pts.**

yo/él/ella	tú	nosotros/as	Uds./ellos/ellas
limpie			
	vengas		
		queramos	
			ofrezcan

2 **El apartamento ideal** Completa este folleto (*brochure*) informativo con la forma correcta del presente de subjuntivo. **16 pts.**

¿Eres joven y buscas tu primera vivienda? Te ofrezco estos consejos:

- Te sugiero que primero (tú) (1) ___________ (escribir) una lista de las cosas que quieres en un apartamento.
- Quiero que después (2) ___________ (pensar) muy bien cuáles son tus prioridades. Es necesario que cada persona (3) ___________ (tener) sus prioridades claras, porque el hogar (*home*) perfecto no existe.
- Antes de decidir en qué área quieren vivir, les aconsejo a ti y a tu futuro/a compañero/a de apartamento que (4) ___________ (salir) a ver la ciudad y que (5) ___________ (conocer) los distintos barrios y las afueras.
- Pidan que el agente les (6) ___________ (mostrar) todas las partes de cada casa.
- Finalmente, como consumidores, es importante que nosotros (7) ___________ (saber) bien nuestros derechos (*rights*); por eso, deben insistir en que todos los puntos del contrato (8) ___________ (estar) muy claros antes de firmarlo (*signing it*).

¡Buena suerte!

RESUMEN GRAMATICAL

6.1 Relative pronouns *pp. 200–201*

Relative pronouns	
que	*that; which; who*
quien(es)	*who; whom; that*
lo que	*that which; what*

6.2 Formal commands *pp. 204–205*

Formal commands (**Ud.** and **Uds.**)

Infinitive	Present tense yo form	Ud(s). command
limpiar	limpio	limpie(n)
barrer	barro	barra(n)
sacudir	sacudo	sacuda(n)

► Verbs with stem changes or irregular **yo** forms maintain the same irregularity in the formal commands:

hacer: yo **hago** → **Hagan** la cama.

Irregular formal commands	
dar	**dé (Ud.); den (Uds.)**
estar	**esté(n)**
ir	**vaya(n)**
saber	**sepa(n)**
ser	**sea(n)**

6.3 The present subjunctive *pp. 208–210*

Present subjunctive of regular verbs

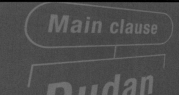

hablar	comer	escribir
hable	coma	escriba
hables	comas	escribas
hable	coma	escriba
hablemos	comamos	escribamos
habléis	comáis	escribáis
hablen	coman	escriban

Irregular verbs in the present subjunctive		
dar		dé, des, dé, demos, deis, den
estar	est- +	-é, -és, -é, -emos, -éis, -én
ir	vay- +	-a, -as, -a, -amos, -áis, -an
saber	sep- +	
ser	se- +	

6.4 Subjunctive with verbs of will and influence

pp. 212–213

- Verbs of will and influence: **aconsejar, desear, importar, insistir (en), mandar, necesitar, pedir** (e:i), **preferir** (e:ie), **prohibir, querer** (e:ie), **recomendar** (e:ie), **rogar** (o:ue), **sugerir** (e:ie)

3 **Relativos** Completa las oraciones con **lo que**, **que** o **quien**. 24 pts.

1. Me encanta la alfombra ________ está en el comedor.
2. Mi amiga Tere, con ________ trabajo, me regaló ese cuadro.
3. Todas las cosas ________ tenemos vienen de la casa de mis abuelos.
4. Hija, no compres más cosas. ________ debes hacer ahora es organizarlo todo.
5. La agencia de decoración de ________ le hablé se llama Casabella.
6. Esas flores las dejaron en la puerta mis nuevos vecinos, a ________ aún (*yet*) no conozco.
7. Leonor no compró nada, porque ________ le gustaba era muy caro.
8. Mi amigo Aldo, a ________ visité ayer, es un cocinero excelente.

4 **Preparando la casa** Martín y Ángela van a hacer un curso de verano en Costa Rica y una vecina va a cuidarles (*take care of*) la casa mientras ellos no están. Completa las instrucciones de la vecina con mandatos formales. Usa cada verbo una sola vez y agrega pronombres de objeto directo o indirecto si es necesario. 30 pts.

arreglar	dejar	hacer	pedir	sacudir
barrer	ensuciar	limpiar	poner	tener

Primero, (1) __________ ustedes las maletas. Las cosas que no se llevan a Costa Rica, (2) __________ en el altillo. Ángela, (3) __________ las habitaciones y Martín, (4) __________ usted la cocina y el baño. Después, los dos (5) __________ el suelo y (6) __________ los muebles de toda la casa. Ángela, no (7) __________ sus joyas (*jewelry*) en el apartamento. (8) __________ cuidado ¡y no (9) __________ nada antes de irse! Por último, (10) __________ a alguien que recoja (*pick up*) su correo.

5 **El circo** Completa esta famosa frase que tiene su origen en el circo (*circus*). 6 pts.

"¡________ (Pasar) ustedes y ________ (ver)! El espectáculo va a comenzar."

Lectura

Antes de leer

Estrategia

Locating the main parts of a sentence

Did you know that a text written in Spanish is an average of 15% longer than the same text written in English? Since the Spanish language tends to use more words to express ideas, you will often encounter long sentences when reading in Spanish. Of course, the length of sentences varies with genre and with authors' individual styles. To help you understand long sentences, identify the main parts of the sentence before trying to read it in its entirety. First locate the main verb of the sentence, along with its subject, ignoring any words or phrases set off by commas. Then reread the sentence, adding details like direct and indirect objects, transitional words, and prepositional phrases.

Examinar el texto

Mira el formato de la lectura. ¿Qué tipo de documento es? ¿Qué cognados encuentras en la lectura? ¿Qué te dicen sobre el tema de la selección?

¿Probable o improbable?

Mira brevemente el texto e indica si estas oraciones son probables o improbables.

1. Este folleto° es de interés turístico.
2. Describe un edificio moderno cubano.
3. Incluye algunas explicaciones de arquitectura.
4. Espera atraer° a visitantes al lugar.

Oraciones largas

Mira el texto y busca algunas oraciones largas. Identifica las partes principales de la oración y después examina las descripciones adicionales. ¿Qué significan las oraciones?

folleto *brochure* atraer *to attract* épocas *time periods*

Bienvenidos al
Palacio de las Garzas

El palacio está abierto de martes a domingo.
Para más información,
llame al teléfono 507-226-7000.
También puede solicitar° un folleto
a la casilla° 3467,
Ciudad de Panamá, Panamá.

Después de leer

Ordenar

Pon estos eventos en el orden cronológico adecuado.

_____ El palacio se convirtió en residencia presidencial.
_____ Durante diferentes épocas°, maestros, médicos y banqueros ejercieron su profesión en el palacio.
_____ El Dr. Belisario Porras ocupó el palacio por primera vez.
_____ Los españoles construyeron el palacio.
_____ Se renovó el palacio.
_____ Los turistas pueden visitar el palacio de martes a domingo.

El Palacio de las Garzas° es la residencia oficial del Presidente de Panamá desde 1903. Fue construido en 1673 para ser la casa de un gobernador español. Con el paso de los años fue almacén, escuela, hospital, aduana, banco y por último, palacio presidencial.

En la actualidad el edificio tiene tres pisos, pero los planos originales muestran una construcción de un piso con un gran patio en el centro. La restauración del palacio comenzó en el año 1922 y los trabajos fueron realizados por el arquitecto Villanueva-Meyer y el pintor Roberto Lewis. El palacio, un monumento al estilo colonial, todavía conserva su elegancia y buen gusto, y es una de las principales atracciones turísticas del barrio Casco Viejo°.

Planta baja

El Patio de las Garzas

Una antigua puerta de hierro° recibe a los visitantes. El patio interior todavía conserva los elementos originales de la construcción: piso de mármol°, columnas cubiertas° de nácar° y una magnífica fuente° de agua en el centro. Aquí están las nueve garzas que le dan el nombre al palacio y que representan las nueve provincias de Panamá.

Primer piso

El Salón Amarillo

Aquí el turista puede visitar una galería de cuarenta y un retratos° de gobernadores y personajes ilustres de Panamá. La principal atracción de este salón es el sillón presidencial, que se usa especialmente cuando hay cambio de presidente. Otros atractivos de esta área son el comedor Los Tamarindos, que se destaca° por la elegancia de sus muebles y sus lámparas de cristal, y el Patio Andaluz, con sus coloridos mosaicos que representan la unión de la cultura indígena y la española.

El Salón Dr. Belisario Porras

Este elegante y majestuoso salón es uno de los lugares más importantes del Palacio de las Garzas. Lleva su nombre en honor al Dr. Belisario Porras, quien fue tres veces presidente de Panamá (1912–1916, 1918–1920 y 1920–1924).

Segundo piso

Es el área residencial del palacio y el visitante no tiene acceso a ella. Los armarios, las cómodas y los espejos de la alcoba fueron comprados en Italia y Francia por el presidente Porras, mientras que las alfombras, cortinas y frazadas° son originarias de España.

solicitar *request* **casilla** *post office box* **Garzas** *Herons* **Casco Viejo** *Old Quarter* **hierro** *iron* **mármol** *marble* **cubiertas** *covered* **nácar** *mother-of-pearl* **fuente** *fountain* **retratos** *portraits* **se destaca** *stands out* **frazadas** *blankets*

Preguntas

Contesta las preguntas.

1. ¿Qué sala es notable por sus muebles elegantes y sus lámparas de cristal?
2. ¿En qué parte del palacio se encuentra la residencia del presidente?
3. ¿Dónde empiezan los turistas su visita al palacio?
4. ¿En qué lugar se representa artísticamente la rica herencia cultural de Panamá?
5. ¿Qué salón honra la memoria de un gran panameño?
6. ¿Qué partes del palacio te gustaría (*would you like*) visitar? ¿Por qué? Explica tu respuesta.

Coméntalo

Comenta sobre lo siguiente:

1. ¿Qué tiene en común el Palacio de las Garzas con otras residencias presidenciales u otras casas muy grandes?
2. ¿Te gustaría vivir en el Palacio de las Garzas? ¿Por qué?
3. Imagina que puedes diseñar tu palacio ideal. Describe los planos para cada piso del palacio.

Escritura

Estrategia

Using linking words

You can make your writing sound more sophisticated by using linking words to connect simple sentences or ideas and create more complex sentences. Consider these passages, which illustrate this effect:

Without linking words

En la actualidad el edificio tiene tres pisos. Los planos originales muestran una construcción de un piso con un gran patio en el centro. La restauración del palacio comenzó en el año 1922. Los trabajos fueron realizados por el arquitecto Villanueva-Meyer y el pintor Roberto Lewis.

With linking words

En la actualidad el edificio tiene tres pisos, pero los planos originales muestran una construcción de un piso con un gran patio en el centro. La restauración del palacio comenzó en el año 1922 y los trabajos fueron realizados por el arquitecto Villanueva-Meyer y el pintor Roberto Lewis.

Linking words

cuando	*when*
mientras	*while*
o	*or*
pero	*but*
porque	*because*
pues	*since*
que	*that; who; which*
quien(es)	*who*
sino	*but (rather)*
y	*and*

Tema

Escribir un contrato de arrendamiento°

Eres el/la administrador(a)° de un edificio de apartamentos. Prepara un contrato de arrendamiento para los nuevos inquilinos°. El contrato debe incluir estos detalles:

- la dirección° del apartamento y del/de la administrador(a)
- las fechas del contrato
- el precio del alquiler y el día que se debe pagar
- el precio del depósito
- información y reglas° acerca de:
  - la basura
  - el correo
  - los animales domésticos
  - el ruido°
  - los servicios de electricidad y agua
  - el uso de electrodomésticos
- otros aspectos importantes de la vida comunitaria

contrato de arrendamiento *lease* administrador(a) *manager* inquilinos *tenants* dirección *address* reglas *rules* ruido *noise*

Escuchar

Estrategia

Using visual cues

Visual cues like illustrations and headings provide useful clues about what you will hear.

To practice this strategy, you will listen to a passage related to the following photo. Jot down the clues the photo gives you as you listen.

Preparación

Mira el dibujo. ¿Qué pistas te da para comprender la conversación que vas a escuchar? ¿Qué significa *bienes raíces?*

Ahora escucha

Mira los anuncios de esta página y escucha la conversación entre el señor Núñez, Adriana y Felipe. Luego indica si cada descripción se refiere a la casa ideal de Adriana y Felipe, a la casa del anuncio o al apartamento del anuncio.

Oraciones	La casa ideal	La casa del anuncio	El apartamento del anuncio
Es barato.	____	____	____
Tiene cuatro dormitorios.	____	____	____
Tiene una oficina.	____	____	____
Tiene un balcón.	____	____	____
Tiene una cocina moderna.	____	____	____
Tiene un jardín muy grande.	____	____	____
Tiene un patio.	____	____	____

18G

Bienes raíces

Se vende.
4 dormitorios,
3 baños, cocina moderna, jardín con árboles frutales.
B/. 225.000

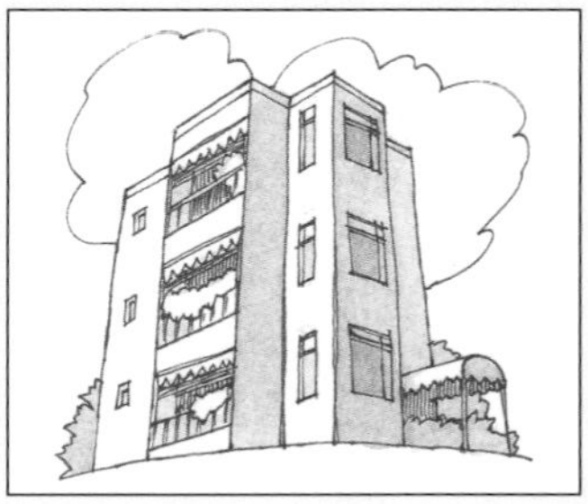

Se alquila.
2 dormitorios,
1 baño.
Balcón.
Urbanización Las Brisas. B/. 525

Comprensión

Preguntas

1. ¿Cuál es la relación entre el señor Núñez, Adriana y Felipe? ¿Cómo lo sabes?
2. ¿Qué diferencia de opinión hay entre Adriana y Felipe sobre dónde quieren vivir?
3. Usa la información de los dibujos y la conversación para entender lo que dice Adriana al final. ¿Qué significa "todo a su debido tiempo"?

Contestar

Contesta las preguntas.

1. ¿Qué tienen en común el apartamento y la casa del anuncio con el lugar donde tú vives?
2. ¿Qué piensas de la recomendación del señor Núñez?
3. ¿Qué tipo de sugerencias te da tu familia sobre dónde vivir?
4. ¿Dónde prefieres vivir tú, en un apartamento o en una casa? Explica por qué.

en pantalla

Anuncio de Carrefour

La Asociación de mujeres que [...] quieren cuidar su ropa...

Preparación

¿Lavas tu propia ropa? ¿Tienes lavadora y secadora en casa? ¿Utilizas algún producto especial, como suavizante? ¿Qué importancia tiene para ti el cuidado de la ropa?.

La crisis económica que vive España desde el año 2008 ha repercutido° notablemente en el estilo de vida de los españoles, y sobre todo en la cesta de la compra°, la que se ha visto reducida a productos básicos y de bajo precio. Con este anuncio, la cadena° de supermercados Carrefour promueve° que es posible ahorrar° y mantener el estilo al mismo tiempo, sin tener que prescindir de° productos de calidad a buen precio. Carrefour utiliza el humor y el optimismo ante el duro° tema de la crisis, haciendo que el cliente se sienta identificado y valorado.

ha repercutido *has had an effect* cesta de la compra *shopping basket*
cadena *chain* promueve *promotes* ahorrar *to save (money)*
prescindir de *to do without* duro *tough*

Vocabulario útil

conjunto	*outfit*
cuidar	*to take care of*
prêt-à-porter (*Fr.*)	*ready-to-wear*
suavizante	*fabric softener*

Comprensión

Pon en orden lo que ves en el anuncio de televisión. No vas a usar dos elementos.

_____ a. medias
_____ b. alfombra
_____ c. copas
_____ d. tazas
_____ e. cortinas
_____ f. secadoras
_____ g. maquillaje
_____ h. cuadros

Consejos

Prepara una lista de un mínimo de seis consejos para economizar en los siguientes quehaceres domésticos u otros. Utiliza el imperativo y el subjuntivo.

- lavar ropa
- cocinar
- limpiar la casa
- lavar los platos

Aplicación

En parejas, elijan un producto de la cesta de compras y escriban un nuevo comercial para **Carrefour**. Sean creativos y presenten su idea a la clase.

Flash Cultura

En el sur de la Ciudad de México hay una construcción que fusiona° el funcionalismo con elementos de la cultura mexicana. Es la casa y estudio° en que el muralista Diego Rivera y su esposa, Frida Kahlo, vivieron desde 1934. El creador fue el destacado° arquitecto y pintor mexicano Juan O'Gorman, amigo de la pareja. Como Frida y Diego necesitaban cada uno un lugar tranquilo para trabajar, O'Gorman hizo dos casas, cada una con un taller°, conectadas por un puente° en la parte superior°. En 1981, años después de la muerte de los artistas, se creó ahí el Museo Casa Estudio Diego Rivera y Frida Kahlo. Este museo busca conservar, investigar y difundir° la obra° de estos dos mexicanos, como lo hace el Museo Casa de Frida Kahlo, que vas a ver a continuación.

Vocabulario útil

jardinero	*gardener*
muros	*walls*
la silla de ruedas	*wheelchair*
las valiosas obras	*valuable works*

Preparación

Imagina que eres un(a) artista, ¿cómo sería (*would be*) tu casa? ¿Sería muy diferente de la casa en donde vives ahora?

¿Cierto o falso?

Indica si lo que dicen estas oraciones es **cierto** o **falso**.

1. La casa de Frida Kahlo está en el centro de México, D.F.
2. La casa de Frida se transformó en un museo en los años 50.
3. Frida Kahlo vivió sola en su casa.
4. Entre las obras que se exhiben está el cuadro (*painting*) *Las dos Fridas*.
5. El jardinero actual (*current*) jamás conoció ni a Frida ni a Diego.
6. En el museo se exhiben la silla de ruedas y los aparatos ortopédicos de Frida.

fusiona *fuses* **estudio** *studio* **destacado** *prominent* **taller** *art studio* **puente** *bridge* **parte superior** *top* **difundir** *to spread* **obra** *work*

La casa de Frida

El hogar en que nació la pintora Frida Kahlo en 1907 se caracteriza por su arquitectura típicamente mexicana...

Esta casa tiene varios detalles que revelan el amor de esta mexicana por la cultura de su país, por ejemplo, la cocina.

Uno de los espacios más atractivos de esta casa es este estudio que Diego instaló...

Panamá

El país en cifras

- **Área:** 75.420 km² (29.119 millas²), *aproximadamente el área de Carolina del Sur*
- **Población:** 3.608.000
- **Capital:** La Ciudad de Panamá —1.346.000
- **Ciudades principales:** Colón, David
- **Moneda:** balboa; es equivalente al dólar estadounidense.

En Panamá circulan los billetes de dólar estadounidense. El país centroamericano, sin embargo, acuña° su propia moneda. "El peso" es una moneda grande equivalente a cincuenta centavos°. La moneda de cinco centavos es llamada frecuentemente "real".

- **Idiomas:** español (oficial), lenguas indígenas, inglés *Muchos panameños son bilingües. La lengua materna del 14% de los panameños es el inglés.*

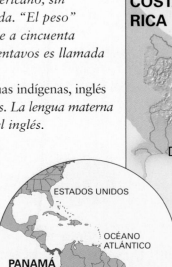

Mujer kuna lavando una mola

Un turista disfruta del bosque tropical colgado de un cable.

Bandera de Panamá

Panameños célebres

- **Mariano Rivera,** beisbolista (1969–)
- **Mireya Moscoso,** política (1946–)
- **Rubén Blades,** músico y político (1948–)
- **Danilo Pérez,** pianista (1966–)
- **Jorge Cham,** caricaturista (1976–)

Ruinas de un fuerte panameño

acuña *mints* centavos *cents*
peaje *toll* promedio *average*

¡Increíble pero cierto!

¿Conocías estos datos sobre el Canal de Panamá?

- Gracias al Canal de Panamá, el viaje en barco de Nueva York a Tokio es 3.000 millas más corto.
- Su construcción costó 639 millones de dólares.
- Hoy lo usan en promedio° 39 barcos al día.
- El peaje° promedio cuesta 54.000 dólares.

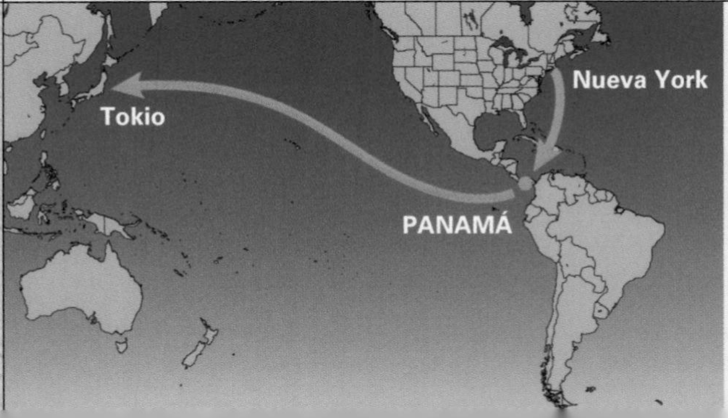

Lugares • El Canal de Panamá

El Canal de Panamá conecta el océano Pacífico con el océano Atlántico. La construcción de este cauce° artificial empezó en 1903 y concluyó diez años después. Es una de las principales fuentes° de ingresos° del país, gracias al dinero que aportan los más de 14.000 buques° que transitan anualmente por esta ruta y a las actividades comerciales que se han desarrollado° en torno a° ella.

Artes • La mola

La mola es una forma de arte textil de los kunas, una tribu indígena que vive principalmente en las islas San Blas. Esta pieza artesanal se confecciona con fragmentos de tela° de colores vivos. Algunos de sus diseños son abstractos, inspirados en las formas del coral, y otros son geométricos, como en las molas más tradicionales. Antiguamente, estos tejidos se usaban sólo como ropa, pero hoy día también sirven para decorar las casas.

Naturaleza • El mar

Panamá, cuyo° nombre significa "lugar de muchos peces°", es un país muy frecuentado por los aficionados del buceo y la pesca. El territorio panameño cuenta con una gran variedad de playas en los dos lados del istmo°, con el mar Caribe a un lado y el océano Pacífico al otro. Algunas zonas costeras están destinadas al turismo. Otras están protegidas por la diversidad de su fauna marina, en la que abundan los arrecifes° de coral, como el Parque Nacional Marino Isla Bastimentos.

COLOMBIA

Vista de la Ciudad de Panamá

¿Qué aprendiste? Contesta cada pregunta con una oración completa.

1. ¿Cuál es la lengua materna del catorce por ciento de los panameños?
2. ¿A qué unidad monetaria (*monetary unit*) es equivalente el balboa?
3. ¿Qué océanos une el Canal de Panamá?
4. ¿Quién es Mariano Rivera?
5. ¿Qué son las molas?
6. ¿Cómo son los diseños de las molas?
7. ¿Para qué se usan las molas?
8. ¿Cómo son las playas de Panamá?
9. ¿Qué significa "Panamá"?

Conexión Internet Investiga estos temas en Internet.

1. Investiga la historia de las relaciones entre Panamá y los Estados Unidos y la decisión de devolver (*give back*) el Canal de Panamá. ¿Estás de acuerdo con la decisión? Explica tu opinión.
2. Investiga sobre los kunas u otro grupo indígena de Panamá. ¿En qué partes del país viven? ¿Qué lenguas hablan? ¿Cómo es su cultura?

cauce *channel* fuentes *sources* ingresos *income* buques *ships* han desarrollado *have developed* en torno a *around* tela *fabric* cuyo *whose* peces *fish* istmo *isthmus* arrecifes *reefs*

Las viviendas

las afueras	*suburbs; outskirts*
el alquiler	*rent (payment)*
el ama (*m., f.*) de casa	*housekeeper; caretaker*
el barrio	*neighborhood*
el edificio de apartamentos	*apartment building*
el/la vecino/a	*neighbor*
la vivienda	*housing*
alquilar	*to rent*
mudarse	*to move (from one house to another)*

Los cuartos y otros lugares

el altillo	*attic*
el balcón	*balcony*
la cocina	*kitchen*
el comedor	*dining room*
el dormitorio	*bedroom*
la entrada	*entrance*
la escalera	*stairs*
el garaje	*garage*
el jardín	*garden; yard*
la oficina	*office*
el pasillo	*hallway*
el patio	*patio; yard*
la sala	*living room*
el sótano	*basement*

Los muebles y otras cosas

la alfombra	*carpet; rug*
la almohada	*pillow*
el armario	*closet*
el cartel	*poster*
la cómoda	*chest of drawers*
las cortinas	*curtains*
el cuadro	*picture*
el estante	*bookcase; bookshelves*
la lámpara	*lamp*
la luz	*light; electricity*
la manta	*blanket*
la mesita	*end table*
la mesita de noche	*night stand*
los muebles	*furniture*
la pared	*wall*
la pintura	*painting; picture*
el sillón	*armchair*
el sofá	*sofa*

Los electrodomésticos

la cafetera	*coffee maker*
la cocina, la estufa	*stove*
el congelador	*freezer*
el electrodoméstico	*electric appliance*
el horno (de microondas)	*(microwave) oven*
la lavadora	*washing machine*
el lavaplatos	*dishwasher*
el refrigerador	*refrigerator*
la secadora	*clothes dryer*
la tostadora	*toaster*

La mesa

la copa	*wineglass*
la cuchara	*(table or large) spoon*
el cuchillo	*knife*
el plato	*plate*
la servilleta	*napkin*
la taza	*cup*
el tenedor	*fork*
el vaso	*glass*

Los quehaceres domésticos

arreglar	*to straighten up*
barrer el suelo	*to sweep the floor*
cocinar	*to cook*
ensuciar	*to get (something) dirty*
hacer la cama	*to make the bed*
hacer quehaceres domésticos	*to do household chores*
lavar (el suelo, los platos)	*to wash (the floor, the dishes)*
limpiar la casa	*to clean the house*
pasar la aspiradora	*to vacuum*
planchar la ropa	*to iron the clothes*
poner la mesa	*to set the table*
quitar la mesa	*to clear the table*
quitar el polvo	*to dust*
sacar la basura	*to take out the trash*
sacudir los muebles	*to dust the furniture*

Verbos y expresiones verbales

aconsejar	*to advise*
insistir (en)	*to insist (on)*
mandar	*to order*
recomendar (e:ie)	*to recommend*
rogar (o:ue)	*to beg*
sugerir (e:ie)	*to suggest*
Es bueno que...	*It's good that...*
Es importante que...	*It's important that...*
Es malo que...	*It's bad that...*
Es mejor que...	*It's better that...*
Es necesario que...	*It's necessary that...*
Es urgente que...	*It's urgent that...*

Relative pronouns	*See page 200.*
Expresiones útiles	*See page 195.*

Consulta

Guide to Vocabulary

Notes on this glossary

This glossary contains the terms listed on the **Vocabulario** page in each lesson. The number following an entry indicates the level and lesson where the term was introduced. For purposes of alphabetization, **ch** and **ll** are not treated as separate letters, but **ñ** follows **n**. Therefore, in this glossary you will find that **año**, for example, appears after **anuncio.**

Abbreviations used in this glossary

adj.	adjective	*f.*	feminine	*m.*	masculine	*prep.*	preposition
adv.	adverb	*fam.*	familiar	*n.*	noun	*pron.*	pronoun
art.	article	*form.*	formal	*obj.*	object	*ref.*	reflexive
conj.	conjunction	*indef.*	indefinite	*p.p.*	past participle	*sing.*	singular
def.	definite	*interj.*	interjection	*pl.*	plural	*sub.*	subject
d.o.	direct object	*i.o.*	indirect object	*poss.*	possessive	*v.*	verb

Spanish–English

A

a *prep.* at; to 1.1
¿A qué hora...? At what time...? 1.1
a bordo aboard
a dieta on a diet 3.3
a la derecha de to the right of 1.2
a la izquierda de to the left of 1.2
a la plancha grilled 2.2
a la(s) + *time* at + *time* 1.1
a menos que *conj.* unless 3.1
a menudo *adv.* often 2.4
a nombre de in the name of 1.5
a plazos in installments 3.2
A sus órdenes. At your service.
a tiempo *adv.* on time 2.4
a veces *adv.* sometimes 2.4
a ver let's see
abeja *f.* bee
abierto/a *adj.* open 1.5, 3.2
abogado/a *m., f.* lawyer 3.4
abrazar(se) *v.* to hug; to embrace (each other) 2.5
abrazo *m.* hug
abrigo *m.* coat 1.6
abril *m.* April 1.5
abrir *v.* to open 1.3
abuelo/a *m., f.* grandfather/grandmother 1.3
abuelos *pl.* grandparents 1.3
aburrido/a *adj.* bored; boring 1.5
aburrir *v.* to bore 2.1
aburrirse *v.* to get bored 3.5
acabar de (+ *inf.*) *v.* to have just *done something* 1.6
acampar *v.* to camp 1.5
accidente *m.* accident 2.4
acción *f.* action 3.5
de acción action (genre) 3.5
aceite *m.* oil 2.2
aceptar: ¡Acepto casarme contigo! I'll marry you! 3.5
acompañar *v.* to accompany 3.2
aconsejar *v.* to advise 2.6
acontecimiento *m.* event 3.6
acordarse (de) (o:ue) *v.* to remember 2.1
acostarse (o:ue) *v.* to go to bed 2.1
activo/a *adj.* active 3.3
actor *m.* actor 3.4
actriz *f.* actress 3.4
actualidades *f., pl.* news; current events 3.6
adelgazar *v.* to lose weight; to slim down 3.3
además (de) *adv.* furthermore; besides 2.4
adicional *adj.* additional
adiós *m.* goodbye 1.1
adjetivo *m.* adjective
administración de empresas *f.* business administration 1.2
adolescencia *f.* adolescence 2.3
¿adónde? *adv.* where (to)? (destination) 1.2
aduana *f.* customs
aeróbico/a *adj.* aerobic 3.3
aeropuerto *m.* airport 1.5
afectado/a *adj.* affected 3.1
afeitarse *v.* to shave 2.1
aficionado/a *m., f.* fan 1.4
afirmativo/a *adj.* affirmative
afuera *adv.* outside 1.5
afueras *f., pl.* suburbs; outskirts 2.6
agencia de viajes *f.* travel agency 1.5
agente de viajes *m., f.* travel agent 1.5
agosto *m.* August 1.5
agradable *adj.* pleasant
agua *f.* water 2.2
agua mineral mineral water 2.2
aguantar *v.* to endure, to hold up 3.2
ahora *adv.* now 1.2
ahora mismo right now 1.5
ahorrar *v.* to save (money) 3.2
ahorros *m., pl.* savings 3.2
aire *m.* air 3.1
ajo *m.* garlic 2.2
al (*contraction of* a + el) 1.4
al aire libre open-air 1.6
al contado in cash 3.2
(al) este (to the) east 3.2
al lado de next to; beside 1.2
(al) norte (to the) north 3.2
(al) oeste (to the) west 3.2
(al) sur (to the) south 3.2
alcoba *f.* bedroom
alegrarse (de) *v.* to be happy 3.1
alegre *adj.* happy; joyful 1.5
alegría *f.* happiness 2.3
alemán, alemana *adj.* German 1.3
alérgico/a *adj.* allergic 2.4
alfombra *f.* carpet; rug 2.6
algo *pron.* something; anything 2.1
algodón *m.* cotton 1.6
alguien *pron.* someone; somebody; anyone 2.1
algún, alguno/a(s) *adj.* any; some 2.1
alimento *m.* food
alimentación *f.* diet
aliviar *v.* to reduce 3.3
aliviar el estrés/la tensión to reduce stress/tension 3.3
allá *adv.* over there 1.2
allí *adv.* there 1.2
alma *f.* soul 2.3
almacén *m.* department store 1.6
almohada *f.* pillow 2.6
almorzar (o:ue) *v.* to have lunch 1.4

almuerzo *m.* lunch 1.4, 2.2
aló *interj.* hello (*on the telephone*) 2.5
alquilar *v.* to rent 2.6
alquiler *m.* rent (payment) 2.6
altar *m.* altar 2.3
altillo *m.* attic 2.6
alto/a *adj.* tall 1.3
aluminio *m.* aluminum 3.1
ama de casa *m., f.* housekeeper; caretaker 2.6
amable *adj.* nice; friendly 1.5
amarillo/a *adj.* yellow 1.6
amigo/a *m., f.* friend 1.3
amistad *f.* friendship 2.3
amor *m.* love 2.3
  amor a primera vista love at first sight 2.3
anaranjado/a *adj.* orange 1.6
ándale *interj.* come on 3.2
andar *v.* **en patineta** to skateboard 1.4
ángel *m.* angel 2.3
anillo *m.* ring 3.5
animal *m.* animal 3.1
aniversario (de bodas) *m.* (wedding) anniversary 2.3
anoche *adv.* last night 1.6
anteayer *adv.* the day before yesterday 1.6
antes *adv.* before 2.1
  antes (de) que *conj.* before 3.1
  antes de *prep.* before 2.1
antibiótico *m.* antibiotic 2.4
antipático/a *adj.* unpleasant 1.3
anunciar *v.* to announce; to advertise 3.6
anuncio *m.* advertisement 3.4
año *m.* year 1.5
  año pasado last year 1.6
apagar *v.* to turn off 2.5
aparato *m.* appliance
apartamento *m.* apartment 2.6
apellido *m.* last name 1.3
apenas *adv.* hardly; scarcely 2.4
aplaudir *v.* to applaud 3.5
aplicación *f.* app 2.5
apreciar *v.* to appreciate 3.5
aprender (a + *inf.***)** *v.* to learn 1.3
apurarse *v.* to hurry; to rush 3.3
aquel, aquella *adj.* that (over there) 1.6
aquél, aquélla *pron.* that (over there) 1.6
aquello *neuter, pron.* that; that thing; that fact 1.6
aquellos/as *pl. adj.* those (over there) 1.6
aquéllos/as *pl. pron.* those (ones) (over there) 1.6
aquí *adv.* here 1.1
  Aquí está(n)... Here is/are... 1.5
árbol *m.* tree 3.1
archivo *m.* file 2.5
arete *m.* earring 1.6
argentino/a *adj.* Argentine 1.3
armario *m.* closet 2.6
arqueología *f.* archeology 1.2
arqueólogo/a *m., f.* archeologist 3.4
arquitecto/a *m., f.* architect 3.4
arrancar *v.* to start (*a car*) 2.5
arreglar *v.* to fix; to arrange 2.5; to neaten; to straighten up 2.6
arreglarse *v.* to get ready 2.1; to fix oneself (*clothes, hair, etc. to go out*) 2.1
arroba *f.* @ symbol 2.5
arroz *m.* rice 2.2
arte *m.* art 1.2
artes *f., pl.* arts 3.5
artesanía *f.* craftsmanship; crafts 3.5
artículo *m.* article 3.6
artista *m., f.* artist 1.3
artístico/a *adj.* artistic 3.5
arveja *f.* pea 2.2
asado/a *adj.* roast 2.2
ascenso *m.* promotion 3.4
ascensor *m.* elevator 1.5
así *adv.* like this; so (*in such a way*) 2.4
asistir (a) *v.* to attend 1.3
aspiradora *f.* vacuum cleaner 2.6
aspirante *m., f.* candidate; applicant 3.4
aspirina *f.* aspirin 2.4
atún *m.* tuna 2.2
aumentar *v.* to grow; to get bigger 3.1
aumentar *v.* **de peso** to gain weight 3.3
aumento *m.* increase
  aumento de sueldo pay raise 3.4
aunque although
autobús *m.* bus 1.1
automático/a *adj.* automatic
auto(móvil) *m.* auto(mobile) 1.5
autopista *f.* highway 2.5
ave *f.* bird 3.1
avenida *f.* avenue
aventura *f.* adventure 3.5
  de aventuras adventure (genre) 3.5
avergonzado/a *adj.* embarrassed 1.5
avión *m.* airplane 1.5
¡Ay! *interj.* Oh!
  ¡Ay, qué dolor! Oh, what pain!
ayer *adv.* yesterday 1.6
ayudar(se) *v.* to help (each other) 2.5
azúcar *m.* sugar 2.2
azul *adj. m., f.* blue 1.6

B

bailar *v.* to dance 1.2
bailarín/bailarina *m., f.* dancer 3.5
baile *m.* dance 3.5
bajar(se) de *v.* to get off of/out of (a vehicle) 2.5
bajo/a *adj.* short (*in height*) 1.3
balcón *m.* balcony 2.6
balde *m.* bucket 1.5
ballena *f.* whale 3.1
baloncesto *m.* basketball 1.4
banana *f.* banana 2.2
banco *m.* bank 3.2
banda *f.* band 3.5
bandera *f.* flag
bañarse *v.* to bathe; to take a bath 2.1
baño *m.* bathroom 2.1
barato/a *adj.* cheap 1.6
barco *m.* boat 1.5
barrer *v.* to sweep 2.6
  barrer el suelo *v.* to sweep the floor 2.6
barrio *m.* neighborhood 2.6
bastante *adv.* enough; rather 2.4
basura *f.* trash 2.6
baúl *m.* trunk 2.5
beber *v.* to drink 1.3
bebida *f.* drink 2.2
béisbol *m.* baseball 1.4
bellas artes *f., pl.* fine arts 3.5
belleza *f.* beauty 3.2
beneficio *m.* benefit 3.4
besar(se) *v.* to kiss (each other) 2.5
beso *m.* kiss 2.3
biblioteca *f.* library 1.2
bicicleta *f.* bicycle 1.4
bien *adv.* well 1.1
bienestar *m.* well-being 3.3
bienvenido(s)/a(s) *adj.* welcome 1.1
billete *m.* paper money; ticket
billón *m.* trillion
biología *f.* biology 1.2
bisabuelo/a *m., f.* great-grandfather/great-grandmother 1.3
bistec *m.* steak 2.2
blanco/a *adj.* white 1.6
blog *m.* blog 2.5
(blue)jeans *m., pl.* jeans 1.6
blusa *f.* blouse 1.6
boca *f.* mouth 2.4
boda *f.* wedding 2.3
boleto *m.* ticket 1.2, 3.5
bolsa *f.* purse, bag 1.6
bombero/a *m., f.* firefighter 3.4
bonito/a *adj.* pretty 1.3
borrador *m.* eraser 1.2
borrar *v.* to erase 2.5
bosque *m.* forest 3.1
  bosque tropical tropical forest; rain forest 3.1
bota *f.* boot 1.6
botella *f.* bottle 2.3
botones *m., f. sing.* bellhop 1.5
brazo *m.* arm 2.4
brindar *v.* to toast (*drink*) 2.3
bucear *v.* to scuba dive 1.4

buen, bueno/a *adj.* good 1.3, 1.6
buena forma good shape (*physical*) 3.3
Buenas noches. Good evening; Good night. 1.1
Buenas tardes. Good afternoon. 1.1
Bueno. Hello. (*on telephone*) 2.5
Buenos días. Good morning. 1.1
bulevar *m.* boulevard
buscador *m.* browser 2.5
buscar *v.* to look for 1.2
buzón *m.* mailbox 3.2

C

caballero *m.* gentleman, sir 2.2
caballo *m.* horse 1.5
cabe: no cabe duda de there's no doubt 3.1
cabeza *f.* head 2.4
cada *adj. m., f.* each 1.6
caerse *v.* to fall (down) 2.4
café *m.* café 1.4; *adj. m., f.* brown 1.6; *m.* coffee 2.2
cafeína *f.* caffeine 3.3
cafetera *f.* coffee maker 2.6
cafetería *f.* cafeteria 1.2
caído/a *p.p.* fallen 3.2
caja *f.* cash register 1.6
cajero/a *m., f.* cashier
cajero automático *m.* ATM 3.2
calavera de azúcar *f.* skull made out of sugar 2.3
calcetín (calcetines) *m.* sock(s) 1.6
calculadora *f.* calculator 1.2
calentamiento global *m.* global warming 3.1
calentarse (e:ie) *v.* to warm up 3.3
calidad *f.* quality 1.6
calle *f.* street 2.5
calor *m.* heat
caloría *f.* calorie 3.3
calzar *v.* to take size... shoes 1.6
cama *f.* bed 1.5
cámara de video *f.* video camera 2.5
cámara digital *f.* digital camera 2.5
camarero/a *m., f.* waiter/waitress 2.2
camarón *m.* shrimp 2.2
cambiar (de) *v.* to change 2.3
cambio: de cambio in change 1.2
cambio *m.* **climático** climate change 3.1
cambio *m.* **de moneda** currency exchange
caminar *v.* to walk 1.2
camino *m.* road
camión *m.* truck; bus
camisa *f.* shirt 1.6
camiseta *f.* t-shirt 1.6
campo *m.* countryside 1.5
canadiense *adj.* Canadian 1.3
canal *m.* (TV) channel 2.5; 3.5
canción *f.* song 3.5
candidato/a *m., f.* candidate 3.6
canela *f.* cinnamon 2.4
cansado/a *adj.* tired 1.5
cantante *m., f.* singer 3.5
cantar *v.* to sing 1.2
capital *f.* capital city
capó *m.* hood 2.5
cara *f.* face 2.1
caramelo *m.* caramel 2.3
cargador *m.* charger 2.5
carne *f.* meat 2.2
carne de res *f.* beef 2.2
carnicería *f.* butcher shop 3.2
caro/a *adj.* expensive 1.6
carpintero/a *m., f.* carpenter 3.4
carrera *f.* career 3.4
carretera *f.* highway; (main) road 2.5
carro *m.* car; automobile 2.5
carta *f.* letter 1.4; *(*playing) card 1.5
cartel *m.* poster 2.6
cartera *f.* wallet 1.4, 1.6
cartero *m.* mail carrier 3.2
casa *f.* house; home 1.2
casado/a *adj.* married 2.3
casarse (con) *v.* to get married (to) 2.3
casi *adv.* almost 2.4
catorce fourteen 1.1
cazar *v.* to hunt 3.1
cebolla *f.* onion 2.2
cederrón *m.* CD-ROM
celebrar *v.* to celebrate 2.3
cementerio *m.* cemetery 2.3
cena *f.* dinner 2.2
cenar *v.* to have dinner 1.2
centro *m.* downtown 1.4
centro comercial shopping mall 1.6
cepillarse los dientes/el pelo *v.* to brush one's teeth/one's hair 2.1
cerámica *f.* pottery 3.5
cerca de *prep.* near 1.2
cerdo *m.* pork 2.2
cereales *m., pl.* cereal; grains 2.2
cero *m.* zero 1.1
cerrado/a *adj.* closed 1.5
cerrar (e:ie) *v.* to close 1.4
césped *m.* grass
ceviche *m.* marinated fish dish 2.2
ceviche de camarón *m.* lemon-marinated shrimp 2.2
chaleco *m.* vest
champiñón *m.* mushroom 2.2
champú *m.* shampoo 2.1
chaqueta *f.* jacket 1.6
chatear *v.* to chat 2.5
chau *fam. interj.* bye 1.1
cheque *m.* (bank) check 3.2
cheque (de viajero) *m.* (traveler's) check 3.2
chévere *adj., fam.* terrific
chico/a *m., f.* boy/girl 1.1
chino/a *adj.* Chinese 1.3
chocar (con) *v.* to run into
chocolate *m.* chocolate 2.3
choque *m.* collision 3.6
chuleta *f.* chop (*food*) 2.2
chuleta de cerdo *f.* pork chop 2.2
cibercafé *m.* cybercafé 2.5
ciclismo *m.* cycling 1.4
cielo *m.* sky 3.1
cien(to) one hundred 1.2
ciencias *f., pl.* sciences 1.2
ciencias ambientales environmental science 1.2
de ciencia ficción *f.* science fiction (genre) 3.5
científico/a *m., f.* scientist 3.4
cierto/a *adj.* certain 3.1
es cierto it's certain 3.1
no es cierto it's not certain 3.1
cima *f.* top, peak 3.3
cinco five 1.1
cincuenta fifty 1.2
cine *m.* movie theater 1.4
cinta *f.* (audio)tape
cinta caminadora *f.* treadmill 3.3
cinturón *m.* belt 1.6
circulación *f.* traffic 2.5
cita *f.* date; appointment 2.3
ciudad *f.* city
ciudadano/a *m., f.* citizen 3.6
Claro (que sí). *fam.* Of course.
clase *f.* class 1.2
clase de ejercicios aeróbicos *f.* aerobics class 3.3
clásico/a *adj.* classical 3.5
cliente/a *m., f.* customer 1.6
clínica *f.* clinic 2.4
cobrar *v.* to cash (a check) 3.2
coche *m.* car; automobile 2.5
cocina *f.* kitchen; stove 2.3, 2.6
cocinar *v.* to cook 2.6
cocinero/a *m., f.* cook, chef 3.4
cofre *m.* hood 3.2
cola *f.* line 3.2
colesterol *m.* cholesterol 3.3
color *m.* color 1.6
comedia *f.* comedy; play 3.5
comedor *m.* dining room 2.6
comenzar (e:ie) *v.* to begin 1.4
comer *v.* to eat 1.3
comercial *adj.* commercial; business-related 3.4
comida *f.* food; meal 1.4, 2.2
como like; as 2.2
¿cómo? what?; how? 1.1, 1.2
¿Cómo es...? What's... like?
¿Cómo está usted? *form.* How are you? 1.1

¿Cómo estás? *fam.* How are you? 1.1
¿Cómo se llama usted? *(form.)* What's your name? 1.1
¿Cómo te llamas? *fam.* What's your name? 1.1
cómoda *f.* chest of drawers 2.6
cómodo/a *adj.* comfortable 1.5
compañero/a de clase *m., f.* classmate 1.2
compañero/a de cuarto *m., f.* roommate 1.2
compañía *f.* company; firm 3.4
compartir *v.* to share 1.3
compositor(a) *m., f.* composer 3.5
comprar *v.* to buy 1.2
compras *f., pl.* purchases
ir de compras to go shopping 1.5
comprender *v.* to understand 1.3
comprobar *v.* to check
comprometerse (con) *v.* to get engaged (to) 2.3
computación *f.* computer science 1.2
computadora *f.* computer 1.1
computadora portátil *f.* portable computer; laptop 2.5
comunicación *f.* communication 3.6
comunicarse (con) *v.* to communicate (with) 3.6
comunidad *f.* community 1.1
con *prep.* with 1.2
Con él/ella habla. Speaking. (*on telephone*) 2.5
con frecuencia *adv.* frequently 2.4
Con permiso. Pardon me; Excuse me. 1.1
con tal (de) que *conj.* provided (that) 3.1
concierto *m.* concert 3.5
concordar *v.* to agree
concurso *m.* game show; contest 3.5
conducir *v.* to drive 1.6, 2.5
conductor(a) *m., f.* driver 1.1
conexión *f.* **inalámbrica** wireless connection 2.5
confirmar *v.* to confirm 1.5
confirmar *v.* **una reservación** *f.* to confirm a reservation 1.5
confundido/a *adj.* confused 1.5
congelador *m.* freezer 2.6
congestionado/a *adj.* congested; stuffed-up 2.4
conmigo *pron.* with me 1.4, 2.3
conocer *v.* to know; to be acquainted with 1.6
conocido/a *adj.; p.p.* known
conseguir (e:i) *v.* to get; to obtain 1.4
consejero/a *m., f.* counselor; advisor 3.4
consejo *m.* advice
conservación *f.* conservation 3.1
conservar *v.* to conserve 3.1
construir *v.* to build
consultorio *m.* doctor's office 2.4
consumir *v.* to consume 3.3
contabilidad *f.* accounting 1.2
contador(a) *m., f.* accountant 3.4
contaminación *f.* pollution 3.1
contaminación del aire/del agua air/water pollution 3.1
contaminado/a *adj.* polluted 3.1
contaminar *v.* to pollute 3.1
contar (o:ue) *v.* to count; to tell 1.4
contento/a *adj.* content 1.5
contestadora *f.* answering machine
contestar *v.* to answer 1.2
contigo *fam. pron.* with you 1.5, 2.3
contratar *v.* to hire 3.4
control *m.* **remoto** remote control 2.5
controlar *v.* to control 3.1
conversación *f.* conversation 1.1
conversar *v.* to converse, to chat 1.2
corazón *m.* heart 2.4
corbata *f.* tie 1.6
corredor(a) *m., f.* **de bolsa** stockbroker 3.4
correo *m.* mail; post office 3.2
correo de voz *m.* voice mail 2.5
correo electrónico *m.* e-mail 1.4
correr *v.* to run 1.3
cortesía *f.* courtesy
cortinas *f., pl.* curtains 2.6
corto/a *adj.* short (*in length*) 1.6
cosa *f.* thing 1.1
costar (o:ue) *v.* to cost 1.6
costarricense *adj.* Costa Rican 1.3
cráter *m.* crater 3.1
creer *v.* to believe 1.3, 3.1
creer (en) *v.* to believe (in) 1.3
no creer *v.* not to believe 3.1
creído/a *adj., p.p.* believed 3.2
crema de afeitar *f.* shaving cream 1.5, 2.1
crimen *m.* crime; murder 3.6
cruzar *v.* to cross 3.2
cuaderno *m.* notebook 1.1
cuadra *f.* (city) block 3.2
¿cuál(es)? which?; which one(s)? 1.2
¿Cuál es la fecha de hoy? What is today's date? 1.5
cuadro *m.* picture 2.6
cuando *conj.* when 2.1; 3.1
¿cuándo? when? 1.2
¿cuánto(s)/a(s)? how much/how many? 1.1, 1.2
¿Cuánto cuesta...? How much does... cost? 1.6
¿Cuántos años tienes? How old are you?
cuarenta forty 1.2
cuarto de baño *m.* bathroom 2.1
cuarto *m.* room 1.2; 2.1
cuarto/a *adj.* fourth 1.5
menos cuarto quarter to (time) 1.1
y cuarto quarter after (time) 1.1
cuatro four 1.1
cuatrocientos/as four hundred 1.2
cubano/a *adj.* Cuban 1.3
cubiertos *m., pl.* silverware
cubierto/a *p.p.* covered
cubrir *v.* to cover
cuchara *f.* (table or large) spoon 2.6
cuchillo *m.* knife 2.6
cuello *m.* neck 2.4
cuenta *f.* bill 2.2; account 3.2
cuenta corriente *f.* checking account 3.2
cuenta de ahorros *f.* savings account 3.2
cuento *m.* short story 3.5
cuerpo *m.* body 2.4
cuidado *m.* care
cuidar *v.* to take care of 3.1
cultura *f.* culture 1.2, 3.5
cumpleaños *m., sing.* birthday 2.3
cumplir años *v.* to have a birthday
cuñado/a *m., f.* brother-in-law/sister-in-law 1.3
currículum *m.* résumé 3.4
curso *m.* course 1.2

D

danza *f.* dance 3.5
dañar *v.* to damage; to break down 2.4
dar *v.* to give 1.6
dar un consejo *v.* to give advice
darse con *v.* to bump into; to run into (something) 2.4
darse prisa *v.* to hurry; to rush 3.3
de *prep.* of; from 1.1
¿De dónde eres? *fam.* Where are you from? 1.1
¿De dónde es usted? *form.* Where are you from? 1.1
¿De parte de quién? Who is speaking/calling? (*on telephone*) 2.5
¿de quién...? whose...? (*sing.*) 1.1
¿de quiénes...? whose...? (*pl.*) 1.1
de algodón (made) of cotton 1.6
de aluminio (made) of aluminum 3.1
de buen humor in a good mood 1.5
de compras shopping 1.5
de cuadros plaid 1.6
de excursión hiking 1.4
de hecho in fact
de ida y vuelta roundtrip 1.5
de la mañana in the morning; A.M. 1.1
de la noche in the evening; at night; P.M. 1.1

de la tarde in the afternoon; in the early evening; P.M. 1.1
de lana (made) of wool 1.6
de lunares polka-dotted 1.6
de mal humor in a bad mood 1.5
de moda in fashion 1.6
De nada. You're welcome. 1.1
de niño/a as a child 2.4
de parte de on behalf of 2.5
de plástico (made) of plastic 3.1
de rayas striped 1.6
de repente suddenly 1.6
de seda (made) of silk 1.6
de vaqueros western (genre) 3.5
de vez en cuando from time to time 2.4
de vidrio (made) of glass 3.1
debajo de *prep.* below; under 1.2
deber (+ *inf.***)** *v.* should; must; ought to 1.3
deber *m.* responsibility; obligation 3.6
debido a due to (the fact that)
débil *adj.* weak 3.3
decidir (+ *inf.***)** *v.* to decide 1.3
décimo/a *adj.* tenth 1.5
decir (e:i) *v.* **(que)** to say (that); to tell (that) 1.4
decir la respuesta to say the answer 1.4
decir la verdad to tell the truth 1.4
decir mentiras to tell lies 1.4
declarar *v.* to declare; to say 3.6
dedo *m.* finger 2.4
dedo del pie *m.* toe 2.4
deforestación *f.* deforestation 3.1
dejar *v.* to let; to quit; to leave behind 3.4
dejar de (+ *inf.*) *v.* to stop (*doing something*) 3.1
dejar una propina *v.* to leave a tip
del (*contraction of* **de + el)** of the; from the 1.1
delante de *prep.* in front of 1.2
delgado/a *adj.* thin; slender 1.3
delicioso/a *adj.* delicious 2.2
demás *adj.* the rest
demasiado *adv.* too much 1.6
dentista *m., f.* dentist 2.4
dentro de (diez años) within (ten years) 3.4; inside
dependiente/a *m., f.* clerk 1.6
deporte *m.* sport 1.4
deportista *m.* sports person
deportivo/a *adj.* sports-related 1.4
depositar *v.* to deposit 3.2
derecha *f.* right 1.2
a la derecha de to the right of 1.2
derecho *adv.* straight (ahead) 3.2
derechos *m., pl.* rights 3.6
desarrollar *v.* to develop 3.1
desastre (natural) *m.* (natural) disaster 3.6
desayunar *v.* to have breakfast 1.2
desayuno *m.* breakfast 2.2
descafeinado/a *adj.* decaffeinated 3.3
descansar *v.* to rest 1.2
descargar *v.* to download 2.5
descompuesto/a *adj.* not working; out of order 2.5
describir *v.* to describe 1.3
descrito/a *p.p.* described 3.2
descubierto/a *p.p.* discovered 3.2
descubrir *v.* to discover 3.1
desde *prep.* from 1.6
desear *v.* to wish; to desire 1.2
desempleo *m.* unemployment 3.6
desierto *m.* desert 3.1
desigualdad *f.* inequality 3.6
desordenado/a *adj.* disorderly 1.5
despacio *adv.* slowly 2.4
despedida *f.* farewell; goodbye
despedir (e:i) *v.* to fire 3.4
despedirse (de) (e:i) *v.* to say goodbye (to) 3.6
despejado/a *adj.* clear (*weather*)
despertador *m.* alarm clock 2.1
despertarse (e:ie) *v.* to wake up 2.1
después *adv.* afterwards; then 2.1
después de after 2.1
después de que *conj.* after 3.1
destruir *v.* to destroy 3.1
detrás de *prep.* behind 1.2
día *m.* day 1.1
día de fiesta holiday 2.3
diario *m.* diary 1.1; newspaper 3.6
diario/a *adj.* daily 2.1
dibujar *v.* to draw 1.2
dibujo *m.* drawing
dibujos animados *m., pl.* cartoons 3.5
diccionario *m.* dictionary 1.1
dicho/a *p.p.* said 3.2
diciembre *m.* December 1.5
dictadura *f.* dictatorship 3.6
diecinueve nineteen 1.1
dieciocho eighteen 1.1
dieciséis sixteen 1.1
diecisiete seventeen 1.1
diente *m.* tooth 2.1
dieta *f.* diet 3.3
comer una dieta equilibrada to eat a balanced diet 3.3
diez ten 1.1
difícil *adj.* difficult; hard 1.3
Diga. Hello. (*on telephone*) 2.5
diligencia *f.* errand 3.2
dinero *m.* money 1.6
dirección *f.* address 3.2
dirección electrónica *f.* e-mail address 2.5
director(a) *m., f.* director; (*musical*) conductor 3.5
dirigir *v.* to direct 3.5
disco compacto compact disc (CD) 2.5
discriminación *f.* discrimination 3.6
discurso *m.* speech 3.6
diseñador(a) *m., f.* designer 3.4
diseño *m.* design
disfraz *m.* costume 2.3
disfrutar (de) *v.* to enjoy; to reap the benefits (of) 3.3
disminuir *v.* to reduce 3.4
diversión *f.* fun activity; entertainment; recreation 1.4
divertido/a *adj.* fun
divertirse (e:ie) *v.* to have fun 2.3
divorciado/a *adj.* divorced 2.3
divorciarse (de) *v.* to get divorced (from) 2.3
divorcio *m.* divorce 2.3
doblar *v.* to turn 3.2
doble *adj.* double 1.5
doce twelve 1.1
doctor(a) *m., f.* doctor 1.3; 2.4
documental *m.* documentary 3.5
documentos de viaje *m., pl.* travel documents
doler (o:ue) *v.* to hurt 2.4
dolor *m.* ache; pain 2.4
dolor de cabeza *m.* headache 2.4
doméstico/a *adj.* domestic 2.6
domingo *m.* Sunday 1.2
don *m.* Mr.; sir 1.1
doña *f.* Mrs.; ma'am 1.1
donde *adv.* where
¿Dónde está...? Where is...? 1.2
¿dónde? where? 1.1, 1.2
dormir (o:ue) *v.* to sleep 1.4
dormirse (o:ue) *v.* to go to sleep; to fall asleep 2.1
dormitorio *m.* bedroom 2.6
dos two 1.1
dos veces *f.* twice; two times 1.6
doscientos/as two hundred 1.2
drama *m.* drama; play 3.5
dramático/a *adj.* dramatic 3.5
dramaturgo/a *m., f.* playwright 3.5
ducha *f.* shower 2.1
ducharse *v.* to shower; to take a shower 2.1
duda *f.* doubt 3.1
dudar *v.* to doubt 3.1
no dudar *v.* not to doubt 3.1
dueño/a *m., f.* owner 2.2
dulces *m., pl.* sweets; candy 2.3
durante *prep.* during 2.1
durar *v.* to last 3.6

E

e *conj. (used instead of* ***y*** *before words beginning with* ***i*** *and* ***hi****)* and

echar *v.* to throw
echar (una carta) al buzón *v.* to put (a letter) in the mailbox; to mail 3.2
ecología *f.* ecology 3.1
ecológico/a *adj.* ecological 3.1
ecologista *m., f.* ecologist 3.1
economía *f.* economics 1.2
ecoturismo *m.* ecotourism 3.1
ecuatoriano/a *adj.* Ecuadorian 1.3
edad *f.* age 2.3
edificio *m.* building 2.6
edificio de apartamentos apartment building 2.6
(en) efectivo *m.* cash 1.6
ejercer *v.* to practice/exercise (a degree/profession) 3.4
ejercicio *m.* exercise 3.3
ejercicios aeróbicos aerobic exercises 3.3
ejercicios de estiramiento stretching exercises 3.3
ejército *m.* army 3.6
el *m., sing., def. art.* the 1.1
él *sub. pron.* he 1.1; *obj. pron.* him
elecciones *f., pl.* election 3.6
electricista *m., f.* electrician 3.4
electrodoméstico *m.* electric appliance 2.6
elegante *adj. m., f.* elegant 1.6
elegir (e:i) *v.* to elect 3.6
ella *sub. pron.* she 1.1; *obj. pron.* her
ellos/as *sub. pron.* they 1.1; *obj. pron.* them
embarazada *adj.* pregnant 2.4
emergencia *f.* emergency 2.4
emitir *v.* to broadcast 3.6
emocionante *adj. m., f.* exciting
empezar (e:ie) *v.* to begin 1.4
empleado/a *m., f.* employee 1.5
empleo *m.* job; employment 3.4
empresa *f.* company; firm 3.4
en *prep.* in; on 1.2
en casa at home
en caso (de) que *conj.* in case (that) 3.1
en cuanto *conj.* as soon as 3.1
en efectivo in cash 3.2
en exceso in excess; too much 3.3
en línea in-line 1.4
en punto on the dot; exactly; sharp (*time*) 1.1
en qué in what; how
¿En qué puedo servirles? How can I help you? 1.5
en vivo live 2.1
enamorado/a (de) *adj.* in love (with) 1.5
enamorarse (de) *v.* to fall in love (with) 2.3
encantado/a *adj.* delighted; pleased to meet you 1.1
encantar *v.* to like very much; to love (*inanimate objects*) 2.1
encima de *prep.* on top of 1.2
encontrar (o:ue) *v.* to find 1.4
encontrar(se) (o:ue) *v.* to meet (each other); to run into (each other) 2.5
encontrarse con to meet up with 2.1
encuesta *f.* poll; survey 3.6
energía *f.* energy 3.1
energía nuclear nuclear energy 3.1
energía solar solar energy 3.1
enero *m.* January 1.5
enfermarse *v.* to get sick 2.4
enfermedad *f.* illness 2.4
enfermero/a *m., f.* nurse 2.4
enfermo/a *adj.* sick 2.4
enfrente de *adv.* opposite; facing 3.2
engordar *v.* to gain weight 3.3
enojado/a *adj.* angry 1.5
enojarse (con) *v.* to get angry (with) 2.1
ensalada *f.* salad 2.2
ensayo *m.* essay 1.3
enseguida *adv.* right away
enseñar *v.* to teach 1.2
ensuciar *v.* to get (something) dirty 2.6
entender (e:ie) *v.* to understand 1.4
enterarse *v.* to find out 3.4
entonces *adv.* so, then 1.5, 2.1
entrada *f.* entrance 2.6; ticket
entre *prep.* between; among 1.2
entregar *v.* to hand in 2.5
entremeses *m., pl.* hors d'oeuvres; appetizers 2.2
entrenador(a) *m., f.* trainer 3.3
entrenarse *v.* to practice; to train 3.3
entrevista *f.* interview 3.4
entrevistador(a) *m., f.* interviewer 3.4
entrevistar *v.* to interview 3.4
envase *m.* container 3.1
enviar *v.* to send; to mail 3.2
equilibrado/a *adj.* balanced 3.3
equipaje *m.* luggage 1.5
equipo *m.* team 1.4
equivocado/a *adj.* wrong 1.5
eres *fam.* you are 1.1
es he/she/it is 1.1
Es bueno que... It's good that... 2.6
es cierto it's certain 3.1
es extraño it's strange 3.1
es igual it's the same 1.5
Es importante que... It's important that... 2.6
es imposible it's impossible 3.1
es improbable it's improbable 3.1
Es malo que... It's bad that... 2.6
Es mejor que... It's better that... 2.6
Es necesario que... It's necessary that... 2.6
es obvio it's obvious 3.1
es posible it's possible 3.1
es probable it's probable 3.1
es ridículo it's ridiculous 3.1
es seguro it's certain 3.1
es terrible it's terrible 3.1
es triste it's sad 3.1
Es urgente que... It's urgent that... 2.6
Es la una. It's one o'clock. 1.1
es una lástima it's a shame 3.1
es verdad it's true 3.1
esa(s) *f., adj.* that; those 1.6
ésa(s) *f., pron.* that (one); those (ones) 1.6
escalar *v.* to climb 1.4
escalar montañas to climb mountains 1.4
escalera *f.* stairs; stairway 2.6
escalón *m.* step 3.3
escanear *v.* to scan 2.5
escoger *v.* to choose 2.2
escribir *v.* to write 1.3
escribir un mensaje electrónico to write an e-mail 1.4
escribir una carta to write a letter 1.4
escrito/a *p.p.* written 3.2
escritor(a) *m., f.* writer 3.5
escritorio *m.* desk 1.2
escuchar *v.* to listen (to) 1.2
escuchar la radio to listen to the radio 1.2
escuchar música to listen to music 1.2
escuela *f.* school 1.1
esculpir *v.* to sculpt 3.5
escultor(a) *m., f.* sculptor 3.5
escultura *f.* sculpture 3.5
ese *m., sing., adj.* that 1.6
ése *m., sing., pron.* that one 1.6
eso *neuter, pron.* that; that thing 1.6
esos *m., pl., adj.* those 1.6
ésos *m., pl., pron.* those (ones) 1.6
España *f.* Spain
español *m.* Spanish (*language*) 1.2
español(a) *adj. m., f.* Spanish 1.3
espárragos *m., pl.* asparagus 2.2
especialidad: las especialidades del día today's specials 2.2
especialización *f.* major 1.2
espectacular *adj.* spectacular
espectáculo *m.* show 3.5
espejo *m.* mirror 2.1
esperar *v.* to hope; to wish 3.1
esperar (+ *inf.*) *v.* to wait (for); to hope 1.2
esposo/a *m., f.* husband/wife; spouse 1.3
esquí (acuático) *m.* (water) skiing 1.4
esquiar *v.* to ski 1.4
esquina *f.* corner 3.2

está he/she/it is, you are
Está bien. That's fine.
Está (muy) despejado. It's (very) clear. (*weather*)
Está lloviendo. It's raining. 1.5
Está nevando. It's snowing. 1.5
Está (muy) nublado. It's (very) cloudy. (*weather*) 1.5
esta(s) *f., adj.* this; these 1.6
esta noche tonight
ésta(s) *f., pron.* this (one); these (ones) 1.6
establecer *v.* to establish 3.4
estación *f.* station; season 1.5
estación de autobuses bus station 1.5
estación del metro subway station 1.5
estación de tren train station 1.5
estacionamiento *m.* parking lot 3.2
estacionar *v.* to park 2.5
estadio *m.* stadium 1.2
estado civil *m.* marital status 2.3
Estados Unidos *m., pl.* (EE.UU.; E.U.) United States
estadounidense *adj. m., f.* from the United States 1.3
estampilla *f.* stamp 3.2
estante *m.* bookcase; bookshelves 2.6
estar *v.* to be 1.2
estar a dieta to be on a diet 3.3
estar aburrido/a to be bored 1.5
estar afectado/a (por) to be affected (by) 3.1
estar cansado/a to be tired 1.5
estar contaminado/a to be polluted 3.1
estar de acuerdo to agree 3.5
Estoy de acuerdo. I agree. 3.5
No estoy de acuerdo. I don't agree. 3.5
estar de moda to be in fashion 1.6
estar de vacaciones *f., pl.* to be on vacation 1.5
estar en buena forma to be in good shape 3.3
estar enfermo/a to be sick 2.4
estar harto/a de... to be sick of... 3.6
estar listo/a to be ready 1.5
estar perdido/a to be lost 3.2
estar roto/a to be broken
estar seguro/a to be sure 1.5
estar torcido/a to be twisted; to be sprained 2.4
No está nada mal. It's not bad at all. 1.5
estatua *f.* statue 3.5
este *m.* east 3.2
este *m., sing., adj.* this 1.6
éste *m., sing., pron.* this (one) 1.6
estéreo *m.* stereo 2.5
estilo *m.* style
estiramiento *m.* stretching 3.3
esto *neuter pron.* this; this thing 1.6
estómago *m.* stomach 2.4
estornudar *v.* to sneeze 2.4
estos *m., pl., adj.* these 1.6
éstos *m., pl., pron.* these (ones) 1.6
estrella *f.* star 3.1
estrella de cine *m., f.* movie star 3.5
estrés *m.* stress 3.3
estudiante *m., f.* student 1.1, 1.2
estudiantil *adj. m., f.* student 1.2
estudiar *v.* to study 1.2
estufa *f.* stove 2.6
estupendo/a *adj.* stupendous 1.5
etapa *f.* stage 2.3
evitar *v.* to avoid 3.1
examen *m.* test; exam 1.2
examen médico physical exam 2.4
excelente *adj. m., f.* excellent 1.5
exceso *m.* excess 3.3
excursión *f.* hike; tour; excursion 1.4
excursionista *m., f.* hiker
éxito *m.* success
experiencia *f.* experience
explicar *v.* to explain 1.2
explorar *v.* to explore
expresión *f.* expression
extinción *f.* extinction 3.1
extranjero/a *adj.* foreign 3.5
extrañar *v.* to miss 3.4
extraño/a *adj.* strange 3.1

F

fábrica *f.* factory 3.1
fabuloso/a *adj.* fabulous 1.5
fácil *adj.* easy 1.3
falda *f.* skirt 1.6
faltar *v.* to lack; to need 2.1
familia *f.* family 1.3
famoso/a *adj.* famous
farmacia *f.* pharmacy 2.4
fascinar *v.* to fascinate 2.1
favorito/a *adj.* favorite 1.4
fax *m.* fax (machine)
febrero *m.* February 1.5
fecha *f.* date 1.5
¡Felicidades! Congratulations! 2.3
¡Felicitaciones! Congratulations! 2.3
feliz *adj.* happy 1.5
¡Feliz cumpleaños! Happy birthday! 2.3
fenomenal *adj.* great, phenomenal 1.5
feo/a *adj.* ugly 1.3
festival *m.* festival 3.5
fiebre *f.* fever 2.4
fiesta *f.* party 2.3
fijo/a *adj.* fixed, set 1.6
fin *m.* end 1.4
fin de semana weekend 1.4
finalmente *adv.* finally
firmar *v.* to sign (*a document*) 3.2
física *f.* physics 1.2
flan (de caramelo) *m.* baked (caramel) custard 2.3
flexible *adj.* flexible 3.3
flor *f.* flower 3.1
folclórico/a *adj.* folk; folkloric 3.5
folleto *m.* brochure
forma *f.* shape 3.3
formulario *m.* form 3.2
foto(grafía) *f.* photograph 1.1
francés, francesa *adj. m., f.* French 1.3
frecuentemente *adv.* frequently
frenos *m., pl.* brakes
frente (frío) *m.* (cold) front 1.5
fresco/a *adj.* cool
frijoles *m., pl.* beans 2.2
frío/a *adj.* cold
frito/a *adj.* fried 2.2
fruta *f.* fruit 2.2
frutería *f.* fruit store 3.2
fuera *adv.* outside
fuerte *adj. m., f.* strong 3.3
fumar *v.* to smoke 3.3
(no) fumar *v.* (not) to smoke 3.3
funcionar *v.* to work 2.5; to function
fútbol *m.* soccer 1.4
fútbol americano *m.* football 1.4
futuro/a *adj.* future
en el futuro in the future

G

gafas (de sol) *f., pl.* (sun)glasses 1.6
gafas (oscuras) *f., pl.* (sun)glasses
galleta *f.* cookie 2.3
ganar *v.* to win 1.4; to earn (money) 3.4
ganga *f.* bargain 1.6
garaje *m.* garage; (mechanic's) repair shop 2.5; garage (*in a house*) 2.6
garganta *f.* throat 2.4
gasolina *f.* gasoline 2.5
gasolinera *f.* gas station 2.5
gastar *v.* to spend (*money*) 1.6
gato *m.* cat 3.1
gemelo/a *m., f.* twin 1.3
genial *adj.* great 3.4
gente *f.* people 1.3
geografía *f.* geography 1.2
gerente *m., f.* manager 2.2, 3.4
gimnasio *m.* gymnasium 1.4
gobierno *m.* government 3.1
golf *m.* golf 1.4
gordo/a *adj.* fat 1.3
grabar *v.* to record 2.5
gracias *f., pl.* thank you; thanks 1.1
Gracias por invitarme. Thanks for inviting me. 2.3
graduarse (de/en) *v.* to graduate (from/in) 2.3

grande *adj.* big; large 1.3
grasa *f.* fat 3.3
gratis *adj. m., f.* free of charge 3.2
grave *adj.* grave; serious 2.4
gripe *f.* flu 2.4
gris *adj. m., f.* gray 1.6
gritar *v.* to scream, to shout
grito *m.* scream 1.5
guantes *m., pl.* gloves 1.6
guapo/a *adj.* handsome; good-looking 1.3
guardar *v.* to save (on a computer) 2.5
guerra *f.* war 3.6
guía *m., f.* guide
gustar *v.* to be pleasing to; to like 1.2
  Me gustaría... I would like...
gusto *m.* pleasure 1.1
  El gusto es mío. The pleasure is mine. 1.1
  Mucho gusto. Pleased to meet you. 1.1
  ¡Qué gusto verlo/la! *(form.) How nice to see you!* 3.6
  ¡Qué gusto verte! *(fam.) How nice to see you!* 3.6

H

haber *(auxiliar) v.* to have (done something) 3.3
habitación *f.* room 1.5
  habitación doble double room 1.5
  habitación individual single room 1.5
hablar *v.* to talk; to speak 1.2
hacer *v.* to do; to make 1.4
  Hace buen tiempo. The weather is good. 1.5
  Hace (mucho) calor. It's (very) hot. (*weather*) 1.5
  Hace fresco. It's cool. (*weather*) 1.5
  Hace (mucho) frío. It's (very) cold. (*weather*) 1.5
  Hace mal tiempo. The weather is bad. 1.5
  Hace (mucho) sol. It's (very) sunny. (*weather*) 1.5
  Hace (mucho) viento. It's (very) windy. (*weather*) 1.5
  hacer cola to stand in line 3.2
  hacer diligencias to run errands 3.2
  hacer ejercicio to exercise 3.3
  hacer ejercicios aeróbicos to do aerobics 3.3
  hacer ejercicios de estiramiento to do stretching exercises 3.3
  hacer el papel (de) to play the role (of) 3.5
  hacer gimnasia to work out 3.3
  hacer juego (con) to match (with) 1.6
  hacer la cama to make the bed 2.6
  hacer las maletas to pack (one's) suitcases 1.5
  hacer quehaceres domésticos to do household chores 2.6
  hacer (wind)surf to (wind) surf 1.5
  hacer turismo to go sightseeing
  hacer un viaje to take a trip 1.5
  ¿Me harías el honor de casarte conmigo? Would you do me the honor of marrying me? 3.5
hacia *prep.* toward 3.2
hambre *f.* hunger
hamburguesa *f.* hamburger 2.2
hasta *prep.* until 1.6; toward
  Hasta la vista. See you later. 1.1
  Hasta luego. See you later. 1.1
  Hasta mañana. See you tomorrow. 1.1
  Hasta pronto. See you soon. 1.1
  hasta que *conj.* until 3.1
hay there is; there are 1.1
  Hay (mucha) contaminación. It's (very) smoggy.
  Hay (mucha) niebla. It's (very) foggy.
  Hay que It is necessary that
  No hay de qué. You're welcome. 1.1
  No hay duda de There's no doubt 3.1
hecho/a *p.p.* done 3.2
heladería *f.* ice cream shop 3.2
helado/a *adj.* iced 2.2
helado *m.* ice cream 2.3
hermanastro/a *m., f.* stepbrother/stepsister 1.3
hermano/a *m., f.* brother/sister 1.3
hermano/a mayor/menor *m., f.* older/younger brother/sister 1.3
hermanos *m., pl.* siblings (brothers and sisters) 1.3
hermoso/a *adj.* beautiful 1.6
hierba *f.* grass 3.1
hijastro/a *m., f.* stepson/stepdaughter 1.3
hijo/a *m., f.* son/daughter 1.3
  hijo/a único/a *m., f.* only child 1.3
  hijos *m., pl.* children 1.3
híjole *interj.* wow 1.6
historia *f.* history 1.2; story 3.5
hockey *m.* hockey 1.4
hola *interj.* hello; hi 1.1
hombre *m.* man 1.1
  hombre de negocios *m.* businessman 3.4
hora *f.* hour 1.1; the time
horario *m.* schedule 1.2
horno *m.* oven 2.6
  horno de microondas *m.* microwave oven 2.6
horror *m.* horror 3.5
  de horror horror (genre) 3.5
hospital *m.* hospital 2.4
hotel *m.* hotel 1.5
hoy *adv.* today 1.2
  hoy día *adv.* nowadays
  Hoy es... Today is... 1.2
hueco *m.* hole 1.4
huelga *f.* strike (*labor*) 3.6
hueso *m.* bone 2.4
huésped *m., f.* guest 1.5
huevo *m.* egg 2.2
humanidades *f., pl.* humanities 1.2
huracán *m.* hurricane 3.6

I

ida *f.* one way (*travel*)
idea *f.* idea 3.6
iglesia *f.* church 1.4
igualdad *f.* equality 3.6
igualmente *adv.* likewise 1.1
impermeable *m.* raincoat 1.6
importante *adj. m., f.* important 1.3
importar *v.* to be important to; to matter 2.1
imposible *adj. m., f.* impossible 3.1
impresora *f.* printer 2.5
imprimir *v.* to print 2.5
improbable *adj. m., f.* improbable 3.1
impuesto *m.* tax 3.6
incendio *m.* fire 3.6
increíble *adj. m., f.* incredible 1.5
indicar cómo llegar *v.* to give directions 3.2
individual *adj.* single (*room*) 1.5
infección *f.* infection 2.4
informar *v.* to inform 3.6
informe *m.* report; paper (*written work*) 3.6
ingeniero/a *m., f.* engineer 1.3
inglés *m.* English (*language*) 1.2
inglés, inglesa *adj.* English 1.3
inodoro *m.* toilet 2.1
insistir (en) *v.* to insist (on) 2.6
inspector(a) de aduanas *m., f.* customs inspector 1.5
inteligente *adj. m., f.* intelligent 1.3
intento *m.* attempt 2.5
intercambiar *v.* to exchange
interesante *adj. m., f.* interesting 1.3
interesar *v.* to be interesting to; to interest 2.1
internacional *adj. m., f.* international 3.6
Internet Internet 2.5
inundación *f.* flood 3.6
invertir (e:ie) *v.* to invest 3.4
invierno *m.* winter 1.5
invitado/a *m., f.* guest 2.3
invitar *v.* to invite 2.3
inyección *f.* injection 2.4
ir *v.* to go 1.4
  ir a (+ *inf.*) to be going to do something 1.4

ir de compras to go shopping 1.5
ir de excursión (a las montañas) to go on a hike (in the mountains) 1.4
ir de pesca to go fishing
ir de vacaciones to go on vacation 1.5
ir en autobús to go by bus 1.5
ir en auto(móvil) to go by auto(mobile); to go by car 1.5
ir en avión to go by plane 1.5
ir en barco to go by boat 1.5
ir en metro to go by subway
ir en moto(cicleta) to go by motorcycle 1.5
ir en taxi to go by taxi 1.5
ir en tren to go by train
irse *v.* to go away; to leave 2.1
italiano/a *adj.* Italian 1.3
izquierda *f.* left 1.2
a la izquierda de to the left of 1.2

J

jabón *m.* soap 2.1
jamás *adv.* never; not ever 2.1
jamón *m.* ham 2.2
japonés, japonesa *adj.* Japanese 1.3
jardín *m.* garden; yard 2.6
jefe, jefa *m., f.* boss 3.4
jengibre *m.* ginger 2.4
joven *adj. m., f., sing.* (**jóvenes** *pl.*) young 1.3
joven *m., f., sing.* (**jóvenes** *pl.*) young person 1.1
joyería *f.* jewelry store 3.2
jubilarse *v.* to retire (*from work*) 2.3
juego *m.* game
jueves *m., sing.* Thursday 1.2
jugador(a) *m., f.* player 1.4
jugar (u:ue) *v.* to play 1.4
jugar a las cartas *f., pl.* to play cards 1.5
jugo *m.* juice 2.2
jugo de fruta *m.* fruit juice 2.2
julio *m.* July 1.5
jungla *f.* jungle 3.1
junio *m.* June 1.5
juntos/as *adj.* together 2.3
juventud *f.* youth 2.3

K

kilómetro *m.* kilometer 2.5

L

la *f., sing., def. art.* the **1.1**; *f., sing., d.o. pron.* her, it, *form.* you 1.5
laboratorio *m.* laboratory 1.2
lago *m.* lake 3.1
lámpara *f.* lamp 2.6
lana *f.* wool 1.6
langosta *f.* lobster 2.2
lápiz *m.* pencil 1.1
largo/a *adj.* long 1.6
las *f., pl., def. art.* the **1.1**; *f., pl., d.o. pron.* them; you 1.5
lástima *f.* shame 3.1
lastimarse *v.* to injure oneself 2.4
lastimarse el pie to injure one's foot 2.4
lata *f.* (*tin*) can 3.1
lavabo *m.* sink 2.1
lavadora *f.* washing machine 2.6
lavandería *f.* laundromat 3.2
lavaplatos *m., sing.* dishwasher 2.6
lavar *v.* to wash 2.6
lavar (el suelo, los platos) to wash (the floor, the dishes) 2.6
lavarse *v.* to wash oneself 2.1
lavarse la cara to wash one's face 2.1
lavarse las manos to wash one's hands 2.1
le *sing., i.o. pron.* to/for him, her, *form.* you 1.6
Le presento a… *form.* I would like to introduce you to (name). 1.1
lección *f.* lesson 1.1
leche *f.* milk 2.2
lechuga *f.* lettuce 2.2
leer *v.* to read 1.3
leer el correo electrónico to read e-mail 1.4
leer un periódico to read a newspaper 1.4
leer una revista to read a magazine 1.4
leído/a *p.p.* read 3.2
lejos de *prep.* far from 1.2
lengua *f.* language 1.2
lenguas extranjeras *f., pl.* foreign languages 1.2
lentes de contacto *m., pl.* contact lenses
lentes (de sol) (sun)glasses
lento/a *adj.* slow 2.5
les *pl., i.o. pron.* to/for them, you 1.6
letrero *m.* sign 3.2
levantar *v.* to lift 3.3
levantar pesas to lift weights 3.3
levantarse *v.* to get up 2.1
ley *f.* law 3.1
libertad *f.* liberty; freedom 3.6
libre *adj. m., f.* free 1.4
librería *f.* bookstore 1.2
libro *m.* book 1.2
licencia de conducir *f.* driver's license 2.5
limón *m.* lemon 2.2
limpiar *v.* to clean 2.6
limpiar la casa *v.* to clean the house 2.6
limpio/a *adj.* clean 1.5
línea *f.* line 1.4
listo/a *adj.* ready; smart 1.5
literatura *f.* literature 1.2
llamar *v.* to call 2.5
llamar por teléfono to call on the phone
llamarse *v.* to be called; to be named 2.1
llanta *f.* tire 2.5
llave *f.* key 1.5; wrench 2.5
llegada *f.* arrival 1.5
llegar *v.* to arrive 1.2
llenar *v.* to fill 2.5, 3.2
llenar el tanque to fill the tank 2.5
llenar (un formulario) to fill out (a form) 3.2
lleno/a *adj.* full 2.5
llevar *v.* to carry **1.2**; to wear; to take 1.6
llevar una vida sana to lead a healthy lifestyle 3.3
llevarse bien/mal (con) to get along well/badly (with) 2.3
llorar *v.* to cry 3.3
llover (o:ue) *v.* to rain 1.5
Llueve. It's raining. 1.5
lluvia *f.* rain
lo *m., sing. d.o. pron.* him, it, *form.* you 1.5
¡Lo he pasado de película! I've had a fantastic time! 3.6
lo mejor the best (thing)
lo que that which; what 2.6
Lo siento. I'm sorry. 1.1
loco/a *adj.* crazy 1.6
locutor(a) *m., f.* (TV or radio) announcer 3.6
lodo *m.* mud
los *m., pl., def. art.* the **1.1**; *m. pl., d.o. pron.* them, you 1.5
luchar (contra/por) *v.* to fight; to struggle (against/for) 3.6
luego *adv.* then **2.1**; later 1.1
lugar *m.* place 1.2, 1.4
luna *f.* moon 3.1
lunares *m.* polka dots
lunes *m., sing.* Monday 1.2
luz *f.* light; electricity 2.6

M

madrastra *f.* stepmother 1.3
madre *f.* mother 1.3
madurez *f.* maturity; middle age 2.3
maestro/a *m., f.* teacher 3.4
magnífico/a *adj.* magnificent 1.5
maíz *m.* corn 2.2
mal, malo/a *adj.* bad 1.3
maleta *f.* suitcase 1.1
mamá *f.* mom
mandar *v.* to order **2.6**; to send; to mail 3.2
manejar *v.* to drive 2.5

manera *f.* way
mano *f.* hand 1.1
manta *f.* blanket 2.6
mantener *v.* to maintain 3.3
mantenerse en forma to stay in shape 3.3
mantequilla *f.* butter 2.2
manzana *f.* apple 2.2
mañana *f.* morning, a.m. 1.1; tomorrow 1.1
mapa *m.* map 1.1, 1.2
maquillaje *m.* makeup 2.1
maquillarse *v.* to put on makeup 2.1
mar *m.* sea 1.5
maravilloso/a *adj.* marvelous 1.5
mareado/a *adj.* dizzy; nauseated 2.4
margarina *f.* margarine 2.2
mariscos *m., pl.* shellfish 2.2
marrón *adj. m., f.* brown 1.6
martes *m., sing.* Tuesday 1.2
marzo *m.* March 1.5
más *adv.* more 1.2
más de (+ *number*) more than 2.2
más tarde later (on) 2.1
más... que more... than 2.2
masaje *m.* massage 3.3
matemáticas *f., pl.* mathematics 1.2
materia *f.* course 1.2
matrimonio *m.* marriage 2.3
máximo/a *adj.* maximum 2.5
mayo *m.* May 1.5
mayonesa *f.* mayonnaise 2.2
mayor *adj.* older 1.3
el/la mayor *adj.* oldest 2.2
me *sing., d.o. pron.* me 1.5; *sing. i.o. pron.* to/for me 1.6
Me gusta... I like... 1.2
Me gustaría(n)... I would like... 3.3
Me llamo... My name is... 1.1
Me muero por... I'm dying to (for)...
mecánico/a *m., f.* mechanic 2.5
mediano/a *adj.* medium
medianoche *f.* midnight 1.1
medias *f., pl.* pantyhose, stockings 1.6
medicamento *m.* medication 2.4
medicina *f.* medicine 2.4
médico/a *m., f.* doctor 1.3; *adj.* medical 2.4
medio/a *adj.* half 1.3
medio ambiente *m.* environment 3.1
medio/a hermano/a *m., f.* half-brother/half-sister 1.3
mediodía *m.* noon 1.1
medios de comunicación *m., pl.* means of communication; media 3.6
y media thirty minutes past the hour (time) 1.1
mejor *adj.* better 2.2
el/la mejor *m., f.* the best 2.2
mejorar *v.* to improve 3.1
melocotón *m.* peach 2.2
menor *adj.* younger 1.3
el/la menor *m., f.* youngest 2.2
menos *adv.* less 2.4
menos cuarto..., menos quince... quarter to... (*time*) 1.1
menos de (+ *number*) fewer than 2.2
menos... que less... than 2.2
mensaje *m.* **de texto** text message 2.5
mensaje electrónico *m.* e-mail message 1.4
mentira *f.* lie 1.4
menú *m.* menu 2.2
mercado *m.* market 1.6
mercado al aire libre open-air market 1.6
merendar (e:ie) *v.* to snack 2.2; to have an afternoon snack
merienda *f.* afternoon snack 3.3
mes *m.* month 1.5
mesa *f.* table 1.2
mesita *f.* end table 2.6
mesita de noche night stand 2.6
meterse en problemas *v.* to get into trouble 3.1
metro *m.* subway 1.5
mexicano/a *adj.* Mexican 1.3
mí *pron., obj. of prep.* me 2.3
mi(s) *poss. adj.* my 1.3
microonda *f.* microwave 2.6
horno de microondas *m.* microwave oven 2.6
miedo *m.* fear
miel *f.* honey 2.4
mientras *conj.* while 2.4
miércoles *m., sing.* Wednesday 1.2
mil *m.* one thousand 1.2
mil millones billion
milla *f.* mile
millón *m.* million 1.2
millones (de) *m.* millions (of)
mineral *m.* mineral 3.3
minuto *m.* minute
mío(s)/a(s) *poss.* my; (of) mine 2.5
mirar *v.* to look (at); to watch 1.2
mirar (la) televisión to watch television 1.2
mismo/a *adj.* same 1.3
mochila *f.* backpack 1.2
moda *f.* fashion 1.6
moderno/a *adj.* modern 3.5
molestar *v.* to bother; to annoy 2.1
monitor *m.* (computer) monitor 2.5
monitor(a) *m., f.* trainer
mono *m.* monkey 3.1
montaña *f.* mountain 1.4
montar *v.* **a caballo** to ride a horse 1.5
montón: un montón de a lot of 1.4
monumento *m.* monument 1.4
morado/a *adj.* purple 1.6
moreno/a *adj.* brunet(te) 1.3
morir (o:ue) *v.* to die 2.2
mostrar (o:ue) *v.* to show 1.4
moto(cicleta) *f.* motorcycle 1.5
motor *m.* motor
muchacho/a *m., f.* boy/girl 1.3
mucho/a *adj.*, a lot of; much; many 1.3
(Muchas) gracias. Thank you (very much); Thanks (a lot). 1.1
muchas veces *adv.* a lot; many times 2.4
Mucho gusto. Pleased to meet you. 1.1
mudarse *v.* to move (from one house to another) 2.6
muebles *m., pl.* furniture 2.6
muerte *f.* death 2.3
muerto/a *p.p.* died 3.2
mujer *f.* woman 1.1
mujer de negocios *f.* business woman 3.4
mujer policía *f.* female police officer
multa *f.* fine
mundial *adj. m., f.* worldwide
mundo *m.* world 2.2
muro *m.* wall 3.3
músculo *m.* muscle 3.3
museo *m.* museum 1.4
música *f.* music 1.2, 3.5
musical *adj. m., f.* musical 3.5
músico/a *m., f.* musician 3.5
muy *adv.* very 1.1
(Muy) bien, gracias. (Very) well, thanks. 1.1

N

nacer *v.* to be born 2.3
nacimiento *m.* birth 2.3
nacional *adj. m., f.* national 3.6
nacionalidad *f.* nationality 1.1
nada nothing 1.1; not anything 2.1
nada mal not bad at all 1.5
nadar *v.* to swim 1.4
nadie *pron.* no one, nobody, not anyone 2.1
naranja *f.* orange 2.2
nariz *f.* nose 2.4
natación *f.* swimming 1.4
natural *adj. m., f.* natural 3.1
naturaleza *f.* nature 3.1
navegador *m.* **GPS** GPS 2.5
navegar (en Internet) *v.* to surf (the Internet) 2.5
Navidad *f.* Christmas 2.3
necesario/a *adj.* necessary 2.6
necesitar (+ *inf.*) *v.* to need 1.2
negar (e:ie) *v.* to deny 3.1
no negar (e:ie) *v.* not to deny 3.1

negocios *m., pl.* business; commerce 3.4
negro/a *adj.* black 1.6
nervioso/a *adj.* nervous 1.5
nevar (e:ie) *v.* to snow 1.5
Nieva. It's snowing. 1.5
ni...ni neither... nor 2.1
niebla *f.* fog
nieto/a *m., f.* grandson/granddaughter 1.3
nieve *f.* snow
ningún, ninguno/a(s) *adj.* no; none; not any 2.1
niñez *f.* childhood 2.3
niño/a *m., f.* child 1.3
no no; not 1.1
¿no? right? 1.1
no cabe duda de there is no doubt 3.1
no es seguro it's not certain 3.1
no es verdad it's not true 3.1
No está nada mal. It's not bad at all. 1.5
no estar de acuerdo to disagree
No estoy seguro. I'm not sure.
no hay there is not; there are not 1.1
No hay de qué. You're welcome. 1.1
no hay duda de there is no doubt 3.1
¡No me diga(s)! You don't say!
No me gustan nada. I don't like them at all. 1.2
no muy bien not very well 1.1
No quiero. I don't want to. 1.4
No sé. I don't know.
No te preocupes. (*fam.*) Don't worry. 2.1
no tener razón to be wrong 1.3
noche *f.* night 1.1
nombre *m.* name 1.1
norte *m.* north 3.2
norteamericano/a *adj.* (North) American 1.3
nos *pl., d.o. pron.* us 1.5; *pl., i.o. pron.* to/for us 1.6
Nos vemos. See you. 1.1
nosotros/as *sub. pron.* we 1.1; *obj. pron.* us
noticia *f.* news 2.5
noticias *f., pl.* news 3.6
noticiero *m.* newscast 3.6
novecientos/as nine hundred 1.2
noveno/a *adj.* ninth 1.5
noventa ninety 1.2
noviembre *m.* November 1.5
novio/a *m., f.* boyfriend/girlfriend 1.3
nube *f.* cloud 3.1
nublado/a *adj.* cloudy 1.5
Está (muy) nublado. It's very cloudy. 1.5
nuclear *adj. m. f.* nuclear 3.1
nuera *f.* daughter-in-law 1.3
nuestro(s)/a(s) *poss. adj.* our 1.3; our, (of) ours 2.5
nueve nine 1.1
nuevo/a *adj.* new 1.6
número *m.* number 1.1; (shoe) size 1.6
nunca *adv.* never; not ever 2.1
nutrición *f.* nutrition 3.3
nutricionista *m., f.* nutritionist 3.3

O

o or 2.1
o... o; either... or 2.1
obedecer *v.* to obey 3.6
obra *f.* work (*of art, literature, music, etc.*) 3.5
obra maestra *f.* masterpiece 3.5
obtener *v.* to obtain; to get 3.4
obvio/a *adj.* obvious 3.1
océano *m.* ocean
ochenta eighty 1.2
ocho eight 1.1
ochocientos/as eight hundred 1.2
octavo/a *adj.* eighth 1.5
octubre *m.* October 1.5
ocupación *f.* occupation 3.4
ocupado/a *adj.* busy 1.5
ocurrir *v.* to occur; to happen 3.6
odiar *v.* to hate 2.3
oeste *m.* west 3.2
oferta *f.* offer
oficina *f.* office 2.6
oficio *m.* trade 3.4
ofrecer *v.* to offer 1.6
oído *m.* (sense of) hearing; inner ear 2.4
oído/a *p.p.* heard 3.2
oír *v.* to hear 1.4
ojalá (que) *interj.* I hope (that); I wish (that) 3.1
ojo *m.* eye 2.4
olvidar *v.* to forget 2.4
once eleven 1.1
ópera *f.* opera 3.5
operación *f.* operation 2.4
ordenado/a *adj.* orderly 1.5
ordinal *adj.* ordinal (*number*)
oreja *f.* (outer) ear 2.4
organizarse *v.* to organize oneself 2.6
orquesta *f.* orchestra 3.5
ortografía *f.* spelling
ortográfico/a *adj.* spelling
os *fam., pl. d.o. pron.* you 1.5; *fam., pl. i.o. pron.* to/for you 1.6
otoño *m.* autumn 1.5
otro/a *adj.* other; another 1.6
otra vez again

P

paciente *m., f.* patient 2.4
padrastro *m.* stepfather 1.3
padre *m.* father 1.3
padres *m., pl.* parents 1.3
pagar *v.* to pay 1.6
pagar a plazos to pay in installments 3.2
pagar al contado to pay in cash 3.2
pagar en efectivo to pay in cash 3.2
pagar la cuenta to pay the bill
página *f.* page 2.5
página principal *f.* home page 2.5
país *m.* country 1.1
paisaje *m.* landscape 1.5
pájaro *m.* bird 3.1
palabra *f.* word 1.1
paleta helada *f.* popsicle 1.4
pálido/a *adj.* pale 3.2
pan *m.* bread 2.2
pan tostado *m.* toasted bread 2.2
panadería *f.* bakery 3.2
pantalla *f.* screen 2.5
pantalla táctil *f.* touch screen
pantalones *m., pl.* pants 1.6
pantalones cortos *m., pl.* shorts 1.6
pantuflas *f.* slippers 2.1
papa *f.* potato 2.2
papas fritas *f., pl.* fried potatoes; French fries 2.2
papá *m.* dad
papás *m., pl.* parents
papel *m.* paper 1.2; role 3.5
papelera *f.* wastebasket 1.2
paquete *m.* package 3.2
par *m.* pair 1.6
par de zapatos pair of shoes 1.6
para *prep.* for; in order to; by; used for; considering 2.5
para que *conj.* so that 3.1
parabrisas *m., sing.* windshield 2.5
parar *v.* to stop 2.5
parecer *v.* to seem 1.6
pared *f.* wall 2.6
pareja *f.* (married) couple; partner 2.3
parientes *m., pl.* relatives 1.3
parque *m.* park 1.4
párrafo *m.* paragraph
parte: de parte de on behalf of 2.5
partido *m.* game; match (*sports*) 1.4
pasado/a *adj.* last; past 1.6
pasado *p.p.* passed
pasaje *m.* ticket 1.5
pasaje de ida y vuelta *m.* roundtrip ticket 1.5
pasajero/a *m., f.* passenger 1.1
pasaporte *m.* passport 1.5
pasar *v.* to go through
pasar la aspiradora to vacuum 2.6
pasar por la aduana to go through customs
pasar tiempo to spend time
pasarlo bien/mal to have a good/bad time 2.3

pasatiempo *m.* pastime; hobby 1.4
pasear *v.* to take a walk; to stroll 1.4
 pasear en bicicleta to ride a bicycle 1.4
 pasear por to walk around
pasillo *m.* hallway 2.6
pasta *f.* **de dientes** toothpaste 2.1
pastel *m.* cake; pie 2.3
 pastel de chocolate *m.* chocolate cake 2.3
 pastel de cumpleaños *m.* birthday cake
pastelería *f.* pastry shop 3.2
pastilla *f.* pill; tablet 2.4
patata *f.* potato 2.2
 patatas fritas *f., pl.* fried potatoes; French fries 2.2
patinar (en línea) *v.* to (inline) skate 1.4
patineta *f.* skateboard 1.4
patio *m.* patio; yard 2.6
pavo *m.* turkey 2.2
paz *f.* peace 3.6
pedir (e:i) *v.* to ask for; to request 1.4; to order (*food*) 2.2
 pedir prestado *v.* to borrow 3.2
 pedir un préstamo *v.* to apply for a loan 3.2
 Todos me dijeron que te pidiera una disculpa de su parte. They all told me to ask you to excuse them/forgive them. 3.6
peinarse *v.* to comb one's hair 2.1
película *f.* movie 1.4
peligro *m.* danger 3.1
peligroso/a *adj.* dangerous 3.6
pelirrojo/a *adj.* red-haired 1.3
pelo *m.* hair 2.1
pelota *f.* ball 1.4
peluquería *f.* beauty salon 3.2
peluquero/a *m., f.* hairdresser 3.4
penicilina *f.* penicillin
pensar (e:ie) *v.* to think 1.4
 pensar (+ *inf.*) *v.* to intend to; to plan to (*do something*) 1.4
 pensar en *v.* to think about 1.4
pensión *f.* boardinghouse
peor *adj.* worse 2.2
 el/la peor *adj.* the worst 2.2
pequeño/a *adj.* small 1.3
pera *f.* pear 2.2
perder (e:ie) *v.* to lose; to miss 1.4
perdido/a *adj.* lost 3.1, 3.2
Perdón. Pardon me.; Excuse me. 1.1
perezoso/a *adj.* lazy
perfecto/a *adj.* perfect 1.5
periódico *m.* newspaper 1.4
periodismo *m.* journalism 1.2
periodista *m., f.* journalist 1.3
permiso *m.* permission
pero *conj.* but 1.2
perro *m.* dog 3.1
persona *f.* person 1.3
personaje *m.* character 3.5
 personaje principal *m.* main character 3.5
pesas *f. pl.* weights 3.3
pesca *f.* fishing
pescadería *f.* fish market 3.2
pescado *m.* fish (*cooked*) 2.2
pescar *v.* to fish 1.5
peso *m.* weight 3.3
pez *m., sing.* (**peces** *pl.*) fish (*live*) 3.1
pie *m.* foot 2.4
piedra *f.* stone 3.1
pierna *f.* leg 2.4
pimienta *f.* black pepper 2.2
pintar *v.* to paint 3.5
pintor(a) *m., f.* painter 3.4
pintura *f.* painting; picture 2.6, 3.5
piña *f.* pineapple
piscina *f.* swimming pool 1.4
piso *m.* floor (*of a building*) 1.5
pizarra *f.* blackboard 1.2
placer *m.* pleasure
planchar la ropa *v.* to iron the clothes 2.6
planes *m., pl.* plans
planta *f.* plant 3.1
 planta baja *f.* ground floor 1.5
plástico *m.* plastic 3.1
plato *m.* dish (*in a meal*) 2.2; *m.* plate 2.6
 plato principal *m.* main dish 2.2
playa *f.* beach 1.5
plaza *f.* city or town square 1.4
plazos *m., pl.* periods; time 3.2
pluma *f.* pen 1.2
plumero *m.* duster 2.6
población *f.* population 3.1
pobre *adj. m., f.* poor 1.6
pobrecito/a *adj.* poor thing 1.3
pobreza *f.* poverty
poco *adv.* little 1.5, 2.4
poder (o:ue) *v.* to be able to; can 1.4
 ¿Podría pedirte algo? Could I ask you something? 3.5
 ¿Puedo dejar un recado? May I leave a message? 2.5
poema *m.* poem 3.5
poesía *f.* poetry 3.5
poeta *m., f.* poet 3.5
policía *f.* police (force) 2.5
política *f.* politics 3.6
político/a *m., f.* politician 3.4; *adj.* political 3.6
pollo *m.* chicken 2.2
 pollo asado *m.* roast chicken 2.2
poner *v.* to put; to place 1.4; to turn on (*electrical appliances*) 2.5
 poner la mesa to set the table 2.6
 poner una inyección to give an injection 2.4
 ponerle el nombre to name someone/something 2.3
ponerse (+ *adj.*) *v.* to become (+ *adj.*) 2.1; to put on 2.1
por *prep.* in exchange for; for; by; in; through; around; along; during; because of; on account of; on behalf of; in search of; by way of; by means of 2.5
 por aquí around here 2.5
 por ejemplo for example 2.5
 por eso that's why; therefore 2.5
 por favor please 1.1
 por fin finally 2.5
 por la mañana in the morning 2.1
 por la noche at night 2.1
 por la tarde in the afternoon 2.1
 por lo menos *adv.* at least 2.4
 ¿por qué? why? 1.2
 Por supuesto. Of course.
 por teléfono by phone; on the phone
 por último finally 2.1
porque *conj.* because 1.2
portátil *adj.* portable 2.5
portero/a *m., f.* doorman/doorwoman 1.1
porvenir *m.* future 3.4
 por el porvenir for/to the future 3.4
posesivo/a *adj.* possessive
posible *adj.* possible 3.1
 es posible it's possible 3.1
 no es posible it's not possible 3.1
postal *f.* postcard
postre *m.* dessert 2.3
practicar *v.* to practice 1.2
 practicar deportes *m., pl.* to play sports 1.4
precio (fijo) *m.* (fixed; set) price 1.6
preferir (e:ie) *v.* to prefer 1.4
pregunta *f.* question
preguntar *v.* to ask (*a question*) 1.2
premio *m.* prize; award 3.5
prender *v.* to turn on 2.5
prensa *f.* press 3.6
preocupado/a (por) *adj.* worried (about) 1.5
preocuparse (por) *v.* to worry (about) 2.1
preparar *v.* to prepare 1.2
preposición *f.* preposition
presentación *f.* introduction
presentar *v.* to introduce; to present 3.5; to put on (*a performance*) 3.5
 Le presento a... I would like to introduce you to (name). (*form.*) 1.1
 Te presento a... I would like to introduce you to (name). (*fam.*) 1.1

presiones *f., pl.* pressures 3.3
prestado/a *adj.* borrowed
préstamo *m.* loan 3.2
prestar *v.* to lend; to loan 1.6
primavera *f.* spring 1.5
primer, primero/a *adj.* first 1.5
primero *adv.* first 1.2
primo/a *m., f.* cousin 1.3
principal *adj. m., f.* main 2.2
prisa *f.* haste
darse prisa *v.* to hurry; to rush 3.3
probable *adj. m., f.* probable 3.1
es probable it's probable 3.1
no es probable it's not probable 3.1
probar (o:ue) *v.* to taste; to try 2.2
probarse (o:ue) *v.* to try on 2.1
problema *m.* problem 1.1
profesión *f.* profession 1.3; 3.4
profesor(a) *m., f.* teacher 1.1, 1.2
programa *m.* program 1.1
programa de computación *m.* software 2.5
programa de entrevistas *m.* talk show 3.5
programa de realidad *m.* reality show 3.5
programador(a) *m., f.* computer programmer 1.3
prohibir *v.* to prohibit 2.4; to forbid
pronombre *m.* pronoun
pronto *adv.* soon 2.4
propina *f.* tip 2.2
propio/a *adj.* own
proteger *v.* to protect 3.1
proteína *f.* protein 3.3
próximo/a *adj.* next 1.3, 3.4
proyecto *m.* project 2.5
prueba *f.* test; quiz 1.2
psicología *f.* psychology 1.2
psicólogo/a *m., f.* psychologist 3.4
publicar *v.* to publish 3.5
público *m.* audience 3.5
pueblo *m.* town
puerta *f.* door 1.2
puertorriqueño/a *adj.* Puerto Rican 1.3
pues *conj.* well
puesto *m.* position; job 3.4
puesto/a *p.p.* put 3.2
puro/a *adj.* pure 3.1

Q

que *pron.* that; which; who 2.6
¿En qué...? In which...?
¡Qué...! How...!
¡Qué dolor! What pain!
¡Qué ropa más bonita! What pretty clothes! 1.6
¡Qué sorpresa! What a surprise!
¿qué? what? 1.1, 1.2
¿Qué día es hoy? What day is it? 1.2
¿Qué hay de nuevo? What's new? 1.1
¿Qué hora es? What time is it? 1.1
¿Qué les parece? What do you (*pl.*) think?
¿Qué onda? What's up? 3.2
¿Qué pasa? What's happening? What's going on? 1.1
¿Qué pasó? What happened?
¿Qué precio tiene? What is the price?
¿Qué tal...? How are you?; How is it going? 1.1
¿Qué talla lleva/usa? What size do you wear? 1.6
¿Qué tiempo hace? How's the weather? 1.5
quedar *v.* to be left over; to fit (*clothing*) 2.1; to be located 3.2
quedarse *v.* to stay; to remain 2.1
quehaceres domésticos *m., pl.* household chores 2.6
quemar (un CD/DVD) *v.* to burn (a CD/DVD)
querer (e:ie) *v.* to want; to love 1.4
queso *m.* cheese 2.2
quien(es) *pron.* who; whom; that 2.6
¿quién(es)? who?; whom? 1.1, 1.2
¿Quién es...? Who is...? 1.1
¿Quién habla? Who is speaking/calling? (*telephone*) 2.5
química *f.* chemistry 1.2
quince fifteen 1.1
menos quince quarter to (time) 1.1
y quince quarter after (time) 1.1
quinceañera *f.* young woman celebrating her fifteenth birthday 2.3
quinientos/as five hundred 1.2
quinto/a *adj.* fifth 1.5
quisiera *v.* I would like
quitar el polvo *v.* to dust 2.6
quitar la mesa *v.* to clear the table 2.6
quitarse *v.* to take off 2.1
quizás *adv.* maybe 1.5

R

racismo *m.* racism 3.6
radio *f.* radio (*medium*) 1.2; *m.* radio (set) 2.5
radiografía *f.* X-ray 2.4
rápido *adv.* quickly 2.4
ratón *m.* mouse 2.5
ratos libres *m., pl.* spare (free) time 1.4
raya *f.* stripe
razón *f.* reason
rebaja *f.* sale 1.6
receta *f.* prescription 2.4
recetar *v.* to prescribe 2.4
recibir *v.* to receive 1.3
reciclaje *m.* recycling 3.1
reciclar *v.* to recycle 3.1
recién casado/a *m., f.* newlywed 2.3
recoger *v.* to pick up 3.1
recomendar (e:ie) *v.* to recommend 2.2, 2.6
recordar (o:ue) *v.* to remember 1.4
recorrer *v.* to tour an area
recorrido *m.* tour 3.1
recuperar *v.* to recover 2.5
recurso *m.* resource 3.1
recurso natural *m.* natural resource 3.1
red *f.* network; Web 2.5
reducir *v.* to reduce 3.1
refresco *m.* soft drink 2.2
refrigerador *m.* refrigerator 2.6
regalar *v.* to give (a gift) 2.3
regalo *m.* gift 1.6
regatear *v.* to bargain 1.6
región *f.* region; area
regresar *v.* to return 1.2
regular *adv.* so-so; OK 1.1
reído *p.p.* laughed 3.2
reírse (e:i) *v.* to laugh 2.3
relaciones *f., pl.* relationships
relajarse *v.* to relax 2.3
reloj *m.* clock; watch 1.2
renovable *adj.* renewable 3.1
renunciar (a) *v.* to resign (from) 3.4
repetir (e:i) *v.* to repeat 1.4
reportaje *m.* report 3.6
reportero/a *m., f.* reporter 3.4
representante *m., f.* representative 3.6
reproductor de CD *m.* CD player 2.5
reproductor de DVD *m.* DVD player 2.5
reproductor de MP3 *m.* MP3 player 2.5
resfriado *m.* cold (*illness*) 2.4
residencia estudiantil *f.* dormitory 1.2
resolver (o:ue) *v.* to resolve; to solve 3.1
respirar *v.* to breathe 3.1
responsable *adj.* responsible 2.2
respuesta *f.* answer
restaurante *m.* restaurant 1.4
resuelto/a *p.p.* resolved 3.2
reunión *f.* meeting 3.4
revisar *v.* to check 2.5
revisar el aceite *v.* to check the oil 2.5
revista *f.* magazine 1.4
rico/a *adj.* rich 1.6; *adj.* tasty; delicious 2.2
ridículo/a *adj.* ridiculous 3.1
río *m.* river 3.1
rodilla *f.* knee 2.4
rogar (o:ue) *v.* to beg; to plead 2.6

rojo/a *adj.* red 1.6
romántico/a *adj.* romantic 3.5
romper *v.* to break 2.4
romperse la pierna *v.* to break one's leg 2.4
romper (con) *v.* to break up (with) 2.3
ropa *f.* clothing; clothes 1.6
ropa interior *f.* underwear 1.6
rosado/a *adj.* pink 1.6
roto/a *adj.* broken 3.2
rubio/a *adj.* blond(e) 1.3
ruso/a *adj.* Russian 1.3
rutina *f.* routine 2.1
rutina diaria *f.* daily routine 2.1

S

sábado *m.* Saturday 1.2
saber *v.* to know; to know how 1.6
saber a to taste like 2.2
sabrosísimo/a *adj.* extremely delicious 2.2
sabroso/a *adj.* tasty; delicious 2.2
sacar *v.* to take out
sacar buenas notas to get good grades 1.2
sacar fotos to take photos 1.5
sacar la basura to take out the trash 2.6
sacar(se) un diente to have a tooth removed 2.4
sacudir *v.* to dust 2.6
sacudir los muebles to dust the furniture 2.6
sal *f.* salt 2.2
sala *f.* living room 2.6; room
sala de emergencia(s) emergency room 2.4
salario *m.* salary 3.4
salchicha *f.* sausage 2.2
salida *f.* departure; exit 1.5
salir *v.* to leave 1.4; to go out
salir con to go out with; to date 1.4, 2.3
salir de to leave from 1.4
salir para to leave for (*a place*) 1.4
salmón *m.* salmon 2.2
salón de belleza *m.* beauty salon 3.2
salud *f.* health 2.4
saludable *adj.* healthy 2.4
saludar(se) *v.* to greet (each other) 2.5
saludo *m.* greeting 1.1
saludos a... greetings to... 1.1
sandalia *f.* sandal 1.6
sandía *f.* watermelon
sándwich *m.* sandwich 2.2
sano/a *adj.* healthy 2.4
se *ref. pron.* himself, herself, itself, *form.* yourself, themselves, yourselves 2.1
se *impersonal* one 2.4
Se hizo... He/she/it became...
secadora *f.* clothes dryer 2.6
secarse *v.* to dry (oneself) 2.1
sección de (no) fumar *f.* (non) smoking section 2.2
secretario/a *m., f.* secretary 3.4
secuencia *f.* sequence
sed *f.* thirst
seda *f.* silk 1.6
sedentario/a *adj.* sedentary; related to sitting 3.3
seguir (e:i) *v.* to follow; to continue 1.4
según according to
segundo/a *adj.* second 1.5
seguro/a *adj.* sure; safe; confident 1.5
seis six 1.1
seiscientos/as six hundred 1.2
sello *m.* stamp 3.2
selva *f.* jungle 3.1
semáforo *m.* traffic light 3.2
semana *f.* week 1.2
fin *m.* **de semana** weekend 1.4
semana *f.* **pasada** last week 1.6
semestre *m.* semester 1.2
sendero *m.* trail; path 3.1
sentarse (e:ie) *v.* to sit down 2.1
sentir (e:ie) *v.* to be sorry; to regret 3.1
sentirse (e:ie) *v.* to feel 2.1
señor (Sr.); don *m.* Mr.; sir 1.1
señora (Sra.); doña *f.* Mrs.; ma'am 1.1
señorita (Srta.) *f.* Miss 1.1
separado/a *adj.* separated 2.3
separarse (de) *v.* to separate (from) 2.3
septiembre *m.* September 1.5
séptimo/a *adj.* seventh 1.5
ser *v.* to be 1.1
ser aficionado/a (a) to be a fan (of)
ser alérgico/a (a) to be allergic (to) 2.4
ser gratis to be free of charge 3.2
serio/a *adj.* serious
servicio *m.* service 3.3
servilleta *f.* napkin 2.6
servir (e:i) *v.* to serve 2.2; to help 1.5
sesenta sixty 1.2
setecientos/as seven hundred 1.2
setenta seventy 1.2
sexismo *m.* sexism 3.6
sexto/a *adj.* sixth 1.5
sí *adv.* yes 1.1
si *conj.* if 1.4
SIDA *m.* AIDS 3.6
siempre *adv.* always 2.1
siete seven 1.1
silla *f.* seat 1.2
sillón *m.* armchair 2.6
similar *adj. m., f.* similar
simpático/a *adj.* nice; likeable 1.3
sin *prep.* without 3.1
sin duda without a doubt
sin embargo however
sin que *conj.* without 3.1
sino but (rather) 2.1
síntoma *m.* symptom 2.4
sitio *m.* place 1.3
sitio *m.* **web** website 2.5
situado/a *p.p.* located
sobre *m.* envelope 3.2; *prep.* on; over 1.2
sobre todo above all 3.1
(sobre)población *f.* (over)population 3.1
sobrino/a *m., f.* nephew/niece 1.3
sociología *f.* sociology 1.2
sofá *m.* couch; sofa 2.6
sol *m.* sun 3.1
solar *adj. m., f.* solar 3.1
soldado *m., f.* soldier 3.6
soleado/a *adj.* sunny
solicitar *v.* to apply (*for a job*) 3.4
solicitud (de trabajo) *f.* (job) application 3.4
sólo *adv.* only 1.6
solo/a *adj.* alone
soltero/a *adj.* single 2.3
solución *f.* solution 3.1
sombrero *m.* hat 1.6
Son las dos. It's two o'clock. 1.1
sonar (o:ue) *v.* to ring 2.5
sonreído *p.p.* smiled 3.2
sonreír (e:i) *v.* to smile 2.3
sopa *f.* soup 2.2
sorprender *v.* to surprise 2.3
sorpresa *f.* surprise 2.3
sótano *m.* basement; cellar 2.6
soy I am 1.1
Soy de... I'm from... 1.1
su(s) *poss. adj.* his; her; its; *form.* your; their 1.3
subir(se) a *v.* to get on/into (*a vehicle*) 2.5
sucio/a *adj.* dirty 1.5
sudar *v.* to sweat 3.3
suegro/a *m., f.* father-in-law/ mother-in-law 1.3
sueldo *m.* salary 3.4
suelo *m.* floor 2.6
sueño *m.* sleep
suerte *f.* luck
suéter *m.* sweater 1.6
sufrir *v.* to suffer 2.4
sufrir muchas presiones to be under a lot of pressure 3.3
sufrir una enfermedad to suffer an illness 2.4
sugerir (e:ie) *v.* to suggest 2.6
supermercado *m.* supermarket 3.2
suponer *v.* to suppose 1.4
sur *m.* south 3.2

sustantivo *m.* noun
suyo(s)/a(s) *poss.* (of) his/her; (of) hers; its; *form.* your, (of) yours, (of) theirs, their **2.5**

T

tabla de (wind)surf *f.* surf board/sailboard **1.5**
tal vez *adv.* maybe **1.5**
talentoso/a *adj.* talented **3.5**
talla *f.* size **1.6**
talla grande *f.* large
taller *m.* **mecánico** garage; mechanic's repair shop **2.5**
también *adv.* also; too **1.2; 2.1**
tampoco *adv.* neither; not either **2.1**
tan *adv.* so **1.5**
tan… como as… as **2.2**
tan pronto como *conj.* as soon as **3.1**
tanque *m.* tank **2.5**
tanto *adv.* so much
tanto… como as much… as **2.2**
tantos/as… como as many… as **2.2**
tarde *adv.* late **2.1;** *f.* afternoon; evening; P.M. **1.1**
tarea *f.* homework **1.2**
tarjeta *f.* (post) card
tarjeta de crédito *f.* credit card **1.6**
tarjeta postal *f.* postcard
taxi *m.* taxi **1.5**
taza *f.* cup **2.6**
te *sing., fam., d.o. pron.* you **1.5;** *sing., fam., i.o. pron.* to/for you **1.6**
Te presento a... *fam.* I would like to introduce you to (name). **1.1**
¿Te gustaría? Would you like to?
¿Te gusta(n)...? Do you like…? **1.2**
té *m.* tea **2.2**
té helado *m.* iced tea **2.2**
teatro *m.* theater **3.5**
teclado *m.* keyboard **2.5**
técnico/a *m., f.* technician **3.4**
tejido *m.* weaving **3.5**
teleadicto/a *m., f.* couch potato **3.3**
(teléfono) celular *m.* (cell) phone **2.5**
telenovela *f.* soap opera **3.5**
teletrabajo *m.* telecommuting **3.4**
televisión *f.* television **1.2**
televisión por cable *f.* cable television
televisor *m.* television set **2.5**
temer *v.* to fear; to be afraid **3.1**
temperatura *f.* temperature **2.4**
temporada *f.* period of time **1.5**
temprano *adv.* early **2.1**
tenedor *m.* fork **2.6**
tener *v.* to have **1.3**
tener… años to be… years old **1.3**
tener (mucho) calor to be (very) hot **1.3**
tener (mucho) cuidado to be (very) careful **1.3**
tener dolor to have pain **2.4**
tener éxito to be successful **3.4**
tener fiebre to have a fever **2.4**
tener (mucho) frío to be (very) cold **1.3**
tener ganas de (+ *inf.*) to feel like (*doing something*) **1.3**
tener (mucha) hambre *f.* to be (very) hungry **1.3**
tener (mucho) miedo (de) to be (very) afraid (of); to be (very) scared (of) **1.3**
tener miedo (de) que to be afraid that
tener planes *m., pl.* to have plans
tener (mucha) prisa to be in a (big) hurry **1.3**
tener que (+ *inf.*) *v.* to have to (*do something*) **1.3**
tener razón *f.* to be right **1.3**
tener (mucha) sed *f.* to be (very) thirsty **1.3**
tener (mucho) sueño to be (very) sleepy **1.3**
tener (mucha) suerte to be (very) lucky **1.3**
tener tiempo to have time **3.2**
tener una cita to have a date; to have an appointment **2.3**
tenis *m.* tennis **1.4**
tensión *f.* tension **3.3**
tercer, tercero/a *adj.* third **1.5**
terco/a *adj.* stubborn **2.4**
terminar *v.* to end; to finish **1.2**
terminar de (+ *inf.*) *v.* to finish (*doing something*)
terremoto *m.* earthquake **3.6**
terrible *adj. m., f.* terrible **3.1**
ti *obj. of prep., fam.* you **2.3**
tiempo *m.* time **3.2;** weather **1.5**
tiempo libre free time
tienda *f.* store **1.6**
tierra *f.* land; soil **3.1**
tío/a *m., f.* uncle/aunt **1.3**
tíos *m., pl.* aunts and uncles **1.3**
título *m.* title **3.4**
tiza *f.* chalk **1.2**
toalla *f.* towel **2.1**
tobillo *m.* ankle **2.4**
tocar *v.* to play (*a musical instrument*) **3.5;** to touch **3.5**
todavía *adv.* yet; still **1.3, 1.5**
todo *m.* everything **1.5**
todo(s)/a(s) *adj.* all
todos *m., pl.* all of us; *m., pl.* everybody; everyone
todos los días *adv.* every day **2.4**
tomar *v.* to take; to drink **1.2**
tomar clases *f., pl.* to take classes **1.2**
tomar el sol to sunbathe **1.4**
tomar en cuenta to take into account
tomar fotos *f., pl.* to take photos **1.5**
tomar la temperatura to take someone's temperature **2.4**
tomar una decisión to make a decision **3.3**
tomate *m.* tomato **2.2**
tonto/a *adj.* foolish **1.3**
torcerse (o:ue) (el tobillo) *v.* to sprain (one's ankle) **2.4**
tormenta *f.* storm **3.6**
tornado *m.* tornado **3.6**
tortuga (marina) *f.* (sea) turtle **3.1**
tos *f., sing.* cough **2.4**
toser *v.* to cough **2.4**
tostado/a *adj.* toasted **2.2**
tostadora *f.* toaster **2.6**
trabajador(a) *adj.* hard-working **1.3**
trabajar *v.* to work **1.2**
trabajo *m.* job; work **3.4**
traducir *v.* to translate **1.6**
traer *v.* to bring **1.4**
tráfico *m.* traffic **2.5**
tragedia *f.* tragedy **3.5**
traído/a *p.p.* brought **3.2**
traje *m.* suit **1.6**
traje de baño *m.* bathing suit **1.6**
trajinera *f.* type of barge **1.3**
tranquilo/a *adj.* calm; quiet **3.3**
Tranquilo/a. Relax. **2.1**
Tranquilo/a, cariño. Relax, sweetie. **2.5**
transmitir *v.* to broadcast **3.6**
tratar de (+ *inf.*) *v.* to try (*to do something*) **3.3**
trece thirteen **1.1**
treinta thirty **1.1, 1.2**
y treinta thirty minutes past the hour (time) **1.1**
tren *m.* train **1.5**
tres three **1.1**
trescientos/as three hundred **1.2**
trimestre *m.* trimester; quarter **1.2**
triste *adj.* sad **1.5**
tú *fam. sub. pron.* you **1.1**
tu(s) *fam. poss. adj.* your **1.3**
turismo *m.* tourism
turista *m., f.* tourist **1.1**
turístico/a *adj.* touristic
tuyo(s)/a(s) *fam. poss. pron.* your; (of) yours **2.5**

U

Ud. *form. sing.* you **1.1**
Uds. *pl.* you **1.1**

último/a *adj.* last **2.1**
la última vez the last time **2.1**
un, uno/a *indef. art.* a; one **1.1**
a la una at one o'clock **1.1**
una vez once **1.6**
una vez más one more time
uno one **1.1**
único/a *adj.* only **1.3**; unique **2.3**
universidad *f.* university; college **1.2**
unos/as *m., f., pl. indef. art.* some **1.1**
urgente *adj.* urgent **2.6**
usar *v.* to wear; to use **1.6**
usted (Ud.) *form. sing.* you **1.1**
ustedes (Uds.) *pl.* you **1.1**
útil *adj.* useful
uva *f.* grape **2.2**

V

vaca *f.* cow **3.1**
vacaciones *f. pl.* vacation **1.5**
valle *m.* valley **3.1**
vamos let's go **1.4**
vaquero *m.* cowboy **3.5**
de vaqueros *m., pl.* western (genre) **3.5**
varios/as *adj. m. f., pl.* various; several
vaso *m.* glass **2.6**
veces *f., pl.* times **1.6**
vecino/a *m., f.* neighbor **2.6**
veinte twenty **1.1**
veinticinco twenty-five **1.1**
veinticuatro twenty-four **1.1**
veintidós twenty-two **1.1**
veintinueve twenty-nine **1.1**
veintiocho twenty-eight **1.1**
veintiséis twenty-six **1.1**
veintisiete twenty-seven **1.1**
veintitrés twenty-three **1.1**
veintiún, veintiuno/a *adj.* twenty-one **1.1**
veintiuno twenty-one **1.1**
vejez *f.* old age **2.3**
velocidad *f.* speed **2.5**
velocidad máxima *f.* speed limit **2.5**
vencer *v.* to expire **3.2**
vendedor(a) *m., f.* salesperson **1.6**
vender *v.* to sell **1.6**
venir *v.* to come **1.3**
ventana *f.* window **1.2**
ver *v.* to see **1.4**
a ver *v.* let's see
ver películas *f., pl.* to see movies **1.4**
verano *m.* summer **1.5**
verbo *m.* verb
verdad *f.* truth **1.4**
(no) es verdad it's (not) true **3.1**
¿verdad? right? **1.1**
verde *adj., m. f.* green **1.6**
verduras *pl., f.* vegetables **2.2**
vestido *m.* dress **1.6**
vestirse (e:i) *v.* to get dressed **2.1**
vez *f.* time **1.6**
viajar *v.* to travel **1.2**
viaje *m.* trip **1.5**
viajero/a *m., f.* traveler **1.5**
vida *f.* life **2.3**
video *m.* video **1.1**
videoconferencia *f.* videoconference **3.4**
videojuego *m.* video game **1.4**
vidrio *m.* glass **3.1**
viejo/a *adj.* old **1.3**
viento *m.* wind
viernes *m., sing.* Friday **1.2**
vinagre *m.* vinegar **2.2**
violencia *f.* violence **3.6**
visitar *v.* to visit **1.4**
visitar monumentos *m., pl.* to visit monuments **1.4**
visto/a *p.p.* seen **3.2**
vitamina *f.* vitamin **3.3**
viudo/a *adj.* widower/widow **2.3**
vivienda *f.* housing **2.6**
vivir *v.* to live **1.3**
vivo/a *adj.* clever; living
volante *m.* steering wheel **2.5**
volcán *m.* volcano **3.1**
vóleibol *m.* volleyball **1.4**
volver (o:ue) *v.* to return **1.4**
volver a ver(te, lo, la) *v.* to see (you, him, her) again
vos *pron.* you
vosotros/as *fam., pl.* you **1.1**
votar *v.* to vote **3.6**
vuelta *f.* return trip
vuelto/a *p.p.* returned **3.2**
vuestro(s)/a(s) *poss. adj.* your **1.3**; your, (of) yours *fam., pl.* **2.5**

Y

y *conj.* and **1.1**
y cuarto quarter after (time) **1.1**
y media half-past (time) **1.1**
y quince quarter after (time) **1.1**
y treinta thirty (minutes past the hour) **1.1**
¿Y tú? *fam.* And you? **1.1**
¿Y usted? *form.* And you? **1.1**
ya *adv.* already **1.6**
yerno *m.* son-in-law **1.3**
yo *sub. pron.* I **1.1**
yogur *m.* yogurt **2.2**

Z

zanahoria *f.* carrot **2.2**
zapatería *f.* shoe store **3.2**
zapatos de tenis *m., pl.* tennis shoes, sneakers **1.6**

English–Spanish

A

a **un/a** *m., f., sing.; indef. art.* 1.1
@ (*symbol*) **arroba** *f.* 2.5
a.m. **de la mañana** *f.* 1.1
able: be able to **poder (o:ue)** *v.* 1.4
aboard **a bordo**
above all **sobre todo** 3.1
accident **accidente** *m.* 2.4
accompany **acompañar** *v.* 3.2
account **cuenta** *f.* 3.2
  on account of **por** *prep.* 2.5
accountant **contador(a)** *m., f.* 3.4
accounting **contabilidad** *f.* 1.2
ache **dolor** *m.* 2.4
acquainted: be acquainted with **conocer** *v.* 1.6
action (genre) **de acción** *f.* 3.5
active **activo/a** *adj.* 3.3
actor **actor** *m.*, **actriz** *f.* 3.4
additional **adicional** *adj.*
address **dirección** *f.* 3.2
adjective **adjetivo** *m.*
adolescence **adolescencia** *f.* 2.3
adventure (genre) **de aventuras** *f.* 3.5
advertise **anunciar** *v.* 3.6
advertisement **anuncio** *m.* 3.4
advice **consejo** *m.*
  give advice **dar consejos** 1.6
advise **aconsejar** *v.* 2.6
advisor **consejero/a** *m., f.* 3.4
aerobic **aeróbico/a** *adj.* 3.3
  aerobics class **clase de ejercicios aeróbicos** 3.3
  to do aerobics **hacer ejercicios aeróbicos** 3.3
affected **afectado/a** *adj.* 3.1
  be affected (by) **estar** *v.* **afectado/a (por)** 3.1
affirmative **afirmativo/a** *adj.*
afraid: be (very) afraid (of) **tener (mucho) miedo (de)** 1.3
  be afraid that **tener miedo (de) que**
after **después de** *prep.* 2.1; **después de que** *conj.* 3.1
afternoon **tarde** *f.* 1.1
afterward **después** *adv.* 2.1
again **otra vez**
age **edad** *f.* 2.3
agree **concordar** *v.*
agree **estar** *v.* **de acuerdo** 3.5
  I agree. **Estoy de acuerdo.** 3.5
  I don't agree. **No estoy de acuerdo.** 3.5
agreement **acuerdo** *m.*
AIDS **SIDA** *m.* 3.6
air **aire** *m.* 3.1
  air pollution **contaminación del aire** 3.1
airplane **avión** *m.* 1.5
airport **aeropuerto** *m.* 1.5
alarm clock **despertador** *m.* 2.1
all **todo(s)/a(s)** *adj.*
  all of us **todos**
allergic **alérgico/a** *adj.* 2.4
  be allergic (to) **ser alérgico/a (a)** 2.4
alleviate **aliviar** *v.*
almost **casi** *adv.* 2.4
alone **solo/a** *adj.*
along **por** *prep.* 2.5
already **ya** *adv.* 1.6
also **también** *adv.* 1.2; 2.1
altar **altar** *m.* 2.3
aluminum **aluminio** *m.* 3.1
  (made) of aluminum **de aluminio** 3.1
always **siempre** *adv.* 2.1
American (*North*) **norteamericano/a** *adj.* 1.3
among **entre** *prep.* 1.2
amusement **diversión** *f.*
and **y** 1.1, **e** (*before words beginning with* **i** *or* **hi**)
  And you? **¿Y tú?** *fam.* 1.1; **¿Y usted?** *form.* 1.1
angel **ángel** *m.* 2.3
angry **enojado/a** *adj.* 1.5
  get angry (with) **enojarse** *v.* **(con)** 2.1
animal **animal** *m.* 3.1
ankle **tobillo** *m.* 2.4
anniversary **aniversario** *m.* 2.3
  (wedding) anniversary **aniversario** *m.* **(de bodas)** 2.3
announce **anunciar** *v.* 3.6
announcer (*TV/radio*) **locutor(a)** *m., f.* 3.6
annoy **molestar** *v.* 2.1
another **otro/a** *adj.* 1.6
answer **contestar** *v.* 1.2; **respuesta** *f.*
answering machine **contestadora** *f.*
antibiotic **antibiótico** *m.* 2.4
any **algún, alguno/a(s)** *adj.* 2.1
anyone **alguien** *pron.* 2.1
anything **algo** *pron.* 2.1
apartment **apartamento** *m.* 2.6
apartment building **edificio de apartamentos** 2.6
app **aplicación** *f.* 2.5
appear **parecer** *v.*
appetizers **entremeses** *m., pl.* 2.2
applaud **aplaudir** *v.* 3.5
apple **manzana** *f.* 2.2
appliance (electric) **electrodoméstico** *m.* 2.6
applicant **aspirante** *m., f.* 3.4
application **solicitud** *f.* 3.4
  job application **solicitud de trabajo** 3.4
apply (*for a job*) **solicitar** *v.* 3.4
  apply for a loan **pedir (e:i)** *v.* **un préstamo** 3.2
appointment **cita** *f.* 2.3
  have an appointment **tener** *v.* **una cita** 2.3
appreciate **apreciar** *v.* 3.5
April **abril** *m.* 1.5
archeologist **arqueólogo/a** *m., f.* 3.4
archeology **arqueología** *f.* 1.2
architect **arquitecto/a** *m., f.* 3.4
area **región** *f.*
Argentine **argentino/a** *adj.* 1.3
arm **brazo** *m.* 2.4
armchair **sillón** *m.* 2.6
army **ejército** *m.* 3.6
around **por** *prep.* 2.5
  around here **por aquí** 2.5
arrange **arreglar** *v.* 2.5
arrival **llegada** *f.* 1.5
arrive **llegar** *v.* 1.2
art **arte** *m.* 1.2
  (fine) arts **bellas artes** *f., pl.* 3.5
article **artículo** *m.* 3.6
artist **artista** *m., f.* 1.3
artistic **artístico/a** *adj.* 3.5
arts **artes** *f., pl.* 3.5
as **como** 2.2
  as a child **de niño/a** 2.4
  as... as **tan... como** 2.2
  as many... as **tantos/as... como** 2.2
  as much... as **tanto... como** 2.2
  as soon as **en cuanto** *conj.* 3.1; **tan pronto como** *conj.* 3.1
ask (*a question*) **preguntar** *v.* 1.2
  ask for **pedir (e:i)** *v.* 1.4
asparagus **espárragos** *m., pl.* 2.2
aspirin **aspirina** *f.* 2.4
at **a** *prep.* 1.1; **en** *prep.* 1.2
  at + *time* **a la(s)** + *time* 1.1
  at home **en casa**
  at least **por lo menos** 2.4
  at night **por la noche** 2.1
  At what time...? **¿A qué hora...?** 1.1
  At your service. **A sus órdenes.**
ATM **cajero automático** *m.* 3.2
attempt **intento** *m.* 2.5
attend **asistir (a)** *v.* 1.3
attic **altillo** *m.* 2.6
audience **público** *m.* 3.5
August **agosto** *m.* 1.5
aunt **tía** *f.* 1.3
  aunts and uncles **tíos** *m., pl.* 1.3
automobile **automóvil** *m.* 1.5; **carro** *m.*; **coche** *m.* 2.5
autumn **otoño** *m.* 1.5
avenue **avenida** *f.*
avoid **evitar** *v.* 3.1
award **premio** *m.* 3.5

B

backpack **mochila** *f.* 1.2
bad **mal, malo/a** *adj.* 1.3
  It's bad that... **Es malo que...** 2.6
  It's not bad at all. **No está nada mal.** 1.5
bag **bolsa** *f.* 1.6

bakery **panadería** *f.* 3.2
balanced **equilibrado/a** *adj.* 3.3
to eat a balanced diet **comer una dieta equilibrada** 3.3
balcony **balcón** *m.* 2.6
ball **pelota** *f.* 1.4
banana **banana** *f.* 2.2
band **banda** *f.* 3.5
bank **banco** *m.* 3.2
bargain **ganga** *f.* 1.6; **regatear** *v.* 1.6
baseball (*game*) **béisbol** *m.* 1.4
basement **sótano** *m.* 2.6
basketball (*game*) **baloncesto** *m.* 1.4
bathe **bañarse** *v.* 2.1
bathing suit **traje** *m.* **de baño** 1.6
bathroom **baño** *m.* 2.1; **cuarto de baño** *m.* 2.1
be **ser** *v.* 1.1; **estar** *v.* 1.2
be... years old **tener... años** 1.3
be sick of... **estar harto/a de...** 3.6
beach **playa** *f.* 1.5
beans **frijoles** *m., pl.* 2.2
beautiful **hermoso/a** *adj.* 1.6
beauty **belleza** *f.* 3.2
beauty salon **peluquería** *f.* 3.2; **salón** *m.* **de belleza** 3.2
because **porque** *conj.* 1.2
because of **por** *prep.* 2.5
become (+ *adj.*) **ponerse (+ *adj.*)** 2.1; **convertirse** *v.*
bed **cama** *f.* 1.5
go to bed **acostarse (o:ue)** *v.* 2.1
bedroom **alcoba** *f.*, **recámara** *f.*; **dormitorio** *m.* 2.6
beef **carne de res** *f.* 2.2
before **antes** *adv.* 2.1; **antes de** *prep.* 2.1; **antes (de) que** *conj.* 3.1
beg **rogar (o:ue)** *v.* 2.6
begin **comenzar (e:ie)** *v.* 1.4; **empezar (e:ie)** *v.* 1.4
behalf: on behalf of **de parte de** 2.5
behind **detrás de** *prep.* 1.2
believe (in) **creer** *v.* **(en)** 1.3; **creer** *v.* 3.1
not to believe **no creer** 3.1
believed **creído/a** *p.p.* 3.2
bellhop **botones** *m., f. sing.* 1.5
below **debajo de** *prep.* 1.2
belt **cinturón** *m.* 1.6
benefit **beneficio** *m.* 3.4
beside **al lado de** *prep.* 1.2
besides **además (de)** *adv.* 2.4
best **mejor** *adj.*
the best **el/la mejor** *m., f.* 2.2 **lo mejor** *neuter*
better **mejor** *adj.* 2.2
It's better that... **Es mejor que...** 2.6
between **entre** *prep.* 1.2
beverage **bebida** *f.* 2.2
bicycle **bicicleta** *f.* 1.4
big **grande** *adj.* 1.3
bill **cuenta** *f.* 2.2
billion **mil millones**
biology **biología** *f.* 1.2
bird **ave** *f.* 3.1; **pájaro** *m.* 3.1
birth **nacimiento** *m.* 2.3
birthday **cumpleaños** *m., sing.* 2.3
have a birthday **cumplir** *v.* **años**
black **negro/a** *adj.* 1.6
blackboard **pizarra** *f.* 1.2
blanket **manta** *f.* 2.6
block (city) **cuadra** *f.* 3.2
blog **blog** *m.* 2.5
blond(e) **rubio/a** *adj.* 1.3
blouse **blusa** *f.* 1.6
blue **azul** *adj. m., f.* 1.6
boarding house **pensión** *f.*
boat **barco** *m.* 1.5
body **cuerpo** *m.* 2.4
bone **hueso** *m.* 2.4
book **libro** *m.* 1.2
bookcase **estante** *m.* 2.6
bookshelves **estante** *m.* 2.6
bookstore **librería** *f.* 1.2
boot **bota** *f.* 1.6
bore **aburrir** *v.* 2.1
bored **aburrido/a** *adj.* 1.5
be bored **estar** *v.* **aburrido/a** 1.5
get bored **aburrirse** *v.* 3.5
boring **aburrido/a** *adj.* 1.5
born: be born **nacer** *v.* 2.3
borrow **pedir (e:i)** *v.* **prestado** 3.2
borrowed **prestado/a** *adj.*
boss **jefe** *m.*, **jefa** *f.* 3.4
bother **molestar** *v.* 2.1
bottle **botella** *f.* 2.3
bottom **fondo** *m.*
boulevard **bulevar** *m.*
boy **chico** *m.* 1.1; **muchacho** *m.* 1.3
boyfriend **novio** *m.* 1.3
brakes **frenos** *m., pl.*
bread **pan** *m.* 2.2
break **romper** *v.* 2.4
break (one's leg) **romperse (la pierna)** 2.4
break down **dañar** *v.* 2.4
break up (with) **romper** *v.* **(con)** 2.3
breakfast **desayuno** *m.* 2.2
have breakfast **desayunar** *v.* 1.2
breathe **respirar** *v.* 3.1
bring **traer** *v.* 1.4
broadcast **transmitir** *v.* 3.6; **emitir** *v.* 3.6
brochure **folleto** *m.*
broken **roto/a** *adj.* 3.2
be broken **estar roto/a**
brother **hermano** *m.* 1.3
brother-in-law **cuñado** *m.* 1.3
brothers and sisters **hermanos** *m., pl.* 1.3
brought **traído/a** *p.p.* 3.2
brown **café** *adj.* 1.6; **marrón** *adj.* 1.6
browser **buscador** *m.* 2.5
brunet(te) **moreno/a** *adj.* 1.3
brush **cepillar(se)** *v.* 2.1
brush one's hair **cepillarse el pelo** 2.1
brush one's teeth **cepillarse los dientes** 2.1
bucket **balde** *m.* 1.5
build **construir** *v.*
building **edificio** *m.* 2.6
bump into (*something accidentally*) **darse con** 2.4; (*someone*) **encontrarse** *v.* 2.5
burn (a CD/DVD) **quemar** *v.* **(un CD/DVD)**
bus **autobús** *m.* 1.1
bus station **estación** *f.* **de autobuses** 1.5
business **negocios** *m. pl.* 3.4
business administration **administración** *f.* **de empresas** 1.2
business-related **comercial** *adj.* 3.4
businessperson **hombre** *m.* **/ mujer** *f.* **de negocios** 3.4
busy **ocupado/a** *adj.* 1.5
but **pero** *conj.* 1.2; (rather) **sino** *conj.* (*in negative sentences*) 2.1
butcher shop **carnicería** *f.* 3.2
butter **mantequilla** *f.* 2.2
buy **comprar** *v.* 1.2
by **por** *prep.* 2.5; **para** *prep.* 2.5
by means of **por** *prep.* 2.5
by phone **por teléfono**
by plane **en avión** 1.5
by way of **por** *prep.* 2.5
bye **chau** *interj. fam.* 1.1

C

cable television **televisión** *f.* **por cable** *m.*
café **café** *m.* 1.4
cafeteria **cafetería** *f.* 1.2
caffeine **cafeína** *f.* 3.3
cake **pastel** *m.* 2.3
chocolate cake **pastel de chocolate** *m.* 2.3
calculator **calculadora** *f.* 1.2
call **llamar** *v.* 2.5
be called **llamarse** *v.* 2.1
call on the phone **llamar por teléfono**
calm **tranquilo/a** *adj.* 3.3
calorie **caloría** *f.* 3.3
camera **cámara** *f.* 2.5
camp **acampar** *v.* 1.5
can (*tin*) **lata** *f.* 3.1
can **poder (o:ue)** *v.* 1.4
Could I ask you something? **¿Podría pedirte algo?** 3.5

Canadian **canadiense** *adj.* 1.3
candidate **aspirante** *m., f.* 3.4; **candidato/a** *m., f.* 3.6
candy **dulces** *m., pl.* 2.3
capital city **capital** *f.*
car **coche** *m.* 2.5; **carro** *m.* 2.5; **auto(móvil)** *m.* 1.5
caramel **caramelo** *m.* 2.3
card **tarjeta** *f.*; (*playing*) **carta** *f.* 1.5
care **cuidado** *m.*
 take care of **cuidar** *v.* 3.1
career **carrera** *f.* 3.4
careful: be (very) careful **tener** *v.* **(mucho) cuidado** 1.3
caretaker **ama** *m., f.* **de casa** 2.6
carpenter **carpintero/a** *m., f.* 3.4
carpet **alfombra** *f.* 2.6
carrot **zanahoria** *f.* 2.2
carry **llevar** *v.* 1.2
cartoons **dibujos** *m, pl.* **animados** 3.5
case: in case (that) **en caso (de) que** 3.1
cash (a check) **cobrar** *v.* 3.2;
 cash **(en) efectivo** 1.6
 cash register **caja** *f.* 1.6
 pay in cash **pagar** *v.* **al contado** 3.2; **pagar en efectivo** 3.2
cashier **cajero/a** *m., f.*
cat **gato** *m.* 3.1
CD **disco compacto** *m.* 2.5
CD player **reproductor de CD** *m.* 2.5
CD-ROM **cederrón** *m.*
celebrate **celebrar** *v.* 2.3
celebration **celebración** *f.*
cellar **sótano** *m.* 2.6
(cell) phone **(teléfono) celular** *m.* 2.5
cemetery **cementerio** *m.* 2.3
cereal **cereales** *m., pl.* 2.2
certain **cierto/a** *adj.*; **seguro/a** *adj.* 3.1
 it's (not) certain **(no) es cierto/seguro** 3.1
chalk **tiza** *f.* 1.2
change **cambiar** *v.* **(de)** 2.3
change: in change **de cambio** 1.2
channel (*TV*) **canal** *m.* 2.5; 3.5
character (*fictional*) **personaje** *m.* 3.5
 (main) character *m.* **personaje (principal)** 3.5
charger **cargador** *m.* 2.5
chat **conversar** *v.* 1.2; **chatear** *v.* 2.5
cheap **barato/a** *adj.* 1.6
check **comprobar (o:ue)** *v.*; **revisar** *v.* 2.5; (*bank*) **cheque** *m.* 3.2
 check the oil **revisar el aceite** 2.5
checking account **cuenta** *f.* **corriente** 3.2
cheese **queso** *m.* 2.2
chef **cocinero/a** *m., f.* 3.4
chemistry **química** *f.* 1.2
chest of drawers **cómoda** *f.* 2.6
chicken **pollo** *m.* 2.2
child **niño/a** *m., f.* 1.3
childhood **niñez** *f.* 2.3
children **hijos** *m., pl.* 1.3
Chinese **chino/a** *adj.* 1.3
chocolate **chocolate** *m.* 2.3
 chocolate cake **pastel** *m.* **de chocolate** 2.3
cholesterol **colesterol** *m.* 3.3
choose **escoger** *v.* 2.2
chop (*food*) **chuleta** *f.* 2.2
Christmas **Navidad** *f.* 2.3
church **iglesia** *f.* 1.4
cinnamon **canela** *f.* 2.4
citizen **ciudadano/a** *m., f.* 3.6
city **ciudad** *f.*
class **clase** *f.* 1.2
 take classes **tomar clases** 1.2
classical **clásico/a** *adj.* 3.5
classmate **compañero/a** *m., f.* **de clase** 1.2
clean **limpio/a** *adj.* 1.5; **limpiar** *v.* 2.6
 clean the house *v.* **limpiar la casa** 2.6
clear (*weather*) **despejado/a** *adj.*
 clear the table **quitar la mesa** 2.6
 It's (very) clear. (*weather*) **Está (muy) despejado.**
clerk **dependiente/a** *m., f.* 1.6
climate change **cambio climático** *m.* 3.1
climb **escalar** *v.* 1.4
 climb mountains **escalar montañas** 1.4
clinic **clínica** *f.* 2.4
clock **reloj** *m.* 1.2
close **cerrar (e:ie)** *v.* 1.4
closed **cerrado/a** *adj.* 1.5
closet **armario** *m.* 2.6
clothes **ropa** *f.* 1.6
 clothes dryer **secadora** *f.* 2.6
clothing **ropa** *f.* 1.6
cloud **nube** *f.* 3.1
cloudy **nublado/a** *adj.* 1.5
 It's (very) cloudy. **Está (muy) nublado.** 1.5
coat **abrigo** *m.* 1.6
coffee **café** *m.* 2.2
 coffee maker **cafetera** *f.* 2.6
cold **frío** *m.* 1.5;
 (*illness*) **resfriado** *m.* 2.4
 be (*feel*) (very) cold **tener (mucho) frío** 1.3
 It's (very) cold. (*weather*) **Hace (mucho) frío.** 1.5
college **universidad** *f.* 1.2
collision **choque** *m.* 3.6
color **color** *m.* 1.6
comb one's hair **peinarse** *v.* 2.1
come **venir** *v.* 1.3
come on **ándale** *interj.* 3.2
comedy **comedia** *f.* 3.5
comfortable **cómodo/a** *adj.* 1.5
commerce **negocios** *m., pl.* 3.4
commercial **comercial** *adj.* 3.4
communicate (with) **comunicarse** *v.* **(con)** 3.6
communication **comunicación** *f.* 3.6
 means of communication **medios** *m. pl.* **de comunicación** 3.6
community **comunidad** *f.* 1.1
company **compañía** *f.* 3.4; **empresa** *f.* 3.4
comparison **comparación** *f.*
composer **compositor(a)** *m., f.* 3.5
computer **computadora** *f.* 1.1
 computer disc **disco** *m.*
 computer monitor **monitor** *m.* 2.5
 computer programmer **programador(a)** *m., f.* 1.3
 computer science **computación** *f.* 1.2
concert **concierto** *m.* 3.5
conductor (*musical*) **director(a)** *m., f.* 3.5
confident **seguro/a** *adj.* 1.5
confirm **confirmar** *v.* 1.5
 confirm a reservation **confirmar una reservación** 1.5
confused **confundido/a** *adj.* 1.5
congested **congestionado/a** *adj.* 2.4
Congratulations! **¡Felicidades!**; **¡Felicitaciones!** *f., pl.* 2.3
conservation **conservación** *f.* 3.1
conserve **conservar** *v.* 3.1
considering **para** *prep.* 2.5
consume **consumir** *v.* 3.3
container **envase** *m.* 3.1
contamination **contaminación** *f.*
content **contento/a** *adj.* 1.5
contest **concurso** *m.* 3.5
continue **seguir (e:i)** *v.* 1.4
control **control** *m.*; **controlar** *v.* 3.1
conversation **conversación** *f.* 1.1
converse **conversar** *v.* 1.2
cook **cocinar** *v.* 2.6; **cocinero/a** *m., f.* 3.4
cookie **galleta** *f.* 2.3
cool **fresco/a** *adj.* 1.5
 It's cool. (*weather*) **Hace fresco.** 1.5
corn **maíz** *m.* 2.2
corner **esquina** *f.* 3.2
cost **costar (o:ue)** *v.* 1.6
Costa Rican **costarricense** *adj.* 1.3
costume **disfraz** *m.* 2.3
cotton **algodón** *f.* 1.6
 (made of) cotton **de algodón** 1.6
couch **sofá** *m.* 2.6
couch potato **teleadicto/a** *m., f.* 3.3
cough **tos** *f.* 2.4; **toser** *v.* 2.4
counselor **consejero/a** *m., f.* 3.4
count **contar (o:ue)** *v.* 1.4
country (*nation*) **país** *m.* 1.1
countryside **campo** *m.* 1.5
(married) couple **pareja** *f.* 2.3
course **curso** *m.* 1.2; **materia** *f.* 1.2
courtesy **cortesía** *f.*
cousin **primo/a** *m., f.* 1.3
cover **cubrir** *v.*
covered **cubierto/a** *p.p.*

cow **vaca** *f.* 3.1
crafts **artesanía** *f.* 3.5
craftsmanship **artesanía** *f.* 3.5
crater **cráter** *m.* 3.1
crazy **loco/a** *adj.* 1.6
create **crear** *v.*
credit **crédito** *m.* 1.6
  credit card **tarjeta** *f.* **de crédito** 1.6
crime **crimen** *m.* 3.6
cross **cruzar** *v.* 3.2
cry **llorar** *v.* 3.3
Cuban **cubano/a** *adj.* 1.3
culture **cultura** *f.* 1.2, 3.5
cup **taza** *f.* 2.6
currency exchange **cambio** *m.* **de moneda**
current events **actualidades** *f., pl.* 3.6
curtains **cortinas** *f., pl.* 2.6
custard (*baked*) **flan** *m.* 2.3
custom **costumbre** *f.*
customer **cliente/a** *m., f.* 1.6
customs **aduana** *f.*
  customs inspector **inspector(a)** *m., f.* **de aduanas** 1.5
cybercafé **cibercafé** *m.* 2.5
cycling **ciclismo** *m.* 1.4

D

dad **papá** *m.*
daily **diario/a** *adj.* 2.1
  daily routine **rutina** *f.* **diaria** 2.1
damage **dañar** *v.* 2.4
dance **bailar** *v.* 1.2; **danza** *f.* 3.5; **baile** *m.* 3.5
dancer **bailarín/bailarina** *m., f.* 3.5
danger **peligro** *m.* 3.1
dangerous **peligroso/a** *adj.* 3.6
date (*appointment*) **cita** *f.* 2.3; (*calendar*) **fecha** *f.* 1.5; (*someone*) **salir** *v.* **con (alguien)** 2.3
  have a date **tener una cita** 2.3
daughter **hija** *f.* 1.3
daughter-in-law **nuera** *f.* 1.3
day **día** *m.* 1.1
  day before yesterday **anteayer** *adv.* 1.6
death **muerte** *f.* 2.3
decaffeinated **descafeinado/a** *adj.* 3.3
December **diciembre** *m.* 1.5
decide **decidir** *v.* **(+ *inf.*)** 1.3
declare **declarar** *v.* 3.6
deforestation **deforestación** *f.* 3.1
delicious **delicioso/a** *adj.* 2.2; **rico/a** *adj.* 2.2; **sabroso/a** *adj.* 2.2
delighted **encantado/a** *adj.* 1.1
dentist **dentista** *m., f.* 2.4
deny **negar (e:ie)** *v.* 3.1
  not to deny **no negar** 3.1
department store **almacén** *m.* 1.6
departure **salida** *f.* 1.5
deposit **depositar** *v.* 3.2
describe **describir** *v.* 1.3
described **descrito/a** *p.p.* 3.2
desert **desierto** *m.* 3.1
design **diseño** *m.*
designer **diseñador(a)** *m., f.* 3.4
desire **desear** *v.* 1.2
desk **escritorio** *m.* 1.2
dessert **postre** *m.* 2.3
destroy **destruir** *v.* 3.1
develop **desarrollar** *v.* 3.1
diary **diario** *m.* 1.1
dictatorship **dictadura** *f.* 3.6
dictionary **diccionario** *m.* 1.1
die **morir (o:ue)** *v.* 2.2
died **muerto/a** *p.p.* 3.2
diet **dieta** *f.* 3.3; **alimentación**
  balanced diet **dieta equilibrada** 3.3
  be on a diet **estar a dieta** 3.3
difficult **difícil** *adj. m., f.* 1.3
digital camera **cámara** *f.* **digital** 2.5
dining room **comedor** *m.* 2.6
dinner **cena** *f.* 2.2
  have dinner **cenar** *v.* 1.2
direct **dirigir** *v.* 3.5
director **director(a)** *m., f.* 3.5
dirty **ensuciar** *v.*; **sucio/a** *adj.* 1.5
  get (something) dirty **ensuciar** *v.* 2.6
disagree **no estar de acuerdo**
disaster **desastre** *m.* 3.6
discover **descubrir** *v.* 3.1
discovered **descubierto/a** *p.p.* 3.2
discrimination **discriminación** *f.* 3.6
dish **plato** *m.* 2.2, 2.6
  main dish *m.* **plato principal** 2.2
dishwasher **lavaplatos** *m., sing.* 2.6
disk **disco** *m.*
disorderly **desordenado/a** *adj.* 1.5
divorce **divorcio** *m.* 2.3
divorced **divorciado/a** *adj.* 2.3
  get divorced (from) **divorciarse** *v.* **(de)** 2.3
dizzy **mareado/a** *adj.* 2.4
do **hacer** *v.* 1.4
  do aerobics **hacer ejercicios aeróbicos** 3.3
  do household chores **hacer quehaceres domésticos** 2.6
  do stretching exercises **hacer ejercicios de estiramiento** 3.3
  (I) don't want to. **No quiero.** 1.4
doctor **doctor(a)** *m., f.* 1.3; 2.4; **médico/a** *m., f.* 1.3
documentary (*film*) **documental** *m.* 3.5
dog **perro** *m.* 3.1
domestic **doméstico/a** *adj.*
  domestic appliance **electrodoméstico** *m.*
done **hecho/a** *p.p.* 3.2
door **puerta** *f.* 1.2
doorman/doorwoman **portero/a** *m., f.* 1.1
dormitory **residencia** *f.* **estudiantil** 1.2
double **doble** *adj.* 1.5
  double room **habitación** *f.* **doble** 1.5
doubt **duda** *f.* 3.1; **dudar** *v.* 3.1
  not to doubt **no dudar** 3.1
  there is no doubt that **no cabe duda de** 3.1; **no hay duda de** 3.1
download **descargar** *v.* 2.5
downtown **centro** *m.* 1.4
drama **drama** *m.* 3.5
dramatic **dramático/a** *adj.* 3.5
draw **dibujar** *v.* 1.2
drawing **dibujo** *m.*
dress **vestido** *m.* 1.6
  get dressed **vestirse (e:i)** *v.* 2.1
drink **beber** *v.* 1.3; **bebida** *f.* 2.2; **tomar** *v.* 1.2
drive **conducir** *v.* 1.6; **manejar** *v.* 2.5
driver **conductor(a)** *m., f.* 1.1
dry (oneself) **secarse** *v.* 2.1
during **durante** *prep.* 2.1; **por** *prep.* 2.5
dust **sacudir** *v.* 2.6; **quitar** *v.* **el polvo** 2.6
dust the furniture **sacudir los muebles** 2.6
duster **plumero** *m.* 2.6
DVD player **reproductor** *m.* **de DVD** 2.5

E

each **cada** *adj.* 1.6
ear (outer) **oreja** *f.* 2.4
early **temprano** *adv.* 2.1
earn **ganar** *v.* 3.4
earring **arete** *m.* 1.6
earthquake **terremoto** *m.* 3.6
ease **aliviar** *v.*
east **este** *m.* 3.2
  to the east **al este** 3.2
easy **fácil** *adj. m., f.* 1.3
eat **comer** *v.* 1.3
ecological **ecológico/a** *adj.* 3.1
ecologist **ecologista** *m., f.* 3.1
ecology **ecología** *f.* 3.1
economics **economía** *f.* 1.2
ecotourism **ecoturismo** *m.* 3.1
Ecuadorian **ecuatoriano/a** *adj.* 1.3
effective **eficaz** *adj. m., f.*
egg **huevo** *m.* 2.2
eight **ocho** 1.1
eight hundred **ochocientos/as** 1.2
eighteen **dieciocho** 1.1
eighth **octavo/a** 1.5
eighty **ochenta** 1.2
either... or **o... o** *conj.* 2.1
elect **elegir (e:i)** *v.* 3.6
election **elecciones** *f. pl.* 3.6
electric appliance **electrodoméstico** *m.* 2.6
electrician **electricista** *m., f.* 3.4
electricity **luz** *f.* 2.6

elegant **elegante** *adj. m., f.* 1.6
elevator **ascensor** *m.* 1.5
eleven **once** 1.1
e-mail **correo** *m.* **electrónico** 1.4
e-mail address **dirección** *f.* **electrónica** 2.5
e-mail message **mensaje** *m.* **electrónico** 1.4
read e-mail **leer** *v.* **el correo electrónico** 1.4
embarrassed **avergonzado/a** *adj.* 1.5
embrace (each other) **abrazar(se)** *v.* 2.5
emergency **emergencia** *f.* 2.4
emergency room **sala** *f.* **de emergencia(s)** 2.4
employee **empleado/a** *m., f.* 1.5
employment **empleo** *m.* 3.4
end **fin** *m.* 1.4; **terminar** *v.* 1.2
end table **mesita** *f.* 2.6
endure **aguantar** *v.* 3.2
energy **energía** *f.* 3.1
engaged: get engaged (to) **comprometerse** *v.* **(con)** 2.3
engineer **ingeniero/a** *m., f.* 1.3
English (*language*) **inglés** *m.* 1.2; **inglés, inglesa** *adj.* 1.3
enjoy **disfrutar** *v.* **(de)** 3.3
enough **bastante** *adv.* 2.4
entertainment **diversión** *f.* 1.4
entrance **entrada** *f.* 2.6
envelope **sobre** *m.* 3.2
environment **medio ambiente** *m.* 3.1
environmental science **ciencias ambientales** 1.2
equality **igualdad** *f.* 3.6
erase **borrar** *v.* 2.5
eraser **borrador** *m.* 1.2
errand **diligencia** *f.* 3.2
essay **ensayo** *m.* 1.3
establish **establecer** *v.* 3.4
evening **tarde** *f.* 1.1
event **acontecimiento** *m.* 3.6
every day **todos los días** 2.4
everything **todo** *m.* 1.5
exactly **en punto** 1.1
exam **examen** *m.* 1.2
excellent **excelente** *adj.* 1.5
excess **exceso** *m.* 3.3
in excess **en exceso** 3.3
exchange **intercambiar** *v.*
in exchange for **por** 2.5
exciting **emocionante** *adj. m., f.*
excursion **excursión** *f.*
excuse **disculpar** *v.*
Excuse me. (*May I?*) **Con permiso.** 1.1; (*I beg your pardon.*) **Perdón.** 1.1
exercise **ejercicio** *m.* 3.3; **hacer** *v.* **ejercicio** 3.3; (a degree/profession) **ejercer** *v.* 3.4
exit **salida** *f.* 1.5
expensive **caro/a** *adj.* 1.6
experience **experiencia** *f.*
expire **vencer** *v.* 3.2
explain **explicar** *v.* 1.2
explore **explorar** *v.*
expression **expresión** *f.*
extinction **extinción** *f.* 3.1
eye **ojo** *m.* 2.4

F

fabulous **fabuloso/a** *adj.* 1.5
face **cara** *f.* 2.1
facing **enfrente de** *prep.* 3.2
fact: in fact **de hecho**
factory **fábrica** *f.* 3.1
fall (down) **caerse** *v.* 2.4
fall asleep **dormirse (o:ue)** *v.* 2.1
fall in love (with) **enamorarse** *v.* **(de)** 2.3
fall (season) **otoño** *m.* 1.5
fallen **caído/a** *p.p.* 3.2
family **familia** *f.* 1.3
famous **famoso/a** *adj.*
fan **aficionado/a** *m., f.* 1.4
be a fan (of) **ser aficionado/a (a)**
far from **lejos de** *prep.* 1.2
farewell **despedida** *f.*
fascinate **fascinar** *v.* 2.1
fashion **moda** *f.* 1.6
be in fashion **estar de moda** 1.6
fast **rápido/a** *adj.*
fat **gordo/a** *adj.* 1.3; **grasa** *f.* 3.3
father **padre** *m.* 1.3
father-in-law **suegro** *m.* 1.3
favorite **favorito/a** *adj.* 1.4
fax (machine) ***fax*** *m.*
fear **miedo** *m.*; **temer** *v.* 3.1
February **febrero** *m.* 1.5
feel **sentir(se) (e:ie)** *v.* 2.1
feel like (*doing something*) **tener ganas de (+ *inf.*)** 1.3
festival **festival** *m.* 3.5
fever **fiebre** *f.* 2.4
have a fever **tener** *v.* **fiebre** 2.4
few **pocos/as** *adj. pl.*
fewer than **menos de** (+ *number*) 2.2
field: major field of study **especialización** *f.*
fifteen **quince** 1.1
fifteen-year-old girl celebrating her birthday **quinceañera** *f.*
fifth **quinto/a** 1.5
fifty **cincuenta** 1.2
fight (for/against) **luchar** *v.* **(por/contra)** 3.6
figure (*number*) **cifra** *f.*
file **archivo** *m.* 2.5
fill **llenar** *v.* 2.5
fill out (a form) **llenar (un formulario)** 3.2
fill the tank **llenar el tanque** 2.5
finally **finalmente** *adv.*; **por último** 2.1; **por fin** 2.5
find **encontrar (o:ue)** *v.* 1.4
find (each other) **encontrar(se)**
find out **enterarse** *v.* 3.4
fine **multa** *f.*
That's fine. **Está bien.**
(fine) arts **bellas artes** *f., pl.* 3.5
finger **dedo** *m.* 2.4
finish **terminar** *v.* 1.2
finish (*doing something*) **terminar** *v.* **de (+ *inf.*)**
fire **incendio** *m.* 3.6; **despedir (e:i)** *v.* 3.4
firefighter **bombero/a** *m., f.* 3.4
firm **compañía** *f.* 3.4; **empresa** *f.* 3.4
first **primer, primero/a** 1.2, 1.5
fish (*food*) **pescado** *m.* 2.2; **pescar** *v.* 1.5; (*live*) **pez** *m., sing.* (**peces** *pl.*) 3.1
fish market **pescadería** *f.* 3.2
fishing **pesca** *f.*
fit (*clothing*) **quedar** *v.* 2.1
five **cinco** 1.1
five hundred **quinientos/as** 1.2
fix (*put in working order*) **arreglar** *v.* 2.5; (*clothes, hair, etc. to go out*) **arreglarse** *v.* 2.1
fixed **fijo/a** *adj.* 1.6
flag **bandera** *f.*
flexible **flexible** *adj.* 3.3
flood **inundación** *f.* 3.6
floor (*of a building*) **piso** *m.* 1.5; **suelo** *m.* 2.6
ground floor **planta baja** *f.* 1.5
top floor **planta** *f.* **alta**
flower **flor** *f.* 3.1
flu **gripe** *f.* 2.4
fog **niebla** *f.*
folk **folclórico/a** *adj.* 3.5
follow **seguir (e:i)** *v.* 1.4
food **comida** *f.* 1.4, 2.2
foolish **tonto/a** *adj.* 1.3
foot **pie** *m.* 2.4
football **fútbol** *m.* **americano** 1.4
for **para** *prep.* 2.5; **por** *prep.* 2.5
for example **por ejemplo** 2.5
for me **para mí** 2.2
forbid **prohibir** *v.*
foreign **extranjero/a** *adj.* 3.5
foreign languages **lenguas** *f., pl.* **extranjeras** 1.2
forest **bosque** *m.* 3.1
forget **olvidar** *v.* 2.4
fork **tenedor** *m.* 2.6
form **formulario** *m.* 3.2
forty **cuarenta** 1.2
four **cuatro** 1.1
four hundred **cuatrocientos/as** 1.2
fourteen **catorce** 1.1
fourth **cuarto/a** *m., f.* 1.5
free **libre** *adj. m., f.* 1.4
be free (of charge) **ser gratis** 3.2
free time **tiempo libre**; spare (free) time **ratos libres** 1.4
freedom **libertad** *f.* 3.6
freezer **congelador** *m.* 2.6

French **francés, francesa** *adj.* 1.3
French fries **papas** *f., pl.* **fritas** 2.2; **patatas** *f., pl.* **fritas** 2.2
frequently **frecuentemente** *adv.;* **con frecuencia** *adv.* 2.4
Friday **viernes** *m., sing.* 1.2
fried **frito/a** *adj.* 2.2
fried potatoes **papas** *f., pl.* **fritas** 2.2; **patatas** *f., pl.* **fritas** 2.2
friend **amigo/a** *m., f.* 1.3
friendly **amable** *adj. m., f.* 1.5
friendship **amistad** *f.* 2.3
from **de** *prep.* 1.1; **desde** *prep.* 1.6
from the United States **estadounidense** *m., f. adj.* 1.3
from time to time **de vez en cuando** 2.4
I'm from... **Soy de...** 1.1
front: (cold) front **frente (frío)** *m.* 1.5
fruit **fruta** *f.* 2.2
fruit juice **jugo** *m.* **de fruta** 2.2
fruit store **frutería** *f.* 3.2
full **lleno/a** *adj.* 2.5
fun **divertido/a** *adj.*
fun activity **diversión** *f.* 1.4
have fun **divertirse (e:ie)** *v.* 2.3
function **funcionar** *v.*
furniture **muebles** *m., pl.* 2.6
furthermore **además (de)** *adv.* 2.4
future **porvenir** *m.* 3.4
for/to the future **por el porvenir** 3.4
in the future **en el futuro**

G

gain weight **aumentar** *v.* **de peso** 3.3; **engordar** *v.* 3.3
game **juego** *m.;* (*match*) **partido** *m.* 1.4
game show **concurso** *m.* 3.5
garage (*in a house*) **garaje** *m.* 2.6; **garaje** *m.* 2.5; **taller (mecánico)** 2.5
garden **jardín** *m.* 2.6
garlic **ajo** *m.* 2.2
gas station **gasolinera** *f.* 2.5
gasoline **gasolina** *f.* 2.5
gentleman **caballero** *m.* 2.2
geography **geografía** *f.* 1.2
German **alemán, alemana** *adj.* 1.3
get **conseguir(e:i)** *v.* 1.4; **obtener** *v.* 3.4
get along well/badly (with) **llevarse bien/mal (con)** 2.3
get bigger **aumentar** *v.* 3.1
get bored **aburrirse** *v.* 3.5
get good grades **sacar buenas notas** 1.2
get into trouble **meterse en problemas** *v.* 3.1
get off of (a vehicle) **bajar(se)** *v.* **de** 2.5
get on/into (a vehicle) **subir(se)** *v.* **a** 2.5
get out of (a vehicle) **bajar(se)** *v.* **de** 2.5
get ready **arreglarse** *v.* 2.1
get up **levantarse** *v.* 2.1
gift **regalo** *m.* 1.6
ginger **jengibre** *m.* 2.4
girl **chica** *f.* 1.1; **muchacha** *f.* 1.3
girlfriend **novia** *f.* 1.3
give **dar** *v.* 1.6; (*as a gift*) **regalar** 2.3
give directions **indicar cómo llegar** 3.2
glass (*drinking*) **vaso** *m.* 2.6; **vidrio** *m.* 3.1
(made) of glass **de vidrio** 3.1
glasses **gafas** *f., pl.* 1.6
sunglasses **gafas** *f., pl.* **de sol** 1.6
global warming **calentamiento global** *m.* 3.1
gloves **guantes** *m., pl.* 1.6
go **ir** *v.* 1.4
go away **irse** 2.1
go by boat **ir en barco** 1.5
go by bus **ir en autobús** 1.5
go by car **ir en auto(móvil)** 1.5
go by motorcycle **ir en moto(cicleta)** 1.5
go by plane **ir en avión** 1.5
go by taxi **ir en taxi** 1.5
go down **bajar(se)** *v.*
go on a hike **ir de excursión** 1.4
go out (with) **salir** *v.* **(con)** 2.3
go up **subir** *v.*
Let's go. **Vamos.** 1.4
goblet **copa** *f.* 2.6
going to: be going to (*do something*) **ir a (+ *inf.*)** 1.4
golf **golf** *m.* 1.4
good **buen, bueno/a** *adj.* 1.3, 1.6
Good afternoon. **Buenas tardes.** 1.1
Good evening. **Buenas noches.** 1.1
Good morning. **Buenos días.** 1.1
Good night. **Buenas noches.** 1.1
It's good that... **Es bueno que...** 2.6
goodbye **adiós** *m.* 1.1
say goodbye (to) **despedirse** *v.* **(de) (e:i)** 3.6
good-looking **guapo/a** *adj.* 1.3
government **gobierno** *m.* 3.1
GPS **navegador GPS** *m.* 2.5
graduate (from/in) **graduarse** *v.* **(de/en)** 2.3
grains **cereales** *m., pl.* 2.2
granddaughter **nieta** *f.* 1.3
grandfather **abuelo** *m.* 1.3
grandmother **abuela** *f.* 1.3
grandparents **abuelos** *m., pl.* 1.3
grandson **nieto** *m.* 1.3
grape **uva** *f.* 2.2
grass **hierba** *f.* 3.1
grave **grave** *adj.* 2.4
gray **gris** *adj. m., f.* 1.6
great **fenomenal** *adj. m., f.* 1.5; **genial** *adj.* 3.4
great-grandfather **bisabuelo** *m.* 1.3
great-grandmother **bisabuela** *f.* 1.3
green **verde** *adj. m., f.* 1.6
greet (each other) **saludar(se)** *v.* 2.5
greeting **saludo** *m.* 1.1
Greetings to... **Saludos a...** 1.1
grilled **a la plancha** 2.2
ground floor **planta baja** *f.* 1.5
grow **aumentar** *v.* 3.1
guest (*at a house/hotel*) **huésped** *m., f.* 1.5 (*invited to a function*) **invitado/a** *m., f.* 2.3
guide **guía** *m., f.*
gymnasium **gimnasio** *m.* 1.4

H

hair **pelo** *m.* 2.1
hairdresser **peluquero/a** *m., f.* 3.4
half **medio/a** *adj.* 1.3
half-brother **medio hermano** *m.* 1.3
half-past... (*time*) **...y media** 1.1
half-sister **media hermana** *f.* 1.3
hallway **pasillo** *m.* 2.6
ham **jamón** *m.* 2.2
hamburger **hamburguesa** *f.* 2.2
hand **mano** *f.* 1.1
hand in **entregar** *v.* 2.5
handsome **guapo/a** *adj.* 1.3
happen **ocurrir** *v.* 3.6
happiness **alegría** *v.* 2.3
Happy birthday! **¡Feliz cumpleaños!** 2.3
happy **alegre** *adj.* 1.5; **contento/a** *adj.* 1.5; **feliz** *adj. m., f.* 1.5
be happy **alegrarse** *v.* **(de)** 3.1
hard **difícil** *adj. m., f.* 1.3
hard-working **trabajador(a)** *adj.* 1.3
hardly **apenas** *adv.* 2.4
hat **sombrero** *m.* 1.6
hate **odiar** *v.* 2.3
have **tener** *v.* 1.3
have time **tener tiempo** 3.2
have to (*do something*) **tener que (+ *inf.*)** 1.3
have a tooth removed **sacar(se) un diente** 2.4
he **él** 1.1
head **cabeza** *f.* 2.4
headache **dolor** *m.* **de cabeza** 2.4
health **salud** *f.* 2.4
healthy **saludable** *adj. m., f.* 2.4; **sano/a** *adj.* 2.4
lead a healthy lifestyle **llevar** *v.* **una vida sana** 3.3
hear **oír** *v.* 1.4
heard **oído/a** *p.p.* 3.2

hearing: sense of hearing **oído** *m.* 2.4
heart **corazón** *m.* 2.4
heat **calor** *m.*
Hello. **Hola.** 1.1; (*on the telephone*) **Aló.** 2.5; **Bueno.** 2.5; **Diga.** 2.5
help **ayudar** *v.*; **servir (e:i)** *v.* 1.5
help each other **ayudarse** *v.* 2.5
her **su(s)** *poss. adj.* 1.3; (of) hers **suyo(s)/a(s)** *poss.* 2.5
her **la** *f., sing., d.o. pron.* 1.5
to/for her **le** *f., sing., i.o. pron.* 1.6
here **aquí** *adv.* 1.1
Here is/are... **Aquí está(n)...** 1.5
Hi. **Hola.** 1.1
highway **autopista** *f.* 2.5; **carretera** *f.* 2.5
hike **excursión** *f.* 1.4
go on a hike **ir de excursión** 1.4
hiker **excursionista** *m., f.*
hiking **de excursión** 1.4
him *m., sing., d.o. pron.* **lo** 1.5; to/for him **le** *m., sing., i.o. pron.* 1.6
hire **contratar** *v.* 3.4
his **su(s)** *poss. adj.* 1.3; (of) his **suyo(s)/a(s)** *poss. pron.* 2.5
history **historia** *f.* 1.2; 3.5
hobby **pasatiempo** *m.* 1.4
hockey **hockey** *m.* 1.4
hold up **aguantar** *v.* 3.2
hole **hueco** *m.* 1.4
holiday **día** *m.* **de fiesta** 2.3
home **casa** *f.* 1.2
home page **página** *f.* **principal** 2.5
homework **tarea** *f.* 1.2
honey **miel** *f.* 2.4
hood **capó** *m.* 2.5; **cofre** *m.* 2.5
hope **esperar** *v.* (+ *inf.*) 1.2; **esperar** *v.* 3.1
I hope (that) **ojalá (que)** 3.1
horror (genre) **de horror** *m.* 3.5
hors d'oeuvres **entremeses** *m., pl.* 2.2
horse **caballo** *m.* 1.5
hospital **hospital** *m.* 2.4
hot: be (*feel*) (very) hot **tener (mucho) calor** 1.3
It's (very) hot. **Hace (mucho) calor.** 1.5
hotel **hotel** *m.* 1.5
hour **hora** *f.* 1.1
house **casa** *f.* 1.2
household chores **quehaceres** *m. pl.* **domésticos** 2.6
housekeeper **ama** *m., f.* **de casa** 2.6
housing **vivienda** *f.* 2.6
How...! **¡Qué...!**
how **¿cómo?** *adv.* 1.1, 1.2
How are you? **¿Qué tal?** 1.1
How are you?**¿Cómo estás?** *fam.* 1.1
How are you?**¿Cómo está usted?** *form.* 1.1
How can I help you? **¿En qué puedo servirles?** 1.5
How is it going? **¿Qué tal?** 1.1
How is the weather? **¿Qué tiempo hace?** 1.5
How much/many? **¿Cuánto(s)/a(s)?** 1.1
How much does... cost? **¿Cuánto cuesta...?** 1.6
How old are you? **¿Cuántos años tienes?** *fam.*
however **sin embargo**
hug (each other) **abrazar(se)** *v.* 2.5
humanities **humanidades** *f., pl.* 1.2
hundred **cien, ciento** 1.2
hunger **hambre** *f.*
hungry: be (very) hungry **tener** *v.* **(mucha) hambre** 1.3
hunt **cazar** *v.* 3.1
hurricane **huracán** *m.* 3.6
hurry **apurarse** *v.* 3.3; **darse prisa** *v.* 3.3
be in a (big) hurry **tener** *v.* **(mucha) prisa** 1.3
hurt **doler (o:ue)** *v.* 2.4
husband **esposo** *m.* 1.3

I

I **yo** 1.1
I hope (that) **Ojalá (que)** *interj.* 3.1
I wish (that) **Ojalá (que)** *interj.* 3.1
ice cream **helado** *m.* 2.3
ice cream shop **heladería** *f.* 3.2
iced **helado/a** *adj.* 2.2
iced tea **té** *m.* **helado** 2.2
idea **idea** *f.* 3.6
if **si** *conj.* 1.4
illness **enfermedad** *f.* 2.4
important **importante** *adj.* 1.3
be important to **importar** *v.* 2.1
It's important that... **Es importante que...** 2.6
impossible **imposible** *adj.* 3.1
it's impossible **es imposible** 3.1
improbable **improbable** *adj.* 3.1
it's improbable **es improbable** 3.1
improve **mejorar** *v.* 3.1
in **en** *prep.* 1.2; **por** *prep.* 2.5
in the afternoon **de la tarde** 1.1; **por la tarde** 2.1
in a bad mood **de mal humor** 1.5
in the direction of **para** *prep.* 2.5
in the early evening **de la tarde** 1.1
in the evening **de la noche** 1.1; **por la tarde** 2.1
in a good mood **de buen humor** 1.5
in the morning **de la mañana** 1.1; **por la mañana** 2.1
in love (with) **enamorado/a (de)** 1.5
in search of **por** *prep.* 2.5
in front of **delante de** *prep.* 1.2
increase **aumento** *m.*
incredible **increíble** *adj.* 1.5
inequality **desigualdad** *f.* 3.6
infection **infección** *f.* 2.4
inform **informar** *v.* 3.6
injection **inyección** *f.* 2.4
give an injection *v.* **poner una inyección** 2.4
injure (oneself) **lastimarse** 2.4
injure (one's foot) **lastimarse** *v.* **(el pie)** 2.4
inner ear **oído** *m.* 2.4
inside **dentro** *adv.*
insist (on) **insistir** *v.* **(en)** 2.6
installments: pay in installments **pagar** *v.* **a plazos** 3.2
intelligent **inteligente** *adj.* 1.3
intend to **pensar** *v.* **(+ *inf.*)** 1.4
interest **interesar** *v.* 2.1
interesting **interesante** *adj.* 1.3
be interesting to **interesar** *v.* 2.1
international **internacional** *adj. m., f.* 3.6
Internet **Internet** 2.5
interview **entrevista** *f.* 3.4; interview **entrevistar** *v.* 3.4
interviewer **entrevistador(a)** *m., f.* 3.4
introduction **presentación** *f.*
I would like to introduce you to (name). **Le presento a...** *form.* 1.1; **Te presento a...** *fam.* 1.1
invest **invertir (e:ie)** *v.* 3.4
invite **invitar** *v.* 2.3
iron (clothes) **planchar** *v.* **la ropa** 2.6
it **lo/la** *sing., d.o., pron.* 1.5
Italian **italiano/a** *adj.* 1.3
its **su(s)** *poss. adj.* 1.3; **suyo(s)/a(s)** *poss. pron.* 2.5
it's the same **es igual** 1.5

J

jacket **chaqueta** *f.* 1.6
January **enero** *m.* 1.5
Japanese **japonés, japonesa** *adj.* 1.3
jeans **(blue)jeans** *m., pl.* 1.6
jewelry store **joyería** *f.* 3.2
job **empleo** *m.* 3.4; **puesto** *m.* 3.4; **trabajo** *m.* 3.4
job application **solicitud** *f.* **de trabajo** 3.4
jog **correr** *v.*
journalism **periodismo** *m.* 1.2
journalist **periodista** *m., f.* 1.3
joy **alegría** *f.* 2.3
juice **jugo** *m.* 2.2
July **julio** *m.* 1.5

June **junio** *m.* 1.5
jungle **selva, jungla** *f.* 3.1
just **apenas** *adv.*
have just done something **acabar de (+ *inf.*)** 1.6

K

key **llave** *f.* 1.5
keyboard **teclado** *m.* 2.5
kilometer **kilómetro** *m.* 2.5
kiss **beso** *m.* 2.3
kiss each other **besarse** *v.* 2.5
kitchen **cocina** *f.* 2.3, 2.6
knee **rodilla** *f.* 2.4
knife **cuchillo** *m.* 2.6
know **saber** *v.* 1.6; **conocer** *v.* 1.6
know how **saber** *v.* 1.6

L

laboratory **laboratorio** *m.* 1.2
lack **faltar** *v.* 2.1
lake **lago** *m.* 3.1
lamp **lámpara** *f.* 2.6
land **tierra** *f.* 3.1
landscape **paisaje** *m.* 1.5
language **lengua** *f.* 1.2
laptop (computer) **computadora** *f.* **portátil** 2.5
large **grande** *adj.* 1.3
large (*clothing size*) **talla grande**
last **durar** *v.* 3.6; **pasado/a** *adj.* 1.6; **último/a** *adj.* 2.1
last name **apellido** *m.* 1.3
last night **anoche** *adv.* 1.6
last week **semana** *f.* **pasada** 1.6
last year **año** *m.* **pasado** 1.6
the last time **la última vez** 2.1
late **tarde** *adv.* 2.1
later (on) **más tarde** 2.1
See you later. **Hasta la vista.** 1.1; **Hasta luego.** 1.1
laugh **reírse (e:i)** *v.* 2.3
laughed **reído** *p.p.* 3.2
laundromat **lavandería** *f.* 3.2
law **ley** *f.* 3.1
lawyer **abogado/a** *m., f.* 3.4
lazy **perezoso/a** *adj.*
learn **aprender** *v.* **(a + *inf.*)** 1.3
least, at **por lo menos** *adv.* 2.4
leave **salir** *v.* 1.4; **irse** *v.* 2.1
leave a tip **dejar una propina**
leave behind **dejar** *v.* 3.4
leave for (*a place*) **salir para**
leave from **salir de**
left **izquierda** *f.* 1.2
be left over **quedar** *v.* 2.1
to the left of **a la izquierda de** 1.2
leg **pierna** *f.* 2.4
lemon **limón** *m.* 2.2
lend **prestar** *v.* 1.6
less **menos** *adv.* 2.4
less... than **menos... que** 2.2
less than **menos de (+ *number*)**
lesson **lección** *f.* 1.1
let **dejar** *v.*
let's see **a ver**
letter **carta** *f.* 1.4, 3.2
lettuce **lechuga** *f.* 2.2
liberty **libertad** *f.* 3.6
library **biblioteca** *f.* 1.2
license (*driver's*) **licencia** *f.* **de conducir** 2.5
lie **mentira** *f.* 1.4
life **vida** *f.* 2.3
lifestyle: lead a healthy lifestyle **llevar una vida sana** 3.3
lift **levantar** *v.* 3.3
lift weights **levantar pesas** 3.3
light **luz** *f.* 2.6
like **como** *prep.* 2.2; **gustar** *v.* 1.2
I like... **Me gusta(n)...** 1.2
like this **así** *adv.* 2.4
like very much **encantar** *v.*; **fascinar** *v.* 2.1
Do you like...? **¿Te gusta(n)...?** 1.2
likeable **simpático/a** *adj.* 1.3
likewise **igualmente** *adv.* 1.1
line **línea** *f.* 1.4; **cola** (*queue*) *f.* 3.2
listen (to) **escuchar** *v.* 1.2
listen to music **escuchar música** 1.2
listen to the radio **escuchar la radio** 1.2
literature **literatura** *f.* 1.2
little (*quantity*) **poco** *adv.* 2.4
live **vivir** *v.* 1.3; **en vivo** *adj.* 2.1
living room **sala** *f.* 2.6
loan **préstamo** *m.* 3.2; **prestar** *v.* 1.6, 3.2
lobster **langosta** *f.* 2.2
located **situado/a** *adj.*
be located **quedar** *v.* 3.2
long **largo/a** *adj.* 1.6
look (at) **mirar** *v.* 1.2
look for **buscar** *v.* 1.2
lose **perder (e:ie)** *v.* 1.4
lose weight **adelgazar** *v.* 3.3
lost **perdido/a** *adj.* 3.1, 3.2
be lost **estar perdido/a** 3.2
lot, a **muchas veces** *adv.* 2.4
lot of, a **mucho/a** *adj.* 1.3; **un montón de** 1.4
love (*another person*) **querer (e:ie)** *v.* 1.4; (*inanimate objects*) **encantar** *v.* 2.1; **amor** *m.* 2.3
in love **enamorado/a** *adj.* 1.5
love at first sight **amor a primera vista** 2.3
luck **suerte** *f.*
lucky: be (very) lucky **tener (mucha) suerte** 1.3
luggage **equipaje** *m.* 1.5
lunch **almuerzo** *m.* 1.4, 2.2
have lunch **almorzar (o:ue)** *v.* 1.4

M

ma'am **señora (Sra.)**; **doña** *f.* 1.1
mad **enojado/a** *adj.* 1.5
magazine **revista** *f.* 1.4
magnificent **magnífico/a** *adj.* 1.5
mail **correo** *m.* 3.2; **enviar** *v.*, **mandar** *v.* 3.2; **echar (una carta) al buzón** 3.2
mail carrier **cartero** *m.* 3.2
mailbox **buzón** *m.* 3.2
main **principal** *adj. m., f.* 2.2
maintain **mantener** *v.* 3.3
major **especialización** *f.* 1.2
make **hacer** *v.* 1.4
make a decision **tomar una decisión** 3.3
make the bed **hacer la cama** 2.6
makeup **maquillaje** *m.* 2.1
put on makeup **maquillarse** *v.* 2.1
man **hombre** *m.* 1.1
manager **gerente** *m., f.* 2.2, 3.4
many **mucho/a** *adj.* 1.3
many times **muchas veces** 2.4
map **mapa** *m.* 1.1, 1.2
March **marzo** *m.* 1.5
margarine **margarina** *f.* 2.2
marinated fish **ceviche** *m.* 2.2
lemon-marinated shrimp **ceviche** *m.* **de camarón** 2.2
marital status **estado** *m.* **civil** 2.3
market **mercado** *m.* 1.6
open-air market **mercado al aire libre** 1.6
marriage **matrimonio** *m.* 2.3
married **casado/a** *adj.* 2.3
get married (to) **casarse** *v.* **(con)** 2.3
I'll marry you! **¡Acepto casarme contigo!** 3.5
marvelous **maravilloso/a** *adj.* 1.5
massage **masaje** *m.* 3.3
masterpiece **obra maestra** *f.* 3.5
match (*sports*) **partido** *m.* 1.4
match (with) **hacer** *v.* **juego (con)** 1.6
mathematics **matemáticas** *f., pl.* 1.2
matter **importar** *v.* 2.1
maturity **madurez** *f.* 2.3
maximum **máximo/a** *adj.* 2.5
May **mayo** *m.* 1.5
May I leave a message? **¿Puedo dejar un recado?** 2.5
maybe **tal vez** 1.5; **quizás** 1.5
mayonnaise **mayonesa** *f.* 2.2
me **me** *sing., d.o. pron.* 1.5
to/for me **me** *sing., i.o. pron.* 1.6
meal **comida** *f.* 2.2
means of communication **medios** *m., pl.* **de comunicación** 3.6
meat **carne** *f.* 2.2
mechanic **mecánico/a** *m., f.* 2.5
mechanic's repair shop **taller mecánico** 2.5

media **medios** *m., pl.* **de comunicación** 3.6
medical **médico/a** *adj.* 2.4
medication **medicamento** *m.* 2.4
medicine **medicina** *f.* 2.4
medium **mediano/a** *adj.*
meet (each other) **encontrar(se)** *v.* 2.5; **conocer(se)** *v.* 2.2
meet up with **encontrarse con** 2.1
meeting **reunión** *f.* 3.4
menu **menú** *m.* 2.2
message **mensaje** *m.*
Mexican **mexicano/a** *adj.* 1.3
microwave **microonda** *f.* 2.6
microwave oven **horno** *m.* **de microondas** 2.6
middle age **madurez** *f.* 2.3
midnight **medianoche** *f.* 1.1
mile **milla** *f.*
milk **leche** *f.* 2.2
million **millón** *m.* 1.2
million of **millón de** 1.2
mine **mío(s)/a(s)** *poss.* 2.5
mineral **mineral** *m.* 3.3
mineral water **agua** *f.* **mineral** 2.2
minute **minuto** *m.*
mirror **espejo** *m.* 2.1
Miss **señorita (Srta.)** *f.* 1.1
miss **perder (e:ie)** *v.* 1.4; **extrañar** *v.* 3.4
mistaken **equivocado/a** *adj.*
modern **moderno/a** *adj.* 3.5
mom **mamá** *f.*
Monday **lunes** *m., sing.* 1.2
money **dinero** *m.* 1.6
monitor **monitor** *m.* 2.5
monkey **mono** *m.* 3.1
month **mes** *m.* 1.5
monument **monumento** *m.* 1.4
moon **luna** *f.* 3.1
more **más** 1.2
more... than **más... que** 2.2
more than **más de (+** *number***)** 2.2
morning **mañana** *f.* 1.1
mother **madre** *f.* 1.3
mother-in-law **suegra** *f.* 1.3
motor **motor** *m.*
motorcycle **moto(cicleta)** *f.* 1.5
mountain **montaña** *f.* 1.4
mouse **ratón** *m.* 2.5
mouth **boca** *f.* 2.4
move (*from one house to another*) **mudarse** *v.* 2.6
movie **película** *f.* 1.4
movie star **estrella** *f.* **de cine** 3.5
movie theater **cine** *m.* 1.4
MP3 player **reproductor** *m.* **de MP3** 2.5
Mr. **señor (Sr.)**; **don** *m.* 1.1
Mrs. **señora (Sra.)**; **doña** *f.* 1.1
much **mucho/a** *adj.* 1.3
mud **lodo** *m.*
murder **crimen** *m.* 3.6
muscle **músculo** *m.* 3.3
museum **museo** *m.* 1.4
mushroom **champiñón** *m.* 2.2
music **música** *f.* 1.2, 3.5
musical **musical** *adj., m., f.* 3.5
musician **músico/a** *m., f.* 3.5
must **deber** *v.* **(+** *inf.***)** 1.3
my **mi(s)** *poss. adj.* 1.3; **mío(s)/a(s)** *poss. pron.* 2.5

N

name **nombre** *m.* 1.1
be named **llamarse** *v.* 2.1
in the name of **a nombre de** 1.5
last name **apellido** *m.* 1.3
My name is... **Me llamo...** 1.1
name someone/something **ponerle el nombre** 2.3
napkin **servilleta** *f.* 2.6
national **nacional** *adj. m., f.* 3.6
nationality **nacionalidad** *f.* 1.1
natural **natural** *adj. m., f.* 3.1
natural disaster **desastre** *m.* **natural** 3.6
natural resource **recurso** *m.* **natural** 3.1
nature **naturaleza** *f.* 3.1
nauseated **mareado/a** *adj.* 2.4
near **cerca de** *prep.* 1.2
neaten **arreglar** *v.* 2.6
necessary **necesario/a** *adj.* 2.6
It is necessary that... **Es necesario que...** 2.6
neck **cuello** *m.* 2.4
need **faltar** *v.* 2.1; **necesitar** *v.* **(+** *inf.***)** 1.2
neighbor **vecino/a** *m., f.* 2.6
neighborhood **barrio** *m.* 2.6
neither **tampoco** *adv.* 2.1
neither... nor **ni... ni** *conj.* 2.1
nephew **sobrino** *m.* 1.3
nervous **nervioso/a** *adj.* 1.5
network **red** *f.* 2.5
never **nunca** *adj.* 2.1; **jamás** 2.1
new **nuevo/a** *adj.* 1.6
newlywed **recién casado/a** *m., f.* 2.3
news **noticias** *f., pl.* 3.6; **actualidades** *f., pl.* 3.6; **noticia** *f.* 2.5
newscast **noticiero** *m.* 3.6
newspaper **periódico** 1.4; **diario** *m.* 3.6
next **próximo/a** *adj.* 1.3, 3.4
next to **al lado de** *prep.* 1.2
nice **simpático/a** *adj.* 1.3; **amable** *adj.* 1.5
niece **sobrina** *f.* 1.3
night **noche** *f.* 1.1
night stand **mesita** *f.* **de noche** 2.6
nine **nueve** 1.1
nine hundred **novecientos/as** 1.2
nineteen **diecinueve** 1.1
ninety **noventa** 1.2
ninth **noveno/a** 1.5
no **no** 1.1; **ningún, ninguno/a(s)** *adj.* 2.1
no one **nadie** *pron.* 2.1
nobody **nadie** 2.1
none **ningún, ninguno/a(s)** *adj.* 2.1
noon **mediodía** *m.* 1.1
nor **ni** *conj.* 2.1
north **norte** *m.* 3.2
to the north **al norte** 3.2
nose **nariz** *f.* 2.4
not **no** 1.1
not any **ningún, ninguno/a(s)** *adj.* 2.1
not anyone **nadie** *pron.* 2.1
not anything **nada** *pron.* 2.1
not bad at all **nada mal** 1.5
not either **tampoco** *adv.* 2.1
not ever **nunca** *adv.* 2.1; **jamás** *adv.* 2.1
not very well **no muy bien** 1.1
not working **descompuesto/a** *adj.* 2.5
notebook **cuaderno** *m.* 1.1
nothing **nada** 1.1; 2.1
noun **sustantivo** *m.*
November **noviembre** *m.* 1.5
now **ahora** *adv.* 1.2
nowadays **hoy día** *adv.*
nuclear **nuclear** *adj. m., f.* 3.1
nuclear energy **energía nuclear** 3.1
number **número** *m.* 1.1
nurse **enfermero/a** *m., f.* 2.4
nutrition **nutrición** *f.* 3.3
nutritionist **nutricionista** *m., f.* 3.3

O

o'clock: It's... o'clock **Son las...** 1.1
It's one o'clock. **Es la una.** 1.1
obey **obedecer** *v.* 3.6
obligation **deber** *m.* 3.6
obtain **conseguir (e:i)** *v.* 1.4; **obtener** *v.* 3.4
obvious **obvio/a** *adj.* 3.1
it's obvious **es obvio** 3.1
occupation **ocupación** *f.* 3.4
occur **ocurrir** *v.* 3.6
October **octubre** *m.* 1.5
of **de** *prep.* 1.1
Of course. **Claro que sí.; Por supuesto.**
offer **oferta** *f.*; **ofrecer (c:zc)** *v.* 1.6
office **oficina** *f.* 2.6
doctor's office **consultorio** *m.* 2.4

often **a menudo** *adv.* 2.4
Oh! **¡Ay!**
oil **aceite** *m.* 2.2
OK **regular** *adj.* 1.1
It's okay. **Está bien.**
old **viejo/a** *adj.* 1.3
old age **vejez** *f.* 2.3
older **mayor** *adj. m., f.* 1.3
older brother, sister **hermano/a mayor** *m., f.* 1.3
oldest **el/la mayor** 2.2
on **en** *prep.* 1.2; **sobre** *prep.* 1.2
on behalf of **por** *prep.* 2.5
on the dot **en punto** 1.1
on time **a tiempo** 2.4
on top of **encima de** 1.2
once **una vez** 1.6
one **uno** 1.1
one hundred **cien(to)** 1.2
one million **un millón** *m.* 1.2
one more time **una vez más**
one thousand **mil** 1.2
one time **una vez** 1.6
onion **cebolla** *f.* 2.2
only **sólo** *adv.* 1.6; **único/a** *adj.* 1.3
only child **hijo/a único/a** *m., f.* 1.3
open **abierto/a** *adj.* 1.5, 3.2; **abrir** *v.* 1.3
open-air **al aire libre** 1.6
opera **ópera** *f.* 3.5
operation **operación** *f.* 2.4
opposite **enfrente de** *prep.* 3.2
or **o** *conj.* 2.1
orange **anaranjado/a** *adj.* 1.6; **naranja** *f.* 2.2
orchestra **orquesta** *f.* 3.5
order **mandar** 2.6; (*food*) **pedir (e:i)** *v.* 2.2
in order to **para** *prep.* 2.5
orderly **ordenado/a** *adj.* 1.5
ordinal (*numbers*) **ordinal** *adj.*
organize oneself **organizarse** *v.* 2.6
other **otro/a** *adj.* 1.6
ought to **deber** *v.* **(+** *inf.***)** *adj.* 1.3
our **nuestro(s)/a(s)** *poss. adj.* 1.3; *poss. pron.* 2.5
out of order **descompuesto/a** *adj.* 2.5
outside **afuera** *adv.* 1.5
outskirts **afueras** *f., pl.* 2.6
oven **horno** *m.* 2.6
over **sobre** *prep.* 1.2
(over)population **(sobre)población** *f.* 3.1
over there **allá** *adv.* 1.2
own **propio/a** *adj.*
owner **dueño/a** *m., f.* 2.2

P

p.m. **de la tarde, de la noche** *f.* 1.1
pack (one's suitcases) **hacer** *v.* **las maletas** 1.5
package **paquete** *m.* 3.2
page **página** *f.* 2.5
pain **dolor** *m.* 2.4
have pain **tener** *v.* **dolor** 2.4
paint **pintar** *v.* 3.5
painter **pintor(a)** *m., f.* 3.4
painting **pintura** *f.* 2.6, 3.5
pair **par** *m.* 1.6
pair of shoes **par** *m.* **de zapatos** 1.6
pale **pálido/a** *adj.* 3.2
pants **pantalones** *m., pl.* 1.6
pantyhose **medias** *f., pl.* 1.6
paper **papel** *m.* 1.2; (*report*) **informe** *m.* 3.6
Pardon me. (*May I?*) **Con permiso.** 1.1; (*Excuse me.*) Pardon me. **Perdón.** 1.1
parents **padres** *m., pl.* 1.3; **papás** *m., pl.*
park **estacionar** *v.* 2.5; **parque** *m.* 1.4
parking lot **estacionamiento** *m.* 3.2
partner (*one of a married couple*) **pareja** *f.* 2.3
party **fiesta** *f.* 2.3
passed **pasado/a** *p.p.*
passenger **pasajero/a** *m., f.* 1.1
passport **pasaporte** *m.* 1.5
past **pasado/a** *adj.* 1.6
pastime **pasatiempo** *m.* 1.4
pastry shop **pastelería** *f.* 3.2
path **sendero** *m.* 3.1
patient **paciente** *m., f.* 2.4
patio **patio** *m.* 2.6
pay **pagar** *v.* 1.6
pay in cash **pagar** *v.* **al contado; pagar en efectivo** 3.2
pay in installments **pagar** *v.* **a plazos** 3.2
pay the bill **pagar la cuenta**
pea **arveja** *m.* 2.2
peace **paz** *f.* 3.6
peach **melocotón** *m.* 2.2
peak **cima** *f.* 3.3
pear **pera** *f.* 2.2
pen **pluma** *f.* 1.2
pencil **lápiz** *m.* 1.1
penicillin **penicilina** *f.*
people **gente** *f.* 1.3
pepper (*black*) **pimienta** *f.* 2.2
per **por** *prep.* 2.5
perfect **perfecto/a** *adj.* 1.5
period of time **temporada** *f.* 1.5
person **persona** *f.* 1.3
pharmacy **farmacia** *f.* 2.4
phenomenal **fenomenal** *adj.* 1.5
photograph **foto(grafía)** *f.* 1.1
physical (exam) **examen** *m.* **médico** 2.4
physician **doctor(a), médico/a** *m., f.* 1.3
physics **física** *f. sing.* 1.2
pick up **recoger** *v.* 3.1
picture **cuadro** *m.* 2.6; **pintura** *f.* 2.6
pie **pastel** *m.* 2.3
pill (tablet) **pastilla** *f.* 2.4
pillow **almohada** *f.* 2.6
pineapple **piña** *f.*
pink **rosado/a** *adj.* 1.6
place **lugar** *m.* 1.2, 1.4; **sitio** *m.* 1.3; **poner** *v.* 1.4
plaid **de cuadros** 1.6
plans **planes** *m., pl.*
have plans **tener planes**
plant **planta** *f.* 3.1
plastic **plástico** *m.* 3.1
(made) of plastic **de plástico** 3.1
plate **plato** *m.* 2.6
play **drama** *m.* 3.5; **comedia** *f.* 3.5 **jugar (u:ue)** *v.* 1.4; (*a musical instrument*) **tocar** *v.* 3.5; (*a role*) **hacer el papel de** 3.5; (*cards*) **jugar a (las cartas)** 1.5; (*sports*) **practicar deportes** 1.4
player **jugador(a)** *m., f.* 1.4
playwright **dramaturgo/a** *m., f.* 3.5
plead **rogar (o:ue)** *v.* 2.6
pleasant **agradable** *adj.*
please **por favor** 1.1
Pleased to meet you. **Mucho gusto.** 1.1; **Encantado/a.** *adj.* 1.1
pleasing: be pleasing to **gustar** *v.* 2.1
pleasure **gusto** *m.* 1.1; **placer** *m.*
The pleasure is mine. **El gusto es mío.** 1.1
poem **poema** *m.* 3.5
poet **poeta** *m., f.* 3.5
poetry **poesía** *f.* 3.5
police (force) **policía** *f.* 2.5
political **político/a** *adj.* 3.6
politician **político/a** *m., f.* 3.4
politics **política** *f.* 3.6
polka-dotted **de lunares** 1.6
poll **encuesta** *f.* 3.6
pollute **contaminar** *v.* 3.1
polluted **contaminado/a** *m., f.* 3.1
be polluted **estar contaminado/a** 3.1
pollution **contaminación** *f.* 3.1
pool **piscina** *f.* 1.4
poor **pobre** *adj., m., f.* 1.6
poor thing **pobrecito/a** *adj.* 1.3
popsicle **paleta helada** *f.* 1.4
population **población** *f.* 3.1
pork **cerdo** *m.* 2.2
pork chop **chuleta** *f.* **de cerdo** 2.2
portable **portátil** *adj.* 2.5
portable computer **computadora** *f.* **portátil** 2.5
position **puesto** *m.* 3.4
possessive **posesivo/a** *adj.*
possible **posible** *adj.* 3.1
it's (not) possible **(no) es posible** 3.1
post office **correo** *m.* 3.2
postcard **postal** *f.*
poster **cartel** *m.* 2.6
potato **papa** *f.* 2.2; **patata** *f.* 2.2

pottery **cerámica** *f.* 3.5
practice **entrenarse** *v.* 3.3; **practicar** *v.* 1.2; (a degree/profession) **ejercer** *v.* 3.4
prefer **preferir (e:ie)** *v.* 1.4
pregnant **embarazada** *adj. f.* 2.4
prepare **preparar** *v.* 1.2
preposition **preposición** *f.*
prescribe (*medicine*) **recetar** *v.* 2.4
prescription **receta** *f.* 2.4
present **regalo** *m.*; **presentar** *v.* 3.5
press **prensa** *f.* 3.6
pressure **presión** *f.*
be under a lot of pressure **sufrir muchas presiones** 3.3
pretty **bonito/a** *adj.* 1.3
price **precio** *m.* 1.6
(fixed, set) price **precio** *m.* **fijo** 1.6
print **imprimir** *v.* 2.5
printer **impresora** *f.* 2.5
prize **premio** *m.* 3.5
probable **probable** *adj.* 3.1
it's (not) probable **(no) es probable** 3.1
problem **problema** *m.* 1.1
profession **profesión** *f.* 1.3; 3.4
professor **profesor(a)** *m., f.*
program **programa** *m.* 1.1
programmer **programador(a)** *m., f.* 1.3
prohibit **prohibir** *v.* 2.4
project **proyecto** *m.* 2.5
promotion (*career*) **ascenso** *m.* 3.4
pronoun **pronombre** *m.*
protect **proteger** *v.* 3.1
protein **proteína** *f.* 3.3
provided (that) **con tal (de) que** *conj.* 3.1
psychologist **psicólogo/a** *m., f.* 3.4
psychology **psicología** *f.* 1.2
publish **publicar** *v.* 3.5
Puerto Rican **puertorriqueño/a** *adj.* 1.3
purchases **compras** *f., pl.*
pure **puro/a** *adj.* 3.1
purple **morado/a** *adj.* 1.6
purse **bolsa** *f.* 1.6
put **poner** *v.* 1.4; **puesto/a** *p.p.* 3.2
put (a letter) in the mailbox **echar (una carta) al buzón** 3.2
put on (*a performance*) **presentar** *v.* 3.5
put on (*clothing*) **ponerse** *v.* 2.1
put on makeup **maquillarse** *v.* 2.1

Q

quality **calidad** *f.* 1.6
quarter (*academic*) **trimestre** *m.* 1.2
quarter after (*time*) **y cuarto** 1.1; **y quince** 1.1
quarter to (*time*) **menos cuarto** 1.1; **menos quince** 1.1
question **pregunta** *f.*
quickly **rápido** *adv.* 2.4
quiet **tranquilo/a** *adj.* 3.3
quit **dejar** *v.* 3.4
quiz **prueba** *f.* 1.2

R

racism **racismo** *m.* 3.6
radio (*medium*) **radio** *f.* 1.2
radio (set) **radio** *m.* 2.5
rain **llover (o:ue)** *v.* 1.5; **lluvia** *f.*
It's raining. **Llueve.** 1.5; **Está lloviendo.** 1.5
raincoat **impermeable** *m.* 1.6
rain forest **bosque** *m.* **tropical** 3.1
raise (*salary*) **aumento de sueldo** 3.4
rather **bastante** *adv.* 2.4
read **leer** *v.* 1.3; **leído/a** *p.p.* 3.2
read e-mail **leer el correo electrónico** 1.4
read a magazine **leer una revista** 1.4
read a newspaper **leer un periódico** 1.4
ready **listo/a** *adj.* 1.5
reality show **programa de realidad** *m.* 3.5
reap the benefits (of) *v.* **disfrutar** *v.* **(de)** 3.3
receive **recibir** *v.* 1.3
recommend **recomendar (e:ie)** *v.* 2.2; 2.6
record **grabar** *v.* 2.5
recover **recuperar** *v.* 2.5
recreation **diversión** *f.* 1.4
recycle **reciclar** *v.* 3.1
recycling **reciclaje** *m.* 3.1
red **rojo/a** *adj.* 1.6
red-haired **pelirrojo/a** *adj.* 1.3
reduce **reducir** *v.* 3.1; **disminuir** *v.* 3.4
reduce stress/tension **aliviar el estrés/la tensión** 3.3
refrigerator **refrigerador** *m.* 2.6
region **región** *f.*
regret **sentir (e:ie)** *v.* 3.1
relatives **parientes** *m., pl.* 1.3
relax **relajarse** *v.* 2.3
Relax. **Tranquilo/a**. 2.1
Relax, sweetie. **Tranquilo/a, cariño**. 2.5
remain **quedarse** *v.* 2.1
remember **acordarse (o:ue)** *v.* **(de)** 2.1; **recordar (o:ue)** *v.* 1.4
remote control **control remoto** *m.* 2.5
renewable **renovable** *adj.* 3.1
rent **alquilar** *v.* 2.6; (payment) **alquiler** *m.* 2.6
repeat **repetir (e:i)** *v.* 1.4
report **informe** *m.* 3.6; **reportaje** *m.* 3.6
reporter **reportero/a** *m., f.* 3.4
representative **representante** *m., f.* 3.6
request **pedir (e:i)** *v.* 1.4
reservation **reservación** *f.* 1.5
resign (from) **renunciar (a)** *v.* 3.4
resolve **resolver (o:ue)** *v.* 3.1
resolved **resuelto/a** *p.p.* 3.2
resource **recurso** *m.* 3.1
responsibility **deber** *m.* 3.6; **responsabilidad** *f.*
responsible **responsable** *adj.* 2.2
rest **descansar** *v.* 1.2
restaurant **restaurante** *m.* 1.4
résumé **currículum** *m.* 3.4
retire (from work) **jubilarse** *v.* 2.3
return **regresar** *v.* 1.2; **volver (o:ue)** *v.* 1.4
returned **vuelto/a** *p.p.* 3.2
rice **arroz** *m.* 2.2
rich **rico/a** *adj.* 1.6
ride a bicycle **pasear** *v.* **en bicicleta** 1.4
ride a horse **montar** *v.* **a caballo** 1.5
ridiculous **ridículo/a** *adj.* 3.1
it's ridiculous **es ridículo** 3.1
right **derecha** *f.* 1.2
be right **tener razón** 1.3
right? (*question tag*) **¿no?** 1.1; **¿verdad?** 1.1
right away **enseguida** *adv.*
right now **ahora mismo** 1.5
to the right of **a la derecha de** 1.2
rights **derechos** *m.* 3.6
ring **anillo** *m.* 3.5
ring (*a doorbell*) **sonar (o:ue)** *v.* 2.5
river **río** *m.* 3.1
road **carretera** f. 2.5; **camino** *m.*
roast **asado/a** *adj.* 2.2
roast chicken **pollo** *m.* **asado** 2.2
rollerblade **patinar en línea** *v.*
romantic **romántico/a** *adj.* 3.5
room **habitación** *f.* 1.5; **cuarto** *m.* 1.2; 2.1
living room **sala** *f.* 2.6
roommate **compañero/a** *m., f.* **de cuarto** 1.2
roundtrip **de ida y vuelta** 1.5
roundtrip ticket **pasaje** *m.* **de ida y vuelta** 1.5
routine **rutina** *f.* 2.1
rug **alfombra** *f.* 2.6
run **correr** *v.* 1.3
run errands **hacer diligencias** 3.2
run into (*have an accident*) **chocar (con)** *v.*; (*meet accidentally*) **encontrar(se) (o:ue)** *v.* 2.5; (*run into something*) **darse (con)** 2.4
run into (each other) **encontrar(se) (o:ue)** *v.* 2.5

rush **apurarse, darse prisa** *v.* 3.3
Russian **ruso/a** *adj.* 1.3

S

sad **triste** *adj.* 1.5; 3.1
it's sad **es triste** 3.1
safe **seguro/a** *adj.* 1.5
said **dicho/a** *p.p.* 3.2
sailboard **tabla de windsurf** *f.* 1.5
salad **ensalada** *f.* 2.2
salary **salario** *m.* 3.4; **sueldo** *m.* 3.4
sale **rebaja** *f.* 1.6
salesperson **vendedor(a)** *m., f.* 1.6
salmon **salmón** *m.* 2.2
salt **sal** *f.* 2.2
same **mismo/a** *adj.* 1.3
sandal **sandalia** *f.* 1.6
sandwich **sándwich** *m.* 2.2
Saturday **sábado** *m.* 1.2
sausage **salchicha** *f.* 2.2
save (*on a computer*) **guardar** *v.* 2.5; save (money) **ahorrar** *v.* 3.2
savings **ahorros** *m.* 3.2
savings account **cuenta** *f.* **de ahorros** 3.2
say **decir** *v.* 1.4; **declarar** *v.* 3.6
say (that) **decir (que)** *v.* 1.4
say the answer **decir la respuesta** 1.4
scan **escanear** *v.* 2.5
scarcely **apenas** *adv.* 2.4
scared: be (very) scared (of) **tener (mucho) miedo (de)** 1.3
schedule **horario** *m.* 1.2
school **escuela** *f.* 1.1
sciences *f., pl.* **ciencias** 1.2
science fiction (genre) **de ciencia ficción** *f.* 3.5
scientist **científico/a** *m., f.* 3.4
scream **grito** *m.* 1.5; **gritar** *v.*
screen **pantalla** *f.* 2.5
scuba dive **bucear** *v.* 1.4
sculpt **esculpir** *v.* 3.5
sculptor **escultor(a)** *m., f.* 3.5
sculpture **escultura** *f.* 3.5
sea **mar** *m.* 1.5
(sea) turtle **tortuga (marina)** *f.* 3.1
season **estación** *f.* 1.5
seat **silla** *f.* 1.2
second **segundo/a** 1.5
secretary **secretario/a** *m., f.* 3.4
sedentary **sedentario/a** *adj.* 3.3
see **ver** *v.* 1.4
see (you, him, her) again **volver a ver(te, lo, la)**
see movies **ver películas** 1.4
See you. **Nos vemos.** 1.1
See you later. **Hasta la vista.** 1.1; **Hasta luego.** 1.1
See you soon. **Hasta pronto.** 1.1
See you tomorrow. **Hasta mañana.** 1.1
seem **parecer** *v.* 1.6
seen **visto/a** *p.p.* 3.2
sell **vender** *v.* 1.6
semester **semestre** *m.* 1.2
send **enviar; mandar** *v.* 3.2
separate (from) **separarse** *v.* **(de)** 2.3
separated **separado/a** *adj.* 2.3
September **septiembre** *m.* 1.5
sequence **secuencia** *f.*
serious **grave** *adj.* 2.4
serve **servir (e:i)** *v.* 2.2
service **servicio** *m.* 3.3
set (*fixed*) **fijo/a** *adj.* 1.6
set the table **poner la mesa** 2.6
seven **siete** 1.1
seven hundred **setecientos/as** 1.2
seventeen **diecisiete** 1.1
seventh **séptimo/a** 1.5
seventy **setenta** 1.2
several **varios/as** *adj. pl.*
sexism **sexismo** *m.* 3.6
shame **lástima** *f.* 3.1
it's a shame **es una lástima** 3.1
shampoo **champú** *m.* 2.1
shape **forma** *f.* 3.3
be in good shape **estar en buena forma** 3.3
stay in shape **mantenerse en forma** 3.3
share **compartir** *v.* 1.3
sharp (*time*) **en punto** 1.1
shave **afeitarse** *v.* 2.1
shaving cream **crema** *f.* **de afeitar** 1.5, 2.1
she **ella** 1.1
shellfish **mariscos** *m., pl.* 2.2
ship **barco** *m.*
shirt **camisa** *f.* 1.6
shoe **zapato** *m.* 1.6
shoe size **número** *m.* 1.6
shoe store **zapatería** *f.* 3.2
tennis shoes **zapatos** *m., pl.* **de tenis** 1.6
shop **tienda** *f.* 1.6
shopping, to go **ir de compras** 1.5
shopping mall **centro comercial** *m.* 1.6
short (*in height*) **bajo/a** *adj.* 1.3; (*in length*) **corto/a** *adj.* 1.6
short story **cuento** *m.* 3.5
shorts **pantalones cortos** *m., pl.* 1.6
should (*do something*) **deber** *v.* **(+ *inf.*)** 1.3
shout **gritar** *v.*
show **espectáculo** *m.* 3.5; **mostrar (o:ue)** *v.* 1.4
game show **concurso** *m.* 3.5
shower **ducha** *f.* 2.1; **ducharse** *v.* 2.1
shrimp **camarón** *m.* 2.2
siblings **hermanos/as** *pl.* 1.3
sick **enfermo/a** *adj.* 2.4
be sick **estar enfermo/a** 2.4
get sick **enfermarse** *v.* 2.4
sign **firmar** *v.* 3.2; **letrero** *m.* 3.2
silk **seda** *f.* 1.6
(made of) silk **de seda** 1.6
since **desde** *prep.*
sing **cantar** *v.* 1.2
singer **cantante** *m., f.* 3.5
single **soltero/a** *adj.* 2.3
single room **habitación** *f.* **individual** 1.5
sink **lavabo** *m.* 2.1
sir **señor (Sr.), don** *m.* 1.1; **caballero** *m.* 2.2
sister **hermana** *f.* 1.3
sister-in-law **cuñada** *f.* 1.3
sit down **sentarse (e:ie)** *v.* 2.1
six **seis** 1.1
six hundred **seiscientos/as** 1.2
sixteen **dieciséis** 1.1
sixth **sexto/a** 1.5
sixty **sesenta** 1.2
size **talla** *f.* 1.6
shoe size *m.* **número** 1.6
(in-line) skate **patinar (en línea)** 1.4
skateboard **andar en patineta** *v.* 1.4
ski **esquiar** *v.* 1.4
skiing **esquí** *m.* 1.4
water-skiing **esquí** *m.* **acuático** 1.4
skirt **falda** *f.* 1.6
skull made out of sugar **calavera de azúcar** *f.* 2.3
sky **cielo** *m.* 3.1
sleep **dormir (o:ue)** *v.* 1.4; **sueño** *m.*
go to sleep **dormirse (o:ue)** *v.* 2.1
sleepy: be (very) sleepy **tener (mucho) sueño** 1.3
slender **delgado/a** *adj.* 1.3
slim down **adelgazar** *v.* 3.3
slippers **pantuflas** *f.* 2.1
slow **lento/a** *adj.* 2.5
slowly **despacio** *adv.* 2.4
small **pequeño/a** *adj.* 1.3
smart **listo/a** *adj.* 1.5
smile **sonreír (e:i)** *v.* 2.3
smiled **sonreído** *p.p.* 3.2
smoggy: It's (very) smoggy. **Hay (mucha) contaminación.**
smoke **fumar** *v.* 3.3
(not) to smoke **(no) fumar** 3.3
smoking section **sección** *f.* **de fumar** 2.2
(non) smoking section *f.* **sección de (no) fumar** 2.2
snack **merendar (e:ie)** *v.* 2.2
afternoon snack **merienda** *f.* 3.3
have a snack **merendar** *v.* 2.2
sneakers **los zapatos de tenis** 1.6
sneeze **estornudar** *v.* 2.4
snow **nevar (e:ie)** *v.* 1.5; **nieve** *f.*
snowing: It's snowing. **Nieva.** 1.5; **Está nevando.** 1.5
so (*in such a way*) **así** *adv.* 2.4; **tan** *adv.* 1.5
so much **tanto** *adv.*
so-so **regular** 1.1
so that **para que** *conj.* 3.1
soap **jabón** *m.* 2.1
soap opera **telenovela** *f.* 3.5
soccer **fútbol** *m.* 1.4
sociology **sociología** *f.* 1.2
sock(s) **calcetín (calcetines)** *m.* 1.6

sofa **sofá** *m.* 2.6
soft drink **refresco** *m.* 2.2
software **programa** *m.* **de computación** 2.5
soil **tierra** *f.* 3.1
solar **solar** *adj., m., f.* 3.1
 solar energy **energía solar** 3.1
soldier **soldado** *m., f.* 3.6
solution **solución** *f.* 3.1
solve **resolver (o:ue)** *v.* 3.1
some **algún, alguno/a(s)** *adj.* 2.1; **unos/as** *indef. art.* 1.1
somebody **alguien** *pron.* 2.1
someone **alguien** *pron.* 2.1
something **algo** *pron.* 2.1
sometimes **a veces** *adv.* 2.4
son **hijo** *m.* 1.3
song **canción** *f.* 3.5
son-in-law **yerno** *m.* 1.3
soon **pronto** *adv.* 2.4
 See you soon. **Hasta pronto.** 1.1
sorry: be sorry **sentir (e:ie)** *v.* 3.1
 I'm sorry. **Lo siento.** 1.1
soul **alma** *f.* 2.3
soup **sopa** *f.* 2.2
south **sur** *m.* 3.2
 to the south **al sur** 3.2
Spain **España** *f.*
Spanish (*language*) **español** *m.* 1.2; **español(a)** *adj.* 1.3
spare (free) time **ratos libres** 1.4
speak **hablar** *v.* 1.2
 Speaking. (*on the telephone*) **Con él/ella habla.** 2.5
special: today's specials **las especialidades del día** 2.2
spectacular **espectacular** *adj. m., f.*
speech **discurso** *m.* 3.6
speed **velocidad** *f.* 2.5
 speed limit **velocidad** *f.* **máxima** 2.5
spelling **ortografía** *f.*, **ortográfico/a** *adj.*
spend (*money*) **gastar** *v.* 1.6
spoon (*table or large*) **cuchara** *f.* 2.6
sport **deporte** *m.* 1.4
 sports-related **deportivo/a** *adj.* 1.4
spouse **esposo/a** *m., f.* 1.3
sprain (one's ankle) **torcerse (o:ue)** *v.* **(el tobillo)** 2.4
spring **primavera** *f.* 1.5
(city or town) square **plaza** *f.* 1.4
stadium **estadio** *m.* 1.2
stage **etapa** *f.* 2.3
stairs **escalera** *f.* 2.6
stairway **escalera** *f.* 2.6
stamp **estampilla** *f.* 3.2; **sello** *m.* 3.2
stand in line **hacer** *v.* **cola** 3.2
star **estrella** *f.* 3.1
start (*a vehicle*) **arrancar** *v.* 2.5
station **estación** *f.* 1.5
statue **estatua** *f.* 3.5
status: marital status **estado** *m.* **civil** 2.3
stay **quedarse** *v.* 2.1
 stay in shape **mantenerse en forma** 3.3
steak **bistec** *m.* 2.2
steering wheel **volante** *m.* 2.5
step **escalón** *m.* 3.3
stepbrother **hermanastro** *m.* 1.3
stepdaughter **hijastra** *f.* 1.3
stepfather **padrastro** *m.* 1.3
stepmother **madrastra** *f.* 1.3
stepsister **hermanastra** *f.* 1.3
stepson **hijastro** *m.* 1.3
stereo **estéreo** *m.* 2.5
still **todavía** *adv.* 1.5
stockbroker **corredor(a)** *m., f.* **de bolsa** 3.4
stockings **medias** *f., pl.* 1.6
stomach **estómago** *m.* 2.4
stone **piedra** *f.* 3.1
stop **parar** *v.* 2.5
 stop (*doing something*) **dejar de (+ *inf.*)** 3.1
store **tienda** *f.* 1.6
storm **tormenta** *f.* 3.6
story **cuento** *m.* 3.5; **historia** *f.* 3.5
stove **cocina, estufa** *f.* 2.6
straight **derecho** *adv.* 3.2
 straight (ahead) **derecho** 3.2
straighten up **arreglar** *v.* 2.6
strange **extraño/a** *adj.* 3.1
 it's strange **es extraño** 3.1
street **calle** *f.* 2.5
stress **estrés** *m.* 3.3
stretching **estiramiento** *m.* 3.3
 do stretching exercises **hacer ejercicios** *m. pl.* **de estiramiento** 3.3
strike (*labor*) **huelga** *f.* 3.6
striped **de rayas** 1.6
stroll **pasear** *v.* 1.4
strong **fuerte** *adj. m., f.* 3.3
struggle (for/against) **luchar** *v.* **(por/contra)** 3.6
student **estudiante** *m., f.* 1.1; 1.2; **estudiantil** *adj.* 1.2
study **estudiar** *v.* 1.2
stupendous **estupendo/a** *adj.* 1.5
style **estilo** *m.*
suburbs **afueras** *f., pl.* 2.6
subway **metro** *m.* 1.5
 subway station **estación** *f.* **del metro** 1.5
success **éxito** *m.*
successful: be successful **tener éxito** 3.4
such as **tales como**
suddenly **de repente** *adv.* 1.6
suffer **sufrir** *v.* 2.4
 suffer an illness **sufrir una enfermedad** 2.4
sugar **azúcar** *m.* 2.2
suggest **sugerir (e:ie)** *v.* 2.6
suit **traje** *m.* 1.6
suitcase **maleta** *f.* 1.1
summer **verano** *m.* 1.5
sun **sol** *m.* 3.1
sunbathe **tomar** *v.* **el sol** 1.4
Sunday **domingo** *m.* 1.2
(sun)glasses **gafas** *f., pl.* **(de sol)** 1.6
sunny: It's (very) sunny. **Hace (mucho) sol.** 1.5
supermarket **supermercado** *m.* 3.2
suppose **suponer** *v.* 1.4
sure **seguro/a** *adj.* 1.5
 be sure **estar seguro/a** 1.5
surf **hacer** *v.* **surf** 1.5; (*the Internet*) **navegar** *v.* **(en Internet)** 2.5
surfboard **tabla de surf** *f.* 1.5
surprise **sorprender** *v.* 2.3; **sorpresa** *f.* 2.3
survey **encuesta** *f.* 3.6
sweat **sudar** *v.* 3.3
sweater **suéter** *m.* 1.6
sweep the floor **barrer el suelo** 2.6
sweets **dulces** *m., pl.* 2.3
swim **nadar** *v.* 1.4
swimming **natación** *f.* 1.4
 swimming pool **piscina** *f.* 1.4
symptom **síntoma** *m.* 2.4

T

table **mesa** *f.* 1.2
tablespoon **cuchara** *f.* 2.6
tablet (*pill*) **pastilla** *f.* 2.4
take **tomar** *v.* 1.2; **llevar** *v.* 1.6
 take care of **cuidar** *v.* 3.1
 take someone's temperature **tomar** *v.* **la temperatura** 2.4
 take (*wear*) a shoe size **calzar** *v.* 1.6
 take a bath **bañarse** *v.* 2.1
 take a shower **ducharse** *v.* 2.1
 take off **quitarse** *v.* 2.1
 take out the trash *v.* **sacar la basura** 2.6
 take photos **tomar** *v.* **fotos** 1.5; **sacar** *v.* **fotos** 1.5
talented **talentoso/a** *adj.* 3.5
talk **hablar** *v.* 1.2
 talk show **programa** *m.* **de entrevistas** 3.5
tall **alto/a** *adj.* 1.3
tank **tanque** *m.* 2.5
taste **probar (o:ue)** *v.* 2.2
 taste like **saber a** 2.2
tasty **rico/a** *adj.* 2.2; **sabroso/a** *adj.* 2.2
tax **impuesto** *m.* 3.6
taxi **taxi** *m.* 1.5
tea **té** *m.* 2.2
teach **enseñar** *v.* 1.2
teacher **profesor(a)** *m., f.* 1.1, 1.2; **maestro/a** *m., f.* 3.4
team **equipo** *m.* 1.4
technician **técnico/a** *m., f.* 3.4
telecommuting **teletrabajo** *m.* 3.4
telephone **teléfono** 2.5
television **televisión** *f.* 1.2
 television set **televisor** *m.* 2.5
tell **contar** *v.* 1.4; **decir** *v.* 1.4

tell (that) **decir** *v.* **(que)** 1.4
tell lies **decir mentiras** 1.4
tell the truth **decir la verdad** 1.4
temperature **temperatura** *f.* 2.4
ten **diez** 1.1
tennis **tenis** *m.* 1.4
tennis shoes **zapatos** *m., pl.* **de tenis** 1.6
tension **tensión** *f.* 3.3
tent **tienda** *f.* **de campaña**
tenth **décimo/a** 1.5
terrible **terrible** *adj. m., f.* 3.1
it's terrible **es terrible** 3.1
terrific **chévere** *adj.*
test **prueba** *f.* 1.2; **examen** *m.* 1.2
text message **mensaje** *m.* **de texto** 2.5
Thank you. **Gracias.** *f., pl.* 1.1
Thank you (very much). **(Muchas) gracias.** 1.1
Thanks (a lot). **(Muchas) gracias.** 1.1
Thanks for inviting me. **Gracias por invitarme.** 2.3
that **que, quien(es)** *pron.* 2.6
that (one) **ése, ésa, eso** *pron.* 1.6; **ese, esa,** *adj.* 1.6
that (*over there*) **aquél, aquélla, aquello** *pron.* 1.6; **aquel, aquella** *adj.* 1.6
that which **lo que** 2.6
that's why **por eso** 2.5
the **el** *m.*, **la** *f. sing.*, **los** *m.*, **las** *f., pl.* 1.1
theater **teatro** *m.* 3.5
their **su(s)** *poss. adj.* 1.3; **suyo(s)/a(s)** *poss. pron.* 2.5
them **los/las** *pl., d.o. pron.* 1.5
to/for them **les** *pl., i.o. pron.* 1.6
then (*afterward*) **después** *adv.* 2.1; (*as a result*) **entonces** *adv.* 1.5, 2.1; (*next*) **luego** *adv.* 2.1
there **allí** *adv.* 1.2
There is/are... **Hay...** 1.1
There is/are not... **No hay...** 1.1
therefore **por eso** 2.5
these **éstos, éstas** *pron.* 1.6; **estos, estas** *adj.* 1.6
they **ellos** *m.*, **ellas** *f. pron.* 1.1
They all told me to ask you to excuse them/forgive them. **Todos me dijeron que te pidiera una disculpa de su parte.** 3.6
thin **delgado/a** *adj.* 1.3
thing **cosa** *f.* 1.1
think **pensar (e:ie)** *v.* 1.4; (believe) **creer** *v.*
think about **pensar en** *v.* 1.4
third **tercero/a** 1.5
thirst **sed** *f.*
thirsty: be (very) thirsty **tener (mucha) sed** 1.3
thirteen **trece** 1.1
thirty **treinta** 1.1; thirty (*minutes past the hour*) **y treinta; y media** 1.1
this **este, esta** *adj.*; **éste, ésta, esto** *pron.* 1.6
those **ésos, ésas** *pron.* 1.6; **esos, esas** *adj.* 1.6
those (over there) **aquéllos, aquéllas** *pron.* 1.6; **aquellos, aquellas** *adj.* 1.6
thousand **mil** *m.* 1.2
three **tres** 1.1
three hundred **trescientos/as** 1.2
throat **garganta** *f.* 2.4
through **por** *prep.* 2.5
Thursday **jueves** *m., sing.* 1.2
thus (*in such a way*) **así** *adv.*
ticket **boleto** *m.* 1.2, 3.5; **pasaje** *m.* 1.5
tie **corbata** *f.* 1.6
time **vez** *f.* 1.6; **tiempo** *m.* 3.2
have a good/bad time **pasarlo bien/mal** 2.3
I've had a fantastic time. **Lo he pasado de película.** 3.6
What time is it? **¿Qué hora es?** 1.1
(At) What time...? **¿A qué hora...?** 1.1
times **veces** *f., pl.* 1.6
many times **muchas veces** 2.4
two times **dos veces** 1.6
tip **propina** *f.* 2.2
tire **llanta** *f.* 2.5
tired **cansado/a** *adj.* 1.5
be tired **estar cansado/a** 1.5
title **título** *m.* 3.4
to **a** *prep.* 1.1
toast (*drink*) **brindar** *v.* 2.3
toast **pan** *m.* **tostado** 2.2
toasted **tostado/a** *adj.* 2.2
toasted bread **pan tostado** *m.* 2.2
toaster **tostadora** *f.* 2.6
today **hoy** *adv.* 1.2
Today is... **Hoy es...** 1.2
toe **dedo** *m.* **del pie** 2.4
together **juntos/as** *adj.* 2.3
toilet **inodoro** *m.* 2.1
tomato **tomate** *m.* 2.2
tomorrow **mañana** *f.* 1.1
See you tomorrow. **Hasta mañana.** 1.1
tonight **esta noche** *adv.*
too **también** *adv.* 1.2; 2.1
too much **demasiado** *adv.* 1.6; **en exceso** 3.3
tooth **diente** *m.* 2.1
toothpaste **pasta** *f.* **de dientes** 2.1
top **cima** *f.* 3.3
tornado **tornado** *m.* 3.6
touch **tocar** *v.* 3.5
touch screen **pantalla táctil** *f.*
tour **excursión** *f.* 1.4; **recorrido** *m.* 3.1
tour an area **recorrer** *v.*
tourism **turismo** *m.*
tourist **turista** *m., f.* 1.1; **turístico/a** *adj.*
toward **hacia** *prep.* 3.2; **para** *prep.* 2.5
towel **toalla** *f.* 2.1
town **pueblo** *m.*
trade **oficio** *m.* 3.4
traffic **circulación** *f.* 2.5; **tráfico** *m.* 2.5
traffic light **semáforo** *m.* 3.2
tragedy **tragedia** *f.* 3.5
trail **sendero** *m.* 3.1
train **entrenarse** *v.* 3.3; **tren** *m.* 1.5
train station **estación** *f.* **de tren** *m.* 1.5
trainer **entrenador(a)** *m., f.* 3.3
translate **traducir** *v.* 1.6
trash **basura** *f.* 2.6
travel **viajar** *v.* 1.2
travel agency **agencia** f. **de viajes** 1.5
travel agent **agente** *m., f.* **de viajes** 1.5
traveler **viajero/a** *m., f.* 1.5
(traveler's) check **cheque (de viajero)** 3.2
treadmill **cinta caminadora** *f.* 3.3
tree **árbol** *m.* 3.1
trillion **billón** *m.*
trimester **trimestre** *m.* 1.2
trip **viaje** *m.* 1.5
take a trip **hacer un viaje** 1.5
tropical forest **bosque** *m.* **tropical** 3.1
true: it's (not) true **(no) es verdad** 3.1
trunk **baúl** *m.* 2.5
truth **verdad** *f.* 1.4
try **intentar** *v.*; **probar (o:ue)** *v.* 2.2
try (*to do something*) **tratar de (+ *inf.*)** 3.3
try on **probarse (o:ue)** *v.* 2.1
t-shirt **camiseta** *f.* 1.6
Tuesday **martes** *m., sing.* 1.2
tuna **atún** *m.* 2.2
turkey **pavo** *m.* 2.2
turn **doblar** *v.* 3.2
turn off (*electricity/appliance*) **apagar** *v.* 2.5
turn on (*electricity/appliance*) **poner** *v.* 2.5; **prender** *v.* 2.5
twelve **doce** 1.1
twenty **veinte** 1.1
twenty-eight **veintiocho** 1.1
twenty-five **veinticinco** 1.1
twenty-four **veinticuatro** 1.1
twenty-nine **veintinueve** 1.1
twenty-one **veintiuno** 1.1; **veintiún, veintiuno/a** *adj.* 1.1
twenty-seven **veintisiete** 1.1
twenty-six **veintiséis** 1.1
twenty-three **veintitrés** 1.1
twenty-two **veintidós** 1.1
twice **dos veces** 1.6
twin **gemelo/a** *m., f.* 1.3
two **dos** 1.1
two hundred **doscientos/as** 1.2
two times **dos veces** 1.6

U

ugly **feo/a** *adj.* 1.3
uncle **tío** *m.* 1.3

under **debajo de** *prep.* 1.2
understand **comprender** *v.* 1.3; **entender (e:ie)** *v.* 1.4
underwear **ropa interior** 1.6
unemployment **desempleo** *m.* 3.6
unique **único/a** *adj.* 2.3
United States **Estados Unidos (EE.UU.)** *m. pl.*
university **universidad** *f.* 1.2
unless **a menos que** *conj.* 3.1
unmarried **soltero/a** *adj.* 2.3
unpleasant **antipático/a** *adj.* 1.3
until **hasta** *prep.* 1.6; **hasta que** *conj.* 3.1
urgent **urgente** *adj.* 2.6
  It's urgent that... **Es urgente que...** 2.6
us **nos** *pl., d.o. pron.* 1.5
  to/for us **nos** *pl., i.o. pron.* 1.6
use **usar** *v.* 1.6
used for **para** *prep.* 2.5
useful **útil** *adj. m., f.*

V

vacation **vacaciones** *f., pl.* 1.5
  be on vacation **estar de vacaciones** 1.5
  go on vacation **ir de vacaciones** 1.5
vacuum **pasar** *v.* **la aspiradora** 2.6
  vacuum cleaner **aspiradora** *f.* 2.6
valley **valle** *m.* 3.1
various **varios/as** *adj. m., f. pl.*
vegetables **verduras** *pl., f.* 2.2
verb **verbo** *m.*
very **muy** *adv.* 1.1
  (Very) well, thank you. **(Muy) bien, gracias.** 1.1
video **video** *m.* 1.1
  video camera **cámara** *f.* **de video** 2.5
  video game **videojuego** *m.* 1.4
videoconference **videoconferencia** *f.* 3.4
vinegar **vinagre** *m.* 2.2
violence **violencia** *f.* 3.6
visit **visitar** *v.* 1.4
  visit monuments **visitar monumentos** 1.4
vitamin **vitamina** *f.* 3.3
voice mail **correo de voz** *m.* 2.5
volcano **volcán** *m.* 3.1
volleyball **vóleibol** *m.* 1.4
vote **votar** *v.* 3.6

W

wait (for) **esperar** *v.* **(+** *inf.***)** 1.2
waiter/waitress **camarero/a** *m., f.* 2.2
wake up **despertarse (e:ie)** *v.* 2.1
walk **caminar** *v.* 1.2
  take a walk **pasear** *v.* 1.4
  walk around **pasear por** 1.4
wall **pared** *f.* 2.6; **muro** *m.* 3.3
wallet **cartera** *f.* 1.4, 1.6
want **querer (e:ie)** *v.* 1.4
war **guerra** *f.* 3.6
warm up **calentarse (e:ie)** *v.* 3.3
wash **lavar** *v.* 2.6
  wash one's face/hands **lavarse la cara/las manos** 2.1
  wash (the floor, the dishes) **lavar (el suelo, los platos)** 2.6
  wash oneself **lavarse** *v.* 2.1
washing machine **lavadora** *f.* 2.6
wastebasket **papelera** *f.* 1.2
watch **mirar** *v.* 1.2; **reloj** *m.* 1.2
  watch television **mirar (la) televisión** 1.2
water **agua** *f.* 2.2
  water pollution **contaminación del agua** 3.1
  water-skiing **esquí** *m.* **acuático** 1.4
way **manera** *f.*
we **nosotros(as)** *m., f.* 1.1
weak **débil** *adj. m., f.* 3.3
wear **llevar** *v.* 1.6; **usar** *v.* 1.6
weather **tiempo** *m.*
  The weather is bad. **Hace mal tiempo.** 1.5
  The weather is good. **Hace buen tiempo.** 1.5
weaving **tejido** *m.* 3.5
Web **red** *f.* 2.5
website **sitio** *m.* **web** 2.5
wedding **boda** *f.* 2.3
Wednesday **miércoles** *m., sing.* 1.2
week **semana** *f.* 1.2
weekend **fin** *m.* **de semana** 1.4
weight **peso** *m.* 3.3
  lift weights **levantar** *v.* **pesas** *f., pl.* 3.3
welcome **bienvenido(s)/a(s)** *adj.* 1.1
well: (Very) well, thanks. **(Muy) bien, gracias.** 1.1
well-being **bienestar** *m.* 3.3
well organized **ordenado/a** *adj.* 1.5
west **oeste** *m.* 3.2
  to the west **al oeste** 3.2
western (*genre*) **de vaqueros** 3.5
whale **ballena** *f.* 3.1
what **lo que** *pron.* 2.6
what? **¿qué?** 1.1
  At what time...? **¿A qué hora...?** 1.1
  What a pleasure to...! **¡Qué gusto (+** *inf.***)...!** 3.6
  What day is it? **¿Qué día es hoy?** 1.2
  What do you guys think? **¿Qué les parece?**
  What happened? **¿Qué pasó?**
  What is today's date? **¿Cuál es la fecha de hoy?** 1.5
  What nice clothes! **¡Qué ropa más bonita!** 1.6
  What size do you wear? **¿Qué talla lleva (usa)?** 1.6
  What time is it? **¿Qué hora es?** 1.1
  What's going on? **¿Qué pasa?** 1.1
  What's happening? **¿Qué pasa?** 1.1
  What's... like? **¿Cómo es...?**
  What's new? **¿Qué hay de nuevo?** 1.1
  What's the weather like? **¿Qué tiempo hace?** 1.5
  What's up? **¿Qué onda?** 3.2
  What's wrong? **¿Qué pasó?**
  What's your name? **¿Cómo se llama usted?** *form.* 1.1; **¿Cómo te llamas (tú)?** *fam.* 1.1
when **cuando** *conj.* 2.1; 3.1
When? **¿Cuándo?** 1.2
where **donde**
where (to)? (*destination*) **¿adónde?** 1.2; (*location*) **¿dónde?** 1.1, 1.2
  Where are you from? **¿De dónde eres (tú)?** (*fam.*) 1.1; **¿De dónde es (usted)?** (*form.*) 1.1
  Where is...? **¿Dónde está...?** 1.2
which **que** *pron.*, **lo que** *pron.* 2.6
which? **¿cuál?** 1.2; **¿qué?** 1.2
  In which...? **¿En qué...?**
  which one(s)? **¿cuál(es)?** 1.2
while **mientras** *conj.* 2.4
white **blanco/a** *adj.* 1.6
who **que** *pron.* 2.6; **quien(es)** *pron.* 2.6
who? **¿quién(es)?** 1.1, 1.2
Who is...? **¿Quién es...?** 1.1
  Who is speaking/calling? (*on telephone*) **¿De parte de quién?** 2.5
  Who is speaking? (*on telephone*) **¿Quién habla?** 2.5
whole **todo/a** *adj.*
whom **quien(es)** *pron.* 2.6
whose? **¿de quién(es)?** 1.1
why? **¿por qué?** 1.2
widower/widow **viudo/a** *adj.* 2.3
wife **esposa** *f.* 1.3
win **ganar** *v.* 1.4
wind **viento** *m.*
window **ventana** *f.* 1.2
windshield **parabrisas** *m., sing.* 2.5
windsurf **hacer** *v.* **windsurf** 1.5
windy: It's (very) windy. **Hace (mucho) viento.** 1.5
winter **invierno** *m.* 1.5

wireless connection **conexión inalámbrica** *f.* 2.5
wish **desear** *v.* 1.2; **esperar** *v.* 3.1
I wish (that) **ojalá (que)** 3.1
with **con** *prep.* 1.2
with me **conmigo** 1.4; 2.3
with you **contigo** *fam.* 1.5, 2.3
within (ten years) **dentro de (diez años)** *prep.* 3.4
without **sin** *prep.* 1.2; **sin que** *conj.* 3.1
woman **mujer** *f.* 1.1
wool **lana** *f.* 1.6
(made of) wool **de lana** 1.6
word **palabra** *f.* 1.1
work **trabajar** *v.* 1.2; **funcionar** *v.* 2.5; **trabajo** *m.* 3.4
work (*of art, literature, music, etc.*) **obra** *f.* 3.5
work out **hacer gimnasia** 3.3
world **mundo** *m.* 2.2
worldwide **mundial** *adj. m., f.*
worried (about) **preocupado/a (por)** *adj.* 1.5
worry (about) **preocuparse** *v.* **(por)** 2.1
Don't worry. **No te preocupes.** *fam.* 2.1
worse **peor** *adj. m., f.* 2.2
worst **el/la peor** 2.2
Would you like to...? **¿Te gustaría...?** *fam.*
Would you do me the honor of marrying me? **¿Me harías el honor de casarte conmigo?** 3.5
wow **híjole** *interj.* 1.6
wrench **llave** *f.* 2.5
write **escribir** *v.* 1.3
write a letter/an e-mail **escribir una carta/un mensaje electrónico** 1.4
writer **escritor(a)** *m., f* 3.5
written **escrito/a** *p.p.* 3.2
wrong **equivocado/a** *adj.* 1.5
be wrong **no tener razón** 1.3

X

X-ray **radiografía** *f.* 2.4

Y

yard **jardín** *m.* 2.6; **patio** *m.* 2.6
year **año** *m.* 1.5
be... years old **tener... años** 1.3
yellow **amarillo/a** *adj.* 1.6
yes **sí** *interj.* 1.1
yesterday **ayer** *adv.* 1.6
yet **todavía** *adv.* 1.5
yogurt **yogur** *m.* 2.2
you **tú** *fam.* **usted (Ud.)** *form. sing.* **vosotros/as** *m., f. fam. pl.* **ustedes (Uds.)** *pl.* 1.1; (to, for) you *fam. sing.* **te** *pl.* **os** 1.6; *form. sing.* **le** *pl.* **les** 1.6
you **te** *fam., sing.,* **lo/la** *form., sing.,* **os** *fam., pl.,* **los/las** *pl, d.o. pron.* 1.5
You don't say! **¡No me digas!** *fam.;* **¡No me diga!** *form.*
You're welcome. **De nada.** 1.1; **No hay de qué.** 1.1
young **joven** *adj., sing.* (**jóvenes** *pl.*) 1.3
young person **joven** *m., f., sing.* (**jóvenes** *pl.*) 1.1
young woman **señorita (Srta.)** *f.*
younger **menor** *adj. m., f.* 1.3
younger: younger brother, sister *m., f.* **hermano/a menor** 1.3
youngest **el/la menor** *m., f.* 2.2
your **su(s)** *poss. adj. form.* 1.3; **tu(s)** *poss. adj. fam. sing.* 1.3; **vuestro/a(s)** *poss. adj. fam. pl.* 1.3
your(s) *form.* **suyo(s)/a(s)** *poss. pron. form.* 2.5; **tuyo(s)/a(s)** *poss. fam. sing.* 2.5; **vuestro(s) /a(s)** *poss. fam.* 2.5
youth *f.* **juventud** 2.3

Z

zero **cero** *m.* 1.1

MATERIAS — ACADEMIC SUBJECTS

MATERIAS	ACADEMIC SUBJECTS
la administración de empresas	business administration
la agronomía	agriculture
el alemán	German
el álgebra	algebra
la antropología	anthropology
la arqueología	archaeology
la arquitectura	architecture
el arte	art
la astronomía	astronomy
la biología	biology
la bioquímica	biochemistry
la botánica	botany
el cálculo	calculus
el chino	Chinese
las ciencias políticas	political science
la computación	computer science
las comunicaciones	communications
la contabilidad	accounting
la danza	dance
el derecho	law
la economía	economics
la educación	education
la educación física	physical education
la enfermería	nursing
el español	Spanish
la filosofía	philosophy
la física	physics
el francés	French
la geografía	geography
la geología	geology
el griego	Greek
el hebreo	Hebrew
la historia	history
la informática	computer science
la ingeniería	engineering
el inglés	English
el italiano	Italian
el japonés	Japanese
el latín	Latin
las lenguas clásicas	classical languages
las lenguas romances	Romance languages
la lingüística	linguistics
la literatura	literature
las matemáticas	mathematics
la medicina	medicine
el mercadeo/ la mercadotecnia	marketing
la música	music
los negocios	business
el periodismo	journalism
el portugués	Portuguese
la psicología	psychology
la química	chemistry
el ruso	Russian
los servicios sociales	social services
la sociología	sociology
el teatro	theater
la trigonometría	trigonometry

LOS ANIMALES — ANIMALS

LOS ANIMALES	ANIMALS
la abeja	bee
la araña	spider
la ardilla	squirrel
el ave (*f.*), el pájaro	bird
la ballena	whale
el burro	donkey
la cabra	goat
el caimán	alligator
el camello	camel
la cebra	zebra
el ciervo, el venado	deer
el cochino, el cerdo, el puerco	pig
el cocodrilo	crocodile
el conejo	rabbit
el coyote	coyote
la culebra, la serpiente, la víbora	snake
el elefante	elephant
la foca	seal
la gallina	hen
el gallo	rooster
el gato	cat
el gorila	gorilla
el hipopótamo	hippopotamus
la hormiga	ant
el insecto	insect
la jirafa	giraffe
el lagarto	lizard
el león	lion
el lobo	wolf
el loro, la cotorra, el papagayo, el perico	parrot
la mariposa	butterfly
el mono	monkey
la mosca	fly
el mosquito	mosquito
el oso	bear
la oveja	sheep
el pato	duck
el perro	dog
el pez	fish
la rana	frog
el ratón	mouse
el rinoceronte	rhinoceros
el saltamontes, el chapulín	grasshopper
el tiburón	shark
el tigre	tiger
el toro	bull
la tortuga	turtle
la vaca	cow
el zorro	fox

EL CUERPO HUMANO Y LA SALUD — THE HUMAN BODY AND HEALTH

El cuerpo humano — The human body

la barba	beard
el bigote	mustache
la boca	mouth
el brazo	arm
la cabeza	head
la cadera	hip
la ceja	eyebrow
el cerebro	brain
la cintura	waist
el codo	elbow
el corazón	heart
la costilla	rib
el cráneo	skull
el cuello	neck
el dedo	finger
el dedo del pie	toe
la espalda	back
el estómago	stomach
la frente	forehead
la garganta	throat
el hombro	shoulder
el hueso	bone
el labio	lip
la lengua	tongue
la mandíbula	jaw
la mejilla	cheek
el mentón, la barba, la barbilla	chin
la muñeca	wrist
el músculo	muscle
el muslo	thigh
las nalgas, el trasero, las asentaderas	buttocks
la nariz	nose
el nervio	nerve
el oído	(inner) ear
el ojo	eye
el ombligo	navel, belly button
la oreja	(outer) ear
la pantorrilla	calf
el párpado	eyelid
el pecho	chest
la pestaña	eyelash
el pie	foot
la piel	skin
la pierna	leg
el pulgar	thumb
el pulmón	lung
la rodilla	knee
la sangre	blood
el talón	heel
el tobillo	ankle
el tronco	torso, trunk
la uña	fingernail
la uña del dedo del pie	toenail
la vena	vein

Los cinco sentidos — The five senses

el gusto	taste
el oído	hearing
el olfato	smell
el tacto	touch
la vista	sight

La salud — Health

el accidente	accident
alérgico/a	allergic
el antibiótico	antibiotic
la aspirina	aspirin
el ataque cardiaco, el ataque al corazón	heart attack
el cáncer	cancer
la cápsula	capsule
la clínica	clinic
congestionado/a	congested
el consultorio	doctor's office
la curita	adhesive bandage
el/la dentista	dentist
el/la doctor(a), el/la médico/a	doctor
el dolor (de cabeza)	(head)ache, pain
embarazada	pregnant
la enfermedad	illness, disease
el/la enfermero/a	nurse
enfermo/a	ill, sick
la erupción	rash
el examen médico	physical exam
la farmacia	pharmacy
la fiebre	fever
la fractura	fracture
la gripe	flu
la herida	wound
el hospital	hospital
la infección	infection
el insomnio	insomnia
la inyección	injection
el jarabe	(cough) syrup
mareado/a	dizzy, nauseated
el medicamento	medication
la medicina	medicine
las muletas	crutches
la operación	operation
el/la paciente	patient
el/la paramédico/a	paramedic
la pastilla, la píldora	pill, tablet
los primeros auxilios	first aid
la pulmonía	pneumonia
los puntos	stitches
la quemadura	burn
el quirófano	operating room
la radiografía	x-ray
la receta	prescription
el resfriado	cold (illness)
la sala de emergencia(s)	emergency room
saludable	healthy, healthful
sano/a	healthy
el seguro médico	medical insurance
la silla de ruedas	wheelchair
el síntoma	symptom
el termómetro	thermometer
la tos	cough
la transfusión	transfusion

la vacuna	vaccination
la venda	bandage
el virus	virus

cortar(se)	to cut (oneself)
curar	to cure, to treat
desmayar(se)	to faint
enfermarse	to get sick
enyesar	to put in a cast
estornudar	to sneeze
guardar cama	to stay in bed
hinchar(se)	to swell
internar(se) en el hospital	to check into the hospital
lastimarse (el pie)	to hurt (one's foot)
mejorar(se)	to get better; to improve
operar	to operate
quemar(se)	to burn
respirar (hondo)	to breathe (deeply)
romperse (la pierna)	to break (one's leg)
sangrar	to bleed
sufrir	to suffer
tomarle la presión a alguien	to take someone's blood pressure
tomarle el pulso a alguien	to take someone's pulse
torcerse (el tobillo)	to sprain (one's ankle)
vendar	to bandage

EXPRESIONES ÚTILES PARA LA CLASE / USEFUL CLASSROOM EXPRESSIONS

Palabras útiles / Useful words

ausente	absent
el departamento	department
el dictado	dictation
la conversación, las conversaciones	conversation(s)
la expresión, las expresiones	expression(s)
el examen, los exámenes	test(s), exam(s)
la frase	sentence
la hoja de actividades	activity sheet
el horario de clases	class schedule
la oración, las oraciones	sentence(s)
el párrafo	paragraph
la persona	person
presente	present
la prueba	test, quiz
siguiente	following
la tarea	homework

Expresiones útiles / Useful expressions

Abra(n) su(s) libro(s).	Open your book(s).
Cambien de papel.	Change roles.
Cierre(n) su(s) libro(s).	Close your book(s).
¿Cómo se dice ___ en español?	How do you say ___ in Spanish?
¿Cómo se escribe ___ en español?	How do you write ___ in Spanish?
¿Comprende(n)?	Do you understand?
(No) comprendo.	I (don't) understand.
Conteste(n) las preguntas.	Answer the questions.
Continúe(n), por favor.	Continue, please.
Escriba(n) su nombre.	Write your name.
Escuche(n) el audio.	Listen to the audio.
Estudie(n) la Lección tres.	Study Lesson three.
Haga(n) la actividad (el ejercicio) número cuatro.	Do activity (exercise) number four.
Lea(n) la oración en voz alta.	Read the sentence aloud.
Levante(n) la mano.	Raise your hand(s).
Más despacio, por favor.	Slower, please.
No sé.	I don't know.
Páse(n)me los exámenes.	Pass me the tests.
¿Qué significa ___?	What does ___ mean?
Repita(n), por favor.	Repeat, please.
Siénte(n)se, por favor.	Sit down, please.
Siga(n) las instrucciones.	Follow the instructions.
¿Tiene(n) alguna pregunta?	Do you have any questions?
Vaya(n) a la página dos.	Go to page two.

COUNTRIES & NATIONALITIES / PAÍSES Y NACIONALIDADES

North America / Norteamérica

Canada	**Canadá**	***canadiense***
Mexico	**México**	***mexicano/a***
United States	**Estados Unidos**	***estadounidense***

Central America / Centroamérica

Belize	**Belice**	***beliceño/a***
Costa Rica	**Costa Rica**	***costarricense***
El Salvador	**El Salvador**	***salvadoreño/a***
Guatemala	**Guatemala**	***guatemalteco/a***
Honduras	**Honduras**	***hondureño/a***
Nicaragua	**Nicaragua**	***nicaragüense***
Panama	**Panamá**	***panameño/a***

The Caribbean	El Caribe	
Cuba	**Cuba**	*cubano/a*
Dominican Republic	**República Dominicana**	*dominicano/a*
Haiti	**Haití**	*haitiano/a*
Puerto Rico	**Puerto Rico**	*puertorriqueño/a*

South America	Suramérica	
Argentina	**Argentina**	*argentino/a*
Bolivia	**Bolivia**	*boliviano/a*
Brazil	**Brasil**	*brasileño/a*
Chile	**Chile**	*chileno/a*
Colombia	**Colombia**	*colombiano/a*
Ecuador	**Ecuador**	*ecuatoriano/a*
Paraguay	**Paraguay**	*paraguayo/a*
Peru	**Perú**	*peruano/a*
Uruguay	**Uruguay**	*uruguayo/a*
Venezuela	**Venezuela**	*venezolano/a*

Europe	Europa	
Armenia	**Armenia**	*armenio/a*
Austria	**Austria**	*austríaco/a*
Belgium	**Bélgica**	*belga*
Bosnia	**Bosnia**	*bosnio/a*
Bulgaria	**Bulgaria**	*búlgaro/a*
Croatia	**Croacia**	*croata*
Czech Republic	**República Checa**	*checo/a*
Denmark	**Dinamarca**	*danés, danesa*
England	**Inglaterra**	*inglés, inglesa*
Estonia	**Estonia**	*estonio/a*
Finland	**Finlandia**	*finlandés, finlandesa*
France	**Francia**	*francés, francesa*
Germany	**Alemania**	*alemán, alemana*
Great Britain (United Kingdom)	**Gran Bretaña (Reino Unido)**	*británico/a*
Greece	**Grecia**	*griego/a*
Hungary	**Hungría**	*húngaro/a*
Iceland	**Islandia**	*islandés, islandesa*
Ireland	**Irlanda**	*irlandés, irlandesa*
Italy	**Italia**	*italiano/a*
Latvia	**Letonia**	*letón, letona*
Lithuania	**Lituania**	*lituano/a*
Netherlands (Holland)	**Países Bajos (Holanda)**	*holandés, holandesa*
Norway	**Noruega**	*noruego/a*
Poland	**Polonia**	*polaco/a*
Portugal	**Portugal**	*portugués, portuguesa*
Romania	**Rumania**	*rumano/a*
Russia	**Rusia**	*ruso/a*
Scotland	**Escocia**	*escocés, escocesa*
Serbia	**Serbia**	*serbio/a*
Slovakia	**Eslovaquia**	*eslovaco/a*
Slovenia	**Eslovenia**	*esloveno/a*
Spain	**España**	*español(a)*
Sweden	**Suecia**	*sueco/a*
Switzerland	**Suiza**	*suizo/a*
Ukraine	**Ucrania**	*ucraniano/a*
Wales	**Gales**	*galés, galesa*

Asia	Asia	
Bangladesh	**Bangladés**	*bangladesí*
Cambodia	**Camboya**	*camboyano/a*
China	**China**	*chino/a*
India	**India**	*indio/a*
Indonesia	**Indonesia**	*indonesio/a*
Iran	**Irán**	*iraní*
Iraq	**Iraq, Irak**	*iraquí*

Israel	**Israel**	***israelí***
Japan	**Japón**	***japonés, japonesa***
Jordan	**Jordania**	***jordano/a***
Korea	**Corea**	***coreano/a***
Kuwait	**Kuwait**	***kuwaití***
Lebanon	**Líbano**	***libanés, libanesa***
Malaysia	**Malasia**	***malasio/a***
Pakistan	**Pakistán**	***pakistaní***
Russia	**Rusia**	***ruso/a***
Saudi Arabia	**Arabia Saudí**	***saudí***
Singapore	**Singapur**	***singapurés, singapuresa***
Syria	**Siria**	***sirio/a***
Taiwan	**Taiwán**	***taiwanés, taiwanesa***
Thailand	**Tailandia**	***tailandés, tailandesa***
Turkey	**Turquía**	***turco/a***
Vietnam	**Vietnam**	***vietnamita***

Africa / África

Algeria	**Argelia**	***argelino/a***
Angola	**Angola**	***angoleño/a***
Cameroon	**Camerún**	***camerunés, camerunesa***
Congo	**Congo**	***congolés, congolesa***
Egypt	**Egipto**	***egipcio/a***
Equatorial Guinea	**Guinea Ecuatorial**	***ecuatoguineano/a***
Ethiopia	**Etiopía**	***etíope***
Ivory Coast	**Costa de Marfil**	***marfileño/a***
Kenya	**Kenia, Kenya**	***keniano/a, keniata***
Libya	**Libia**	***libio/a***
Mali	**Malí**	***maliense***
Morocco	**Marruecos**	***marroquí***
Mozambique	**Mozambique**	***mozambiqueño/a***
Nigeria	**Nigeria**	***nigeriano/a***
Rwanda	**Ruanda**	***ruandés, ruandesa***
Somalia	**Somalia**	***somalí***
South Africa	**Sudáfrica**	***sudafricano/a***
Sudan	**Sudán**	***sudanés, sudanesa***
Tunisia	**Tunicia, Túnez**	***tunecino/a***
Uganda	**Uganda**	***ugandés, ugandesa***
Zambia	**Zambia**	***zambiano/a***
Zimbabwe	**Zimbabue**	***zimbabuense***

Australia and the Pacific / Australia y el Pacífico

Australia	**Australia**	***australiano/a***
New Zealand	**Nueva Zelanda**	***neozelandés, neozelandesa***
Philippines	**Filipinas**	***filipino/a***

MONEDAS DE LOS PAÍSES HISPANOS / CURRENCIES OF HISPANIC COUNTRIES

País / Country	**Moneda** / Currency
Argentina	el peso
Bolivia	el boliviano
Chile	el peso
Colombia	el peso
Costa Rica	el colón
Cuba	el peso
Ecuador	el dólar estadounidense
El Salvador	el dólar estadounidense
España	el euro
Guatemala	el quetzal
Guinea Ecuatorial	el franco
Honduras	el lempira
México	el peso
Nicaragua	el córdoba
Panamá	el balboa, el dólar estadounidense
Paraguay	el guaraní
Perú	el nuevo sol
Puerto Rico	el dólar estadounidense
República Dominicana	el peso
Uruguay	el peso
Venezuela	el bolívar

EXPRESIONES Y REFRANES / EXPRESSIONS AND SAYINGS

Expresiones y refranes con partes del cuerpo	Expressions and sayings with parts of the body
A cara o cruz	Heads or tails
A corazón abierto	Open heart
A ojos vistas	Clearly, visibly
Al dedillo	Like the back of one's hand
¡Choca/Vengan esos cinco!	Put it there!/Give me five!
Codo con codo	Side by side
Con las manos en la masa	Red-handed
Costar un ojo de la cara	To cost an arm and a leg
Darle a la lengua	To chatter/To gab
De rodillas	On one's knees
Duro de oído	Hard of hearing
En cuerpo y alma	In body and soul
En la punta de la lengua	On the tip of one's tongue
En un abrir y cerrar de ojos	In a blink of the eye
Entrar por un oído y salir por otro	In one ear and out the other
Estar con el agua al cuello	To be up to one's neck with/in
Estar para chuparse los dedos	To be delicious/To be finger-licking good
Hablar entre dientes	To mutter/To speak under one's breath
Hablar por los codos	To talk a lot/To be a chatterbox
Hacer la vista gorda	To turn a blind eye on something
Hombro con hombro	Shoulder to shoulder
Llorar a lágrima viva	To sob/To cry one's eyes out
Metérsele (a alguien) algo entre ceja y ceja	To get an idea in your head
No pegar ojo	Not to sleep a wink
No tener corazón	Not to have a heart
No tener dos dedos de frente	Not to have an ounce of common sense
Ojos que no ven, corazón que no siente	Out of sight, out of mind
Perder la cabeza	To lose one's head
Quedarse con la boca abierta	To be thunderstruck
Romper el corazón	To break someone's heart
Tener buen/mal corazón	Have a good/bad heart
Tener un nudo en la garganta	Have a knot in your throat
Tomarse algo a pecho	To take something too seriously
Venir como anillo al dedo	To fit like a charm/To suit perfectly

Expresiones y refranes con animales	Expressions and sayings with animals
A caballo regalado no le mires el diente.	Don't look a gift horse in the mouth.
Comer como un cerdo	To eat like a pig
Cuando menos se piensa, salta la liebre.	Things happen when you least expect it.
Llevarse como el perro y el gato	To fight like cats and dogs
Perro ladrador, poco mordedor./Perro que ladra no muerde.	His/her bark is worse than his/her bite.
Por la boca muere el pez.	Talking too much can be dangerous.
Poner el cascabel al gato	To stick one's neck out
Ser una tortuga	To be a slowpoke

Expresiones y refranes con alimentos	Expressions and sayings with food
Agua que no has de beber, déjala correr.	If you're not interested, don't ruin it for everybody else.
Con pan y vino se anda el camino.	Things never seem as bad after a good meal.
Contigo pan y cebolla.	You are all I need.
Dame pan y dime tonto.	I don't care what you say, as long as I get what I want.
Descubrir el pastel	To let the cat out of the bag
Dulce como la miel	Sweet as honey
Estar como agua para chocolate	To furious/To be at the boiling point
Estar en el ajo	To be in the know
Estar en la higuera	To have one's head in the clouds
Estar más claro que el agua	To be clear as a bell
Ganarse el pan	To earn a living/To earn one's daily bread
Llamar al pan, pan y al vino, vino.	Not to mince words.
No hay miel sin hiel.	Every rose has its thorn./There's always a catch.
No sólo de pan vive el hombre.	Man doesn't live by bread alone.
Pan con pan, comida de tontos.	Variety is the spice of life.
Ser agua pasada	To be water under the bridge
Ser más bueno que el pan	To be kindness itself
Temblar como un flan	To shake/tremble like a leaf

Expresiones y refranes con colores	Expressions and sayings with colors
Estar verde	To be inexperienced/wet behind the ears
Poner los ojos en blanco	To roll one's eyes
Ponerle a alguien un ojo morado	To give someone a black eye
Ponerse rojo	To turn red/To blush
Ponerse rojo de ira	To turn red with anger
Ponerse verde de envidia	To be green with envy
Quedarse en blanco	To go blank
Verlo todo de color de rosa	To see the world through rose-colored glasses

Refranes	Sayings
A buen entendedor, pocas palabras bastan.	A word to the wise is enough.
Ande o no ande, caballo grande.	Bigger is always better.
A quien madruga, Dios le ayuda.	The early bird catches the worm.
Cuídate, que te cuidaré.	Take care of yourself, and then I'll take care of you.
De tal palo tal astilla.	A chip off the old block.
Del dicho al hecho hay mucho trecho.	Easier said than done.
Dime con quién andas y te diré quién eres.	A man is known by the company he keeps.
El saber no ocupa lugar.	One never knows too much.
Lo que es moda no incomoda.	You have to suffer in the name of fashion.
Más vale maña que fuerza.	Brains are better than brawn.
Más vale prevenir que curar.	Prevention is better than cure.
Más vale solo que mal acompañado.	Better alone than with people you don't like.
Más vale tarde que nunca.	Better late than never.
No es oro todo lo que reluce.	All that glitters is not gold.
Poderoso caballero es don Dinero.	Money talks.

COMMON FALSE FRIENDS

False friends are Spanish words that look similar to English words but have very different meanings. While recognizing the English relatives of unfamiliar Spanish words you encounter is an important way of constructing meaning, there are some Spanish words whose similarity to English words is deceptive. Here is a list of some of the most common Spanish false friends.

actualmente ≠ actually
actualmente = nowadays, currently
actually = **de hecho, en realidad, en efecto**

argumento ≠ argument
argumento = plot
argument = **discusión, pelea**

armada ≠ army
armada = navy
army = **ejército**

balde ≠ bald
balde = pail, bucket
bald = **calvo/a**

batería ≠ battery
batería = drum set
battery = **pila**

bravo ≠ brave
bravo = wild; fierce
brave = **valiente**

cándido/a ≠ candid
cándido/a = innocent
candid = **sincero/a**

carbón ≠ carbon
carbón = coal
carbon = **carbono**

casual ≠ casual
casual = accidental, chance
casual = **informal, despreocupado/a**

casualidad ≠ casualty
casualidad = chance, coincidence
casualty = **víctima**

colegio ≠ college
colegio = school
college = **universidad**

collar ≠ collar (of a shirt)
collar = necklace
collar = **cuello (de camisa)**

comprensivo/a ≠ comprehensive
comprensivo/a = understanding
comprehensive = **completo, extensivo**

constipado ≠ constipated
estar constipado/a = to have a cold
to be constipated = **estar estreñido/a**

crudo/a ≠ crude
crudo/a = raw, undercooked
crude = **burdo/a, grosero/a**

divertir ≠ to divert
divertirse = to enjoy oneself
to divert = **desviar**

educado/a ≠ educated
educado/a = well-mannered
educated = **culto/a, instruido/a**

embarazada ≠ embarrassed
estar embarazada = to be pregnant
to be embarrassed = **estar avergonzado/a; dar/tener vergüenza**

eventualmente ≠ eventually
eventualmente = possibly
eventually = **finalmente, al final**

éxito ≠ exit
éxito = success
exit = **salida**

físico/a ≠ physician
físico/a = physicist
physician = **médico/a**

fútbol ≠ football
fútbol = soccer
football = **fútbol americano**

lectura ≠ lecture
lectura = reading
lecture = **conferencia**

librería ≠ library
librería = bookstore
library = **biblioteca**

máscara ≠ mascara
máscara = mask
mascara = **rímel**

molestar ≠ to molest
molestar = to bother, to annoy
to molest = **abusar**

oficio ≠ office
oficio = trade, occupation
office = **oficina**

rato ≠ rat
rato = while, time
rat = **rata**

realizar ≠ to realize
realizar = to carry out; to fulfill
to realize = **darse cuenta de**

red ≠ red
red = net
red = **rojo/a**

revolver ≠ revolver
revolver = to stir, to rummage through
revolver = **revólver**

sensible ≠ sensible
sensible = sensitive
sensible = **sensato/a, razonable**

suceso ≠ success
suceso = event
success = **éxito**

sujeto ≠ subject (topic)
sujeto = fellow; individual
subject = **tema, asunto**

LOS ALIMENTOS — FOODS

Frutas — Fruits

la aceituna	olive
el aguacate	avocado
el albaricoque, el damasco	apricot
la banana, el plátano	banana
la cereza	cherry
la ciruela	plum
el dátil	date
la frambuesa	raspberry
la fresa, la frutilla	strawberry
el higo	fig
el limón	lemon; lime
el melocotón, el durazno	peach
la mandarina	tangerine
el mango	mango
la manzana	apple
la naranja	orange
la papaya	papaya
la pera	pear
la piña	pineapple
el pomelo, la toronja	grapefruit
la sandía	watermelon
las uvas	grapes

Vegetales — Vegetables

la alcachofa	artichoke
el apio	celery
la arveja, el guisante	pea
la berenjena	eggplant
el brócoli	broccoli
la calabaza	squash; pumpkin
la cebolla	onion
el champiñón, la seta	mushroom
la col, el repollo	cabbage
la coliflor	cauliflower
los espárragos	asparagus
las espinacas	spinach
los frijoles, las habichuelas	beans
las habas	fava beans
las judías verdes, los ejotes	string beans, green beans
la lechuga	lettuce
el maíz, el choclo, el elote	corn
la papa, la patata	potato
el pepino	cucumber
el pimentón	bell pepper
el rábano	radish
la remolacha	beet
el tomate, el jitomate	tomato
la zanahoria	carrot

El pescado y los mariscos — Fish and shellfish

la almeja	clam
el atún	tuna
el bacalao	cod
el calamar	squid
el cangrejo	crab
el camarón, la gamba	shrimp
la langosta	lobster
el langostino	prawn
el lenguado	sole; flounder
el mejillón	mussel
la ostra	oyster
el pulpo	octopus
el salmón	salmon
la sardina	sardine
la vieira	scallop

La carne — Meat

la albóndiga	meatball
el bistec	steak
la carne de res	beef
el chorizo	hard pork sausage
la chuleta de cerdo	pork chop
el cordero	lamb
los fiambres	cold cuts, food served cold
el filete	fillet
la hamburguesa	hamburger
el hígado	liver
el jamón	ham
el lechón	suckling pig, roasted pig
el pavo	turkey
el pollo	chicken
el cerdo	pork
la salchicha	sausage
la ternera	veal
el tocino	bacon

Otras comidas — Other foods

el ajo	garlic
el arroz	rice
el azúcar	sugar
el batido	milkshake
el budín	pudding
el cacahuete, el maní	peanut
el café	coffee
los fideos	noodles, pasta
la harina	flour
el huevo	egg
el jugo, el zumo	juice
la leche	milk
la mermelada	marmalade, jam
la miel	honey
el pan	bread
el queso	cheese
la sal	salt
la sopa	soup
el té	tea
la tortilla	omelet (Spain), tortilla (Mexico)
el yogur	yogurt

Cómo describir la comida — Ways to describe food

a la plancha, a la parrilla	grilled
ácido/a	sour
al horno	baked
amargo/a	bitter
caliente	hot
dulce	sweet
duro/a	tough
frío/a	cold
frito/a	fried
fuerte	strong, heavy
ligero/a	light
picante	spicy
sabroso/a	tasty
salado/a	salty

DÍAS FESTIVOS	HOLIDAYS
enero	January
Año Nuevo (1)	New Year's Day
Día de los Reyes Magos (6)	Three Kings Day (Epiphany)
Día de Martin Luther King, Jr.	Martin Luther King, Jr. Day
febrero	February
Día de San Blas (Paraguay) (3)	St. Blas Day (Paraguay)
Día de San Valentín, Día de los Enamorados (14)	Valentine's Day
Día de los Presidentes	Presidents' Day
Carnaval	Carnival (Mardi Gras)
marzo	March
Día de San Patricio (17)	St. Patrick's Day
Nacimiento de Benito Juárez (México) (21)	Benito Juárez's Birthday (Mexico)
abril	April
Semana Santa	Holy Week
Pésaj	Passover
Pascua	Easter
Declaración de la Independencia de Venezuela (19)	Declaration of Independence of Venezuela
Día de la Tierra (22)	Earth Day
mayo	May
Día del Trabajo (1)	Labor Day
Cinco de Mayo (5) (México)	Cinco de Mayo (May 5th) (Mexico)
Día de las Madres	Mother's Day
Independencia Patria (Paraguay) (15)	Independence Day (Paraguay)
Día Conmemorativo	Memorial Day
junio	June
Día de los Padres	Father's Day
Día de la Bandera (14)	Flag Day
Día del Indio (Perú) (24)	Native People's Day (Peru)
julio	July
Día de la Independencia de los Estados Unidos (4)	Independence Day (United States)
Día de la Independencia de Venezuela (5)	Independence Day (Venezuela)
Día de la Independencia de la Argentina (9)	Independence Day (Argentina)
Día de la Independencia de Colombia (20)	Independence Day (Colombia)
Nacimiento de Simón Bolívar (24)	Simón Bolívar's Birthday
Día de la Revolución (Cuba) (26)	Revolution Day (Cuba)
Día de la Independencia del Perú (28)	Independence Day (Peru)
agosto	August
Día de la Independencia de Bolivia (6)	Independence Day (Bolivia)
Día de la Independencia del Ecuador (10)	Independence Day (Ecuador)
Día de San Martín (Argentina) (17)	San Martín Day (anniversary of his death) (Argentina)
Día de la Independencia del Uruguay (25)	Independence Day (Uruguay)
septiembre	September
Día del Trabajo (EE. UU.)	Labor Day (U.S.)
Día de la Independencia de Costa Rica, El Salvador, Guatemala, Honduras y Nicaragua (15)	Independence Day (Costa Rica, El Salvador, Guatemala, Honduras, Nicaragua)
Día de la Independencia de México (16)	Independence Day (Mexico)
Día de la Independencia de Chile (18)	Independence Day (Chile)
Año Nuevo Judío	Jewish New Year
Día de la Virgen de las Mercedes (Perú) (24)	Day of the Virgin of Mercedes (Peru)
octubre	October
Día de la Raza (12)	Columbus Day
Noche de Brujas (31)	Halloween
noviembre	November
Día de los Muertos (2)	All Souls Day
Día de los Veteranos (11)	Veterans' Day
Día de la Revolución Mexicana (20)	Mexican Revolution Day
Día de Acción de Gracias	Thanksgiving
Día de la Independencia de Panamá (28)	Independence Day (Panama)
diciembre	December
Día de la Virgen (8)	Day of the Virgin
Día de la Virgen de Guadalupe (México) (12)	Day of the Virgin of Guadalupe (Mexico)
Januká	Chanukah
Nochebuena (24)	Christmas Eve
Navidad (25)	Christmas
Año Viejo (31)	New Year's Eve

NOTE: In Spanish, dates are written with the day first, then the month. Christmas Day is **el 25 de diciembre**. In Latin America and in Europe, abbreviated dates also follow this pattern. Halloween, for example, falls on 31/10. You may also see the numbers in dates separated by periods: 27.4.16. When referring to centuries, roman numerals are always used. The 16th century, therefore, is **el siglo XVI**.

PESOS Y MEDIDAS

WEIGHTS AND MEASURES

Longitud

Length

El sistema métrico Metric system	**El equivalente estadounidense** U.S. equivalent
milímetro = 0,001 metro millimeter = 0.001 meter	= 0.039 inch
centímetro = 0,01 metro centimeter = 0.01 meter	= 0.39 inch
decímetro = 0,1 metro decimeter = 0.1 meter	= 3.94 inches
metro meter	= 39.4 inches
decámetro = 10 metros dekameter = 10 meters	= 32.8 feet
hectómetro = 100 metros hectometer = 100 meters	= 328 feet
kilómetro = 1.000 metros kilometer = 1,000 meters	= .62 mile

U.S. system **El sistema estadounidense**	Metric equivalent **El equivalente métrico**
inch **pulgada**	= 2.54 centimeters **= 2,54 centímetros**
foot = 12 inches **pie = 12 pulgadas**	= 30.48 centimeters **= 30,48 centímetros**
yard = 3 feet **yarda = 3 pies**	= 0.914 meter **= 0,914 metro**
mile = 5,280 feet **milla = 5.280 pies**	= 1.609 kilometers **= 1,609 kilómetros**

Superficie

Surface Area

El sistema métrico Metric system	**El equivalente estadounidense** U.S. equivalent
metro cuadrado square meter	= 10.764 square feet
área = 100 metros cuadrados area = 100 square meters	= 0.025 acre
hectárea = 100 áreas hectare = 100 ares	= 2.471 acres

U.S. system **El sistema estadounidense**	Metric equivalent **El equivalente métrico**

yarda cuadrada = 9 pies cuadrados = 0,836 metros cuadrados
square yard = 9 square feet = 0.836 square meters
acre = 4.840 yardas cuadradas = 0,405 hectáreas
acre = 4,840 square yards = 0.405 hectares

Capacidad

Capacity

El sistema métrico Metric system	**El equivalente estadounidense** U.S. equivalent
mililitro = 0,001 litro milliliter = 0.001 liter	= 0.034 ounces
centilitro = 0,01 litro centiliter = 0.01 liter	= 0.34 ounces
decilitro = 0,1 litro deciliter = 0.1 liter	= 3.4 ounces
litro liter	= 1.06 quarts
decalitro = 10 litros dekaliter = 10 liters	= 2.64 gallons
hectolitro = 100 litros hectoliter = 100 liters	= 26.4 gallons
kilolitro = 1.000 litros kiloliter = 1,000 liters	= 264 gallons

U.S. system **El sistema estadounidense**	Metric equivalent **El equivalente métrico**
ounce **onza**	= 29.6 milliliters **= 29,6 mililitros**
cup = 8 ounces **taza = 8 onzas**	= 236 milliliters **= 236 mililitros**
pint = 2 cups **pinta = 2 tazas**	= 0.47 liters **= 0,47 litros**
quart = 2 pints **cuarto = 2 pintas**	= 0.95 liters **= 0,95 litros**
gallon = 4 quarts **galón = 4 cuartos**	= 3.79 liters **= 3,79 litros**

Peso

Weight

El sistema métrico Metric system	**El equivalente estadounidense** U.S. equivalent
miligramo = 0,001 gramo milligram = 0.001 gram	
gramo gram	= 0.035 ounce
decagramo = 10 gramos dekagram = 10 grams	= 0.35 ounces
hectogramo = 100 gramos hectogram = 100 grams	= 3.5 ounces
kilogramo = 1.000 gramos kilogram = 1,000 grams	= 2.2 pounds
tonelada (métrica) = 1.000 kilogramos metric ton = 1,000 kilograms	= 1.1 tons

U.S. system **El sistema estadounidense**	Metric equivalent **El equivalente métrico**
ounce **onza**	= 28.35 grams **= 28,35 gramos**
pound = 16 ounces **libra = 16 onzas**	= 0.45 kilograms **= 0,45 kilogramos**
ton = 2,000 pounds **tonelada = 2.000 libras**	= 0.9 metric tons **= 0,9 toneladas métricas**

Temperatura

Temperature

Grados centígrados
Degrees Celsius
To convert from Celsius to Fahrenheit, multiply by $\frac{9}{5}$ and add 32.

Grados Fahrenheit
Degrees Fahrenheit
To convert from Fahrenheit to Celsius, subtract 32 and multiply by $\frac{5}{9}$.

NÚMEROS / NUMBERS

Números ordinales / Ordinal numbers

primer, primero/a	**1º/1ª**	first	1st
segundo/a	**2º/2ª**	second	2nd
tercer, tercero/a	**3º/3ª**	third	3rd
cuarto/a	**4º/4ª**	fourth	4th
quinto/a	**5º/5ª**	fifth	5th
sexto/a	**6º/6ª**	sixth	6th
séptimo/a	**7º/7ª**	seventh	7th
octavo/a	**8º/8ª**	eighth	8th
noveno/a	**9º/9ª**	ninth	9th
décimo/a	**10º/10ª**	tenth	10th

Fracciones / Fractions

$\frac{1}{2}$	**un medio, la mitad**	one half
$\frac{1}{3}$	**un tercio**	one third
$\frac{1}{4}$	**un cuarto**	one fourth (quarter)
$\frac{1}{5}$	**un quinto**	one fifth
$\frac{1}{6}$	**un sexto**	one sixth
$\frac{1}{7}$	**un séptimo**	one seventh
$\frac{1}{8}$	**un octavo**	one eighth
$\frac{1}{9}$	**un noveno**	one ninth
$\frac{1}{10}$	**un décimo**	one tenth
$\frac{2}{3}$	**dos tercios**	two thirds
$\frac{3}{4}$	**tres cuartos**	three fourths (quarters)
$\frac{5}{8}$	**cinco octavos**	five eighths

Decimales / Decimals

un décimo	**0,1**	one tenth	0.1
un centésimo	**0,01**	one hundredth	0.01
un milésimo	**0,001**	one thousandth	0.001

OCUPACIONES / OCCUPATIONS

el/la abogado/a	lawyer
el actor, la actriz	actor
el/la administrador(a) de empresas	business administrator
el/la agente de bienes raíces	real estate agent
el/la agente de seguros	insurance agent
el/la agricultor(a)	farmer
el/la arqueólogo/a	archaeologist
el/la arquitecto/a	architect
el/la artesano/a	artisan
el/la auxiliar de vuelo	flight attendant
el/la basurero/a	garbage collector
el/la bibliotecario/a	librarian
el/la bombero/a	firefighter
el/la cajero/a	bank teller, cashier
el/la camionero/a	truck driver
el/la carnicero/a	butcher
el/la carpintero/a	carpenter
el/la científico/a	scientist
el/la cirujano/a	surgeon
el/la cobrador(a)	bill collector
el/la cocinero/a	cook, chef
el/la consejero/a	counselor, advisor
el/la contador(a)	accountant
el/la corredor(a) de bolsa	stockbroker
el/la diplomático/a	diplomat
el/la diseñador(a) (gráfico/a)	(graphic) designer
el/la electricista	electrician
el/la fisioterapeuta	physical therapist
el/la fotógrafo/a	photographer
el hombre/la mujer de negocios	businessperson
el/la ingeniero/a en computación	computer engineer
el/la intérprete	interpreter
el/la juez(a)	judge
el/la maestro/a	elementary school teacher
el/la marinero/a	sailor
el/la obrero/a	manual laborer
el/la optometrista	optometrist
el/la panadero/a	baker
el/la paramédico/a	paramedic
el/la peluquero/a	hairdresser
el/la piloto	pilot
el/la pintor(a)	painter
el/la plomero/a	plumber
el/la político/a	politician
el/la programador(a)	computer programer
el/la psicólogo/a	psychologist
el/la reportero/a	reporter
el/la sastre	tailor
el/la secretario/a	secretary
el/la técnico/a (en computación)	(computer) technician
el/la vendedor(a)	sales representative
el/la veterinario/a	veterinarian

About the Author

José A. Blanco founded Vista Higher Learning in 1998. A native of Barranquilla, Colombia, Mr. Blanco holds degrees in Literature and Hispanic Studies from Brown University and the University of California, Santa Cruz. He has worked as a writer, editor, and translator for Houghton Mifflin and D.C. Heath and Company, and has taught Spanish at the secondary and university levels. Mr. Blanco is also the co-author of several other Vista Higher Learning programs: **Vistas**, **Panorama**, **Aventuras**, and **¡Viva!** at the introductory level; **Ventanas**, **Facetas**, **Enfoques**, **Imagina**, and **Sueña** at the intermediate level; and **Revista** at the advanced conversation level.

About the Illustrators

Yayo, an internationally acclaimed illustrator, was born in Colombia. He has illustrated children's books, newspapers, and magazines, and has been exhibited around the world. He currently lives in Montreal, Canada.

Pere Virgili lives and works in Barcelona, Spain. His illustrations have appeared in textbooks, newspapers, and magazines throughout Spain and Europe.

Born in Caracas, Venezuela, **Hermann Mejía** studied illustration at the Instituto de Diseño de Caracas. Hermann currently lives and works in the United States.

Comic Credits

page 180 © TUTE

Text Credits

page 107 Reproduced from: "Elegía nocturna" by Carlos Pellicer. Fondo de Cultura Economica.

TV Clip Credits

page 42 Courtesy of Asepxia, Genommalab and Kepel & Mata.
page 80 Courtesy of Arroz Roa.
page 112 © Javier Ugarte, Chilevisión Network. Santiago, Chile.
page 148 © Getty Better Creative Studio.
page 184 Courtesy of Popularlibros.com.
page 222 Courtesy of Centros Comerciales Carrefour S.A.

Photography Credits

Cover: Mexico Shoots/Getty Images.

Front matter (SE): xiv: (l) Bettmann/Corbis; (r) Florian Biamm/123RF; **xv:** (l) Lawrence Manning/Corbis; (r) Design Pics Inc/Alamy; **xvi:** Jose Blanco; **xvii:** (l) Digital Vision/Getty Images; (r) Andres/Big Stock Photo; **xviii:** Fotolia IV/Fotolia; **xix:** (l) Goodshoot/Corbis; (r) Tyler Olson/Shutterstock; **xx:** Shelly Wall/Shutterstock; **xxi:** (t) Colorblind/Corbis; (b) Moodboard/Fotolia; **xxii:** (t) Digital Vision/Getty Images; (b) Purestock/Getty Images.

Front matter (TE): T4: Teodor Cucu/500PX; **T14:** Asiseeit/iStockphoto; **T35:** Corbis Photography/Veer; (inset) Fancy Photography/Veer; **T47:** Imgorthand/iStockphoto.

LP: 1: Miodrag Gajic/Fotolia; **6:** Jack Hollingsworth/Getty Images; **8:** Ariel Skelley/Media Bakery; **9:** Sylvain Cazenave/Corbis.

Lesson 1: 11: Media Bakery; **20:** Stewart Cohen/Blend Images/Corbis; **21:** (t) Ali Burafi; (b) Janet Dracksdorf; **23:** (l) Martín Bernetti; (r) Martín Bernetti; **25:** (l) Martín Bernetti; (r) Paula Diez; **28:** José Blanco; **29:** Monkey Business Images/Shutterstock; **31:** Purestock/Alamy; **38-39:** Didem Hizar/Fotolia; **40:** I love images/Alamy; **41:** Blend Images/Alamy; **44:** (t) Martín Bernetti; (mtl) Robert Lerich/Fotolia; (mtr) Martín Bernetti; (mbl) Richard Franck Smith/Sygma/Corbis; (mbr) Charles & Josette Lenars/Corbis; (b) Yann Arthus-Bertrand/Corbis; **45:** (tl) Martín Bernetti; (tr) Mick Roessler/Corbis; (bl) Jeremy Horner/Corbis; (br) Marshall Bruce/iStockphoto.

Lesson 2: 47: Terry Vine/Media Bakery; **53:** (l) Somos Images/Alamy; (r) Monkey Business Images/Big Stock Photo; **58:** (l) Rachel Distler; (r) Greg Elms/Lonely Planet Images/Getty Images; **59:** (t) Carlos Cazalis/Corbis; (bl) Studio Bonisolli/Stockfood; (br) Carlos Cazalis/Corbis; **62:** Paula Díez; **64:** (l) Pixtal/Age Fotostock; (r) José Blanco; **68:** (l) Pressmaster/Fotolia; (r) José Blanco; **69:** (l) José Blanco; (r) Gpoint Studio/iStockphoto; **78:** Elnariz/Fotolia; **79:** Jack Hollingsworth/Getty Images; **82:** (t) Henryk Sadura/Shutterstock; (mt) Dave G. Houser/Corbis; (mb) Henryk Sadura/Shutterstock; (b) Dave G. Houser/Corbis; **83:** (tl) Jenkedco/Shutterstock; (tr) Michael & Patricia Fogden/Corbis; (bl) Vladimir Korostyshevskiy/Shutterstock; (br) Paul W. Liebhardt/Corbis.

Lesson 3: 85: Uwe Krejci/Getty Images; **89:** Michelle Pedone/Getty Images; **94:** (l) Kiko Jimenez/Shutterstock; (r) PictureNet/Corbis; **95:** (t) Simon Cruz/AP Images; (b) Rune Hellestad/Corbis; **108:** (t) Katrina Brown/123RF; (b) Esteban Corbo; **109:** Armando Brito; **110:** Monkeybusinessimages/Big Stock Photo; **114:** (tl) Lauren Krolick; (tr) Lauren Krolick; (mtl) Kathryn Alena Korf; (mtr) Lauren Krolick; (mbl) Bettmann/Corbis; (mbr) Macarena Minguell/AFP/Getty Images; (b) Bruce R. Korf; **115:** (tl) Lars Rosen Gunnilstam; (tr) Lauren Krolick; (bl) Nikolay Starchenko/Shutterstock; (br) Keith Wood/Getty Images.

Lesson 4: 117: Custom Medical Stock Photo/Alamy; **126:** (t) Ali Burafi; (b) Ricardo Figueroa/AP Images; **127:** (t) Gianni Dagli Orti/The Art Archive/Art Resource, NY; (m) Photolicensors International AG/Alamy; (b) AFP/Getty Images; **136:** (l) LisaInGlasses/iStockphoto; **144:** Corel/Corbis; **145:** John & Lisa Merrill/Danita Delimont Photography/Newscom; **146:** Media Bakery **147:** Paula Díez; **150:** (tl) Oscar Artavia Solano; (tr) Oscar Artavia Solano; (ml) Bill Gentile/Corbis; (mm) Oscar Artavia Solano; (mr) Oscar Artavia Solano; (b) Bob Winsett/Corbis; **151:** (tl) Frank Burek/Corbis; (tr) Martin Rogers/Corbis; (m) Janet Dracksdorf; (b) Oscar Artavia Solano.

Lesson 5: 153: Ann Summa/Corbis; **162:** (l) GM Visuals/Age Fotostock; (r) Quka/Shutterstock; **163:** (l) M. Timothy O'Keefe/Alamy; (r) Zsolt Nyulaszi/Shutterstock; **171:** Katie Wade; **172:** (all) Paula Díez; **176:** (t) GM Nicholas/iStockphoto; (ml) Ray Levesque; (mm) Auris/iStockphoto; (mr) Liliana A. Bobadilla; (bl) LDF/iStockphoto; (bm) Martín Bernetti; (br) Liliana A. Bobadilla; **182:** Martín Bernetti; **183:** Morchella/Fotolia; **186:** (t) Ali Burafi; (ml) María Eugenia Corbo; (mm) Galen Rowell/Corbis; (mr) Lauren Krolick; (b) Ali Burafi; **187:** (tl) María Eugenia Corbo; (tr) Ali Burafi; (m) Ali Burafi; (b) Ali Burafi.

Lesson 6: 189: Rolf Bruderer/Corbis; **193:** (t) TerryJ/iStockphoto; (b) Harry Neave/Fotolia; **198:** (l) Dusko Despotovic/Corbis; (r) Martín Bernetti; **199:** (l) Maribel Garcia; (r) Yana N/iStockphoto; **201:** (l) Ekaterina Pokrovsky/Shutterstock; (r) Anne Loubet; **202:** Blend Images/Alamy; **218:** Danny Lehman/Corbis; **220:** Mike Kemp/AGE Fotostock; **221:** VHL; **224:** (tl) Kevin Schafer/Corbis; (tr) Danny Lehman/Corbis; (b) Hernan H. Hernandez/Shutterstock; **225:** (tl) Danny Lehman/Corbis; (mr) Danny Lehman/Corbis; (ml) Courtesy of www.Tahiti-Tourisme.com; (b) Claudio Lovo/Shutterstock.